1600　　　　　　　　　　　　1700　　　　　　　　　　　　1800

xvııᵉ siècle　　　　　　　　　　　xvıııᵉ siècle

ÉPOQUE MODERNE

| Henri IV (1589-1610) | Louis XIII (1610-1643) | Louis XIV (1643-1715) | Louis XV (1715-1774) | Louis XVI (1774-1792) |

religion

1624
Richelieu
principal ministre
(1624-1642)

1664
Début de la construction
du château de Versailles

1776
Indépendance
des États-Unis

14 juillet **1789**
Prise de la Bastille
Révolution française
(1789-1799)

...akespeare
...-1616)

Pierre Corneille
(1606-1684)

Jean de La Fontaine
(1621-1695)

Molière
(1622-1673)

Voltaire
(1694-1778)

1900

...TEMPORAINE

| Napoléon III (1852-1870) | IIIᵉ République |

Expansion coloniale

...tion de Paris par Haussmann

1871
Commune
de Paris

1881-1882
Lois Ferry sur l'école laïque,
gratuite et obligatoire

1889
Construction
de la tour Eiffel

...phile Gautier
...811-1872)

Paul Verlaine
(1844-1896)

Bram Stoker
(1847-1912)

Guy de Maupassant
(1850-1893)

Émile Verhaeren
(1855-1916)

2000　　　　　xxıᵉ siècle　　　　　2016

Mondialisation

Construction européenne

Guerre froide

Vᵉ République

1968
Événements
de Mai

1989
Chute du mur
de Berlin

1993
Internet

2002
Mise en circulation
de l'euro

...l Sédar
...ghor
...2001)

Simone
de Beauvoir
(1908-1986)

Romain Gary
(1914-1980)

Jean-Marie Gustave
Le Clézio (né en 1940)

Patrick Modiano
(né en 1945)

Attendus de fin de cycle 4 : détail des compétences évaluées dans votre manuel

Programme du cycle 4	Évaluation des compétences dans le manuel
Comprendre et s'exprimer à l'oral	
• **Comprendre et interpréter des messages et des discours oraux complexes.**	• S'exprimer à l'écrit : séquence 7 (p. 157)
• **S'exprimer de façon maitrisée en s'adressant à un auditoire.**	• S'exprimer à l'oral : séquences 1 (p. 30), 2 (p. 52), 3 (p. 72), 4 (p. 98), 10 (p. 204), 12 (p. 256), 13 (p. 274), 14 (p. 284)
• **Participer de façon constructive à des échanges oraux.**	• Bilans de fin de séquence : séquence 1 (p. 31) • S'exprimer à l'oral : séquences 2 (p. 52), 3 (p. 72), 10 (p. 204), 13 (p. 274), 14 (p. 284)
• **Percevoir et exploiter les ressources expressives de la parole.**	• S'exprimer à l'oral : séquences 3 (p. 72), 4 (p. 98), 6 (p. 124), 7 (p. 156), 9 (p. 182), 11 (p. 228), 12 (p. 256), 13 (p. 264), 14 (p. 284) • Bilan de fin de séquence : séquences 6 (p. 127), 9 (p. 183), 13 (p. 275)
Lire	
• **Lire des textes variés avec des objectifs divers.**	• S'exprimer à l'oral : séquences 3 (p. 72), 6 (p. 124) • Bilans de fin de séquence : séquences 2 (p. 55), 13 (p. 275)
• **Lire des images, des documents composites (y compris numériques) et des textes non littéraires.**	• S'exprimer à l'oral : séquence 2 (p. 52) • Bilans de fin de séquence : séquences 4 (p. 99), 14 (p. 287)
• **Lire et comprendre des images fixes ou mobiles variées empruntées à la peinture, aux arts plastiques, à la photographie, à la publicité et au cinéma en fondant sa lecture sur quelques outils d'analyse simples.**	• Bilans de fin de séquence : séquences 1 (p. 31), 4 (p. 99) • S'exprimer à l'oral : séquences 1 (p. 30), 13 (p. 274)
• **Situer les œuvres dans leur contexte historique et culturel.**	• Bilans de fin de séquence : séquences 1 (p. 31), 6 (p. 127), 7 (p. 159), 10 (p. 207), 12 (p. 259), 13 (p. 275) • S'exprimer à l'écrit : séquence 6 (p. 125)
• **Lire des œuvres littéraires et fréquenter des œuvres d'art.**	• S'exprimer à l'écrit : séquence 6 (p. 125) • S'exprimer à l'oral : séquence 11 (p. 228) • Bilans de fin de séquence : séquences 6 (p. 127), 10 (p. 207), 12 (p. 259)
• **Élaborer une interprétation de textes littéraires.**	• S'exprimer à l'écrit : séquence 6 (p. 125) • S'exprimer à l'oral : séquence 3 (p. 72) • Bilans de fin de séquence : séquences 2 (p. 55), 3 (p. 75), 6 (p. 127), 9 (p. 183), 10 (p. 207), 11 (p. 231), 12 (p. 259)
Écrire	
• **Exploiter les principales fonctions de l'écrit.**	• S'exprimer à l'écrit : séquences 3 (p. 73), 4 (p. 98), 7 (p. 157), 11 (p. 229) • Bilans de fin de séquence : séquence 11 (p. 231)
• **Adopter des stratégies et des procédures d'écriture efficaces.**	• S'exprimer à l'écrit : séquences 2 (p. 53), 3 (p. 73), 5 (p. 100), 6 (p. 125), 7 (p. 157), 11 (p. 229), 13 (p. 274), 14 (p. 285) • Bilans de fin de séquence : séquences 7 (p. 159), 13 (p. 275)
• **Pratiquer l'écriture d'invention.**	• S'exprimer à l'écrit : séquences 1 (p. 30), 3 (p. 73), 4 (p. 98), 5 (p. 100) • Bilans de fin de séquence : séquences 3 (p. 75), 7 (p. 159), 9 (p. 183), 11 (p. 231)
• **Exploiter des lectures pour enrichir son récit.**	• S'exprimer à l'écrit : séquences 1 (p. 30), 2 (p. 53), 4 (p. 98), 5 (p. 100), 12 (p. 257) • Bilans de fin de séquence : séquence 12 (p. 259)
• **Passer du recours intuitif à l'argumentation à un usage plus maitrisé.**	• S'exprimer à l'écrit : séquences 7 (p. 157), 9 (p. 182), 14 (p. 285) • Bilans de fin de séquence : séquences 11 (p. 231), 14 (p. 287)
Comprendre le fonctionnement de la langue	
• **Connaitre les aspects fondamentaux du fonctionnement syntaxique.**	• S'exprimer à l'écrit : séquences 3 (p. 73), 7 (p. 157), 10 (p. 205), 12 (p. 257) • Bilans de fin de séquence : séquences 7 (p. 159), 11 (p. 231), 12 (p. 259) • Fiches Étude de la langue : fiches 9 à 20 (p. 302-323)
• **Connaitre les différences entre l'oral et l'écrit.**	• S'exprimer à l'écrit : séquences 7 (p. 157), 9 (p. 182), 10 (p. 205) • Fiches Étude de la langue : fiches 6 (p. 297), 38 (p. 354), 39 (p. 355), 40 (p. 356)
• **Maitriser la forme des mots en lien avec la syntaxe.**	• S'exprimer à l'écrit : séquence 10 (p. 205) • Bilans de fin de séquence : séquences 11 (p. 231), 13 (p. 275) • Fiches Étude de la langue : fiches 31 à 37 (p. 344-352)
• **Maitriser le fonctionnement du verbe et son orthographe.**	• S'exprimer à l'écrit : séquence 5 (p. 100) • Fiches Étude de la langue : fiches 21 à 32 (p. 324-347)
• **Maitriser la structure, le sens et l'orthographe des mots.**	• S'exprimer à l'écrit : séquences 2 (p. 53), 3 (p. 73) • Bilans de fin de séquence : séquences 3 (p. 75), 6 (p. 127), 11 (p. 231), 12 (p. 259) • Fiches Étude de la langue : fiches 1 à 8 (p. 290-300)
• **Construire les notions permettant l'analyse et la production des textes et des discours.**	• S'exprimer à l'écrit : séquence 7 (p. 157) • Bilans de fin de séquence : séquences 2 (p. 55), 3 (p. 75), 6 (p. 127), 9 (p. 183), 10 (p. 207), 11 (p. 231), 14 (p. 287) • Fiches Étude de la langue : fiches 38 à 42 (p. 353-360)

Nouveau programme 2016

Français

L'envol des lettres

CYCLE 4
4e

Sous la direction de Florence Randanne
Agrégée de Lettres classiques
Académie d'Amiens

Emmanuel Broc
Agrégé de Lettres modernes
Lycée du Vimeu, Friville Escarbotin
Académie d'Amiens

Gaëlle Brodhag
Agrégée de Lettres classiques
Collège Arthur Rimbaud, Amiens
Académie d'Amiens

Alexis Buffet
Certifié de Lettres modernes
Collège Les Amognes, Saint-Benin d'Azy
Académie de Dijon

Jennifer Cléry
Certifiée de Lettres classiques
Collège Jules Ferry, Conty
Académie d'Amiens

Florence Cognard
Agrégée de Lettres classiques
Académie d'Amiens

Nicolas Drapeau
Agrégé de Lettres modernes
Lycée Pierre d'Ailly, Compiègne
Académie d'Amiens

Claude Gapaillard
Certifié de Lettres modernes
Formateur
Académie de Caen

Matthieu Genet
Agrégé de Lettres modernes
Collège Jean Mermoz, Belleu
Académie d'Amiens

Émilie Manidren
Certifiée de Lettres modernes
Collège Val de Nièvre, Domart-en-Ponthieu
Académie d'Amiens

Nathalie Marin
Agrégée de Lettres modernes
Collège Daniel Féry, Limeil-Brévannes
Académie de Créteil

Mirita Merckaert Ribeiro
Agrégée de Lettres modernes
Missionnée pour l'enseignement du théâtre
DAAC de l'académie d'Amiens

Delphine Rouault
Agrégée de Lettres modernes
Collège Jacques Monod, Compiègne
Académie d'Amiens

Martine Schwebel
Agrégée d'Arts plastiques
Académie d'Amiens

Elvire Sergheraert
Agrégée de Lettres classiques
Lycée Louis Thuillier, Amiens
Académie d'Amiens

Belin
ÉDUCATION

L'envol des lettres 4^e

Lectures

La fiction pour interroger le réel

Séquence 1   *La Parure*, du rêve à la réalité (œuvre intégrale)

Séquence 2   Personnages mystérieux

Séquence 3   La nuit, tout est possible

Dossier EPI   Frissonner au cinéma et dans les romans

Séquence 4   Sur les traces d'*Arria Marcella* (œuvre intégrale)

Séquence 5   La nouvelle fantastique dont vous êtes l'auteur

Dire l'amour

Séquence 6   Dire l'amour en poésie

Dossier EPI   Les chansons d'amour du Moyen Âge à nos jours

Séquence 7   Premiers émois amoureux au théâtre

Séquence 8   *Moonrise Kingdom* de Wes Anderson

Individu et société : confrontations de valeurs ?

Séquence 9   *Le Cid*, entre amour et devoir (œuvre intégrale)

Séquence 10   Pour tout l'or du monde

La ville, lieu de tous les possibles ?

Séquence 11   Villes de poètes

Dossier EPI   De Haussmann au Grand Paris

Séquence 12   New York, New York !

Séquence 13   *Pars vite et reviens tard* (œuvre intégrale)

Informer, s'informer, déformer ?

Séquence 14   La presse et les médias face à une question de société

Étude de la langue

© Éditions Belin, 2016, 170 bis boulevard du Montparnasse, 75680 Parix Cedex 14
ISBN 978-2-7011-9846-0

3 La nuit, tout est possible 56

• La fiction pour interroger le réel

▶ *Comment le récit fait-il de la nuit un cadre favorable au surgissement de la peur et du fantastique ?*

4 Sur les traces d'*Arria Marcella* 82

• La fiction pour interroger le réel

▶ *Comment le passé de Pompéi prend-il vie dans la nouvelle fantastique de Théophile Gautier ? Quels procédés introduisent le doute chez le lecteur ?*

Théophile Gautier Parcours d'une œuvre
Arria Marcella, Souvenir de Pompéi (1852)

Expression et méthode

Étude de la langue

Annexes

La fiction pour interroger le réel

Individu et société : confrontations de valeurs ?

La Parure,

OBJECTIFS
- Étudier une nouvelle réaliste.
- Analyser le regard de Maupassant sur la société du XIXᵉ siècle.

> **Texte intégral** **Guy de Maupassant, *La Parure* (1884)**

Victor Gabriel Gilbert, *Scène de bal*, fin XIXᵉ siècle, huile sur toile, coll. part.

du rêve à la réalité

▶ *Comment Maupassant interroge-t-il le réel et la société du XIXᵉ siècle dans La Parure ?*

**Guy de Maupassant
(1850-1893)**

Après avoir passé son enfance en Normandie, Maupassant s'installe à Paris. Il travaille quelque temps dans des ministères, tout en publiant ses écrits dans la presse, encouragé par Flaubert. Il fréquente les auteurs de son temps, notamment Zola. Il est l'auteur de nombreuses nouvelles réalistes (dont *La Parure*, 1884) et fantastiques, et de six romans (dont *Une vie*, 1883).

Gustave Caillebotte, *Rue de Paris, temps de pluie*, 1877, huile sur toile, 212,2 x 276 cm, Art Institute, Chicago.

La Parure, *une nouvelle réaliste du XIXᵉ siècle*

Le réalisme au XIXᵉ siècle

Au XIXᵉ siècle, le réalisme, mouvement littéraire et culturel dans lequel s'inscrit *La Parure*, se fixe pour objectif de peindre le réel sans l'embellir, de fournir un témoignage sur l'époque. Les milieux sociaux y sont présentés avec précision par des auteurs comme Maupassant, Flaubert, Balzac, Stendhal, Zola...

Les milieux sociaux à Paris

La seconde moitié du XIXᵉ siècle voit l'essor de la bourgeoisie : la **haute bourgeoisie** possède le pouvoir financier, habite au cœur de Paris et mène une vie mondaine ; la **petite et moyenne bourgeoisie**, composée de fonctionnaires et d'employés, espère s'élever dans la société. Les **ouvriers**, quant à eux, connaissent des conditions de vie difficiles.

La condition des femmes

La femme de l'époque est avant tout une épouse et une mère. Les femmes des classes populaires sont presque les seules à travailler. Beaucoup de jeunes filles deviennent domestiques, la petite bourgeoisie les employant pour « copier » la haute bourgeoisie.

Presse et littérature

Au XIXᵉ siècle, bon nombre d'auteurs, dont Maupassant, commencent par publier leurs écrits dans la presse. C'est pour eux un moyen de gagner de l'argent et de rendre leurs œuvres accessibles au public. *La Parure* a d'abord été publiée dans le journal *Le Gaulois* en 1884.

		Invention de la photographie		Naissance de Maupassant				Parution de *La Parure* dans *Le Gaulois*		
1800		**1830**	**1839**	**1850**				**1884**	**1890**	**1900**

RÉALISME

Restauration	Monarchie de Juillet	IIᵉ Rép.	Second Empire

1815	**1830**		**1848**	**1852**		**1870**	
	Révolution « Les Trois Glorieuses »		Révolution de février			Proclamation de la IIIᵉ République	

Parez-vous de vos plus beaux atours

1 Qu'est-ce qu'une parure ? Cherchez les différents sens de ce mot dans un dictionnaire. Quelle sorte de bijou désigne-t-il ?

2 Lors de quelles occasions un tel bijou se porte-t-il ? À quelle classe sociale renvoie-t-il ?

3 Vous rêvez de participer à une grande soirée au milieu d'invités prestigieux… Racontez vos préparatifs, le soin méticuleux que vous apportez au choix de vos vêtements, vos chapeaux ou vos bijoux, votre arrivée…

Auguste Toulmouche, *Le Billet*, 1883, huile sur toile, 66 x 45 cm, musée des Beaux-Arts de Nantes.

Imprégnez-vous du XIXe siècle

4 Observez ce tableau qui représente une scène de rue à Paris à la fin du XIXe siècle. Quels sont les différents milieux sociaux qui y figurent ? Aidez-vous des tenues et des attitudes des personnages.

5 Cherchez dans la peinture d'autres représentations de la société du XIXe siècle et réalisez un diaporama que vous présenterez à la classe en justifiant vos choix.

Jean Béraud, *Le Boulevard Saint-Denis à Paris*, 1899, huile sur toile, 38 x 55 cm, coll. part.

Une vie monotone

C'était une de ces jolies et charmantes filles, nées, comme par une erreur du destin, dans une famille d'employés. Elle n'avait pas de dot[1], pas d'espérances, aucun moyen d'être connue,
5 comprise, aimée, épousée par un homme riche et distingué ; et elle se laissa marier avec un petit commis[2] du ministère de l'Instruction publique.

Elle fut simple, ne pouvant être parée, mais malheureuse comme une déclassée[3] ; car les
10 femmes n'ont point de caste[4] ni de race, leur beauté, leur grâce et leur charme leur servant de naissance et de famille. Leur finesse native, leur instinct d'élégance, leur souplesse d'esprit, sont leur seule hiérarchie, et font des filles du peuple
15 les égales des plus grandes dames.

Elle souffrait sans cesse, se sentant née pour toutes les délicatesses et tous les luxes. Elle souffrait de la pauvreté de son logement, de la misère des murs, de l'usure des sièges, de la laideur des
20 étoffes. Toutes ces choses, dont une autre femme de sa caste ne se serait même pas aperçue, la torturaient et l'indignaient. La vue de la petite Bretonne qui faisait son humble ménage éveillait en elle des regrets désolés et des rêves éperdus[5]. Elle songeait
25 aux antichambres[6] muettes, capitonnées[7] avec des tentures orientales, éclairées par de hautes torchères[8] de bronze, et aux deux grands valets en culotte courte qui dorment dans les larges fauteuils, assoupis par la chaleur lourde du calori-
30 fère[9]. Elle songeait aux grands salons vêtus de soie ancienne, aux meubles fins portant des bibelots inestimables, et aux petits salons coquets, parfumés, faits pour la causerie de cinq heures avec les amis les plus intimes, les hommes connus
35 et recherchés dont toutes les femmes envient et désirent l'attention.

Jakov Jakovlevich Kalinichenko, *Conversation du soir*, 1910.

Quand elle s'asseyait, pour dîner, devant la table ronde couverte d'une nappe de trois jours, en face de son mari qui découvrait la soupière en
40 déclarant d'un air enchanté : « Ah ! le bon pot-au-feu ! je ne sais rien de meilleur que cela... » elle songeait aux dîners fins, aux argenteries reluisantes, aux tapisseries peuplant les murailles de personnages anciens et d'oiseaux étranges au
45 milieu d'une forêt de féerie ; elle songeait aux

plats exquis servis en des vaisselles merveilleuses, aux galante-
ries chuchotées et écoutées avec un sourire de sphinx[10], tout en
mangeant la chair rose d'une truite ou des ailes de gelinotte[11].

50 Elle n'avait pas de toilettes[12], pas de bijoux, rien. Et elle n'aimait que cela ; elle se sentait faite pour cela. Elle eût tant désiré
plaire, être enviée, être séduisante et recherchée.

Elle avait une amie riche, une camarade de couvent qu'elle ne
voulait plus aller voir, tant elle souffrait en revenant. Et elle pleu-
55 rait pendant des jours entiers, de chagrin, de regret, de désespoir
et de détresse.

Or, un soir, son mari rentra, l'air glorieux, et tenant à la main
une large enveloppe.

« Tiens, dit-il, voici quelque chose pour toi. »

Elle déchira vivement le papier et en tira une carte imprimée qui
60 portait ces mots :

« Le ministre de l'Instruction publique et Mme Georges
Ramponneau prient M. et Mme Loisel de leur faire l'honneur de
venir passer la soirée à l'hôtel du ministère, le lundi 18 janvier. »

À suivre…

Gustave Caillebotte, *Intérieur*, 1880,
huile sur toile, 112 x 85 cm, coll. part.

---

1. **Dot** : argent ou bien matériel qu'apporte une femme en se mariant. 2. **Commis** : employé
subalterne. 3. **Déclassée** : personne déchue de sa position sociale. 4. **Caste** : appartenance à
une classe sociale déterminée. 5. **Éperdus** : troublés. 6. **Antichambres** : salons où attendent
les invités. 7. **Capitonnées** : garnies. 8. **Torchères** : gros chandeliers. 9. **Calorifère** : appareil
de chauffage. 10. **De sphinx** : mystérieux. 11. **Gelinotte** : oiseau sauvage à la chair délicate.
12. **Toilettes** : tenues élégantes.

▶ Comment le narrateur dépeint-il le personnage et son quotidien ?

Analyser et interpréter le texte

Un portrait entre rêve et réalité

1. Que sait-on de Mme Loisel ? À quel milieu social appartient-elle ? Appuyez-vous sur des éléments du texte pour répondre.

2. « Elle songeait » est répété plusieurs fois : à quoi Mme Loisel rêve-t-elle ?

3. Dans un tableau à deux colonnes, relevez d'un côté les termes appartenant au champ lexical de la souffrance, de l'autre ceux du luxe. Quel contraste y a-t-il entre ses conditions de vie et ce à quoi elle rêve ?

L'insatisfaction de Mme Loisel

4. Quel point de vue le narrateur emprunte-t-il pour faire le portrait de Mme Loisel ? Quelle est la conséquence de ce choix sur la narration ? ↘ *Le récit : repérer le narrateur et le point de vue, p. 358.*

5. Que peut-on deviner du caractère de M. Loisel dans ce début de nouvelle ? En quoi est-il différent de celui de sa femme ?

6. a. Pensez-vous que Mme Loisel ait de véritables raisons d'être insatisfaite ? Quel trait de caractère son attitude révèle-t-elle ?
b. Relevez, dans le troisième paragraphe, un commentaire du narrateur qui condamne son attitude.

S'exprimer à l'écrit ✐

Imaginer les pensées d'un personnage

7. Écrivez à la première personne les pensées intérieures de M. Loisel peu avant qu'il ne remette l'invitation à sa femme.

Conseil : Tenez compte du caractère de Mme Loisel. Évoquez la réaction que M. Loisel est en droit d'espérer.

REPÈRES

Au XIXe siècle, la bourgeoisie est la classe dominante en France, grâce aux progrès de l'industrie dont elle tire sa richesse. C'est le paraître qui importe : salons, salles de concert, bals sont des lieux où l'on exhibe sa fortune.

☞ MÉMO

La **nouvelle** est un court récit mettant en scène un nombre réduit de personnages, avec une dimension psychologique importante. Son dénouement est souvent inattendu. Au XIXe siècle, on parle indifféremment de « contes » et de « nouvelles ».

Le désir de paraître

Au lieu d'être ravie, comme l'espérait son mari, elle jeta avec dépit l'invitation sur la table, murmurant:

«Que veux-tu que je fasse de cela?

5 — Mais, ma chérie, je pensais que tu serais contente. Tu ne sors jamais, et c'est une occasion, cela, une belle! J'ai eu une peine infinie à l'obtenir. Tout le monde en veut; c'est très recherché et on n'en donne pas beaucoup aux employés. Tu verras là tout 10 le monde officiel[1].»

Elle le regardait d'un œil irrité, et elle déclara avec impatience:

«Que veux-tu que je me mette sur le dos pour aller là?»

15 Il n'y avait pas songé; il balbutia:

«Mais la robe avec laquelle tu vas au théâtre. Elle me semble très bien, à moi...»

Il se tut, stupéfait, éperdu[2], en voyant que sa femme pleurait. Deux grosses larmes descendaient 20 lentement des coins des yeux vers les coins de la bouche; il bégaya:

«Qu'as-tu? qu'as-tu?»

Mais, par un effort violent, elle avait dompté sa peine et elle répondit d'une voix calme en essuyant 25 ses joues humides:

«Rien. Seulement je n'ai pas de toilette et par conséquent je ne peux aller à cette fête. Donne ta carte à quelque collègue dont la femme sera mieux nippée[3] que moi.»

30 Il était désolé. Il reprit:

«Voyons, Mathilde. Combien cela coûterait-il, une toilette convenable, qui pourrait te servir encore en d'autres occasions, quelque chose de très simple?»

35 Elle réfléchit quelques secondes, établissant ses comptes et songeant aussi à la somme qu'elle pouvait demander sans s'attirer un refus immédiat et une exclamation effarée du commis économe.

Enfin, elle répondit en hésitant:

Berthe Morisot, *Jeune femme de dos à sa toilette*, 1875.

40 «Je ne sais pas au juste, mais il me semble qu'avec quatre cents francs je pourrais arriver.»

Il avait un peu pâli, car il réservait juste cette somme pour acheter un fusil et s'offrir des parties de chasse, l'été suivant, dans la plaine de Nanterre, 45 avec quelques amis qui allaient tirer des alouettes, par là, le dimanche.

Il dit cependant:

«Soit. Je te donne quatre cents francs. Mais tâche d'avoir une belle robe.»

50 Le jour de la fête approchait, et Mme Loisel semblait triste, inquiète, anxieuse. Sa toilette était prête cependant. Son mari lui dit un soir:

«Qu'as-tu? Voyons, tu es toute drôle depuis trois jours.»

55 Et elle répondit:

«Cela m'ennuie de n'avoir pas un bijou, pas une pierre, rien à mettre sur moi. J'aurai l'air misère comme tout. J'aimerais presque mieux ne pas aller à cette soirée.»

60 Il reprit:

«Tu mettras des fleurs naturelles. C'est très chic en cette saison-ci. Pour dix francs tu auras deux ou trois roses magnifiques.»

Elle n'était point convaincue.

65 « Non… il n'y a rien de plus humiliant que d'avoir l'air pauvre au milieu de femmes riches. »

Mais son mari s'écria :

« Que tu es bête ! Va trouver ton amie Mme Forestier et demande-lui de te prêter des bijoux. Tu es bien assez liée avec elle pour faire cela. »

70 Elle poussa un cri de joie :

« C'est vrai. Je n'y avais point pensé. »

Le lendemain, elle se rendit chez son amie et lui conta sa détresse.

Mme Forestier alla vers son armoire à glace, prit un large coffret, l'apporta, l'ouvrit, et dit à Mme Loisel :

75 « Choisis, ma chère. »

Elle vit d'abord des bracelets, puis un collier de perles, puis une croix vénitienne, or et pierreries, d'un admirable travail. Elle essayait les parures devant la glace, hésitait, ne pouvait se décider à les quitter, à les rendre. Elle demandait toujours :

80 « Tu n'as plus rien d'autre ?

– Mais si. Cherche. Je ne sais pas ce qui peut te plaire. »

Tout à coup elle découvrit, dans une boîte de satin noir, une superbe rivière[4] de diamants ; et son cœur se mit à battre d'un désir immodéré. Ses mains tremblaient en la prenant. Elle l'attacha autour de sa gorge, sur sa

85 robe montante, et demeura en extase devant elle-même.

Puis, elle demanda, hésitante, pleine d'angoisse :

« Peux-tu me prêter cela, rien que cela ?

– Mais oui, certainement. »

Elle sauta au cou de son amie, l'embrassa avec emportement, puis s'enfuit

90 avec son trésor.

À suivre…

Couverture de la revue *La Vie populaire* du 7 mai 1885 (détail).

---

1. **Tout le monde officiel** : toutes les personnes haut placées dans la société. 2. **Éperdu** : troublé. 3. **Nippée** : vêtue. 4. **Rivière** : ici, collier de diamants.

▶ Comment le dialogue nous renseigne-t-il sur les personnages ?

Analyser et interpréter le texte

Des dialogues révélateurs

1. Que nous apprennent les dialogues entre M. et Mme Loisel sur leurs caractères ?

2. Quels sentiments successifs ces discussions font-elles apparaître chez Mme Loisel ? Relevez quelques passages significatifs.

La parure

3. À quel milieu social appartient Mme Forestier ? Quels liens l'unissent à Mme Loisel ?

4. Quel bijou Mme Loisel finit-elle par emprunter ? Quel est l'effet produit par l'énumération (l. 76-77) ?

5. LANGUE Sait-on précisément ce que dit Mme Loisel à son amie ? Par quel type de discours l'apprend-on ? Pourquoi ce choix ?

6. Que laisse entendre la dernière phrase de cet extrait ?

S'exprimer à l'écrit ✍

Imaginer un dialogue

7. Rédigez un dialogue dans lequel Mme Loisel explique à son amie les raisons pour lesquelles elle souhaite lui emprunter un bijou.

Pour bien écrire

« **Tâche d'avoir une belle robe** » (l. 49) signifie « essaye », à ne pas confondre avec le verbe « tacher », sans accent circonflexe, qui signifie « salir ». Quel autre sens peut avoir le nom « tâche » ?

🖙 **MÉMO**

Les propos énoncés au **discours direct** par un personnage interrompent le récit. Ils peuvent traduire un point de vue, un sentiment, une interrogation, une réaction aux propos d'un autre personnage.

De la gloire à la désillusion

Jean Béraud, *Une soirée*, 1878.

Le jour de la fête arriva. Mme Loisel eut un succès. Elle était plus jolie que toutes, élégante, gracieuse, souriante et folle de joie. Tous les hommes la regardaient, demandaient son nom, 5 cherchaient à être présentés. Tous les attachés du cabinet voulaient valser avec elle. Le ministre la remarqua.

Elle dansait avec ivresse, avec emportement, grisée[1] par le plaisir, ne pensant plus à rien, dans 10 le triomphe de sa beauté, dans la gloire de son succès, dans une sorte de nuage de bonheur fait de tous ces hommages, de toutes ces admirations, de tous ces désirs éveillés, de cette victoire si complète et si douce au cœur des femmes.

15 Elle partit vers quatre heures du matin. Son mari, depuis minuit, dormait dans un petit salon désert avec trois autres messieurs dont les femmes s'amusaient beaucoup.

Il lui jeta sur les épaules les vêtements qu'il 20 avait apportés pour la sortie, modestes vêtements de la vie ordinaire, dont la pauvreté jurait avec l'élégance de la toilette de bal. Elle le sentit et voulut s'enfuir, pour ne pas être remarquée par les autres femmes qui s'enveloppaient de riches 25 fourrures.

Loisel la retenait :

« Attends donc. Tu vas attraper froid dehors. Je vais appeler un fiacre[2]. »

Mais elle ne l'écoutait point et descendait rapi- 30 dement l'escalier. Lorsqu'ils furent dans la rue, ils ne trouvèrent pas de voiture ; et ils se mirent à chercher, criant après les cochers qu'ils voyaient passer de loin.

Ils descendaient vers la Seine, désespérés, 35 grelottants. Enfin ils trouvèrent sur le quai un de ces vieux coupés noctambules[3] qu'on ne voit dans Paris que la nuit venue, comme s'ils eussent été honteux de leur misère pendant le jour.

Il les ramena jusqu'à leur porte, rue des 40 Martyrs, et ils remontèrent tristement chez eux. C'était fini, pour elle. Et il songeait, lui, qu'il lui faudrait être au ministère à dix heures.

Elle ôta ses vêtements dont elle s'était enve- loppé les épaules, devant la glace, afin de se voir 45 encore une fois dans sa gloire. Mais soudain elle poussa un cri. Elle n'avait plus sa rivière autour du cou !

Son mari, à moitié dévêtu, déjà, demanda :

« Qu'est-ce que tu as ? »

50 Elle se tourna vers lui, affolée :

« J'ai... j'ai... je n'ai plus la rivière de Mme Forestier. »

Il se dressa, éperdu :

« Quoi !... comment !... Ce n'est pas possible ! »

55 Et ils cherchèrent dans les plis de la robe, dans les plis du manteau, dans les poches, partout. Ils ne la trouvèrent point.

Il demandait :

«Tu es sûre que tu l'avais encore en quittant le bal ?

60 – Oui, je l'ai touchée dans le vestibule du ministère.

– Mais, si tu l'avais perdue dans la rue, nous l'aurions entendue tomber. Elle doit être dans le fiacre.

– Oui. C'est probable. As-tu pris le numéro ?

– Non. Et toi, tu ne l'as pas regardé ?

65 – Non.»

Ils se contemplaient atterrés. Enfin Loisel se rhabilla.

«Je vais, dit-il, refaire tout le trajet que nous avons fait à pied, pour voir si je ne la retrouverai pas.»

70 Et il sortit. Elle demeura en toilette de soirée, sans force pour se coucher, abattue sur une chaise, sans feu, sans pensée.

Son mari rentra vers sept heures. Il n'avait rien trouvé.

Il se rendit à la préfecture de Police, aux journaux, pour faire promettre une récompense, aux compagnies de petites voitures, partout enfin où un 75 soupçon d'espoir le poussait.

Elle attendit tout le jour, dans le même état d'effarement devant cet affreux désastre.

Loisel revint le soir, avec la figure creusée, pâlie ; il n'avait rien découvert.

«Il faut, dit-il, écrire à ton amie que tu as brisé la fermeture de sa rivière 80 et que tu la fais réparer. Cela nous donnera le temps de nous retourner.

Elle écrivit sous sa dictée.

À suivre…

Henri Gervex, *Retour du bal*, 1879.

---

1. **Grisée** : enivrée. 2. **Fiacre** : voiture à cheval.
3. **Coupés noctambules** : voitures à deux portes qui circulaient la nuit.

▶ Quel retournement de situation intervient dans le récit ?

Analyser et interpréter le texte

Une scène de bal

1. Quel est le point de vue choisi pour raconter cette scène ? Pourquoi ce choix ?

2. Quel est l'état d'esprit de Mme Loisel lors du bal ? Relevez tous les adjectifs et les noms qui le soulignent.

3. Comment la soirée se déroule-t-elle pour Mme Loisel ? Observez notamment la gradation dans le premier paragraphe.

↘ Les figures de style, p. 377.

Le retour à la réalité

4. Quels sont les deux grands moments qui s'opposent dans ce passage ? Donnez-leur un titre. Quel est celui qui est le plus développé ?

5. LANGUE Relevez les mots caractérisant les sentiments des Loisel lors de leur retour. À quel champ lexical appartiennent-ils ?

6. Quelles sont les différentes étapes relatant la perte du collier ? Relevez le groupe nominal qui évoque le mieux la gravité de la situation.

▽ L'HISTOIRE DES MOTS

«**Désespérés**» (l. 34) est formé du préfixe privatif *-dé* et de la racine latine *sperare* (avoir l'espoir que). Que signifie «inespéré» ?

PISTES **EPI**

De la guinguette aux salles de bal

Projet : Réalisez une bande dessinée pour illustrer la condition des femmes en France au XIXᵉ siècle à travers la fréquentation des lieux de danse, des classes populaires à la grande bourgeoisie. Imaginez un scénario mettant en scène trois femmes issues de trois classes différentes.

Thématique : Information, communication, citoyenneté

Disciplines croisées : Français, Histoire, Arts plastiques

La fin d'un rêve

Au bout d'une semaine, ils avaient perdu toute espérance.

Et Loisel, vieilli de cinq ans, déclara :

« Il faut aviser à[1] remplacer ce bijou. »

5 Ils prirent, le lendemain, la boîte qui l'avait renfermé, et se rendirent chez le joaillier[2], dont le nom se trouvait dedans. Il consulta ses livres :

« Ce n'est pas moi, madame, qui ai vendu cette rivière ; j'ai dû seulement fournir l'écrin[3]. »

10 Alors ils allèrent de bijoutier en bijoutier, cherchant une parure pareille à l'autre, consultant leurs souvenirs, malades tous deux de chagrin et d'angoisse.

Illustration de Jeanniot pour *La Parure*, édition Ollendorff, 1906.

Ils trouvèrent, dans une boutique du Palais-
15 Royal, un chapelet de diamants qui leur parut entièrement semblable à celui qu'ils cherchaient. Il valait quarante mille francs. On le leur laisserait à trente-six mille.

Ils prièrent donc le joaillier de ne pas le vendre
20 avant trois jours. Et ils firent condition qu'on le reprendrait, pour trente-quatre mille francs, si le premier était retrouvé avant la fin de février.

Loisel possédait dix-huit mille francs que lui avait laissés son père. Il emprunterait le reste.

25 Il emprunta, demandant mille francs à l'un, cinq cents à l'autre, cinq louis[4] par-ci, trois louis par-là. Il fit des billets[5], prit des engagements ruineux, eut affaire aux usuriers[6], à toutes les races de prêteurs. Il compromit toute la fin de son
30 existence, risqua sa signature sans savoir même s'il pourrait y faire honneur, et, épouvanté par les angoisses de l'avenir, par la noire misère qui allait s'abattre sur lui, par la perspective de toutes les privations physiques et de toutes les tortures
35 morales, il alla chercher la rivière nouvelle, en déposant sur le comptoir du marchand trente-six mille francs.

Quand Mme Loisel reporta la parure à Mme Forestier, celle-ci lui dit, d'un air froissé :

40 « Tu aurais dû me la rendre plus tôt, car je pouvais en avoir besoin. »

Elle n'ouvrit pas l'écrin, ce que redoutait son amie. Si elle s'était aperçue de la substitution, qu'aurait-elle pensé ? qu'aurait-elle dit ? Ne l'au-
45 rait-elle pas prise pour une voleuse ?

Mme Loisel connut la vie horrible des néces-siteux[7]. Elle prit son parti[8], d'ailleurs, tout d'un coup, héroïquement. Il fallait payer cette dette effroyable. Elle payerait. On renvoya la bonne ; on
50 changea de logement ; on loua sous les toits une mansarde[9].

Elle connut les gros travaux du ménage, les odieuses besognes de la cuisine. Elle lava la vaisselle, usant ses ongles roses sur les poteries
55 grasses et le fond des casseroles. Elle savonna le linge sale, les chemises et les torchons, qu'elle faisait sécher sur une corde ; elle descendit à la rue, chaque matin, les ordures, et monta l'eau, s'arrêtant à chaque étage pour souffler. Et, vêtue
60 comme une femme du peuple, elle alla chez le fruitier, chez l'épicier, chez le boucher, le panier au bras, marchandant, injuriée, défendant sous à sous son misérable argent.

Il fallait chaque mois payer des billets, en
65 renouveler d'autres, obtenir du temps.

Le mari travaillait, le soir, à mettre au net les comptes d'un commerçant, et la nuit, souvent, il faisait de la copie à cinq sous la page.

70

Et cette vie dura dix ans.

À suivre...

---

1. **Aviser à** : chercher un moyen de. 2. **Joaillier** : bijoutier. 3. **Écrin** : boîte, coffret pour ranger des bijoux. 4. **Louis** : pièces d'or françaises de vingt francs. 5. **Billets** : reconnaissances de dettes. 6. **Usuriers** : personnes qui prêtent de l'argent. 7. **Nécessiteux** : personnes dans le besoin. 8. **Prit son parti** : se résigna. 9. **Mansarde** : pièce aménagée sous les toits.

Pour bien écrire

« Trente-quatre mille » (l. 21), **« cinq cents »** (l. 26) : « mille » est invariable, « vingt » et « cent » ne s'accordent pas quand ils sont suivis d'un numéral : *cinq cents*, *cinq cent un*. La réforme de l'orthographe de 1990 recommande de mettre un trait d'union entre tous les chiffres d'un nombre composé. Écrivez ces trois nombres en lettres : 17 400, 80, 438.

Edgar Degas, *Une femme repassant*, 1873, huile sur toile, 54 x 39 cm, MoMA, New York.

▶ Par quels procédés Maupassant peint-il la misère des Loisel ?

Analyser et interpréter le texte

Une situation difficile

1. Que font les Loisel pour restituer la parure ? Quelles décisions prennent-ils pour rembourser leurs dettes ?

2. En quoi la vie des Loisel change-t-elle radicalement ?

3. Étudiez la réaction de Mme Loisel face à l'épreuve. Vous surprend-elle ou vous semble-t-elle conforme à l'image qu'elle donnait d'elle au début de la nouvelle ?

La peinture du réel

4. Quel est l'effet produit par les nombreuses phrases énumératives (l. 25-35, 52-63) ?

5. LANGUE Le narrateur rentre-t-il dans le détail de la description des tâches de Mme Loisel ? Relevez les verbes d'action.

6. Relevez tous les indices temporels qui marquent l'habitude.

S'exprimer à l'oral

Mener un débat

7. Mme Loisel vous semble-t-elle mériter le sort qui lui est réservé ? Confrontez vos opinions et justifiez la vôtre en vous appuyant sur des éléments de la nouvelle.

▽ L'HISTOIRE DES MOTS

« Nécessiteux » (l. 46) est un dérivé de *nécessité*. Accolé au suffixe *-eux*, il désigne une personne dans le besoin. Donnez un synonyme de « nécessiteux ».

Une cruelle révélation

Au bout de dix ans, ils avaient tout restitué, tout, avec le taux de l'usure[1], et l'accumulation des intérêts superposés.

Mme Loisel semblait vieille, maintenant. Elle
5 était devenue la femme forte, et dure, et rude, des ménages pauvres. Mal peignée, avec les jupes de travers et les mains rouges, elle parlait haut, lavait à grande eau les planchers. Mais parfois, lorsque son mari était au bureau, elle s'asseyait auprès de
10 la fenêtre, et elle songeait à cette soirée d'autrefois, à ce bal, où elle avait été si belle et si fêtée.

Que serait-il arrivé si elle n'avait point perdu cette parure ? Qui sait ? qui sait ? Comme la vie est singulière, changeante ! Comme il faut peu de
15 chose pour vous perdre ou vous sauver !

Or, un dimanche, comme elle était allée faire un tour aux Champs-Élysées pour se délasser des besognes de la semaine, elle aperçut tout à coup une femme qui promenait un enfant. C'était Mme
20 Forestier, toujours jeune, toujours belle, toujours séduisante.

Mme Loisel se sentit émue. Allait-elle lui parler ? Oui, certes. Et maintenant qu'elle avait payé, elle lui dirait tout. Pourquoi pas ?
25 Elle s'approcha.

« Bonjour, Jeanne. »

L'autre ne la reconnaissait point, s'étonnant d'être appelée ainsi familièrement par cette bourgeoise[2]. Elle balbutia :
30 « Mais… madame !… Je ne sais… Vous devez vous tromper.

– Non. Je suis Mathilde Loisel. »

Son amie poussa un cri :

« Oh !… ma pauvre Mathilde, comme tu es
35 changée !…

– Oui, j'ai eu des jours bien durs, depuis que je ne t'ai vue ; et bien des misères... et cela à cause de toi !...

– De moi... Comment ça ?

– Tu te rappelles bien cette rivière de diamants que tu m'as prêtée pour aller à la fête du ministère.

– Oui. Eh bien ?

– Eh bien, je l'ai perdue.

– Comment ! puisque tu me l'as rapportée.

– Je t'en ai rapporté une autre toute pareille. Et voilà dix ans que nous la payons. Tu comprends que ça n'était pas aisé pour nous, qui n'avions rien... Enfin c'est fini, et je suis rudement contente. »

Mme Forestier s'était arrêtée.

« Tu dis que tu as acheté une rivière de diamants pour remplacer la mienne ?

– Oui. Tu ne t'en étais pas aperçue, hein ? Elles étaient bien pareilles. »

Et elle souriait d'une joie orgueilleuse et naïve.

Mme Forestier, <u>fort émue</u>, lui prit les deux mains.

« Oh ! ma pauvre Mathilde ! Mais la mienne était fausse. Elle valait au plus cinq cents francs !... »

Guy de Maupassant, La Parure, 1884.

---

1. **Le taux de l'usure** : les conditions du prêt (à combien se monteront les intérêts).
2. **Bourgeoise** : ici, femme du peuple (péjoratif).

Georges Stein, *À l'extrêmité du jardin des Tuileries surplombant la place de la Concorde à Paris (France)*, 1896.

▶ Comment la fin de la nouvelle crée-t-elle un effet de surprise ?

Analyser et interpréter le texte

Le temps du bilan

1. À quelle classe sociale semblent maintenant appartenir les Loisel ? Quels changements physiques le montrent ?

2. LANGUE Vers quelle période de sa vie se tournent les pensées de Mathilde ? Par quel type de discours et par quel type de phrases exprime-t-elle la cruauté du destin ?

↘ Reconnaître les types de phrase, p. 314.

Une chute cruelle

3. Quel contraste y a-t-il entre Mme Forestier et Mme Loisel ?

4. Selon vous, pourquoi le dialogue est-il si long entre les deux femmes ? Comment leur émotion est-elle exprimée dans ce dialogue ? Observez notamment la ponctuation.

5. Selon vous, quel sentiment une telle fin provoque-t-elle chez le lecteur ?

S'exprimer à l'écrit ✍

Imaginer une fin différente

6. Rédigez une fin moins cruelle à la nouvelle en imaginant par exemple que Mme Forestier choisit de ne pas révéler la vérité.

☰ **Conseil** : Variez les types de discours (direct, indirect).

> Bilan Comment la chute éclaire-t-elle l'ensemble de la nouvelle différemment ?

Pour bien écrire

« Fort émue » (l. 54) : « fort » a ici une valeur adverbiale, il signifie « très » et est donc invariable. Quelle est la classe grammaticale habituelle de « fort » ?

↪ MÉMO

Une **nouvelle à chute** est une nouvelle dont la fin est surprenante, absolument inattendue pour le lecteur, et qui l'oblige ainsi à revoir son interprétation de l'ensemble.

La Parure de Claude Chabrol

La Parure a été adaptée plusieurs fois à l'écran, notamment en 2006 dans un téléfilm réalisé par Claude Chabrol (1930-2010). Le format du court-métrage se prête particulièrement au rythme vif du récit.

« Que serait-il arrivé si elle n'avait point perdu cette parure ? Qui sait ? qui sait ? Comme la vie est singulière, changeante ! Comme il faut peu de chose pour vous perdre ou vous sauver ! »

Guy de Maupassant, *La Parure*, 1884.

La première scène : une scène inventée (1'45)

Le quotidien de Mathilde Loisel (3'24)

Le bal (11'52)

Le succès de Mathilde (12'54)

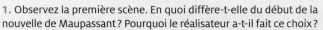

Claude Chabrol a ajouté un nouveau personnage qui n'existe pas dans la nouvelle : M. Maronsin (gauche), patron de M. Loisel.

Fiche signalétique du film

Titre : *La Parure*

Genre : court-métrage, téléfilm

Scénario, adaptation et dialogues : Gérard Jourd'hui et Jacques Santamaria

Interprétation : Cécile de France (Mathilde Loisel), Thomas Chabrol (Charles Loisel), Charley Fouquey (Jeanne Forestier), Christian Hecq (M. Maronsin)

Date de réalisation : 2006

Durée : 30 minutes

Comparer la nouvelle et le film

1. Observez la première scène. En quoi diffère-t-elle du début de la nouvelle de Maupassant ? Pourquoi le réalisateur a-t-il fait ce choix ?

2. En quoi le photogramme 2 est-il représentatif du quotidien de Mme Loisel ? Que traduisent les visages ? Qu'est-ce qui rend cette scène réaliste ?

3. Quel est l'intérêt du travelling pour filmer les danseurs ? Comment Claude Chabrol a-t-il représenté le fait que « Mme Loisel eut un succès » ?

5

L'achat de la nouvelle parure : l'endettement (21'25)

6

Le regret du passé
(21'46)

Mme Loisel se regarde dans le miroir
et se revoit, en plan superposé, lors
du bal dix ans auparavant.

7

Le temps qui
passe (23'14)

Le plan ci-dessus se répète
plusieurs fois : on y voit Mme Loisel
faire le même chemin et vieillir un
peu plus à chaque fois.

8

10 ans après (25'30)

9

Le plan final (28'20)

Vocabulaire

- **Fondu enchaîné** ou **surimpression** : passage d'une séquence à une autre en superposant des plans.
- **Gros plan** : cadrage qui isole une partie du corps (un visage, par exemple).
- **Travelling** : déplacement de la caméra pour suivre le mouvement du personnage.
- **Zoom avant** : mouvement de la caméra qui donne l'impression de se rapprocher progressivement d'un personnage ou d'un objet.

4. Quel peut-être l'intérêt du nouveau personnage inventé par Claude Chabrol ?

5. Comment appelle-t-on le type de plan du photogramme 5 ? Les moments forts de l'histoire y sont symbolisés : quels sont ces moments ?

6. Comment le cinéaste s'y est-il pris pour montrer l'écoulement de dix années ? Comment cette ellipse est-elle traduite dans la nouvelle ?

7. Quand Mme Loisel se regarde dans le miroir, quelles autres images d'elle apparaissent ? Comment appelle-t-on ce procédé ? En quoi illustre-t-il l'extrait de la nouvelle de Maupassant (p. 26) ?

8. L'image de fin traduit-elle selon vous l'esprit de la nouvelle ?

Bilan Quel éclairage l'adaptation de Chabrol apporte-t-elle à la nouvelle de Maupassant ? En quoi lui est-elle fidèle ? Quelles libertés le réalisateur a-t-il prises par rapport à la nouvelle ?

Lire *La Parure*, de Guy de Maupassant

1. La structure narrative du récit

1. Quelles sont les principales étapes du récit ? Citez-les dans l'ordre chronologique.
2. Quel épisode clé fait basculer la vie des personnages ? Où se situe-t-il au regard de l'ensemble de la nouvelle ?
3. Comparez la situation initiale et la situation finale de la nouvelle. Quels changements fondamentaux se sont opérés chez les Loisel ?

2. Des personnages représentatifs de leur siècle

4. De quelle classe sociale les Loisel sont-ils représentatifs ? Justifiez votre réponse en vous appuyant sur le texte.
5. Qu'en est-il de Mme Forestier ?
6. Quel regard chacune de ces classes porte-t-elle sur l'autre ?
7. Selon vous, Mme Loisel a-t-elle de véritables raisons de se plaindre au début de l'histoire ? Justifiez votre réponse.

3. La dramatisation de l'histoire

8. Par quels procédés stylistiques le narrateur marque-t-il la descente aux enfers des Loisel ? Quelle place tient, notamment, la dernière scène de rencontre entre Mme Loisel et Mme Forestier ?
9. Quel défaut majeur de Mme Loisel est la cause de tous ses malheurs ?
10. Que pensez-vous de l'attitude de M. Loisel à chacune des étapes de la nouvelle ?
11. Par quels procédés d'écriture l'auteur met-il en relief la vie devenue difficile des Loisel ? Appuyez-vous sur des exemples concrets.
12. « Et elle souriait d'une joie orgueilleuse et naïve »... Imaginez que la nouvelle se termine ici, juste avant l'ultime réplique de Mme Forestier. Quel autre regard sur l'histoire auriez-vous alors eu ?
13. Quel effet provoque la chute de la nouvelle ? En quoi oblige-t-elle à parcourir à nouveau l'histoire ? En quoi augmente-t-elle encore son intensité dramatique ?

Bilan

Rédiger un résumé

Relisez la nouvelle. Au brouillon, notez les personnages qui ont un rôle important, les différentes étapes du récit. En une dizaine de lignes, rédigez votre résumé, en désignant les personnages de façon claire (pour éviter les répétitions) et en utilisant des connecteurs temporels en début de paragraphes pour marquer la progression des actions.

Entre bonheur et désespoir

Rêver sa vie

1 **a.** Relevez dans cet extrait tous les mots qui expriment le luxe.
b. Complétez cette liste de mots par six à huit adjectifs exprimant la beauté. Aidez-vous d'un dictionnaire.

> « Elle songeait aux dîners fins, aux argenteries reluisantes, aux tapisseries peuplant les murailles de personnages anciens et d'oiseaux étranges au milieu d'une forêt de féerie ; elle songeait aux plats exquis servis en des vaisselles merveilleuses [...]. »
>
> Guy de Maupassant, *La Parure*, 1884.

2 Complétez les phrases suivantes avec le mot qui convient :

allégresse • plaisir • euphorie • ravissement • extase

1. Elle bondit, joyeuse, pleine d'.........
2. Elle était en .... devant cette toile magnifique.
3. La qualité de la robe n'a pas provoqué l'......... attendue.
4. Rendre visite à son amie était toujours un ....
5. Ce spectacle des danseurs valsant au son des violons : quel .... !

Faire face à l'infortune

3 Recopiez ce tableau et classez les mots suivants selon leur sens :

chagrin • misère • nécessité • privation • frustration • revers • adversité • infortune • déconvenue • désastre • douleur • déveine • catastrophe • affliction • regret • désespoir • détresse

Mots exprimant un coup du sort	Mots exprimant un sentiment

4 Choisissez dans la liste de l'exercice 3 le mot qui convient le mieux pour compléter chaque phrase et faites les accords nécessaires :

1. Les Loisel, qui ont dû renoncer à leur confort, ont sans doute éprouvé une vive ....
2. Ce sont les .... qui l'ont rendue si décharnée.
3. Dans ce quartier pauvre traînaient un grand nombre de ....
4. Les malheurs ont succédé aux malheurs, toute sa vie elle a dû faire face à la ....

Dire le désespoir

5 « Détresse », « déception », « désespoir », « démoralisation », « découragement » et « désolation » ont pour point commun de commencer tous par *dé-*. Dans lesquels de ces mots *dé-* est-il un préfixe ? Recherchez pour répondre l'origine de ces mots dans un dictionnaire.

6 Reproduisez ce tableau et complétez-le avec les mots suivants (quand cela vous paraît possible) :

affolé • désespéré • atterré • abattu • détresse • angoisse • tristesse • accablement • déception • démoralisation • découragement • désolation • torturé

Adjectif	Nom	Verbe
affolé	*affolement*	*affoler*
désespéré		

James Wells Champney, *Coquette*, vers 1885.

À vous d'écrire !

7 Écrivez un article de quelques lignes pour annoncer la parution de *La Parure* dans le journal *Le Gaulois*. Résumez la nouvelle sans dévoiler la fin et donnez votre avis en utilisant des modalisateurs.

➢ Les modalisateurs, p. 71.

8 Rédigez un court récit sous forme d'un article de presse. Le journaliste rapporte les propos d'un gros gagnant du loto. Il fait part de sa joie, de ses rêves, de ses projets. Vous intégrerez au moins huit mots parmi ceux qui ont été cités dans les exercices précédents.

Réaliser un débat

Avez-vous préféré le film de Claude Chabrol ou la nouvelle de Maupassant ? Lancez un débat pour confronter vos points de vue.

1 Préparez vos arguments en comparant les séquences narratives, la chronologie de l'histoire... Comparez également la manière dont sont peints ou évoqués les différents lieux de vie.

2 Comparez la psychologie des personnages principaux et leur évolution ainsi que la manière dont sont traités le temps qui passe et ses effets sur les personnages.

3 Appuyez votre avis personnel sur des images ou des passages de la nouvelle ou du film. Utilisez un lexique précis (nommez, par exemple, les plans, les mouvements de caméra, parlez de l'atmosphère...).

4 Séparez la classe en deux : d'un côté ceux qui ont préféré la nouvelle de Maupassant, de l'autre ceux qui ont préféré le film de Chabrol.

5 Débattez de la question en prenant garde à ne pas répéter un argument déjà donné.

La Parure, film de Claude Chabrol avec Cécile de France (Mme Loisel), 2006.

...à l'écrit ✎

Réécrire la fin d'une nouvelle

«Que serait-il arrivé si elle n'avait point perdu cette parure ? Qui sait ? » Vous allez modifier le destin de Mme Loisel et donner à la nouvelle une fin heureuse.

1 Commencez votre récit au moment de la fin du bal. Vous varierez les focalisations en fonction de vos choix narratifs.

2 Pensez à insérer des dialogues et à garder l'aspect réaliste de la nouvelle.

3 Transcrivez les pensées intérieures des personnages en utilisant le discours indirect («elle se dit que...», «il pensa que...»).

Conseil

Vous pouvez réorienter le récit en faisant de M. Loisel le personnage central, ou insérer un ou deux autres personnages secondaires.

COMPÉTENCES

D1, 2, 3 ▸ Participer de façon constructive à des échanges.

D1, 2, 3 ▸ Adopter des stratégies et des procédures d'écriture efficaces.

Bilan de la séquence

Une nouvelle se caractérise par...

la **brièveté** du récit.

un **rythme vif** et des épisodes successifs.

un **nombre restreint de personnages**.

une **chute** parfois inattendue.

Le réalisme se manifeste dans...

les **détails de la vie quotidienne** (les travaux quotidiens, les repas...).

les **personnages**, représentatifs d'un milieu, d'une classe sociale, qui connaissent une évolution au cours de la nouvelle (Mme Loisel passe du rêve à la misère).

les nombreux recours au **point de vue interne** pour entrer dans la psychologie des personnages.

une **vision parfois mordante de la société**.

Les classes sociales au XIXᵉ siècle

La **haute bourgeoisie** (grands banquiers et industriels), classe aisée qui détient le pouvoir économique et financier.

La **petite et moyenne bourgeoisie** (artisans, employés...), à laquelle appartiennent les Loisel, qui voit ses conditions de vie s'améliorer, grâce à l'instruction.

Les **ouvriers**, qui connaissent des conditions de vie misérables et n'ont pas accès à l'enseignement.

Évaluation   Mobiliser les acquis de la séquence

1. Je connais la définition d'une nouvelle.

2. Je sais ce qu'est un effet de chute.

3. Je connais les caractéristiques d'une nouvelle réaliste.

4. Je sais nommer et caractériser les différentes classes sociales au XIXᵉ siècle.

5. Je peux résumer le schéma narratif de *La Parure*.

COMPÉTENCES ATTENDUES EN FIN DE 4ᵉ

D1, 5   **Lire**
– Situer les textes littéraires dans leur contexte historique et culturel.
– Lire une œuvre complète et rendre compte de sa lecture.

D1, 2, 3   **Comprendre et s'exprimer à l'oral**
Participer de façon constructive à des échanges oraux.

D1, 5   **Acquérir des éléments de culture littéraire et artistique**
Mobiliser des références culturelles pour interpréter les textes et les productions artistiques.

La fiction pour interroger le réel

Personnages

OBJECTIFS
• Étudier comment se construit un portrait de personnage dans le roman.
• Comprendre la place et les fonctions du portrait dans le roman.

James Ensor,
Autoportrait aux masques, 1899.

mystérieux

> ▶ *Comment un auteur rend-il un personnage de roman mystérieux et nous donne-t-il envie d'en savoir plus sur lui ?*

Le goût pour les personnages mystérieux en littérature

1831

Honoré de Balzac, *La Peau de chagrin*
Un portrait réaliste

Honoré de Balzac n'a pas son pareil pour décrire les personnages avec précision et réalisme, comme ce vieil antiquaire intrigant.
↘ p. 36

1925

Joseph Kessel, *Les Rois aveugles*

Un personnage historique inquiétant

Avec ce roman historique, Kessel redonne vie à la personnalité ambiguë et glaçante du célèbre Raspoutine. Est-il un guérisseur ou un manipulateur ? ↘ p. 40

1869

Victor Hugo, *L'Homme qui rit*
Une apparence monstrueuse

Victor Hugo, chef de file du romantisme, aime les personnages contrastés, à la fois laids et fascinants. Gwynplaine, héros positif, en est l'une des plus remarquables incarnations. ↘ p. 38

1978

J. M. G. Le Clézio, *Mondo et autres histoires*
Un enfant libre et mystérieux

Le Clézio s'inscrit dans la tradition humaniste en mettant en scène un jeune garçon dont on ignore tout ou presque et qui semble dénué de toute attache. ↘ p. 42

2007

Patrick Modiano, *Dans le café de la jeunesse perdue*
Une jeune femme énigmatique

Modiano a le goût pour les personnages fantomatiques dont il recherche la trace à travers des bribes de souvenirs, de vieilles photographies, les témoignages de ceux qui les ont connus... Qui était donc Louki ? ↘ p. 44

Honoré de Balzac
Romancier français
1799-1850

Victor Hugo
Écrivain français
1802-1885

Joseph Kessel
Journaliste et romancier français
1898-1979

J. M. G. Le Clézio
Écrivain français
né en 1940

Patrick Modiano
Écrivain français
né en 1945

Devinez qui je suis

Eugene E. Speicher, *Nancy*, XXᵉ siècle.

Giuseppe de Nittis, *Retour du bois de Boulogne*, 1878.

1 Par groupes de quatre élèves, choisissez un des portraits de femmes de cette page.

2 Élaborez ensemble cinq indices du type : « si elle était un animal, elle serait... », « si elle était un monument, une actrice, un roman, une émission de télévision, une odeur... ».

3 Faites deviner le portrait que vous avez choisi en donnant un à un les indices au reste de la classe.

Rédigez un portrait

4 Vous avez certainement déjà rencontré une personne très secrète aux habitudes étranges. Racontez les circonstances de la rencontre et décrivez l'être mystérieux en une dizaine de lignes.

Odilon Redon, *Profil*, XIXᵉ siècle.

Un étrange vieillard

Le jeune Raphaël de Valentin vient de perdre son dernier sou au jeu. Il a d'abord l'intention de se suicider, mais, la nuit venue, il entre par hasard dans la boutique d'un vieil antiquaire dont voici le portrait.

Figurez-vous un petit vieillard sec et maigre, vêtu d'une robe en velours noir, serrée autour de ses reins[1] par un gros cordon de soie. Sur sa tête, une calotte en velours également noir laissait passer, de chaque côté de la figure, les longues mèches de ses cheveux <u>blancs</u> et s'appliquait sur le
5   crâne de manière à rigidement encadrer le front. La robe ensevelissait le corps comme dans un vaste linceul[2], et ne permettait de voir d'autre forme humaine qu'un visage étroit et pâle. Sans le bras décharné, qui ressemblait à un bâton sur lequel on aurait posé une étoffe[3] et que le vieillard tenait en l'air pour faire porter sur le jeune homme toute la clarté de la lampe,
10   ce visage aurait paru suspendu dans les airs. Une barbe <u>grise</u> et taillée en pointe cachait le menton de cet être bizarre, et lui donnait l'apparence de ces têtes judaïques qui servent de types aux artistes quand ils veulent représenter Moïse. Les lèvres de cet homme étaient si décolorées, si
15   minces, qu'il fallait une attention particulière pour deviner la ligne tracée par la bouche dans son blanc visage. Son large front ridé, ses joues blêmes et creuses, la rigueur implacable de ses petits yeux <u>verts</u> dénués de cils et de sourcils, pouvaient faire
20   croire à l'inconnu que le *Peseur d'or* de Gérard Dow[4] était sorti de son cadre. Une finesse d'inquisiteur[5] trahie par les sinuosités[6] de ses rides et par les plis circulaires dessinés sur ses tempes, accusait une science profonde des choses de la vie. Il était impossible de tromper cet homme
25   qui semblait avoir le don de surprendre les pensées au fond des cœurs les plus discrets. [...] Un peintre aurait, avec deux expressions différentes et en deux coups de pinceau, fait de cette figure une belle image du Père éternel ou le <u>masque</u> ricaneur du Méphistophélès[7], car il se trouvait tout ensemble
30   une suprême puissance dans le front et de sinistres railleries sur la bouche. [...] Le moribond[8] frémit en pressentant que ce vieux génie habitait une sphère étrangère au monde, et où il vivait seul, sans jouissances parce qu'il n'avait plus d'illusions, sans douleur parce qu'il ne connaissait plus
35   de plaisirs. Le vieillard se tenait debout, immobile, inébranlable[9] comme une étoile au milieu d'un

REPÈRES

La Comédie humaine
La Peau de chagrin fait partie de *La Comédie humaine*, ensemble de plus de 90 romans, nouvelles et contes écrits de 1829 à 1850 par Balzac. Les différents groupes sociaux et l'ensemble de la société de son époque y sont représentés.

▽ L'HISTOIRE DES MOTS

« **Masque** » (l. 28), vient de l'italien *maschera*, dérivé du radical ancien *maska* qui signifie « noir », mais aussi « sorcière, démon ». Les plus anciens déguisements consistaient à se noircir le visage et le corps. Comment appelle-t-on le fard à cils qui sert à se maquiller ?

Méphisto, croquis du costume réalisé par Betout pour l'opéra *Faust* de Charles Gounod, fin XIXe siècle.

nuage de lumière. Ses yeux verts, pleins de je
ne sais quelle malice calme, semblaient éclairer
le monde moral comme sa lampe illuminait ce
40   cabinet mystérieux.

Tel fut le spectacle étrange qui surprit le jeune
homme au moment où il ouvrit les yeux, après
avoir été bercé par des pensées de mort et de
fantasques[10] images.

Honoré de Balzac, *La Peau de chagrin*, 1831.

---

1. **Reins** : hanches. 2. **Linceul** : drap dans lequel on enveloppe les morts.
3. **Étoffe** : tissu. 4. **Gérard Dow** : peintre néerlandais du XVIIᵉ siècle
(aussi orthographié « Dou »). 5. **Inquisiteur** : ici, personne qui cherche
à découvrir quelque chose. 6. **Sinuosités** : courbes. 7. **Méphistophélès** :
figure diabolique. 8. **Moribond** : personne qui est sur le point de mourir.
9. **Inébranlable** : qui ne peut être abattu. 10. **Fantasques** : fantaisistes.

Gérard Dou, *Le Peseur d'or*, 1664, huile sur bois, 28,5 x 22,5 cm,
musée du Louvre, Paris.

Lecture de l'image

Quelles caractéristiques du vieillard décrites
par Balzac retrouve-t-on dans cette œuvre ?

▶ Comment Balzac crée-t-il une énigme à partir d'un portrait réaliste ?

Découvrir le texte

1. 🌐 Rendez-vous sur le site
www.mythologica.fr et faites une recherche
sur Méphistophélès. Que signifie ce nom ?
À l'aide de ces informations, définissez l'atmosphère qui se dégage du portrait.

Analyser et interpréter le texte

Un portrait physique détaillé
2. **a.** Quels détails physiques sont décrits
dans ce portrait ? Relevez les termes appartenant au champ lexical du corps.
b. Quel(s) adjectif(s) les qualifie(nt) ?
3. Ce portrait vous semble-t-il vague ou
précis ? Justifiez votre réponse.
4. Quelles sont les couleurs dominantes ?
Selon vous, donnent-elles une image positive du personnage ?
5. De quel art ce portrait littéraire se
rapproche-t-il ? Justifiez votre réponse.

Un personnage symbolique
6. LANGUE **a.** De « Le moribond frémit » (l. 31)
à « plus de plaisirs » (l. 35), quelle préposition
et quelle négation sont répétées ?
b. En quoi laissent-elles croire que le vieillard
n'appartient plus au monde des vivants ?
7. Relevez les termes qui appartiennent au
champ lexical du rêve : pourquoi sont-ils
employés ?
8. À quels personnages mythiques le
vieillard est-il comparé ? Classez les
réponses en deux catégories.

S'exprimer à l'écrit ✎

Écrire un dialogue
9. Imaginez un dialogue entre Raphaël et le
vieillard qui mettra en évidence les raisons pour
lesquelles Raphaël est entré dans la boutique.

Bilan Pourquoi peut-on dire que ce
portrait n'est pas qu'une description réaliste ?

Pour bien écrire

« **Blancs** » (l. 4), « **grise** »
(l. 10), « **verts** » (l. 19)
sont des adjectifs de
couleur. Ils s'accordent
comme n'importe
quel autre adjectif,
contrairement aux
adjectifs composés (rouge
vif, bleu clair...) qui sont
invariables. Comment
accordez-vous « une
tunique (vert foncé) » ?

✍ MÉMO

Par l'abondance des
détails, le **portrait
littéraire réaliste** peut
être rapproché de la
peinture. À travers un
portrait, un personnage
peut prendre une
dimension symbolique,
c'est-à-dire qu'il peut
incarner une idée, une
qualité ou un défaut.

Objectif
• Comprendre la double dimension physique et morale du portrait.

Compétence
• Formuler des impressions de lecture.

L'homme derrière le monstre

Dans l'Angleterre de la fin du XVIIe siècle, Gwynplaine, jeune noble âgé de dix ans, a été enlevé sur ordre du roi et atrocement défiguré, la bouche fendue jusqu'aux oreilles. Il devient un monstre de foire.

REPÈRES

Victor Hugo a créé, au XIXe siècle, de nombreux personnages mémorables chez qui se côtoient le beau et le laid, comme Gwynplaine, mais aussi Quasimodo (*Notre-Dame de Paris*) ou le nain Triboulet (*Le roi s'amuse*).

Gwynplaine était saltimbanque[1]. Il se faisait voir en public. Pas d'effet comparable au sien. Il guérissait les hypocondries[2] rien qu'en se montrant. Il était à éviter pour des gens en deuil, confus et forcés, s'ils l'apercevaient, de rire indécemment. Un jour le bourreau vint, et Gwynplaine le fit rire. On
5 voyait Gwynplaine, on se tenait les côtes ; il parlait, on se roulait à terre. Il était le pôle opposé du chagrin. Spleen[3] était à un bout, et Gwynplaine à l'autre.

Aussi était-il parvenu rapidement, dans les champs de foire et dans les carrefours, à une fort satisfaisante renommée d'homme horrible.

C'est en riant que Gwynplaine faisait rire. Et pourtant il ne riait pas.
10 Sa face riait, sa pensée non. L'espèce de visage inouï[4] que le hasard ou une industrie bizarrement spéciale lui avait façonné, riait tout seul. Gwynplaine ne s'en mêlait pas. Le dehors ne dépendait pas du dedans. Ce rire qu'il n'avait
15 point mis sur son front, sur ses joues, sur ses sourcils, sur sa bouche, il ne pouvait l'en ôter. On lui avait à jamais appliqué le rire sur le visage. C'était un rire automatique, et d'autant plus irrésistible qu'il était pétrifié. Personne
20 ne se dérobait à ce rictus. Deux convulsions de

Illustration de G. A. Rochegrosse pour *L'Homme qui rit*, 1886.

▶ Comment le portrait de Gwynplaine invite-t-il le lecteur à voir derrière les apparences ?

Découvrir le texte

1. Que vous évoque le titre du roman, et quel personnage vous attendez-vous à trouver ? Votre compréhension du titre change-t-elle après avoir lu l'extrait ?

Analyser et interpréter le texte

Une apparence troublante

2. Quel effet Gwynplaine produit-il chez les gens et pourquoi ?

3. À partir de la ligne 18, quels adjectifs sont utilisés pour qualifier son rire ? Qu'en déduisez-vous le concernant ?

la bouche sont communicatives, le rire et le bâil-
lement. Par la vertu de la mystérieuse opération
probablement subie par Gwynplaine enfant, toutes
les parties de son visage contribuaient à ce rictus,
25 toute sa physionomie y aboutissait, comme une roue
se concentre sur le moyeu⁵ ; toutes ses émotions,
quelles qu'elles fussent, augmentaient cette étrange
figure de joie, disons mieux, l'aggravaient. Un étonnement qu'il aurait eu, une souffrance qu'il aurait
30 ressentie, une colère qui lui serait survenue, une
pitié qu'il aurait éprouvée, n'eussent fait qu'accroître
cette hilarité des muscles ; s'il <u>eût</u> pleuré, il eût ri ;
et, quoi que <u>fît</u> Gwynplaine, quoi qu'il <u>voulût</u>, quoi
qu'il pensât, dès qu'il levait la tête, la foule, si la foule
35 était là, avait devant les yeux cette apparition, l'éclat
de rire foudroyant.

Qu'on se figure une tête de Méduse⁶, gaie.

Victor Hugo, *L'Homme qui rit*, 1869.

L'Homme qui rit, film de J.-P. Améris, avec M.-A. Grondin
(Gwynplaine), 2012.

---

1. **Saltimbanque** : comédien ambulant dont le but est d'amuser les foules.
2. **Hypocondries** : états d'anxiété permanente concernant la santé, humeurs chagrines.
3. **Spleen** : mot anglais qui exprime un état mélancolique.
4. **Inouï** : extraordinaire.
5. **Moyeu** : partie centrale d'une roue destinée à être montée sur un axe.
6. **Méduse** : personnage mythologique dont les cheveux sont des serpents qui pétrifient.

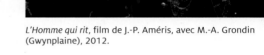

Lecture de l'image

Laquelle de ces représentations de Gwynplaine
(illustration et film) vous semble la plus conforme à
l'idée que vous vous faites du personnage ? Pourquoi ?

---

4. Quelles autres expressions désignent le rire figé de Gwynplaine dans le texte ? Sont-elles positives ou négatives ?

5. LANGUE **a.** À quoi voit-on que le rire de Gwynplaine ne dépend pas de sa volonté ?
b. Quelle forme de phrases nous le montre (l. 13-16) ?
↘ Reconnaître les formes de phrases, p. 314.

Des sentiments complexes

6. Trouvez deux antonymes de « rire » dans le troisième paragraphe. Que suggèrent-ils à propos du jeune homme ?

7. a. Observez le début du troisième paragraphe. Sur quoi repose l'effet de surprise de ces phrases ? **b.** Trouvez dans le texte au moins une autre formule qui repose sur le même principe.

8. À partir de « toutes ses émotions » (l. 26), relevez les termes désignant les sentiments. Que nous apprend cette énumération sur le personnage ?

S'exprimer à l'oral

Mener un débat

9. En classe, débattez entre vous des questions suivantes : Rit-on toujours de quelque chose de drôle ? Le rire peut-il être cruel ?

> Bilan Pourquoi peut-on dire que Gwynplaine n'est pas l'homme qu'il semble être physiquement ?

Pour bien écrire

« Eût », « fît », « voulût »
(l. 32-33) sont conjugués
à l'imparfait du subjonctif.
L'accent circonflexe,
placé sur la voyelle finale,
permet de les distinguer
du passé simple.

MÉMO

Un portrait se compose
généralement d'une
description physique et
d'une **description morale**.
Le narrateur peut choisir
de mettre en évidence
un détail physique ou
psychologique qui va
fortement caractériser le
personnage.

Un personnage ambivalent

Objectif
• Analyser un portrait en action.

Compétence
• Recourir à des stratégies de lecture diverses.

REPÈRES

1900 — XXᵉ siècle — 2000

1916 1925
Assassinat de Raspoutine — Joseph Kessel, *Les Rois aveugles*

▽ L'HISTOIRE DES MOTS

« **Miracle** » (l. 25) vient du latin *miraculum* qui signifie « chose extraordinaire ». Au Moyen Âge, le miracle est une courte pièce populaire mettant en scène les miracles de la Vierge ou d'un saint. Donnez au moins un synonyme de « miracle ».

Dans un modeste appartement de Saint-Pétersbourg, Raspoutine, un moine dont on dit qu'il est un guérisseur exceptionnel, reçoit chez lui des centaines de gens de toutes conditions qui réclament son aide. Très attendu par ces derniers, il fait enfin son apparition. Une jeune femme, Lise, semble particulièrement fascinée.

Il semblait harassé[1]. La pâleur habituelle de son visage avait pris une teinte de cendre. Des mèches de ses longs cheveux lui collaient aux tempes. Sur son front apparaissaient des rides profondes et bizarres, en forme de croix. De ses traits ravagés, de ses joues creuses, de ses orbites caves[2] émanait une lassitude
5 ardente. Si cette usure venait d'une nuit de débauche ou de macération[3], il était impossible de le discerner.

Presque tous les solliciteurs[4] tenaient leurs fronts inclinés très bas et leurs mains jointes ou crispées en un geste de prière. Les deux colonels de la Garde, forts de leur rang, firent un pas vers Raspoutine. Il leur cria grossièrement :
10 – Hé ! pas si vite, les militaires. Les pauvres gens d'abord !

Il se pencha sur la paysanne qui n'avait pas lâché le bras de son fils malade, et lui dit avec une grande douceur :

– Montre-moi ton garçon, ma colombe.

Le petit tremblait à longs frissons, et sa grosse tête avait peine à tenir droite
15 sur les épaules.

– Lâche-le, ordonna Raspoutine à la mère.

Il se plaça derrière l'enfant, étendit les paumes au-dessus de ses cheveux, puis, les yeux fixés sur sa nuque, se mit à proférer d'inintelligibles paroles qui se suivaient comme des incantations avec un bruit de vent dans les feuilles.
20 Soudain, le staretz[5] s'arrêta, repoussa le petit.

– Va-t'en ! cria-t-il.

L'enfant ne frissonnait plus, une rougeur saine couvrait ses joues, et sa bouche, serrée jusque-là, souriait. Un long murmure se propagea de bouche en bouche.
25 – Il l'a guéri ! Il l'a sauvé ! Un <u>miracle</u>.

Et Lise, les yeux élargis, répétait sans en avoir conscience :

– Un miracle, un miracle.

Tout à coup, elle sentit que ses lèvres étaient comme scellées. Le regard de Raspoutine venait de pénétrer en elle. Lise ne
30 le put soutenir qu'une seconde et baissa les paupières. C'était une trop faible défense, contre les deux traits brûlants qui la traversaient de leur feu.

Le staretz marcha vers la jeune femme et dit à mi-voix :

– N'aie pas peur, hirondelle, je ne te ferai pas de mal. Nous
35 parlerons après. Repose-toi.

Joseph Kessel, *Les Rois aveugles* [1925], éditions 10-18, 1992.

1. **Harassé** : épuisé. 2. **Orbites caves** : cavités osseuses de l'œil, ici, creusées. 3. **Macération** : pratique religieuse faite de privations et de mortifications. 4. **Solliciteurs** : ceux qui viennent réclamer son aide à Raspoutine. 5. **Staretz** : autorité spirituelle de l'Église orthodoxe.

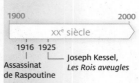

Photographie de Grigori Raspoutine, vers 1912.

Un **portrait en action** permet de caractériser le personnage de manière indirecte, c'est-à-dire que c'est au lecteur de déduire les informations sur la personnalité du personnage à partir de ses paroles, ou de ses actions.

Lecture de l'image

1. Quelle caractéristique de Raspoutine l'acteur Christopher Lee accentue-t-il par son jeu ?
2. Cette jaquette vous donne-t-elle envie de voir le film ? À l'oral, dites si elle vous semble réussie ou non, en argumentant.

Jaquette anglaise du DVD de *Rasputin, The Mad Monk* (*Raspoutine, le moine fou*), film de Don Sharp, 1966.

CHRISTOPHER LEE

Rasputin
The Mad Monk

BARBARA SHELLEY   FRANCIS MATTHEWS

▶ Comment le narrateur rend-il la description de Raspoutine vivante et dynamique ?

Découvrir le texte

1. 🕐 Faites une recherche rapide sur Raspoutine sur Internet. Quel don avait-il ?

Analyser et interpréter le texte

Un physique fascinant

2. a. Quelles sont les principales caractéristiques physiques de Raspoutine ? **b.** Relevez les éléments de description qui en font un personnage à l'apparence maladive.
3. En quoi la forme des rides rappelle-t-elle son statut ?
4. Relevez les différents termes qui caractérisent son regard. **a.** À quel champ lexical appartiennent-ils ? **b.** Qu'est-ce que cela nous apprend de lui ?

Une personnalité ambiguë

5. Comment Raspoutine est-il perçu par les autres personnages ?
6. LANGUE Observez les paroles de Raspoutine : à quel mode les verbes sont-ils conjugués ? Quel trait de caractère cela met-il en avant ?

7. a. Quels termes utilise-t-il pour s'adresser aux femmes ? Qu'est-ce que cela révèle de sa personnalité ?
b. Cela vous paraît-il correspondre à sa fonction de moine ?
8. Raspoutine, en russe, signifie « débauché ». Quels autres éléments du texte laissent deviner l'ambiguïté du personnage ?

S'exprimer à l'écrit ✎

Décrire un personnage

9. Un homme qui louche, un borgne, un hypnotiseur, un homme à lunettes... Rédigez un bref portrait en action d'un personnage en insistant essentiellement sur son regard.

▤ Conseil : Réfléchissez bien à l'effet que vous voulez produire : faire rire, inquiéter, apeurer...

Bilan Comment la personnalité de Raspoutine ressort-elle de ses actes ?

Objectif
• Étudier le portrait d'un personnage apparaissant pour la première fois dans le récit.

Compétence
• Percevoir un effet esthétique.

REPÈRES

J. M. G. Le Clézio a obtenu le prix Nobel de littérature en 2008. Il accorde une place croissante aux mythes et au rêve dans ses romans à partir du milieu des années 1970.

Pour bien écrire

« Hasard » (l. 2) ne s'écrit pas avec un -z contrairement au mot anglais *hazard* et se termine par un -d. Quel est l'adjectif dérivé du nom « hasard » ?

✆ MÉMO

Dans une **description**, le narrateur guide parfois le lecteur dans l'interprétation du texte. Il peut ainsi livrer ses propres explications à un mystère, mais aussi ses opinions personnelles ou sentiments sur les personnages.

Mondo, un enfant insaisissable

Voici les premières lignes du récit : le lecteur découvre le personnage de Mondo.

Personne n'aurait pu dire d'où venait Mondo. Il était arrivé un jour, par hasard, ici dans notre ville, sans qu'on s'en aperçoive, et puis on s'était habitué à lui. C'était un garçon d'une dizaine d'années, avec un visage tout rond et tranquille, et de beaux yeux noirs un peu obliques[1]. Mais
5 c'était surtout ses cheveux qu'on remarquait, des cheveux brun cendré qui changeaient de couleur selon la lumière, et qui paraissaient presque gris à la tombée de la nuit.

On ne savait rien de sa famille, ni de sa maison. Peut-être qu'il n'en avait pas. Toujours, quand on ne s'y attendait pas, quand on ne pensait pas
10 à lui, il apparaissait au coin d'une rue, près de la plage, ou sur la place du marché. Il marchait seul, l'air décidé, en regardant autour de lui. Il était habillé tous les jours de la même façon, un pantalon bleu en denim[2], des chaussures de tennis, et un T-shirt vert un peu trop grand pour lui.

Quand il arrivait vers vous, il vous regardait bien en face, il souriait, et
15 ses yeux étroits devenaient deux fentes brillantes. C'était sa façon de saluer. Quand il y avait quelqu'un qui lui plaisait, il l'arrêtait et lui demandait tout simplement :

« Est-ce que vous voulez m'adopter ? »

Et avant que les gens soient revenus de leur surprise, il était déjà loin.
20 Qu'est-ce qu'il était venu faire ici, dans cette ville ? Peut-être qu'il était arrivé après avoir voyagé longtemps dans la soute d'un cargo[3], ou dans le dernier wagon d'un train de marchandises qui avait roulé lentement à travers le pays, jour après jour, nuit après nuit. Peut-être qu'il avait décidé de s'arrêter, quand il avait vu le soleil et la mer, les villas blanches et les
25 jardins de palmiers. Ce qui est certain, c'est qu'il venait de très loin, de l'autre côté des montagnes, de l'autre côté de la mer. Rien qu'à le voir, on savait qu'il n'était pas d'ici, et qu'il avait vu beaucoup de pays. Il avait ce regard noir et brillant, cette peau couleur de cuivre, et cette démarche légère, silencieuse, un peu de travers, comme les
30 chiens. Il avait surtout une élégance et une assurance que les enfants n'ont pas d'ordinaire à cet âge, et il aimait poser des questions étranges qui ressemblaient à des devinettes. Pourtant, il ne savait pas lire ni écrire.

J. M. G. Le Clézio, « Mondo », *Mondo et autres histoires*,
Gallimard, 1978.

---

1. **Obliques** : courbés. 2. **Denim** : tissu utilisé notamment pour la confection des jeans. 3. **Cargo** : navire chargé du transport de marchandises.

Mondo, film de Tony Gatlif avec Ovidiu Balan (Mondo), 1996.

Tilly Willis, *Solitude du bord de mer*, huile sur toile, 2006.

▶Comment le narrateur cherche-t-il à élucider le mystère autour de Mondo ?

Découvrir le texte

1. Qu'est-ce qui, dans cet extrait, peut faire penser à un conte ?

Analyser et interpréter le texte

Les incertitudes du narrateur

2. Par quel pronom indéfini le texte débute-t-il ? Que met-il d'emblée en évidence ?

3. Quel autre pronom indéfini sujet retrouve-t-on tout au long du texte ? Qui est-ce que cela peut désigner ?

4. Sait-on ce qui a conduit l'enfant dans cette ville ? Justifiez votre réponse par deux phrases du texte.

5. LANGUE Trouvez trois phrases dans lesquelles le narrateur formule des hypothèses sur la vie de Mondo. Par quel adverbe commencent-elles ?

Un personnage impénétrable

6. Mondo est-il un personnage qui inspire la confiance ? Appuyez-vous sur la description physique du personnage.

7. Quels détails vestimentaires permettent de dire que Mondo n'a pas beaucoup d'argent ?

8. À quel animal est-il comparé dans le dernier paragraphe ? Selon vous, pourquoi ?

9. Que recherche Mondo d'après vous ? Citez le texte pour justifier votre réponse.

S'exprimer à l'oral 💬

Décrire une rencontre

10. DÉBAT Imaginez à l'oral votre rencontre avec un inconnu venant d'arriver en ville. Vous utiliserez des comparaisons, ainsi que des termes empruntés au champ lexical de l'étrangeté.

❯ Les mots de la description et du mystère, p. 50.

Bilan Pourquoi peut-on dire que Mondo est un enfant hors du commun ?

Une nouvelle venue intrigante

Objectif
• Découvrir un portrait
de femme insaisissable.

Compétence
• Faire des hypothèses
de lecture.

Voici les premières lignes du roman. Plusieurs narrateurs brossent successivement le portrait d'une femme secrète.

Des deux entrées du café, elle empruntait toujours la plus étroite, celle qu'on appelait la porte de l'ombre. Elle choisissait la même table au fond de la petite salle. Les premiers temps, elle ne parlait à personne, puis elle a fait connaissance avec les habitués du Condé dont la plupart avaient notre âge, je dirais entre dix-neuf et vingt-cinq ans. Elle s'asseyait parfois à leurs tables, mais, le plus souvent, elle était fidèle à sa place, tout au fond.

Elle ne venait pas à une heure régulière. Vous la trouviez assise là très tôt le matin. Ou alors, elle apparaissait vers minuit et restait jusqu'au moment de la fermeture. C'était le café qui fermait le plus tard dans le quartier avec Le Bouquet et La Pergola, et celui dont la clientèle était la plus étrange. Je me demande, avec le temps, si ce n'était pas sa seule présence qui donnait à ce lieu et à ces gens leur étrangeté, comme si elle les avait imprégnés tous de son parfum. [...]

Elle accrochait mieux que les autres la lumière, comme on dit au cinéma. De tous, c'est elle que l'on remarque d'abord. [...] Elle se tient très droite, alors que les autres ont des postures relâchées, celui qui s'appelle Fred, par exemple, s'est endormi la tête appuyée contre la banquette de moleskine[1] et, visiblement, il ne s'est pas rasé depuis plusieurs jours. Il faut préciser ceci : le prénom de Louki lui a été donné à partir du moment où elle a fréquenté Le Condé. J'étais là, un soir où elle est entrée vers minuit et où il ne restait plus que Tarzan, Fred, Zacharias et Mireille, assis à la même table. C'est Tarzan qui a crié : « Tiens, voilà Louki... » Elle a paru d'abord effrayée, puis elle a souri. Zacharias s'est levé et, sur un ton de fausse gravité : « Cette nuit, je te baptise. Désormais, tu t'appelleras Louki. » Et à mesure que l'heure passait et que chacun d'eux l'appelait Louki, je crois bien qu'elle se sentait soulagée de porter ce nouveau prénom. Oui, soulagée. En effet, plus j'y réfléchis, plus je retrouve mon impression du début : elle se réfugiait ici, au Condé, comme si elle voulait fuir quelque chose, échapper à un danger.

Patrick Modiano, *Dans le café de la jeunesse perdue*, Gallimard, 2007.

1. **Moleskine** : tissu imitant le cuir.

REPÈRES

2000

XXIe siècle

2007 2014

Prix Nobel de littérature

Patrick Modiano,
Dans le café de la jeunesse perdue

▽ **L'HISTOIRE
DES MOTS**

« **Ombre** » (l. 2) désignait
dans l'Antiquité l'aspect
que prenaient les morts.
Mais il signifie également
« abri », « protection ».
Cherchez, en vous aidant
d'un dictionnaire, plusieurs
expressions utilisant le mot
« ombre » et donnez leur
signification.

Pour bien écrire

« **Comme si elle les avait
imprégnés** » (l. 12) : le
participe passé s'accorde
avec le COD car celui-ci
est placé avant l'auxiliaire.
Comment écrit-on le
participe passé dans
« comme si elle avait
(imprégné) les gens » ?

▶ *Comment le narrateur met-il
en avant le caractère fascinant
de Louki ?*

Découvrir le texte
1. Quel sentiment le titre de l'ouvrage vous
inspire-t-il ? Expliquez pourquoi.

Analyser et interpréter le texte
Un souvenir vivant
2. Le narrateur appartient-il à l'histoire ? Citez une
phrase du texte pour justifier votre réponse.
3. Quels termes qualifient l'atmosphère du café ?
D'où vient-elle d'après le narrateur ?
4. À quel moment le narrateur utilise-t-il le présent ?
Quelle impression cela donne-t-il ?

Edward Hopper, *Automat*, 1927,
huile sur toile, 71,4 x 88,9 cm,
Des Moines Art Center, États-Unis.

 Lecture de l'image

1. Quelle semble être l'attitude du personnage vis-à-vis de ce qui l'entoure ?
2. Quel type de couleurs est utilisé ici ? Quel sentiment cela renforce-t-il ?

Une jeune femme fantomatique

5. Relevez les principales indications de lieu et de temps. En quoi ces informations contribuent-elles au caractère fantomatique du personnage ?

6. LANGUE Quel est le temps le plus utilisé dans le texte ? Quelle est sa valeur ?

7. En quoi la jeune femme contraste-t-elle avec les autres habitués du lieu ?

8. À votre avis, que pourrait fuir la jeune femme ?

S'exprimer à l'oral 🗨

Raconter un souvenir

9. Racontez brièvement à l'oral une rencontre de passage en insistant sur l'atmosphère de l'endroit dans laquelle celle-ci a eu lieu.

Bilan Comment le narrateur fait-il revivre le souvenir de Louki ?

Portraits de dos ou

L'art du portrait, avant d'être littéraire, est un motif central de l'art pictural. Pour susciter le mystère, les peintres et photographes peuvent choisir de représenter leurs sujets de dos…

L'art japonisant

À partir du milieu du XIXᵉ siècle, le japonisme représente une mode importante en France. Les porcelaines et les estampes notamment apportent aux peintres impressionnistes (comme Gauguin, Monet ou Van Gogh) des thèmes exotiques, mais aussi un traitement des couleurs et de la perspective inhabituel.

1. Décrivez la posture de la jeune femme. Comment la définiriez-vous ?

2. Quels éléments du tableau évoquent le Japon ?

3. Quel effet le contraste des couleurs crée-t-il ?

4. Que fait la jeune femme d'après vous ?

> *Vocabulaire*
> • **Japonisme** : influence de la culture japonaise dans l'art français et occidental au XIXᵉ siècle.

❶ **Giuseppe de Nittis**, *Le Kimono couleur orange*, 1883-1884, huile sur toile, 42 x 31 cm, coll. part.

Le mystère dans la photographie

Robert Doisneau (1912-1994) est un représentant de la « photographie humaniste ». Guettant l'anecdote insolite, et portant sur ses compatriotes un regard léger et amusé, il n'a cessé d'arpenter les rues de Paris pour capter des instants de vie tendres et nostalgiques.

5. Qui le chien regarde-t-il ? En quoi implique-t-il le spectateur ?

6. Que font les deux personnages de dos ? Expliquez le comique de la situation.

7. Que peint l'homme ? Observez le banc, que distinguez-vous ?

❷ **Robert Doisneau**, *Fox-terrier sur le pont des Arts avec le peintre Daniel Pipart*, 1953, épreuve gélatino-argentique, 40 x 30 cm, Centre Pompidou, Paris.

l'art du mystère

L'énigme surréaliste

Les peintres surréalistes, tels que Salvador Dalí (1904-1989) et René Magritte (1898-1967), cherchent à retranscrire le mystère des rêves et de l'étrangeté. Leurs toiles intriguent par leur sens incertain et leur bizarrerie. C'est alors au spectateur de déchiffrer les symboles et de leur chercher un sens.

Une vue étrange

8. Quelles sont les couleurs dominantes du tableau ?

9. Quels éléments partagent les mêmes teintes ? Quel effet cela produit-il ?

10. Observez les voilages. Quelle impression donnent-ils ?

11. Comment qualifieriez-vous l'atmosphère de ce tableau ?

Le jeune Salvador Dalí représente ici Anna-Maria, sa sœur, à la fenêtre de la demeure familiale sur la plage d'Es Llaner à Cadaquès (Espagne).

❸ Salvador Dalí, *Jeune fille à la fenêtre*, 1925, huile sur carton-pâte, 105 x 74,5 cm, museo Reina Sofia, Madrid.

Une réflexion impossible

12. Qu'est-ce qui rend le personnage si énigmatique ?

13. Observez le livre et son reflet. Que remarquez-vous ?

14. Faites des recherches sur le livre représenté : pourquoi Magritte a-t-il choisi cet ouvrage ?

15. Comment comprenez-vous le titre du tableau ?

Le titre de l'ouvrage représenté est *Les Aventures d'Arthur Gordon Pym* d'Edgar Allan Poe.

❹ René Magritte, *La Reproduction interdite*, 1937, huile sur toile, 79 x 65 cm, musée Boijmans Van Beuningen, Rotterdam (Pays-Bas).

Vocabulaire

• **Surréalisme :** courant littéraire et artistique qui s'inspire beaucoup des rêves et de l'inconscient pour renouveler notre regard sur la réalité.

Activités

Constituer une galerie de portraits

• Rendez-vous sur le site : http://classes.bnf.fr/portrait/

• Lisez notamment les sections « L'art du portrait », « Histoire », et « En photographie ».

• Constituez dans un diaporama une petite anthologie des portraits de personnages que vous préférez (en peinture et dans la photographie) et présentez-les à l'oral à vos camarades.

La double vie des personnages de fiction

Robert Louis Stevenson, *L'Étrange Cas du Dr Jekyll et de M. Hyde*, 1886, Folio Junior

Le bon docteur Jekyll, obsédé par sa double personnalité, met au point une drogue pour séparer son bon côté de son mauvais…

Imaginer un dialogue

• Imaginez à deux, en accord avec ce que vous savez de l'histoire, un dialogue dans lequel chaque facette de la personnalité du personnage adresse des reproches à l'autre.

Alexandre Dumas, *Le Comte de Monte-Cristo*, 1844, L'École des Loisirs (Classiques abrégés)

Un jeune marin, accusé à tort de complot contre le roi, est enfermé dans la terrible prison du château d'If. Quatorze ans plus tard, il parvient à s'évader avec pour seule obsession de se venger !

Rédiger une quatrième de couverture

• Écrivez une quatrième de couverture de roman contenant le titre, le nom de l'auteur et un bref résumé qui intriguera le lecteur. Ne dévoilez pas la fin !

Pierre Véry, *Les Disparus de Saint-Agil*, 1935, Folio Junior

Dans le dortoir de la pension de Saint-Agil, Mathieu, alias numéro 95 de la bande des « Chiche-Capon », disparaît. Ce n'est que le premier d'une étrange suite d'événements…

Réaliser l'interview d'un personnage

• Imaginez que vous êtes un journaliste et que vous recueillez, sous forme d'interview, le témoignage des jeunes héros de l'histoire.

Jean-Paul Nozière, *Souviens-toi de Titus*, 1989, Rageot Jeunesse

Dans la petite ville de C…, plus personne ne dort tranquille. Un assassin mystérieux, qui signe ses crimes de citations littéraires, sévit, tuant l'un après l'autre des notables respectés à défaut d'être respectables !

Créer une couverture

• Réalisez une nouvelle couverture illustrée (dessin, photographie, peinture, collage, montage…) qui mettra en avant le caractère énigmatique du titre de l'ouvrage.

À vous de créer

Réaliser une double carte d'identité

• Lisez un des livres suggérés.
• Préparez une fiche au format d'une carte d'identité.
• Sur le recto, vous présenterez les données officielles de la vie du personnage principal.
• Sur le verso, vous livrerez les aspects les moins avouables de sa personnalité et de sa vie.
• Vous choisirez une illustration pour chaque face de sa carte d'identité.

Conseil
Listez les principaux éléments de portrait physique et psychologique du personnage.

Analyser un portrait littéraire

Félicité est la servante de Mme Aubain, une veuve endettée, et de ses deux enfants.

[Félicité] se levait dès l'aube, pour ne pas manquer la messe, et travaillait jusqu'au soir sans interruption [...]. Quant à la propreté, le poli des casseroles faisait le désespoir des autres servantes. Économe, elle mangeait avec lenteur, et recueillait du doigt sur la table les miettes de son pain – un pain de douze livres –, cuit exprès pour elle, et qui
5 durait vingt jours.

En toute saison elle portait un mouchoir d'indienne[1] fixé dans le dos par une épingle, un bonnet lui cachant les cheveux, des bas gris, un jupon rouge, et par-dessus sa camisole[2] un tablier à bavette, comme les infirmières d'hôpital.

Son visage était maigre et sa voix aiguë. À vingt-cinq ans, on lui en donnait quarante.
10 Dès la cinquantaine, elle ne marqua plus aucun âge ; et, toujours silencieuse, la taille droite et les gestes mesurés, semblait une femme en bois, fonctionnant d'une manière automatique.

Gustave Flaubert, « Un cœur simple », *Trois contes*, 1877.

1. **Mouchoir d'indienne** : sorte de châle à motifs. 2. **Camisole** : chemisette.

MÉTHODE GUIDÉE

Étape 1 Partir d'impressions

- Lisez le texte plusieurs fois pour vous en imprégner.
- Résumez brièvement les principales caractéristiques permettant d'identifier le personnage.

1. Quel(s) sentiment(s) ressentez-vous à la lecture de ce portrait (ex : dégoût, colère, pitié, tendresse…) ? Pourquoi ?
2. Ce portrait vous paraît-il réaliste ? Pourquoi ?

Étape 2 Analyser le fonctionnement et la construction du portrait

- Déterminez si le portrait est statique ou en action.
- Repérez la structure du portrait : mouvement du regard ascendant ou descendant, horizontal ou vertical, du général au particulier, physique puis moral…
- Repérez les critères physiques (traits du visage, allure, pose du corps) ; les critères psychologiques et moraux (sentiments, pensées, caractère) ; les critères sociaux (appartenance à un milieu, vêtements, habitat, langage, métier).
- Repérez à partir de quel point de vue le portrait est écrit.

3. Quel est le temps le plus utilisé ? Quelle est sa valeur ?
4. Observez les verbes en vert. De quel type de verbe s'agit-il ?
5. Relevez les détails physiques : quelles sont les principales caractéristiques du personnage ?
6. Relevez les principaux indices de sa personnalité. Quels traits de caractère sont ainsi mis en évidence ?
7. Relevez les termes décrivant son habillement. Quel type d'adjectifs est principalement utilisé ?
8. Quels semblent être son origine sociale et son métier ?
9. Relevez les indices de la présence d'un narrateur omniscient (c'est-à-dire qui connaît tout de son personnage).

Étape 3 Dégager la portée symbolique du portrait

- Repérez les différentes images (comparaisons, métaphores…) qui servent à décrire le personnage, ou à le désigner.
- À partir de tous les indices relevés, demandez-vous quelle peut être la signification du portrait.

10. À quoi le personnage est-il comparé dans le dernier paragraphe ?
11. Quelles caractéristiques physiques montrent que Félicité se tue au travail ?
12. Quels sentiments le narrateur cherche-t-il à faire naître chez le lecteur ?

Vocabulaire

Objectifs
• Connaître les mots du mystère.
• Savoir décrire un personnage.

Les mots de la description et du mystère

Décrire un visage

1 Classez ces adjectifs selon la partie du visage qu'ils décrivent habituellement :

charnues • aquilin • blafard • globuleux • épaté • décollées • fuyant • clairsemés • bombé • blême • ourlées • broussailleux • retroussé • ridé • mat

2 Complétez les phrases suivantes en utilisant l'adjectif approprié à la situation. N'oubliez pas de l'accorder.

funèbre • ardent • effaré • impassible

1. Folle amoureuse de lui, sa physionomie devenait .... chaque fois qu'elle le voyait.
2. Après cette révélation choquante sur son compte, chacun fut surpris de le voir garder un air aussi ....
3. En apprenant la disparition d'un vieil ami, sa physionomie devint ....
4. Lorsqu'on l'interrogea sur un point délicat de son passé, il ne put réprimer un air ....

Exprimer le mystère et la fascination

3 Classez ces adjectifs selon qu'ils sont des synonymes ou des antonymes d'« énigmatique » :

hermétique • ténébreux • limpide • nébuleux • clair • bizarre • compréhensible • sibyllin • inextricable • secret • transparent • inconnaissable • évident • obscur • impénétrable

4 Associez chacun des synonymes de « mystérieux » à son origine :

sibyllin •
    • Adjectif emprunté à l'italien *bizarro* (« coléreux », « extravagant »).

nébuleux •
    • Adjectif provenant de « saugreneux » (« piquant, salé »), d'où son sens actuel : « qui surprend par son étrangeté ».

bizarre •
    • Adjectif dérivé du nom d'une prophé-tesse à laquelle on attribuait le don de prévoir l'avenir.

saugrenu •
    • Adjectif emprunté au latin *nebulosus* (« où il y a du brouillard ») et qui signi-fie « difficile à comprendre ».

5 **a.** Formez, à l'aide de préfixes et de suffixes, des synonymes d'« énigmatique » à partir des verbes suivants :

expliquer • déchiffrer • comprendre • saisir • définir • discerner

b. Utilisez deux de ces mots pour décrire la silhouette d'un individu que vous aurez aperçue la nuit dans la rue.

6 Classez ces adjectifs selon qu'ils sont des synonymes ou des antonymes de « fascinant ». Cherchez dans le dictionnaire le sens des mots que vous ne connaissez pas.

insignifiant • charismatique • enchanteur • banal • ensorcelant • conventionnel • envoûtant • médiocre • magnétique • subjuguant • commun • insipide • troublant • passionnant • quelconque

7 Complétez le texte suivant en utilisant les mots appropriés.

insipide • médiocre • magnétique • envoûtant • charisme • fascinait • ensorcelé

Ce professeur à l'apparence ...., sans grand relief, et pour tout dire d'humanité .... dans la vie de tous les jours, se muait sur une estrade en un orateur .... Son regard .... son auditoire littéralement .... par son ....

À vous d'écrire !

8 Décrivez de manière vivante et organisée cette affiche de film.

Affiche du film
M le maudit
de Fritz Lang, 1931.

a. Déterminez au brouillon un ordre précis pour présen-ter l'image, comme si vos lecteurs n'avaient pas l'affiche sous les yeux.
b. Listez les éléments qui font du personnage repré-senté un être mystérieux. Gardez les plus importants pour la fin.
c. Distinguez les différents plans de l'affiche. De quoi la main peut-elle être le symbole ? À qui peut-elle appartenir ?
d. Rédigez la description de l'affiche.

Objectifs
• Identifier les groupes syntaxiques.
• Identifier des classes de mots.

Grammaire

Les expansions du nom

Retenir l'essentiel

• Les **expansions du nom** désignent les éléments non obligatoires qui s'ajoutent à l'intérieur du groupe nominal afin de compléter le nom, préciser ou enrichir son sens.

• Elles appartiennent à des classes grammaticales différentes : **adjectif**, **groupe prépositionnel** ou **proposition subordonnée relative**.

↘ Identifier et employer les expansions du nom, p. 302.

Repérer des expansions du nom

1 **a.** Rédigez une phrase à partir de chaque liste de mots.

1. bleu • serviette • que j'apportais
2. camarade • sympathique • de ma classe
3. masque • intrigant • de fête
4. loup • noir • au nez crochu
5. où j'habite • étroite • rue

b. Soulignez les expansions du nom dans ces phrases.

2 **a.** Recopiez les phrases suivantes. Repérez les groupes nominaux dont le noyau est souligné et mettez les différentes expansions entre crochets.

1. Un membre de la société secrète que j'ai infiltrée s'est confié à moi.
2. L'étonnante histoire qu'il m'a racontée vaut le détour !
3. Son nez rouge, truffe ronde et comique, trônait au milieu de son visage enfariné.
4. Il avait l'habitude de passer sa main tremblante dans ses cheveux broussailleux, crinière indisciplinée et sale.
5. La silhouette furtive que j'avais aperçue disparut à nouveau.

b. Supprimez ces expansions : quelle phrase préférez-vous entre la phrase initiale et celle obtenue ? Pourquoi ?

3 **a.** Lisez le texte et repérez les expansions des noms soulignés. Donnez leur classe grammaticale.

b. Qu'apportent-elles de plus ?

> Ce nom de Bergotte me fit tressauter comme le bruit d'un revolver qu'on aurait déchargé sur moi, mais instinctivement pour faire bonne contenance je saluai ; devant moi, comme ces prestidigitateurs qu'on aperçoit intacts [...], mon salut m'était rendu par un homme jeune, rude, petit, râblé et myope, à nez rouge en forme de coquille de colimaçon.
>
> Marcel Proust, *À la recherche du temps perdu*, 1906-1922.

Employer des expansions du nom

4 Utilisez chaque groupe de mots dans une phrase dans laquelle il sera une expansion du nom. Précisez pour chaque phrase quelle impression vous avez ainsi cherché à donner.

courtaud et trapu • en cuir • qui sent la fumée froide • en forme de poireau • sacré zèbre

5 Dictée préparée

a. Recopiez le texte suivant.

b. Soulignez les adjectifs en vert et les groupes prépositionnels en rouge. Mémorisez leur orthographe avant de vous faire dicter le texte.

> Une jeune fille de seize ans parut. Elle ressemblait à Paul ; elle avait les mêmes yeux bleus ombrés de cils noirs, les mêmes joues pâles. Deux ans de plus accusaient certaines lignes, et, sous sa chevelure courte, bouclée, la figure de la sœur rendait celle du frère un peu molle, s'organisait, se hâtait en désordre vers la beauté.
>
> Jean Cocteau, *Les Enfants terribles*, 1929.

À vous d'écrire !

6 **a.** Décrivez le personnage représenté en cinq phrases au moins dans lesquelles vous utiliserez des expansions du nom de classes grammaticales diverses.

b. Soulignez de couleurs différentes les expansions selon leur classe grammaticale.

Henri Bonnart, *Polichinelle*, vers 1650, estampe en couleur, 26,5 x 19 cm, musée Carnavalet, Paris.

7 Décrivez un membre de votre famille en utilisant au moins deux adjectifs, deux groupes prépositionnels et deux propositions subordonnées relatives.

Réaliser l'interview 💬 d'un personnage énigmatique

Vous êtes journaliste et vous avez obtenu de rencontrer en exclusivité un personnage énigmatique. Recueillez ses confidences !

ÉTAPE 1 — Bien choisir son personnage

1 En groupes, faites des recherches sur Internet sur des personnages connus et énigmatiques qui appartiennent au domaine littéraire (par exemple Severus Rogue), cinématographique (par exemple M le maudit) ou historique (par exemple Jack l'Éventreur).

2 Choisissez celui qui vous intrigue le plus.

3 À partir des éléments trouvés, déterminez ses principaux traits de caractère ainsi que ses caractéristiques physiques et relevez les faits notables de son existence.

Severus Rogue (Alan Rickman) dans *Harry Potter et les Reliques de la mort, partie I*, de David Yates, 2010.

ÉTAPE 2 — Préparer l'interview

4 Au brouillon, listez les différentes étapes d'une interview.

5 Déterminez les intentions du journaliste et quel sera son ton (agressif, manipulateur, confident, à la recherche d'un scoop...).

6 Associez à chaque étape un élément de la vie ou de la personnalité du personnage sur lequel vous avez travaillé.

7 Ne rédigez pas entièrement l'interview, mais conservez les notes qui vous serviront de support pour le jeu.

> **Conseil**
> Regardez sur Internet des rediffusions d'interview de personnalités ou écoutez-en à la radio et inspirez-vous des questions récurrentes pour construire votre propre interview.

ÉTAPE 3 — Jouer l'interview

8 À partir de vos notes, jouez l'interview devant la classe. Adoptez le ton approprié. N'hésitez pas à jouer sur les attitudes, les sous-entendus, les zones d'ombre de votre personnalité...

9 Pendant le jeu, le reste de la classe doit prendre des notes concernant les informations essentielles.

ÉTAPE 4 — Faire un compte rendu à l'oral

10 Un ou plusieurs élèves seront chargés de restituer à l'oral le contenu principal de l'interview à partir de leurs notes.

COMPÉTENCES

D1, 2, 5	S'exprimer de façon maîtrisée en s'adressant à un auditoire.
D1, 2, 5	Utiliser de façon réfléchie des outils de recherche, notamment sur Internet.
D1, 2, 5	Mobiliser son imagination et sa créativité au service d'un projet collectif.

Rédiger le portrait ✎
d'un personnage à partir d'une image

Vous êtes un célèbre critique d'art et êtes fasciné par un tableau que vous venez de voir. Vous décidez immédiatement de rendre compte de cette expérience unique !

ÉTAPE 1   Établir une fiche descriptive

1 Observez la peinture ci-contre : *Jacqueline aux mains croisées*, de Pablo Picasso et notez au brouillon vos impressions.

2 Cherchez à votre tour la représentation d'un personnage mystérieux en peinture ou en photographie. Établissez les principales caractéristiques du personnage : impression générale, silhouette, visage, expression, corps, vêtements, actions, attitude...

3 Déterminez sur quels éléments vous allez insister pour rendre le personnage mystérieux. Associez-leur des adjectifs, des compléments du nom, des comparaisons (« comme », « semblable à », « tel que »...) qui permettent de caractériser votre personnage de manière précise et originale. ↘ Employer les expansions du nom, p. 301.

4 Associez à certains traits physiques des traits de personnalité ou des caractéristiques morales.
Exemple : poing serré → nervosité ; regard au loin → mélancolie, etc.

5 Émettez des hypothèses quant aux sentiments ou émotions du personnage décrit.

Pablo Picasso, *Jacqueline aux mains croisées*, huile sur toile, 116 x 88,5 cm, 1954, musée Carnavalet, Paris.

ÉTAPE 2   Organiser la description

6 Classez les éléments de la description dans un ordre choisi, par exemple en suivant le mouvement du regard : la description se fera alors de haut en bas (ou inversement), ou de l'apparence générale au détail le plus précis, etc. ↘ Analyser un portrait littéraire, p. 49.

7 Numérotez les différentes étapes de votre portrait en assignant un titre à chacune d'elles.

Conseil
Appuyez-vous sur vos propres impressions à la vue du tableau.

ÉTAPE 3   Rédiger le portrait

8 Rédigez le portrait du personnage que vous avez choisi. Vérifiez que votre portrait est complet en soulignant les caractéristiques physiques en vert, les traits de personnalité en noir. Repérez également les adjectifs, les compléments du nom, les comparaisons...

9 Vérifiez la justesse de votre portrait en lisant votre description à la classe sans dire de quel tableau il s'agit. Prenez en compte les remarques de vos camarades pour améliorer votre texte.

COMPÉTENCES

D1 Composer un portrait organisé à partir de consignes.

D1 Utiliser le vocabulaire de la description.

D1 Retravailler son texte pour l'améliorer.

Personnages

Bilan de la séquence

Un portrait s'attache à décrire...

l'**identité du personnage** (âge, sexe, nom...), son **apparence physique**, sa **personnalité** ou sa psychologie, son **rôle social** (origine sociale, profession...), ses **actions**, la **façon dont il s'exprime**, etc.

La description peut être...

directe (« Gwynplaine était un saltimbanque ») ; **indirecte** (Raspoutine est décrit par ses actes).

positive (vocabulaire mélioratif) ; **négative** (vocabulaire péjoratif).

Le portrait permet...

de **visualiser de manière précise** le personnage.

de **mieux comprendre** l'histoire, les relations entre les personnages.

de **souligner une idée, une qualité ou un défaut** dont le personnage devient l'incarnation.

Un personnage peut être rendu mystérieux par...

la **comparaison** avec un être inquiétant (« Méphistophélès », Balzac).

le **paradoxe** qui déstabilise le lecteur (« C'est en riant que Gwynplaine faisait rire. Et pourtant il ne riait pas », Victor Hugo).

l'**amplification** ou l'**exagération** qui met l'accent sur un détail jusqu'à susciter le malaise (« les deux traits brûlants qui la traversaient de leur feu », Kessel).

Évaluation — 1. Mobiliser les acquis de la séquence

1. Je sais situer les écrivains dans le temps et les placer sur une frise chronologique :

Joseph Kessel • Honoré de Balzac • Patrick Modiano • Victor Hugo • J. M. G. Le Clézio

XIXᵉ siècle	XXᵉ siècle	XXIᵉ siècle

2. Je connais les caractéristiques du portrait littéraire.

3. Je peux donner au moins trois synonymes de « mystérieux ».

4. Je peux définir ce qu'est un portrait en action.

5. Je sais citer les différents types d'expansions du nom.

mystérieux

Le père Madeleine

À Montreuil-sur-Mer, petite ville connue pour la fabrication de bijoux d'imitation, un grand changement s'est produit depuis l'arrivée d'un étranger. Voici son portrait.

Vers la fin de 1815, un homme, un inconnu, était venu s'établir dans la ville et avait eu l'idée de substituer, dans cette fabrication, la gomme laque à la résine[1] [...]. Ce tout petit changement avait été une révolution. [...]

5   En moins de trois ans, l'auteur de ce procédé était devenu riche, ce qui est bien, et avait tout fait riche autour de lui, ce qui est mieux. Il était étranger au département. De son origine, on ne savait rien ; de ses commencements, peu de chose.

On contait qu'il était venu dans la ville avec fort peu d'argent, quelques centaines de francs tout au plus.

10   C'est de ce mince capital, mis au service d'une idée ingénieuse, fécondé par l'ordre et par la pensée, qu'il avait tiré sa fortune et la fortune de tout ce pays.

À son arrivée à Montreuil-sur-Mer, il n'avait que les vêtements, la tournure[2] et le langage d'un ouvrier.

15   Il paraît que, le jour même où il faisait obscurément son entrée dans la petite ville de Montreuil-sur-Mer, à la tombée d'un soir de décembre, le sac au dos et le bâton d'épine à la main, un gros incendie venait d'éclater à la maison commune[3]. Cet homme s'était jeté dans le feu, et avait sauvé, au péril de sa vie, deux enfants qui se trouvaient être ceux du capitaine 20 de gendarmerie ; ce qui fait qu'on n'avait pas songé à lui demander son passeport. Depuis lors, on avait su son nom. Il s'appelait *le père Madeleine*.

Victor Hugo, *Les Misérables*, première partie, V, 1, 1862.

---

1. **Substituer [...] la gomme laque à la résine** : l'homme a remplacé une matière première par une autre, moins coûteuse. 2. **Tournure** : apparence. 3. **Maison commune** : bâtiment où sont regroupés les services municipaux.

6. Relevez les différentes manières dont le personnage est désigné dans cet extrait.

7. Qu'est-ce que ces désignations nous apprennent sur son compte ?

8. a. Quelles expressions montrent que l'on ne sait pas grand-chose du personnage ? Citez au moins trois phrases. **b.** Quel pronom est alors utilisé ? Qui peut-il désigner ?

9. Pourquoi le personnage a-t-il pu garder son identité secrète lors de son arrivée en ville ?

10. Quelles sont les principales caractéristiques morales du personnage ?

11. Quel semble être le statut de l'homme à son arrivée en ville ? Et au moment du récit ?

12. Mettez-vous dans la peau de l'un des enfants sauvés par le père Madeleine. Décrivez à votre père, le capitaine de gendarmerie, le moment où votre bienfaiteur vous a tiré(e) des flammes. Vous veillerez à utiliser des comparaisons et un champ lexical appropriés.

COMPÉTENCES ATTENDUES EN FIN DE 4ᵉ

D1, 5   Lire
– Élaborer l'interprétation d'un portrait littéraire. ■ ■ ■ ■
– Reconnaître les implicites d'un texte et faire ■ ■ ■ ■
les hypothèses de lecture nécessaire.

D1   Écrire
– Utiliser des outils d'analyse des textes. ■ ■ ■ ■
– Connaître les caractéristiques d'un récit pour ■ ■ ■ ■
composer des écrits créatifs.

La fiction pour interroger le réel

La nuit,

OBJECTIFS
• Lire des récits fantastiques variés.
• Analyser un motif récurrent dans les récits fantastiques : la nuit.

Crimson Peak, film de Guillermo del Toro, avec Mia Wasikowska, 2015.

tout est possible

▶ *Comment le récit fait-il de la nuit un cadre favorable au surgissement de la peur et du fantastique ?*

Petit aperçu du genre fantastique

La naissance d'un genre...

À la fin du XVIIIe siècle, l'Europe accorde à la science et au rationalisme le pouvoir d'expliquer et de comprendre l'homme et le monde. C'est en réaction à cette toute-puissance de la science que naît le genre fantastique. De nombreux comportements et phénomènes échappent en effet encore aux explications rationnelles et scientifiques.

NUIT ANGOISSANTE

« Véronique vit alors devant elle des éclairs bleuâtres zigzaguer en tous sens : c'étaient les cabrioles du chat qui, dans un crépitement d'étincelles, lançait des lueurs phosphorescentes. »

E. T. A. Hoffmann,
Le Vase d'or ↘ p. 60

Eugène Grasset, *Trois femmes et trois loups*, vers 1892.

... qui devient universel

Des écrivains européens mais aussi américains s'emparent de cette fascination pour l'étrange et le surnaturel. Les *Contes* d'Hoffmann, parus en Allemagne en 1815, marquent réellement l'essor du genre fantastique. L'Américain Edgar Allan Poe publie de nombreux récits fantastiques, comme *Le Chat noir* en 1843. Nikolaï Gogol (Russie) ou Bram Stoker (Irlande) créent des situations et des personnages qui hantent les nuits des lecteurs. Parmi les Français, Théophile Gautier, Prosper Mérimée, Auguste Villiers de L'Isle-Adam ou Guy de Maupassant se passionnent pour ce genre.

PERSONNAGES TROUBLANTS

« Les yeux brûlaient d'une terrible passion ; les énormes narines du nez aquilin s'ouvrirent davantage encore et palpitèrent ; les dents blanches et aiguës comme des dagues, derrière les lèvres dégouttantes de sang, claquèrent comme celles d'un fauve. »

Bram Stoker, *Dracula* ↘ p. 64

PHÉNOMÈNES ÉTRANGES

« Tout à coup le feu prit un étrange degré d'activité ; une lueur blafarde illumina la chambre, et je vis clairement que ce que j'avais pris pour de vaines peintures était la réalité ; car les prunelles de ces êtres encadrés remuaient, scintillaient d'une façon singulière. »

Théophile Gautier,
La Cafetière ↘ p. 62

PEURS IRRAISONNÉES

« Mon corps n'entendait pas. Tout en moi s'était affolé. J'avais la bouche grande ouverte et mon cœur tapait dans ma poitrine à la faire éclater. Quand ma panique s'est un peu calmée, j'ai pu regarder. »

Jean-Claude Mourlevat,
La Balafre ↘ p. 66

E. T. A. Hoffmann
Écrivain et compositeur allemand
1776-1822

Prosper Mérimée
Écrivain français
1803-1870

Théophile Gautier
Écrivain français
1811-1872

Bram Stoker
Écrivain irlandais
1847-1912

Guy de Maupassant
Écrivain français
1850-1893

H. P. Lovecraft
Écrivain américain
1890-1937

Jean-Claude Mourlevat
Auteur français de romans pour la jeunesse
né en 1952

Nuit d'épouvante

Deux silhouettes sombres apparurent dans le clair de lune. Ces deux créatures portaient les casquettes réglementaires de la compagnie des tramways, et il était évident qu'il s'agissait du contrôleur et du chauffeur de
5 ce véhicule. Brusquement, l'un d'eux renifla avec une acuité bizarre, leva son visage vers le ciel, et se mit à hurler à la lune. L'autre se laissa immédiatement tomber à quatre pattes et courut en direction de la voiture. Je bondis dehors comme un fou, et filai à perdre haleine
10 sur le plateau, jusqu'à ce que je m'écroule, épuisé, sur le sol. Ce n'était pas la vue du contrôleur courant à quatre pattes qui m'avait tant effrayé, c'était celle du chauffeur, car son visage n'était qu'un cône blanc terminé par un tentacule rouge sang.
15 J'avais beau savoir que ce n'était qu'un rêve, cela me fut infiniment désagréable. Depuis cette nuit d'épouvante, je n'ai cessé de prier pour me réveiller. En vain !

Je devins donc l'un des habitants de cet univers cauchemardesque. Ma première nuit se dissipa avec l'aube.

> H. P. Lovecraft, « La Chose dans la clarté lunaire »,
> *Dagon et autres nouvelles de terreur* [1919],
> trad. de l'américain par P. Pérez, Belfond, 1969.

1 Qu'est-ce qui, dans ce récit, peut faire penser à un cauchemar ? Quels éléments laissent à penser que le narrateur est pris au piège de son rêve ?

2 Quelle explication rationnelle pourriez-vous donner à ce passage ?

3 Réalisez un carnet de rêves. Imaginez un rêve étrange et racontez-le par écrit comme s'il s'agissait d'une scène réelle. En classe, lisez votre texte à vos camarades et rassemblez vos récits de rêves dans un carnet, que vous pourrez illustrer comme vous le souhaitez.

4 Créez des équipes et lancez un défi à vos camarades. Chaque équipe donne à tour de rôle un mot du champ lexical de la nuit ou associé à la nuit (par exemple : « obscurité », « ténèbres », « sombre »...). La première équipe qui ne trouve plus de mots perd.

Lecture 1

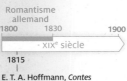

Objectif
• Étudier un cadre spatio-temporel propice à la description fantastique.

Compétence
• Percevoir un effet esthétique.

REPÈRES

Romantisme allemand

1800	1830	1900

· XIXᵉ siècle

1815

E. T. A. Hoffmann, *Contes*

▽ **L'HISTOIRE DES MOTS**

« **Fatidique** » (l. 1) vient du latin *fatidicus*, « qui prédit l'avenir », composé de *fatum* (destin) et de *dicere* (dire).

Pour bien écrire

« **Plongeant** » (l. 17) : au participe présent, les verbes en -*ger* s'écrivent -*geant*. On garde le *e* contrairement à dans « **saisissant** » (l. 11). Trouvez d'autres verbes en -*ger* dont le participe présent s'écrit en -*geant*.

↩ MÉMO

Dans un récit fantastique, le **cadre spatio-temporel** permet de préparer les événements surnaturels qui vont se dérouler. La description de ce cadre a une fonction informative mais vise surtout à donner une impression de vérité qui permet de mettre en évidence le caractère mystérieux de certains événements.

Une sorcière inquiétante

Véronique cherche à retrouver son amant Anselme, qui a été envoûté par une femme aux pouvoirs maléfiques. Elle recourt aux services d'une vieille sorcière, Lise, pour le retrouver.

Enfin était arrivée la nuit <u>fatidique</u>[1], où l'aide et le réconfort promis par la vieille Lise lui seraient donnés, et Véronique, depuis longtemps faite à l'idée de cette randonnée nocturne, se sentait tout à fait d'aplomb. Elle filait comme une flèche par les rues désertes, méprisant les mugissements[2] de la tempête qui
5 faisait rage et fouaillait[3] le visage de paquets de pluie. Les grondements sourds du bourdon[4] de Sainte-Croix sonnaient les coups de onze heures lorsque, trempée jusqu'aux os, elle fut devant la maison de mère Rauer.

« Eh ! eh ! déjà là, mon petit ! Attends, je viens ! » entendit-elle crier en haut. Incontinent[5] la vieille fut là, un panier au bras, avec son matou[6]. « En
10 route maintenant ! Il s'agit de faire ce qu'il faut, et d'arriver à nos fins dans cette nuit propice[7] », déclara-t-elle. <u>Saisissant</u> de sa main glacée Véronique qui maintenant tremblait de peur, elle lui donna à porter le lourd panier, tandis qu'elle-même arborait un chaudron, un trépied et une bêche.

Quand elles furent dans les bordières[8], la pluie avait cessé, mais l'oura-
15 gan avait redoublé de violence et remplissait l'air de ses hurlements de rage. Les nuages ténébreux, que leur fuite affolée entassait en masses compactes <u>plongeant</u> la campagne dans une obscurité impénétrable, semblaient vomir des torrents d'épouvante et d'atroces clameurs. Mais la vieille continuait son chemin à grands pas. « Lumière ! Lumière donc ! mon garçon ! » ordonna-
20 t-elle de sa voix glapissante. Véronique vit alors devant elle des éclairs bleuâtres zigzaguer en tous sens : c'étaient les cabrioles du chat qui, dans un crépitement d'étincelles, lançait des lueurs phosphorescentes et dont les horribles miaulements de peur lui parvenaient dès que la tempête se relâchait un instant.

Arthur Burdett Frost, *Femme pratiquant la sorcellerie avec des chats noirs*, XIXᵉ siècle.

60

Le souffle coupé, elle sentait des
25 griffes glacées lui lacérer les entrailles.
Mais elle se raidit de toutes ses forces et
s'agrippa convulsivement à la vieille : « Il
faut que tout s'accomplisse ! Advienne
que pourra[9] ! dit-elle. — Tout beau ! ma
30 belle ! répliqua Lise. Garde bien ton
sang-froid, et tu auras quelque chose de
mirifique[10], et ton Anselme par-dessus
le marché ! » Enfin elle s'arrêta et dit :
« Nous y sommes ! » Elle creusa un trou
35 dans la terre, le remplit de charbon,
installa le trépied, posa le chaudron
dessus : elle avait fait tous ces gestes
avec d'étranges formules d'exorcisme et
le chat n'avait cessé de tourner autour
40 d'elle. Sa queue lançait des étincelles
qui formèrent un cercle de feu. Bientôt
le charbon prit, et des flammes bleues
jaillirent sous le trépied.

Ernst Theodor Amadeus Hoffmann,
« Le Vase d'or », *Contes. Fantaisies à la manière
de Callot* [1815], trad. de l'allemand
par A. Espiau de la Maëstre, Gallimard,
« Folio classique », 1979.

1. **Fatidique** : fixée par le destin. 2. **Mugissements** :
cris puissants. 3. **Fouaillait** : frappait. 4. **Bourdon** :
grosse cloche. 5. **Incontinent** : aussitôt. 6. **Matou** : chat.
7. **Propice** : favorable. 8. **Bordières** : champs. 9. **Advienne
que pourra** : peu importe ce qui arrivera. 10. **Mirifique** :
merveilleux.

Maria Vasilyevna Yakunchikova, *La Peur*, 1894.

▶ *En quoi le cadre nocturne permet-il le récit d'événements surnaturels ?*

Découvrir le texte

1. Quels titres pourriez-vous donner à chaque paragraphe
du texte afin de rendre compte de ce qui s'y passe ?

Analyser et interpréter le texte

Une terrible nuit

2. Le narrateur est-il un personnage du récit ? Comment
rend-il la situation dramatique ?

3. LANGUE Relevez le champ lexical de la nuit et les adjectifs qui lui sont associés. Comment est-elle présentée par
le narrateur ?

4. Comment la tempête se manifeste-t-elle dans l'extrait ?
Par quelle principale figure de style ? Dans quel but ?
↘ *Les figures de style*, p. 377.

5. Relevez les termes qui décrivent le cadre spatio-temporel. Quel effet ce cadre produit-il sur Véronique ? Comment
interprétez-vous la phrase des lignes 24-25 ?

Une scène fantastique ou surnaturelle ?

6. Comment la vieille femme apparaît-elle dans ce récit ?
Par quels procédés ?

7. Quelle relation s'établit entre Lise et Véronique tout au
long du récit ?

8. Quelles caractéristiques le narrateur donne-t-il au chat ?
Dans quel but ?

S'exprimer à l'écrit

Réécrire un passage

9. Réécrivez les 1er et 2e paragraphes, en adoptant le point de
vue de Véronique, à la 1re personne du singulier. Que change
cette réécriture dans la perception des événements ?

Bilan Comment le narrateur invite-t-il le lecteur à croire
au caractère surnaturel des événements à venir ?

Lecture 2

Objectifs
• Étudier le passage du réel au fantastique dans un récit.
• Interpréter les doutes que la nuit suscite.

Compétence
• Élaborer une interprétation de textes littéraires.

REPÈRES

Théophile Gautier a lu la traduction française des *Contes* d'Hoffmann et s'en est inspiré pour écrire ses propres *Contes* (1831-1866). Il y puise notamment son goût pour les événements étranges et surnaturels.

▽ **L'HISTOIRE DES MOTS**

« Terreur » (l. 29) vient du latin *terror* signifiant « effroi », « épouvante ». Il est employé pour désigner ici une peur intense, impossible à surmonter. Trouvez un mot de la même famille.

Une terreur insurmontable

Le narrateur est invité avec deux de ses amis dans une propriété en Normandie. Voici les premières lignes du récit.

Nous étions harassés[1] ; aussi, notre hôte, voyant les efforts que nous faisions pour comprimer nos bâillements et tenir les yeux ouverts, aussitôt que nous eûmes soupé, nous fit conduire chacun dans notre chambre. [...]

Rien n'était dérangé. La toilette[2] couverte de boîtes à peignes, de houppes[3] à poudrer, paraissait avoir servi la veille. Deux ou trois robes de couleurs changeantes, un éventail semé de paillettes d'argent, jonchaient le parquet bien ciré, et, à mon grand étonnement, une tabatière d'écaille ouverte sur la cheminée était pleine de tabac encore frais.

Je ne remarquai ces choses qu'après que le domestique, déposant son bougeoir sur la table de nuit, m'eut souhaité un bon somme, et, je l'avoue, je commençai à trembler comme la feuille. Je me déshabillai promptement, je me couchai, et, pour en finir avec ces sottes frayeurs, je fermai bientôt les yeux en me tournant du côté de la muraille.

Mais il me fut impossible de rester dans cette position : le lit s'agitait sous moi comme une vague, mes paupières se retiraient violemment en arrière. Force me fut de me retourner et de voir.

Le feu qui flambait jetait des reflets rougeâtres dans l'appartement, de sorte qu'on pouvait sans peine distinguer les personnages de la tapisserie et les figures des portraits enfumés[4] pendus à la muraille.

C'étaient les aïeux[5] de notre hôte, des chevaliers bardés de fer, des conseillers en perruque, et de belles dames au visage fardé et aux cheveux poudrés à blanc, tenant une rose à la main.

Tout à coup le feu prit un étrange degré d'activité ; une lueur blafarde[6] illumina la chambre, et je vis clairement que ce que j'avais pris pour de vaines peintures était la réalité ; car les prunelles de ces êtres encadrés remuaient, scintillaient d'une façon singulière ; leurs lèvres s'ouvraient et se fermaient comme des lèvres de gens qui parlent, mais je n'entendais rien que le tic-tac de la pendule et le sifflement de la bise d'automne.

Une terreur insurmontable s'empara de moi, mes cheveux se hérissèrent sur mon front, mes dents s'entre-choquèrent à se briser, une sueur froide inonda tout mon corps.

La pendule sonna onze heures. Le vibrement du dernier coup retentit longtemps, et, lorsqu'il fut éteint tout à fait...

Oh ! non, je n'ose pas dire ce qui arriva, personne ne me croirait, et l'on me prendrait pour un fou.

Théophile Gautier, *La Cafetière*, 1831.

---

1. **Harassés** : épuisés. 2. **Toilette** : meuble muni d'un miroir. 3. **Houppes** : tampons pour se poudrer. 4. **Portraits enfumés** : portraits aux contours imprécis. 5. **Aïeux** : ancêtres. 6. **Blafarde** : pâle.

Gustave Courbet, *Le Désespéré*, 1841, huile sur toile, 45 x 54 cm, coll. part.

▶ Comment le narrateur passe-t-il du doute à la peur ?

Découvrir le texte

1. À votre avis, pourquoi le récit est-il raconté à la première personne du singulier ? Le récit aurait-il pu être raconté par un narrateur extérieur ? Justifiez votre réponse.

Analyser et interpréter le texte

Une étrange nuit

2. a. Dans quel état physique le narrateur se trouve-t-il avant d'entrer dans sa chambre ?
b. En quoi cela peut-il influencer sa perception des choses ?

3. Quels sont les éléments de la pièce qui s'animent ? Pourquoi ?

4. Quel rôle le feu joue-t-il dans ce récit ?

Du frisson à la terreur

5. LANGUE À partir de quelle ligne le narrateur commence-t-il à ressentir de la peur ? Quel groupe nominal le signale ?

6. Repérez les mots et expressions qui indiquent explicitement la peur du narrateur. Comment évolue-t-elle ? Par quoi sa terreur se manifeste-t-elle physiquement ?

7. Relevez le champ lexical de la vue : qu'est-ce qui caractérise les perceptions du narrateur ?

8. Selon vous, qu'annonce la dernière phrase de l'extrait ?

S'exprimer à l'écrit ✍

Écrire la suite du texte

9. En une dizaine de lignes, imaginez et rédigez une suite possible à cet extrait.

▤ *Conseil :* Veillez à rédiger votre texte à la première personne du singulier.

Bilan Quel rôle les perceptions du narrateur jouent-elles dans l'installation du doute chez le lecteur ?

↷ MÉMO

On parle de **narrateur interne** quand celui-ci est un personnage de l'histoire et qu'il raconte l'action à la première personne du singulier. Dans un récit fantastique, c'est le plus souvent ce type de narrateur qui est utilisé. Le lecteur peut ainsi plus facilement s'identifier au personnage principal et partager ses doutes.

Rencontre avec un vampire

REPÈRES

1800   Irlande   1900

XIXe siècle

1872   1897

Sheridan Le Fanu, *Carmilla*   Bram Stoker, *Dracula*

Andy Warhol, *Dracula*, 1981.

Dans ce roman, différents personnages, tous engagés dans une lutte contre le comte Dracula, victimes ou témoins, tiennent des journaux qui témoignent de leurs rencontres avec lui. L'extrait suivant est tiré du journal du docteur Seward : il relate l'attaque de Dracula contre Mrs Harker, épouse de Jonathan Harker, qui fut le premier à croiser le chemin de Dracula.

Le clair de lune était si éclatant que sa lumière, passant par les jalousies[1] jaunes, suffisait à éclairer la pièce. Sur le lit près de la fenêtre gisait Jonathan Harker, le visage congestionné[2], la respiration pénible, comme s'il était dans un état d'<u>hypnose</u>. Agenouillée à l'autre bout de l'autre lit, le plus près de

5   nous, la silhouette blanche de sa femme. À côté d'elle se tenait un homme, grand, mince, tout habillé de noir. Bien que nul ne vît son visage, nous reconnûmes immédiatement le comte. De la main gauche il tenait les deux mains de Mrs Harker et les écartait le plus possible du corps ; de sa main droite, il lui avait saisi le cou, obligeant son visage à se pencher

10   sur sa poitrine. La chemise de nuit blanche était éclaboussée de sang et un mince filet rouge coulait sur la poitrine dénudée de l'homme. La scène présentait une terrible ressemblance avec une scène plus familière – par exemple un enfant que l'on oblige à avaler un brouet[3] qu'il n'aime pas. Comme nous faisions irrup-

15   tion dans la pièce, le comte tourna la tête, et son visage prit cette expression diabolique dont les autres m'avaient déjà parlé. Les yeux brûlaient d'une terrible passion ; les énormes narines du nez aquilin[4] s'ouvrirent davantage encore et palpitèrent ; les dents blanches et <u>aiguës</u> comme des dagues[5], derrière les lèvres

20   dégouttantes[6] de sang, claquèrent comme celles d'un fauve. D'un seul mouvement, il rejeta, avec une terrible violence, sa victime à l'autre bout du lit et fondit sur nous. Les quelques secondes d'hésitation avaient suffi au professeur pour se relever et tendre,

▽ L'HISTOIRE DES MOTS

L'« hypnose » (l. 4), du grec *hypnos* (« sommeil »), est un état de demi-sommeil artificiel, dans lequel l'individu est encore conscient mais où certains réflexes disparaissent. Qu'est-ce qu'un médicament hypnotique ?

▶ Comment le récit s'accélère-t-il pour susciter l'effroi ?

Découvrir le texte

1. Faites une recherche sur les vampires (histoire, caractéristiques...). Quels points communs trouvez-vous avec le comte Dracula dans cet extrait ? ⬂ Dossier EPI, p. 76.

2. Que vous inspire ce récit ?

Analyser et interpréter le texte

Une scène d'action

3. Quelles sont les différentes étapes de l'action ? Appuyez-vous notamment sur les verbes de mouvement et les adverbes de temps.

4. LANGUE De « De la main gauche » (l. 7) à « fondit sur nous » (l. 22), quels sont les deux temps principaux des verbes ? Quel rôle jouent-ils dans la description de la scène ?

5. Observez la longueur des phrases. En quoi contribue-t-elle à la force du récit ?

vers le monstre, l'enveloppe contenant l'hostie. Le comte s'arrêta net,
comme cette pauvre Lucy[7] alors
qu'elle cherchait à rentrer dans son
tombeau. Il recula. Il recula davantage encore lorsque nous nous
avançâmes vers lui, tous, crucifix[8]
à la main. Soudain, la lumière de
la lune disparut derrière un épais
nuage noir. Lorsque Quincey
eut allumé le gaz, nous ne vîmes
plus rien, sauf une légère vapeur
qui disparut sous la porte – refer-
mée après avoir été enfoncée. Van
Helsing, Art[9] et moi-même nous
nous précipitâmes vers Mrs Harker
qui venait de retrouver son souffle
et de pousser un cri si désespéré,
si épouvanté qu'il résonnera sans
doute à mes oreilles jusqu'au
moment de ma mort. Pendant quelques secondes, elle demeura prostrée,
incapable du moindre mouvement. Son visage était livide, effrayant, rendu plus
livide encore par le sang qui lui souillait les lèvres, les joues et le menton. De
sa gorge coulait un mince flot de sang. Ses yeux reflétaient sa terreur au point
de paraître des yeux de dément. Puis elle se couvrit le visage de ses pauvres
mains meurtries, rouges encore de la terrible poigne du comte.

Bram Stoker, *Dracula* [1897], trad. de l'anglais par J. Finné,
Flammarion, « Étonnants classiques », 2004.

Nosferatu, fantôme de la nuit,
film de Werner Herzog, avec
Klaus Kinski (Dracula) et Isabelle
Adjani (Lucy Harker), 1979.

1. **Jalousies** : stores. 2. **Congestionné** : rouge et gonflé. 3. **Brouet** : bouillon. 4. **Aquilin** : fin et recourbé. 5. **Dagues** : poignards. 6. **Dégouttantes** : coulant goutte à goutte. 7. **Lucy** : victime de Dracula, devenue vampire à son tour. 8. **Crucifix** : croix sur laquelle est représenté Jésus mort. 9. **Quincey** [...], **Van Helsing, Art** : personnages qui cherchent à stopper Dracula.

Pour bien écrire

« Aiguës » (l. 19) :
cet adjectif s'écrit au
féminin avec un tréma
sur le *-e* (« aiguë »)
afin de conserver la
prononciation en « u ».
Comment écrivez-vous
au féminin pluriel
les mots suivants :
« ambigu », « contigu »,
« exigu » ?

MÉMO

Le **rythme du récit**
dépend du rapport entre
la durée de l'action
racontée et le nombre
de lignes ou de pages
que l'auteur réserve au
récit de l'action. Selon
qu'il détaille ou résume
l'action, le rythme sera
lent ou rapide.

Un personnage effrayant

6. Quel portrait du comte le narrateur fait-
il ? Relevez les caractéristiques physiques :
que nous apprennent-elles du personnage ?

7. Relevez les marques de jugement du
narrateur-personnage. Quels peuvent être
leurs effets sur le lecteur ?

8. Quelles sont les couleurs dominantes
dans cette scène ? Quelle atmosphère
contribuent-elles à créer ?

S'exprimer à l'oral 💬

Mener un débat

9. En classe, débattez de la question
suivante : pourquoi peut-on aimer lire des
récits qui font peur ?

Bilan Par quels procédés le personnage
de Dracula est-il rendu effrayant ?

Lecture 4

Objectifs
• Étudier un début
de roman fantastique.
• Analyser un point
de vue interne.

Compétence
• Faire des hypothèses
de lecture.

▽ L'HISTOIRE DES MOTS

« Fiction » (l. 14) vient
du verbe latin *fingere*,
qui signifie « imaginer »
ou « contrefaire ». Une
fiction est en effet un
récit inventé, qui n'a pas
réellement lieu. Quel
verbe, qui signifie « faire
semblant », dérive du
même verbe latin ?

✑ MÉMO

Quand le récit
s'interrompt pour
permettre au narrateur
de commenter les
événements, on parle
de **pause**. Dans
un récit fantastique,
c'est l'occasion pour
le narrateur-personnage
de s'adresser au lecteur
et de rendre crédible
ce qu'il raconte.

Une attaque redoutable

*La scène se situe au début du roman. Olivier – le narrateur-personnage –
vient d'emménager avec ses parents dans un village. Un soir, il passe
devant une maison qui paraît abandonnée, et est attaqué par un chien
dont tout le monde nie l'existence.*

La nuit m'enveloppait de sa douceur. Il n'y avait pas de vent. Pas de
bruit. Rien que mon souffle et mon pas sur le gravier.

J'aurais pu emprunter l'autre côté de la rue. Mais non, je suis passé
de ce côté-là, devant chez le voisin. Tout près. L'animal s'est jeté sur la
5 grille avec une rage terrifiante. À la hauteur de ma tête.

Dans les films d'horreur, on s'attend à l'attaque. Le héros ou l'héroïne
est tranquillement dans sa cuisine, il se fait une omelette ou quelque
chose comme ça, et puis il y a une panne d'électricité. Il descend à la cave
pour vérifier l'état des fusibles[1]. Il a l'air inquiet. Il y a en général une
10 musique angoissante qui veut dire : attention, ça va être là ! Accrochez-
vous à vos fauteuils. Et effectivement ça arrive. La hache qui s'abat sur lui,
ou bien un cadavre sanguinolent qui lui tombe dans les bras. Alors on
éclate de rire. Et plus c'est horrible, plus c'est drôle. Peut-être aussi qu'on
rit pour se rassurer. C'est une fiction. Pas mal, les effets spéciaux. Là, il
15 n'y a pas eu de musique pour m'avertir de quoi que ce soit.

Village de nuit, Bretagne.

Je me suis retrouvé projeté à cinq mètres, dans le fossé opposé. Très loin, j'entendais la voix de ma raison qui me hurlait : Ça n'est qu'un chien ! Ça n'est qu'un chien ! C'est rien ! Calme-toi ! Mais mon corps n'entendait pas. Tout en
20 moi s'était affolé. J'avais la bouche grande ouverte et mon cœur tapait dans ma poitrine à la faire éclater. Quand ma panique s'est un peu calmée, j'ai pu regarder.

Le chien continuait à attaquer dans un déchaînement de fureur. Il prenait deux à trois mètres d'élan et se lançait
25 à l'assaut de la grille. C'était un berger allemand au pelage très sombre. Je voyais ses petits yeux serrés plantés dans les miens, ses poils hérissés en crinière sur ses épaules puissantes. Il n'avait aucune chance de la franchir, cette grille, c'était évident, elle était haute d'au moins trois mètres. Mais
30 l'acharnement qu'il mettait à se jeter dessus me glaçait le sang. Il avait même dû se blesser tout seul dans sa frénésie : à l'épaule son pelage était rouge de sang.

En me relevant, j'ai vu qu'une lumière s'allumait à l'étage chez la petite vieille en face, sans doute dans sa chambre. Cela
35 a duré quelques secondes seulement et puis elle s'est éteinte.

Jean-Claude Mourlevat, *La Balafre*, Pocket Jeunesse, 1998.

_____

1. **Fusibles** : pièces en métal qui ouvrent et ferment un circuit électrique.

Dessin préparatoire pour *Cujo*,
film de Lewis Teague, 1983.

▶ Quels sont les différents rôles du narrateur interne dans le récit fantastique ?

Découvrir le texte

1. Quelles sont les caractéristiques des «films d'horreur» (l. 6) ? Quels points communs peut-on trouver avec la situation vécue par Olivier dans ce texte ?
2. Selon vous, quel est le caractère d'Olivier ? Décrivez-le en quatre adjectifs.

Analyser et interpréter le texte

Un narrateur averti

3. De quel point de vue la scène est-elle racontée ? Ce point de vue change-t-il quelque chose pour le lecteur ?
4. Dans le troisième paragraphe, à quoi le narrateur compare-t-il sa situation ? En quoi sa situation est-elle différente ?
5. MISE EN VOIX Lisez ce troisième paragraphe de façon expressive. Selon vous, quel est le but de cette pause dans le récit ?
6. Comment le narrateur parvient-il à créer un effet de surprise et de suspense ?

Une scène essentielle

7. Comment la nuit est-elle évoquée ? Selon vous, pour quelles raisons la scène se passe-t-elle la nuit ?
8. Quelle image le narrateur donne-t-il de lui-même dans cette scène ? Appuyez-vous sur la ponctuation et la longueur des phrases.
9. En quoi l'attaque du chien est-elle particulièrement effrayante ?

S'exprimer à l'oral

Reformuler un extrait de roman

10. À l'oral, racontez à vos camarades la scène que vous venez de lire, avec vos propres mots. Imaginez que votre auditoire n'a pas lu l'extrait et veillez à rendre votre récit haletant.

> **Bilan** Quels sont les points communs et les différences entre la situation vécue par le jeune Olivier et un film d'horreur ?

L'univers fantastique

**Sheridan Le Fanu, *Carmilla*
[1872], Le Livre de poche, 2004**

Dans un château de Styrie (en Autriche), au début du XIXe siècle, vit une jeune fille solitaire et mélancolique. Elle fait la rencontre de Carmilla : une vie nouvelle commence alors pour elle... Ce récit, dont l'héroïne est une femme vampire, a été écrit avant le *Dracula* de Bram Stoker.

Réécrire un passage

• Dans les trois premiers chapitres, relevez trois indices qui laissent supposer que Carmilla représente un danger pour la narratrice.

• Réécrivez l'arrivée de Carmilla chez la narratrice en situant l'action à notre époque.

**Julio Cortázar, *La Porte condamnée et autres nouvelles fantastiques*
[1956], Folio, 2009**

Une machine à tuer les fourmis, les pleurs d'un enfant qui n'existe pas, le public d'un concert qui finit par dévorer le chef d'orchestre, le rêve et la réalité qui se rejoignent... Les quatre nouvelles de ce recueil montrent chacune un aspect différent de l'univers fantastique, entre doutes et effroi.

Faire un exposé sur une nouvelle

• Présentez l'une des quatre nouvelles à vos camarades et expliquez-leur en quoi il s'agit d'une nouvelle fantastique.

Nouvelles fantastiques, Classiques Hatier, 2013

Dans ces cinq nouvelles fantastiques du XIXe siècle, le lecteur est plongé dans des univers différents mais qui ont tous pour point commun le récit de situations surnaturelles. Tous les aspects du genre fantastique y sont déployés.

Réécrire une nouvelle

• Relisez la nouvelle « Le Nez », de Gogol, et relevez les passages qui parlent explicitement du nez.

• Réécrivez ces passages en imaginant que le barbier découvre une autre partie du visage dans son pain. Trouvez d'autres effets grotesques, comiques et fantastiques en lien avec cette partie du visage.

Guillaume Sorel, *Le Horla*, Rue de Sèvres, 2014

Cette bande dessinée est une adaptation de la nouvelle *Le Horla* de Maupassant. Le narrateur mène une vie tranquille dans sa maison au bord de la Seine mais d'étranges phénomènes commencent à se produire. Pour le narrateur, un être surnaturel – le Horla – s'est installé chez lui.

Écrire une chronique de lecture

• Lisez la nouvelle de Maupassant.

• Comparez-la à la bande dessinée et écrivez un article pour le CDI ou le journal de votre collège afin de défendre l'intérêt de la BD par rapport à la nouvelle.

À vous de créer

Faire une fiche de lecture

• Constituez des petits groupes et choisissez l'une des œuvres proposées.

• En groupes, rédigez un résumé de l'œuvre.

• Comparez vos avis sur le livre et rédigez une courte critique pour dire ce que vous en avez pensé.

• Compilez vos critiques et mettez-les en page sous le résumé de l'œuvre, en illustrant votre fiche. Exposez les fiches de la classe au CDI.

Méthode

Analyser un récit fantastique

Le narrateur a été invité pour évaluer la valeur archéologique d'une statue. Pour deux jeunes garçons, cette statue est maléfique et responsable d'un accident arrivé à un ami, Jean Coll. De sa chambre, le narrateur les observe.

– Te voilà donc, coquine! (Le terme catalan était plus énergique.) Te voilà! disait-il. C'est donc toi qui as cassé la jambe à Jean Coll! Si tu étais à moi, je te casserais le cou. [...]

Ils firent quelques pas en s'éloignant.

– Il faut que je souhaite le bonsoir à l'idole¹, dit le plus grand des apprentis, s'arrêtant
5   tout à coup.

Il se baissa, et probablement ramassa une pierre. Je le vis déployer le bras, lancer quelque chose, et aussitôt un coup sonore retentit sur le bronze. Au même instant l'apprenti porta la main à sa tête en poussant un cri de douleur.

– Elle me l'a rejetée! s'écria-t-il.

10   Et mes deux polissons prirent la fuite à toutes jambes. Il était évident que la pierre avait rebondi sur le métal, et avait puni ce drôle² de l'outrage qu'il faisait à la déesse.

Je fermai la fenêtre en riant de bon cœur.

– Encore un Vandale³ puni par Vénus! Puissent tous les destructeurs de nos vieux monuments avoir ainsi la tête cassée!

15   Sur ce souhait charitable, je m'endormis.

Prosper Mérimée, *La Vénus d'Ille*, 1837.

1. **Idole**: représentation d'une divinité. 2. **Drôle**: coquin. 3. **Vandale**: destructeur.

MÉTHODE GUIDÉE

Étape 1   Partir de ses impressions

• Lisez le texte plusieurs fois pour vous en imprégner.
• Interrogez-vous sur le caractère étrange de la scène.

1. Quel(s) sentiment(s) (ex.: amusement, inquiétude) éprouvez-vous à la lecture de cette péripétie? Pourquoi?
2. Quels sont les éléments troublants?

Étape 2   Identifier les principales caractéristiques du récit

• Identifiez le narrateur et son rôle.
• Repérez les différents personnages.
• Analysez le cadre spatio-temporel.
• Repérez les péripéties et caractérisez-les.

3. Le narrateur est-il intérieur ou extérieur au récit?
4. Le narrateur vous paraît-il digne de confiance?
5. Comment les personnages sont-ils caractérisés par le narrateur? Dans quel but?
6. Le cadre spatio-temporel est-il réaliste? Pourquoi?
7. Quels sont les éléments qui peuvent susciter l'étonnement?

Étape 3   Repérer les indices du fantastique

• Repérez les indices de certitude et d'incertitude exprimés par les personnages ou le narrateur.
• Expliquez par quels procédés le texte entretient le doute entre explication rationnelle ou absence d'explication.

8. Pour quels personnages la statue a-t-elle un caractère surnaturel?
9. Comment cette certitude est-elle exprimée?
10. Comment le narrateur réagit-il face aux certitudes des autres personnages?
11. Comment les réactions du narrateur s'expriment-elles dans le texte?
12. Quel est le rôle du dernier paragraphe?

Vocabulaire

Objectifs
• Enrichir son vocabulaire lié à la nuit.
• Connaître le vocabulaire du fantastique.

Le vocabulaire de la nuit et du fantastique

S'approprier le vocabulaire de la nuit

1 **a.** Cherchez dans le dictionnaire des adjectifs qui dérivent des noms suivants :

nuit • opacité • nuage • lune • crépuscule • sépulcre • brume

b. Rédigez quatre phrases dans lesquelles vous emploierez ces adjectifs.

2 Complétez le tableau suivant avec des mots de la même famille en lien avec le sommeil.

Nom	Verbe	Adjectif
hypnose		
	somnoler	
repos		
		assoupi

3 **a.** Reliez les termes à gauche à leur antonyme à droite.

ténèbres •   • sombre
lumineux •   • crépuscule
opaque •   • limpide
aurore •   • clarté

b. Recherchez quatre synonymes de « sombre » et de « lumineux ».
c. À partir des mots trouvés, créez quatre oxymores.
➦ Les figures de style, p. 377.
d. Écrivez quatre phrases dans lesquelles vous emploierez ces oxymores.

Exprimer la peur

4 **a.** Classez les noms suivants selon qu'ils expriment une intensité plus ou moins grande de la peur :

effroi • crainte • appréhension • angoisse • terreur • inquiétude

peur modérée   peur très forte

b. Complétez les phrases suivantes avec le nom qui convient :
1. Avant d'entrer dans la forêt, elle éprouva une certaine ....
2. Dans la nuit la plus noire, surgit un chien aboyant et bavant qui provoqua un véritable ....
3. Devant cet abominable spectacle, la .... l'envahit.

5 **a.** Trouvez des adjectifs à partir de la liste des noms de l'exercice 4.
b. Trouvez des verbes à partir de ces adjectifs.
c. Écrivez quatre phrases en employant les verbes et les adjectifs que vous avez trouvés.

6 Classez ces expressions de la peur selon qu'elles appartiennent au langage soutenu, courant ou familier :
➦ Identifiez les niveaux de langue, p. 354.

perdre son sang-froid • avoir le souffle coupé • avoir la trouille • être pris de panique • trembler comme une feuille • avoir les chocottes • être tétanisé de peur • avoir des sueurs froides • avoir la chair de poule • avoir les jambes coupées • avoir la gorge sèche • claquer des dents • avoir le trouillomètre à zéro

Langage familier	Langage courant	Langage soutenu

Identifier le registre fantastique

7 Relevez dans les extraits ci-dessous le vocabulaire propre aux récits fantastiques.
➦ Connaître les particularités du registre fantastique, p. 362.
a. Dans un tableau, classez les termes et expressions qui caractérisent la certitude ou l'incertitude ; les émotions et les impressions.
b. Rédigez un court texte dans lequel vous utiliserez le vocabulaire propre au registre fantastique que vous avez relevé.

> 1. Cette apparition eut quelque chose de magique. L'homme le plus intrépide, surpris ainsi dans son sommeil, aurait sans doute tremblé devant ce personnage qui semblait être sorti d'un sarcophage voisin.
>
> Honoré de Balzac, *La Peau de chagrin*, 1831.

> 2. Un frisson me saisit soudain, non pas un frisson de froid, mais un étrange frisson d'angoisse.
> Je hâtai le pas, inquiet d'être seul dans ce bois, apeuré sans raison, stupidement, par la profonde solitude. Tout à coup, il me sembla que j'étais suivi, qu'on marchait sur mes talons, tout près, à me toucher.
>
> Guy de Maupassant, *Le Horla*, 1887.

À vous d'écrire !

8 Racontez en quelques lignes un cauchemar que vous avez fait, en imaginant que les événements se sont vraiment passés : utilisez le vocabulaire de la peur et de la nuit.

Les modalisateurs pour nuancer un énoncé

Identifier le sens des modalisateurs

1 Recopiez le tableau suivant et classez-y ces mots.

avoir l'air • sans aucun doute • affirmer • étrange • assurer • douter • probablement • avoir le sentiment • certainement • inexplicable • sembler • se demander • évident • probable • croire • incontestablement • il est sûr que • de toute évidence • à ce qu'on dit • possible • il se peut que

Modalisateurs de certitude	Modalisateurs d'incertitude

2 Classez dans le tableau suivant les modalisateurs de l'exercice précédent selon leur classe grammaticale.

Adjectifs	Adverbes	Locutions	Verbes	Tournures impersonnelles

Employer les modalisateurs

3 Quelle différence faites-vous entre ces deux textes ? Quel est le rôle des modalisateurs ?

> 1. Mais ce n'est pas ce que j'ai ordonné. Peut-être parce que je connaissais le capitaine depuis toujours. Peut-être parce que je connaissais sa veuve et qu'il me semblait naturel de lui rapporter le corps de son vieil homme.
>
> Laurent Gaudé, « Sang négrier », *Dans la nuit Mozambique*, 2007.

> 2. C'est ce que je n'ai pas voulu ordonner parce que je connaissais le capitaine depuis toujours et parce que je connaissais sa veuve et qu'il était naturel de lui rapporter le corps de son vieil homme.
>
> D'après Laurent Gaudé, « Sang négrier », *Dans la nuit Mozambique*, 2007.

4 Supprimez les modalisateurs dans ces textes. Quel est l'effet produit ?

> 1. Seuls les yeux lui parurent étrangement fixes et morts. Mais comme il la regardait avec insistance au moyen de son télescope, il crut voir se lever dans les yeux d'Olympia d'humides rayons de lune.
>
> E. T. A. Hoffmann, « L'Homme au sable », 1817.

> 2. Le grand jour venu, je marchai à l'église d'un pas si léger qu'il me semblait que je fusse soutenu en l'air ou que j'eusse des ailes aux épaules. Je me croyais un ange.
>
> Théophile Gautier, « La Morte amoureuse », 1836.

> 3. Il me sembla que [la barque] faisait des embardées gigantesques, touchant tour à tour les deux berges du fleuve ; puis je crus qu'un être ou qu'une force invisible l'attirait doucement au fond de l'eau et la soulevait ensuite pour la laisser retomber.
>
> Guy de Maupassant, « Sur l'eau », 1876.

L'Aurore, film de F. W. Murnau, 1927.

5 **Dictée préparée**

a. Lisez ce texte attentivement et relevez les modalisateurs.
b. Quel est leur rôle dans le récit ?
c. Réécrivez l'extrait sous la dictée de votre professeur.

> L'apparition ne dura qu'un instant, mais l'éclat singulier des yeux qui rencontrèrent mon regard me frappa plus que je ne saurais dire. Je fis involontairement un mouvement de corps en arrière, puis je courus à la fenêtre, et, d'un ton sévère, je demandai à l'intrus ce qu'il voulait. Cependant, il descendit en toute hâte et, saisissant une grosse branche entre ses mains, il se laissa pendre, puis tomber à terre, et disparut aussitôt.
>
> Prosper Mérimée, *Lokis*, 1876.

ATELIER

Mettre en scène 💬
un récit fantastique

Vous êtes metteur en scène et vous souhaitez faire jouer une scène fantastique à des comédiens.

ÉTAPE 1 Rendre expressive une lecture à voix haute

1 Répartissez-vous en groupes de quatre ou cinq élèves. Relisez les textes de la séquence et choisissez ensemble celui que vous préférez.

2 Réfléchissez à plusieurs lectures possibles en variant le ton et le débit.

3 Entraînez-vous à lire l'extrait à voix haute, à plusieurs.

ÉTAPE 2 Transposer un récit en scène de théâtre

4 À partir de votre lecture orale de l'extrait, notez au brouillon les éléments sur lesquels vous allez pouvoir vous appuyer pour transposer le récit au théâtre : personnages, dialogues, décors...

5 Réécrivez la scène comme s'il s'agissait d'une courte pièce de théâtre.

Les Contes d'Hoffmann de Jacques Offenbach, mise en scène de Jérôme Savary, 2000.

> **Conseil**
> Veillez à supprimer les interventions du narrateur et les descriptions, et à les remplacer par un dialogue et des indications scéniques (décors, ton de la voix...).

ÉTAPE 3 Interpréter la scène

6 Répartissez-vous les rôles : comédiens incarnant les personnages, metteur en scène...

7 Réfléchissez à la mise en scène : décor, emplacement et mouvement des personnages...

8 Demandez-vous s'il est utile de sonoriser la lecture par des bruitages.

9 Exercez-vous à bien prononcer les paroles des personnages.

10 Installez les décors et jouez la scène devant vos camarades.

COMPÉTENCES

D1, 2, 3 S'exprimer de façon maîtrisée en s'adressant à un auditoire.

D1, 2, 3 Mobiliser son imagination et sa créativité au service d'un projet collectif.

Écrire le début ✎
d'une nouvelle fantastique

ÉTAPE 1 **Déterminer le cadre de la nouvelle**

❶ Choisissez le cadre de votre nouvelle. Rappelez-vous que le récit fantastique s'inscrit dans un cadre spatio-temporel réaliste :
– choisissez un lieu réaliste : une ville réelle, un village réaliste, etc. ;
– datez l'époque de l'action ;
– décrivez le lieu en lui donnant une apparence de réalité ;
– choisissez la nuit comme moment de l'action.

❷ Choisissez un narrateur interne. ⭢ Lecture 2, p. 63.
Exemple : Le feu d'artifice du 14 Juillet venait de se terminer. Je décidai de rentrer chez moi à pied. La nuit étoilée et sans nuages m'enveloppait de sa lumière et la lune éclairait mon chemin. La campagne s'endormait en silence. Un vent doux m'accompagnait vers la maison.

ÉTAPE 2 **Faire parler le narrateur**

❸ Rédigez quelques phrases dans lesquelles le narrateur interne exprimera des doutes et des incertitudes.

❹ Composez cinq phrases de récit raconté par un narrateur interne en utilisant dans chacune d'entre elles les mots suivants :
– ténèbres • insurmontable • frayeur • courir
– hurlement • paralyser • angoisse • indicible
– épouvantable • vent • chien • gémissement • effroi
– main • atroce • crainte • voir • ensanglanté
– brume • blanc • inexplicable • soudain • terreur

Johann Heinrich Füssli, *La Folie de Kate*, 1806.

ÉTAPE 3 **Créer une atmosphère et enclencher l'action**

❺ Composez quelques phrases qui introduisent un événement inquiétant.
Soudain, un nuage... • J'entendis un drôle de bruit... • Il semblait que...

❻ Créez des comparaisons qui visent à susciter la crainte.
Le chien hurlait comme... • J'entendis un bruit qui ressemblait à... • Ses dents, comme..., s'enfonçaient dans son cou. • Comme..., le lit se mit à bouger. • La main qui s'approchait avait l'air d'un...

❼ Créez des personnifications en associant les noms et les verbes ci-dessous :
– Noms : *vent • porte • nuit • nuages • sang • maison • pluie • lit • couteau • feu*
– Verbes : *pleurer • grimacer • hurler • se plaindre • caresser • fouetter • geindre • courir • trembler*

❽ Un événement inquiétant se produit.
a. Le narrateur interne poursuit en quelques lignes la description du cadre spatio-temporel.
b. Imaginez un premier événement qui trouble la sérénité du narrateur en reprenant certaines phrases de l'étape 3.

COMPÉTENCES

D1 Mettre en réseau des mots.

D1 Analyser le sens des mots.

Bilan de la séquence

La nuit, un cadre propice à un imaginaire inquiétant

La nuit est porteuse de **mystère** et d'ambiguïté : c'est souvent de ce cadre que naissent les doutes des personnages.

La nuit crée aussi une atmosphère inquiétante : les personnages sont plongés dans une obscurité relative qui engendre **cauchemars** et **peurs**, aussi bien pour eux que pour le lecteur.

La peur, un élément central

La peur peut avoir des **causes rationnelles** : apparition soudaine d'un chien déchaîné (J.-C. Mourlevat), découverte de la victime d'un vampire (Bram Stoker)...

La peur peut aussi avoir des **causes irrationnelles** : déchaînement des éléments naturels (la tempête dans le conte d'Hoffmann), hallucinations dues à la fatigue (Théophile Gautier)...

Les caractéristiques du récit fantastique

Un **narrateur-personnage** qui permet au lecteur de donner foi à ce qu'il lit grâce au témoignage à la 1re personne du singulier.

L'introduction du doute par l'apparition d'un **événement étrange** : le cadre nocturne crée un mystère autour de la situation du narrateur.

Un récit qui se termine souvent sur une **incertitude** quant à la véracité des faits qui se sont déroulés.

Évaluation   1. Mobiliser les acquis de la séquence

1. Je sais situer les auteurs sur un axe chronologique.

Bram Stoker • Théophile Gautier • Jean-Claude Mourlevat • E. T. A. Hoffmann

XIXe siècle	XXe siècle

2. Je sais citer et définir deux types de narrateur.

3. Je sais former une comparaison.

4. Je sais définir ce qu'est un modalisateur.

5. Je connais les principales caractéristiques d'un récit fantastique.

est possible

Un souvenir angoissant

Le narrateur, lors d'un voyage en bateau, raconte à quelques passagers le souvenir d'une épouvantable peur : lors d'une chasse, il passe la nuit dans la maison d'un garde-chasse. Ce dernier et toute sa famille craignent le retour du fantôme d'un braconnier tué par le garde-chasse deux ans plus tôt.

Alors, pendant une heure, le chien hurla sans bouger ; il hurla comme dans l'angoisse d'un rêve ; et la peur, l'épouvantable peur entrait en moi ; la peur de quoi ? Le sais-je ? C'était la peur, voilà tout.

5 Nous restions immobiles, livides, dans l'attente d'un événement affreux, l'oreille tendue, le cœur battant, bouleversés au moindre bruit. Et le chien se mit à tourner autour de la pièce, en sentant les murs et gémissant toujours. Cette bête nous rendait fous !
10 Alors, le paysan qui m'avait amené se jeta sur elle, dans une sorte de paroxysme[1] de terreur furieuse, et, ouvrant une porte donnant sur une petite cour, jeta l'animal dehors.

Il se tut aussitôt ; et nous restâmes plongés dans
15 un silence plus terrifiant encore. Et soudain tous ensemble, nous eûmes une sorte de sursaut : un être glissait contre le mur du dehors vers la forêt ; puis il passa contre la porte, qu'il sembla tâter, d'une main hésitante ; puis on n'entendit plus rien pendant deux
20 minutes qui firent de nous des insensés ; puis il revint,

frôlant toujours la muraille ; et il gratta légèrement, comme ferait un enfant avec son ongle ; puis soudain une tête apparut contre la vitre du judas[2], une tête blanche avec des yeux lumineux comme ceux des
25 fauves. Et un son sortit de sa bouche, un son indistinct, un murmure plaintif.

Alors un bruit formidable éclata dans la cuisine. Le vieux garde avait tiré. Et aussitôt les fils se précipitèrent, bouchèrent le judas en dressant la grande table
30 qu'ils assujettirent avec le buffet.

Et je vous jure qu'au fracas du coup de fusil que je n'attendais point, j'eus une telle angoisse du cœur, de l'âme et du corps, que je me sentis défaillir, prêt à mourir de peur.

35 Nous restâmes là jusqu'à l'aurore, incapables de bouger, de dire un mot, crispés dans un affolement indicible.

On n'osa débarricader la sortie qu'en apercevant, par la fente d'un auvent, un mince rayon de jour.

Guy de Maupassant, « La Peur », *Contes de la bécasse*, 1883.

---

1. **Paroxysme** : redoublement. 2. **Judas** : petite ouverture dans une porte qui sert à voir au-dehors sans être vu.

---

6. À quel moment l'action se situe-t-elle ? Pourquoi ?

7. Quelle place le chien et les personnages occupent-ils dans ce récit ?

8. Quel est le rôle du narrateur ?

9. Comment la peur progresse-t-elle dans le récit ?

10. Quelles causes le narrateur donne-t-il à la peur qui l'envahit ?

11. Comment passe-t-on du réel au surnaturel dans le récit ?

12. Le narrateur suggère-t-il une explication rationnelle ou irrationnelle des événements ? Justifiez votre réponse.

Évaluation — 3. Écrire une suite de texte

13. Imaginez la suite du texte en respectant les modalités narratives et la fiction. Vous choisirez de donner une explication rationnelle ou vous laisserez le lecteur dans le doute.

COMPÉTENCES ATTENDUES EN FIN DE 4e

D1, 5 Lire
Élaborer une interprétation de textes littéraires. ■ ■ ■ ■

D1 Écrire
– Employer le vocabulaire de l'analyse du récit. ■ ■ ■ ■
– Pratiquer l'écriture d'invention. ■ ■ ■ ■

D1, 2 Comprendre le fonctionnement de la langue
Identifier un réseau lexical dans un texte et en percevoir les effets. ■ ■ ■ ■

Frissonner au cinéma

Thématiques
- Culture et création artistiques
- Information, communication, citoyenneté

Disciplines croisées
- Français : établir des relations entre les textes littéraires et leurs adaptations cinématographiques
- Arts plastiques : la narration visuelle : images, réalité et fiction
- Éducation musicale : recherche d'associations originales entre musique et image animée

Projet
Organiser une exposition virtuelle

Dès ses débuts dans les années 1920, le cinéma sonore a tiré profit du noir et blanc pour créer des univers étranges et inquiétants. À la suite des romanciers et nouvellistes du XIXᵉ siècle, dont ils s'inspirent, les réalisateurs ont contribué à renouveler et enrichir le genre fantastique.

▶ Quels procédés communs les écrivains et cinéastes mettent-ils en œuvre pour créer une atmosphère troublante ?

Le vampire, une créature légendaire

Selon la superstition la plus courante, le vampire est un mort-vivant qui se nourrit de sang humain. Le comte Dracula est le vampire le plus célèbre et de nombreux cinéastes l'ont choisi comme personnage principal de leurs films.

REPÈRES

Dracula a bien existé !
Vlad III Tepes (1431-1476), à l'origine prince de Valachie (région des Carpates), a été le premier roi de Roumanie. Il était surnommé « Vlad l'Empaleur » car il avait pour habitude de faire empaler ses ennemis. On le nommait aussi Dracul, qui signifie « diable » ou « dragon » en roumain.

Doc 1 La description du vampire chez Bram Stoker ↘ Lecture 3, p. 64.

Extrait 1

Mina Harker raconte ce qu'elle a vu en se réveillant en pleine nuit…

Je regardais tout autour de moi, me demandant déjà ce qui allait m'arriver. Alors vraiment, je crus défaillir : à côté du lit, comme s'il venait de sortir du brouillard – ou plutôt comme si le
5 brouillard, qui à ce moment-là s'était complètement dissipé, avait pris sa forme – se tenait un homme grand et maigre, tout habillé de noir. Je reconnus tout de suite, d'après les descriptions qu'on avait faites de lui, le visage couleur de
10 cire, le long nez aquilin qui se détachait dans le clair de lune comme une fine ligne blanche, les lèvres rouges entrouvertes et les dents pointues et blanches, et ces yeux flamboyants que j'avais l'impression d'avoir déjà vus.

Extrait 2

Le narrateur est accueilli par le comte Dracula. La scène se déroule après le dîner.

La bouche, ou du moins ce que j'en voyais sous l'énorme moustache, avait une expression cruelle, et les dents, éclatantes de blancheur, étaient particulièrement pointues ; elles avançaient au-dessus
5 des lèvres dont le rouge vif annonçait une vitalité extraordinaire chez un homme de cet âge. Mais les oreilles étaient pâles, et vers le haut se terminaient en pointe ; le menton, large, annonçait, lui aussi, de la force, et les joues, quoique creuses,
10 étaient fermes. Une pâleur étonnante, voilà l'impression que laissait ce visage. [...]

Quand le comte se pencha vers moi, à me toucher, je ne pus m'empêcher de frémir. Peut-être, son haleine sentait-elle mauvais ; toujours
15 est-il que mon cœur se souleva et qu'il me fut impossible de le cacher.

Bram Stoker, *Dracula* [1897], trad. de l'anglais par L. Molitor, J'ai Lu, 1993.

Doc 1 1. Sur quels éléments les deux descriptions mettent-elles l'accent ?
2. Sur quelles sensations Mrs Harker puis le narrateur insistent-ils ? Comment les comprenez-vous ?
3. À quoi voit-on que le comte est un mort-vivant ?
4. 🎬 Mettez-vous dans la peau d'un réalisateur : quels plans et quels mouvements de caméra retiendriez-vous pour filmer la scène ? Justifiez votre réponse.

et dans les romans

Doc 2 **Différentes adaptations au cinéma**

Film muet en noir et blanc, *Nosferatu* de Murnau est la première adaptation cinématographique du roman de Bram Stoker. Le mystérieux comte Orlok révèle peu à peu sa véritable nature de vampire. Par la suite, de nombreuses adaptations de *Dracula* ont vu le jour, du terrifiant *Cauchemar de Dracula* de Terence Fisher au film comique de Roman Polanski, *Le Bal des Vampires*.

Château de Bran, construit en 1377 en Transylvanie (Roumanie), qui, dans la légende, serait le château de Dracula.

Nosferatu, film muet de F. W. Murnau, 1922, adapté du roman de Bram Stoker.

Le Cauchemar de Dracula, film de Terence Fisher, 1958.

REPÈRES

Les vampires au cinéma

- 1922 : Friedrich W. Murnau, *Nosferatu le vampire*
- 1958-1974 : *Dracula*, série de neuf films d'horreur (dont *Le Cauchemar de Dracula* de Terence Fisher).
- 1967 : Roman Polanski, *Le Bal des vampires*
- 1979 : Werner Herzog, *Nosferatu, fantôme de la nuit*
- 1992 : Francis Ford Coppola, *Dracula*
- 2008-2012 : Catherine Hardwicke, David Slade, Bill Condon, Chris Weitz, série *Twilight*, adaptation des romans de Stephenie Meyer.

Docs 1 et 2 5. Observez les images 1 à 4 et comparez-les aux extraits du roman de Bram Stoker. Quels éléments du récit retrouve-t-on dans les films ?

6. Quelle représentation vous surprend le plus ? Pourquoi ?

7. Identifiez les différents plans (moyen, plan serré, gros plan) et les types d'éclairage. Qu'est-ce qui rapproche et oppose ces quatre représentations du vampire ?

8. Quels éléments de l'image 4 montrent que le film de Polanski est parodique ?

9. DÉBAT Échangez vos points de vue : préférez-vous la description de Dracula dans le texte de Bram Stoker ou sa représentation au cinéma ?

Le Bal des vampires, film de Roman Polanski, 1967.

Créatures artificielles

Doc 3 *Frankenstein* **de Mary Shelley**

Dans le roman de Mary Shelley (1818), le savant Frankenstein, ayant pour ambition de donner la vie, travaille pendant des mois dans son atelier et parvient à reconstituer une créature surhumaine, qui sera cause de ses malheurs…

La créature prend vie

Il était déjà une heure du matin ; une pluie morne battait les vitres et ma chandelle presque consumée dispensait une lueur vacillante grâce à laquelle je vis s'ouvrir l'œil jaune et terne de la créature : elle respirait avec peine et un mouvement
5 convulsif agitait son corps. […]

Sa peau jaune couvrait à peine l'assemblage des muscles et des artères ; ses cheveux étaient d'un noir de jais, sa chevelure abondante ; ses dents d'une blancheur nacrée. Hélas, ces merveilles accentuaient l'horrible contraste qu'offraient ses
10 yeux aqueux – presque de la même couleur que les orbites sombres dans lesquelles ils étaient incrustés ainsi que son teint hâlé et ses lèvres droites et noires.

Mary Shelley, *Frankenstein ou Le Prométhée moderne* [1818], trad. de l'anglais par P. Couturiau, éditions du Rocher, 1988.

Doc 4 *Frankenstein* **de James Whale**

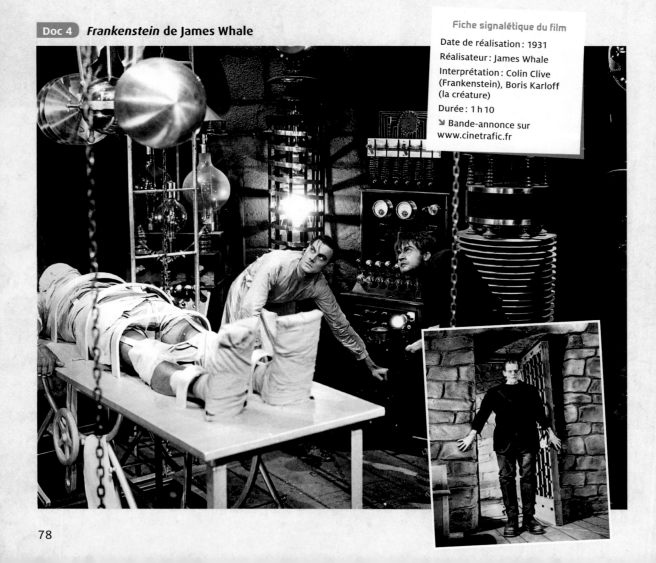

Fiche signalétique du film

Date de réalisation : 1931
Réalisateur : James Whale
Interprétation : Colin Clive (Frankenstein), Boris Karloff (la créature)
Durée : 1 h 10
↘ Bande-annonce sur www.cinetrafic.fr

Fiche signalétique du film

Date de réalisation : 1994
Réalisateur : Kenneth Branagh
Interprétation : Kenneth Branagh (Frankenstein), Robert De Niro (la créature)
Durée : 2 h 08
↘ Bande-annonce sur www.allocine.fr

Doc 5 *Frankenstein* de Kenneth Branagh

Doc 6 *Edward aux mains d'argent* de Tim Burton

Pour son film *Edward aux mains d'argent*, Tim Burton s'est inspiré de *Frankenstein*. Dans un grand manoir isolé, un inventeur fabrique une créature, Edward, mais meurt avant d'avoir pu finir son œuvre. Edward se retrouve donc livré à lui-même, avec des ciseaux à la place des mains.

Fiche signalétique du film

Date de réalisation : 1990
Réalisateur : Tim Burton
Interprétation : Johnny Depp (Edward), Winona Ryder (Kim Boggs)
Durée : 1 h 45

Edward aux mains d'argent, film de Tim Burton, 1990.

Docs 3 à 6 **1.** Quels points communs et quelles différences y a-t-il entre les deux films *Frankenstein* (docs 4 et 5) ? Observez notamment le visage de la créature et la représentation du laboratoire.

2. Comparez ces représentations du monstre avec la description qu'en fait Mary Shelley (doc 3).

3. En quoi Edward aux mains d'argent est-il différent de la créature de Frankenstein ?

4. Laquelle de ces créatures vous semble la plus proche physiquement de l'être humain ?

5. 🌐 Regardez sur Internet les bandes-annonces des deux films *Frankenstein* : comparez la bande-son et le montage. Quel est l'effet recherché par les producteurs ?

Zoom sur le cinéma expressionniste

Au lendemain de la Première Guerre mondiale (1914-1918), l'Allemagne est particulièrement affaiblie économiquement. Le cinéma allemand ne parvient pas à rivaliser avec l'industrie hollywoodienne. Pour compenser le manque de moyens, les studios UFA (Universal Film AG) ont alors recours au symbolisme (notamment avec des décors abstraits) pour éviter les dépenses trop importantes. C'est ce type de cinéma qu'on appelle « expressionniste » (jeu des acteurs exagéré, éclairage contrasté et autres effets qui créent une atmosphère angoissante).

Doc 7 **La peinture expressionniste**

Au début du XXᵉ siècle, les artistes des groupes Die Brücke (Le Pont) et Der Blaue Reiter (Le Cavalier bleu) en Allemagne, les cubistes en France ainsi que les futuristes en Italie sont les principaux précurseurs du mouvement expressionniste.

Affiche allemande du film *Le Cabinet du docteur Caligari*, 1920.

Doc 8 **Le cinéma expressionniste allemand**

Jakob Steinhardt, *La Ville*, 1913 (Allemagne).

Le Cabinet du docteur Caligari, film de Robert Wiene, 1920.

Pour aller plus loin

• Dossier « Clés du cinéma fantastique » sur le site crdp.ac-rennes.fr
• Exposition virtuelle sur le cinéma expressionniste allemand sur le site www.cinematheque.fr

Docs 7 et 8 **1.** Les décors du film de Robert Wiene sont-ils réalistes ? Pourquoi ? Quelles formes dominent ?
2. En quoi peut-on dire que la peinture expressionniste a influencé Robert Wiene ?
3. Quel type de musique pourrait accompagner la scène du film ?
4. Quels effets l'affiche du film produit-elle sur le spectateur ?

PROJET : Réaliser une exposition virtuelle

Regardez en entier au moins l'un des films du dossier, et faites des recherches sur les sources d'inspiration de ce film. Vous réaliserez ensuite une exposition virtuelle en ligne, sur le thème de Dracula ou des créatures artificielles.

Étape 1 — Préparer l'exposition

• Constituez des groupes de trois ou quatre élèves, et choisissez ensemble le thème que vous souhaitez traiter.

• Répartissez-vous les recherches à faire avant de commencer à organiser l'exposition : par exemple, un élève fait les recherches historiques, un élève les recherches sur les œuvres littéraires…

• Rassemblez les résultats de vos recherches et mettez-vous d'accord sur la manière dont vous les organiserez.

Étape 2 — Créer une présentation

• Rendez-vous sur https://prezi.com.

• Après vous être enregistrés, choisissez votre modèle de présentation en accord avec l'ensemble de votre groupe. Vous pouvez également débuter à partir d'un Prezi vierge.

• Modifiez l'ambiance visuelle en cliquant sur l'onglet « Personnaliser » en haut de l'écran.

Étape 3 — Définir l'identité visuelle de l'exposition

• Ajoutez un titre. N'hésitez pas à jouer sur la police, la couleur, la disposition…

• Recherchez des images qui pourront ponctuer votre exposition. Cliquez sur une zone d'image, puis sur « Remplacer » pour télécharger une image. Vous pouvez la chercher directement en ligne grâce à la barre d'outils « Recherche d'images sur le web » ou la télécharger depuis votre ordinateur en cliquant sur « Parcourir ».

Étape 4 — Rédiger le texte

• Mettez au propre vos notes grâce à un logiciel de traitement de texte.

• Ajoutez ensuite votre texte. Pour déplacer la zone de texte, il suffit de cliquer et de faire glisser.

• Une fois que vous avez fini d'insérer images et textes, décidez des différentes étapes de votre exposition virtuelle. Pour cela, cliquez sur l'onglet « Éditer le chemin » en bas à gauche de l'écran puis déplacez les numéros en fonction du parcours que vous aurez choisi.

Étape 5 — Créer des effets

• Finalisez l'exposition en intégrant des effets visuels (fondu…), une musique de fond (adaptez-la à l'ambiance), un extrait de film via une vidéo YouTube, en cliquant sur l'onglet « Insérer » en haut de l'écran.

Étape 6 — Présenter l'exposition

• Visualisez votre exposition en cliquant sur l'onglet « Présenter » en haut à droite de l'écran.

• Diffusez votre exposition à vos camarades en leur envoyant le lien Internet, puis présentez-la à la classe en expliquant vos choix.

> **Conseil**
> Terminez votre présentation par un petit quiz pour vos camarades !

Nous avons réussi le projet si :

☐ la navigation dans l'exposition virtuelle est facile et fluide
☐ la visite de l'exposition permet d'apprendre des choses
☐ l'exposition est suffisamment illustrée
☐ la présentation orale est claire et permet de justifier les choix opérés

COMPÉTENCES

D1 — **Écrire**
– Réaliser des écrits préparatoires.
– Prendre en compte les visées du texte et le support d'écriture.

D1, 5 — **Acquérir des éléments de culture littéraire et artistique**
Mobiliser des références culturelles pour interpréter les productions artistiques et littéraires.

D1, 2, 3 — **Comprendre et s'exprimer à l'oral**
S'exprimer de façon maîtrisée en s'adressant à un auditoire.

La fiction pour interroger le réel

Sur les traces

OBJECTIFS
• Étudier les caractéristiques et les enjeux d'une nouvelle fantastique.
• S'interroger sur les liens entre le passé et le présent dans l'évocation de Pompéi.

Parcours d'une œuvre Théophile Gautier, *Arria Marcella, Souvenir de Pompéi* (1852)

La Naissance de Vénus (détail), Iᵉʳ siècle ap. J.-C. fresque, maison de Vénus à la coquille, Pompéi.

d'Arria Marcella

► *Comment le passé de Pompéi prend-il vie dans la nouvelle fantastique de Théophile Gautier ? Quels procédés introduisent le doute chez le lecteur ?*

Théophile Gautier (1811-1872)

Théophile Gautier est un écrivain, poète, journaliste et critique d'art français. C'est sa rencontre avec Victor Hugo qui lui donne le goût de la littérature. À partir de 1830, il publie de nombreuses nouvelles fantastiques qui le rendent célèbre, comme *La Cafetière* (1831), *La Morte amoureuse* (1836) *Le Pied de momie* (1840), ou encore *Spirite* (1865).

Karl Pavlovich Bryullov, *Le Dernier Jour de Pompéi*, 1833, huile sur toile, 456,5 x 651 cm.

Une nouvelle fantastique...
... inspirée par Pompéi

Une œuvre : Arria Marcella

La nouvelle *Arria Marcella*, sous-titrée *Souvenir de Pompéi*, paraît pour la première fois en mai 1852 dans la *Revue de Paris*. Théophile Gautier s'inspire pour ce récit de la découverte des premiers corps lors des fouilles à Pompéi au XVIIIe siècle.

Une ville : Pompéi

Pompéi est une ville de l'Empire romain. Fondée au VIe siècle av. J.-C., elle est détruite lors de l'éruption du Vésuve en l'an 79 ap. J.-C. L'écrivain latin Pline le Jeune (61-114) a raconté cette éruption, au cours de laquelle son oncle est mort. Enfouie sous plusieurs mètres de résidus volcaniques, la ville n'est redécouverte qu'au hasard qu'au XVIIe siècle : son état de conservation est impressionnant. Les fouilles commencées au XVIIIe siècle ont permis de mettre au jour une ville jadis florissante, qui nous renseigne sur la civilisation prospère de la Rome antique.

Une époque : l'Antiquité

Au XIXe siècle, l'intérêt pour les ruines et les civilisations disparues (l'Égypte, Rome) se développe et inspire de nombreux artistes, notamment les auteurs de nouvelles fantastiques comme Prosper Mérimée (*La Vénus d'Ille*) ou encore Edgar Allan Poe (*Petite discussion avec une momie*).

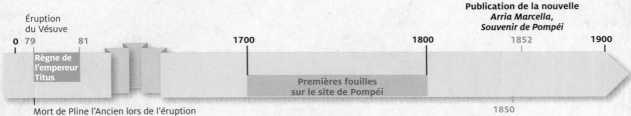

Éruption du Vésuve

Publication de la nouvelle *Arria Marcella, Souvenir de Pompéi*

0 79 81 1700 1800 1852 1900

Règne de l'empereur Titus

Premières fouilles sur le site de Pompéi

Mort de Pline l'Ancien lors de l'éruption

1850
Voyage de Théophile Gautier en Italie

Un bas-relief fascinant

Wilhelm Jensen est un auteur allemand qui s'est inspiré de la nouvelle Arria Marcella *pour écrire un court roman fantastique,* Gradiva, Fantaisie pompéienne.

Au cours de sa visite d'une des grandes collections romaines d'antiques, Norbert Hanold avait découvert un bas-relief qui l'avait vivement intéressé. Au point que, de retour en Allemagne, il avait été fort

5 heureux de pouvoir s'en procurer un remarquable moulage. Depuis plusieurs années, celui-ci était accroché – dans son cabinet de travail presque entièrement garni de rayonnages recouverts de livres – à une place spécialement choisie, non seulement pour

10 que l'éclairage soit le meilleur, mais aussi pour que la lumière du couchant l'illumine – ne serait-ce que pour peu de temps. Cette sculpture représentait, au tiers de sa grandeur nature, une femme

15 encore jeune en train de marcher. Visiblement, elle avait dépassé le stade de l'adoles-

20 cence, mais elle n'était pas encore une adulte : c'était une vierge romaine d'environ vingt ans.

Wilhelm Jensen,
Gradiva, Fantaisie pompéienne [1903],
trad. de l'allemand par Roger Olivier, Omnibus, 1992.

Gradiva, bas-relief représentant une jeune fille qui marche, musée du Vatican. *Gradiva* signifie en latin « celle qui marche ».

Lisez l'extrait et imaginez que la jeune fille s'anime et qu'elle entraîne Norbert Hanold, archéologue allemand, dans la Rome ou la Pompéi antique. Décrivez les réactions du personnage face à la sculpture qui prend vie et qui l'invite à le suivre dans le passé.

En route vers l'antique Pompéi...

Voici le début de la nouvelle.

Trois jeunes gens, trois amis qui avaient fait ensemble le voyage d'Italie, visitaient l'année dernière le musée des Studj[1], à Naples, où l'on a réuni les différents objets antiques exhumés des fouilles de Pompéi et d'Herculanum.

Ils s'étaient répandus à travers les salles et regardaient les mosaïques,
5 les bronzes, les fresques détachés des murs de la ville morte, selon que leur caprice les éparpillait, et quand l'un d'eux avait fait une rencontre curieuse, il appelait ses compagnons avec des cris de joie, au grand scandale des Anglais taciturnes[2] et des bourgeois posés occupés à feuilleter leur livret[3].

Mais le plus jeune des trois, arrêté devant une vitrine, paraissait ne pas
10 entendre les exclamations de ses camarades, absorbé qu'il était dans une contemplation profonde. Ce qu'il examinait avec tant d'attention, c'était un morceau de cendre noire coagulée[4] portant une empreinte creuse : <u>on eût dit</u> un fragment de moule de statue, brisé par la fonte ; l'œil exercé d'un artiste y eût aisément reconnu la coupe d'un sein admirable et d'un flanc aussi pur de
15 style que celui d'une statue grecque. L'on sait, et le moindre guide du voyageur vous l'indique, que cette lave, refroidie autour du corps d'une femme, en a gardé le contour charmant. Grâce au caprice de l'éruption qui a détruit quatre villes[5], cette noble forme, tombée en poussière depuis deux mille ans bientôt, est parvenue jusqu'à nous ; la rondeur d'une gorge[6] a traversé les siècles lorsque
20 tant d'empires disparus n'ont pas laissé de trace ! Ce cachet de beauté, posé par le hasard sur la scorie[7] d'un volcan, ne s'est pas effacé.

Voyant qu'il s'obstinait dans sa contemplation, les deux amis d'Octavien revinrent vers lui, et Max, en le touchant à l'épaule, le fit tressaillir comme un homme surpris dans son secret.
25 Évidemment Octavien n'avait entendu venir ni Max ni Fabio.

« Allons, Octavien, dit Max, ne t'arrête pas ainsi des heures entières à chaque armoire, ou
30 nous allons manquer l'heure du chemin de fer, et nous ne verrons pas Pompéi aujourd'hui.

– Que regarde donc le cama-rade ? ajouta Fabio, qui s'était
35 rapproché. Ah ! l'empreinte trouvée dans la maison d'Arrius Diomèdes[8]. » Et il jeta sur Octavien un coup d'œil rapide et singulier.

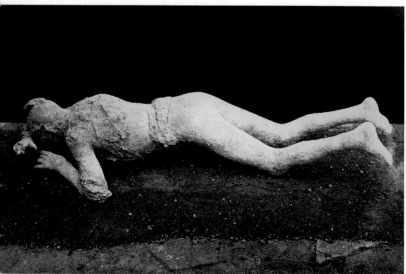

Moulage d'une femme enceinte,
victime de l'éruption du Vésuve en 79 ap. J.-C.,
trouvée en 1875.

Octavien rougit faiblement, prit le bras de
40 Max, et la visite s'acheva sans autre incident.
En sortant des Studj, les trois amis montèrent
dans un corricolo[9] et se firent mener à la station
du chemin de fer. Le corricolo, avec ses grandes
roues rouges, son strapontin[10] constellé de
45 clous de cuivre, son cheval maigre et plein de
feu, harnaché comme une mule d'Espagne,
courant au galop sur les larges dalles de lave,
est trop connu pour qu'il soit besoin d'en faire
la description ici, et d'ailleurs nous n'écrivons
50 pas des impressions de voyage sur Naples, mais
le simple récit d'une aventure bizarre et peu
croyable, quoique vraie.

Théophile Gautier, *Arria Marcella,*
Souvenir de Pompéi, 1852.

---

1. **Musée des Studj** : musée archéologique de Naples. 2. **Taciturnes** : peu expansifs, peu bavards. 3. **Livret** : guide. 4. **Coagulée** :
figée. 5. **Quatre villes** : Pompéi, Herculanum, Stabies et Oplontis.
6. **Gorge** : buste. 7. **Scorie** : produit volcanique qui se forme lors
des éruptions. 8. **Arrius Diomèdes** : riche propriétaire d'une villa à
Pompéi. 9. **Corricolo** : charrette tirée par un cheval. 10. **Strapontin** :
siège qui se relève.

Fresque de la fin du IIe siècle av. J.-C., villa des Mystères, Pompéi.

▶ Comment le passé de Pompéi apparaît-il au début du récit ?

Découvrir le texte

1. Qui sont les personnages du récit ? Décri-vez-les brièvement.

2. Quels éléments du récit intriguent d'em-blée le lecteur ?

Analyser et interpréter le texte

Une situation empreinte de réalisme

3. Où et quand se passe l'action ? Relevez des indices précis.

4. Qu'est-ce qui montre que la scène est ancrée dans la réalité ?

5. Quels éléments permettent d'identifier le personnage principal ? Justifiez votre réponse.

Un touriste troublé

6. a. Quel objet Octavien contemple-t-il à travers l'une des vitrines du musée ? Quelles sont les particularités de cet objet ?

b. LANGUE Relevez les adjectifs qui quali-fient l'objet. Quelle impression ces adjectifs donnent-ils ?

7. a. Parmi les cinq sens, lequel permet de rendre compte de la découverte d'Octavien ? Relevez le champ lexical correspondant.

b. Selon vous, pourquoi ce sens est-il privilégié ?

8. Dans quel état Octavien se trouve-t-il tout au long du passage ? Que ressent-il ? Justifiez votre réponse.

9. En quoi cette « rencontre » paraît-elle étrange ? Quel effet produit-elle ?

S'exprimer à l'écrit ✍

Imaginer une suite

10. Le passage se termine par « le simple récit d'une aventure bizarre et peu croyable, quoique vraie ». Développez cette phrase en vous demandant ce qui peut arriver d'étrange au personnage principal.

≡ *Conseil :* Prenez en compte les lieux et les époques du récit.

Bilan Pourquoi Octavien est-il fasciné par l'objet qu'il découvre ?

▽ L'HISTOIRE DES MOTS

« **Aventure** » (l. 51) vient du latin *adventura*, « ce qui est sur le point d'arriver ». Ici, le mot annonce ce qui va arriver au héros. Cherchez d'autres mots de la même famille et précisez leur sens.

∽ MÉMO

L'**incipit** (du verbe latin *incipere* signifiant « commencer ») désigne le début d'un récit. Il donne des informations sur le lieu, le temps, l'action et les personnages. Il doit accrocher et séduire le lecteur, qui s'interroge sur la suite du récit.

Lecture 2

Objectifs
• Découvrir l'antique Pompéi.
• Repérer les indices du surnaturel.

Compétence
• Formuler des impressions de lecture.

Promenade nocturne

Arrivé à Pompéi avec ses amis, Octavien découvre les ruines de la ville. Le soir, ne pouvant trouver le sommeil, il sort se promener. Déambulant « au hasard dans les décombres », ses pas le portent devant la maison de Diomèdes, qu'il a vue de jour : celle-ci lui apparaît exceptionnellement bien conservée...

Sur la paroi latérale de la porte un molosse de Laconie[1], exécuté à l'encaustique[2] et accompagné de l'inscription sacramentelle[3] : *Cave canem*[4], aboyait à la lune et aux visiteurs avec une fureur peinte. Sur le seuil de mosaïque le mot *Ave*[5], en lettres osques[6] et latines, saluait les hôtes de ses syllabes amicales. Les

5   murs extérieurs, teints d'ocre[7] et de rubrique[8], n'avaient pas une crevasse. La maison s'était exhaussée[9] d'un étage, et le toit de tuiles, dentelé d'un acrotère[10] de bronze, projetait son profil intact sur le bleu léger du ciel où pâlissaient quelques étoiles.

Cette restauration étrange, faite de l'après-midi au soir par un archi-

10   tecte inconnu, tourmentait beaucoup Octavien, sûr d'avoir vu cette maison le jour même dans un fâcheux état de ruine. Le mystérieux reconstructeur avait travaillé bien vite, car les habitations voisines avaient le même aspect récent et neuf ; tous les piliers étaient coiffés de leurs chapiteaux[11] ; pas une pierre, pas une brique, pas une pellicule de stuc[12], pas une

15   écaille de peinture ne manquaient aux parois luisantes des façades, et par l'interstice des péristyles[13] on entrevoyait, autour du bassin de marbre du *cavædium*[14], des lauriers roses et blancs, des myrtes et des grenadiers. Tous les historiens s'étaient trompés : l'éruption n'avait pas eu lieu, ou bien l'aiguille du temps avait reculé de vingt heures

20   séculaires[15] sur le cadran de l'éternité.

Octavien, surpris au dernier point, se demanda s'il dormait tout debout et marchait dans un rêve. Il s'interrogea sérieusement pour savoir si la folie ne faisait pas danser devant lui ses hallucinations ; mais il fut obligé de reconnaître qu'il n'était ni endormi ni fou.

25   Un changement singulier avait eu lieu dans l'atmosphère ; de vagues teintes roses se mêlaient, par dégradations violettes, aux

REPÈRES

Règne de l'empereur romain Titus
79   81

An 79
Éruption du Vésuve

Mosaïque d'un chien, maison du Poète Tragique, Pompéi, Ier siècle ap. J.-C.

▶ Quelle relation le héros entretient-il avec la ville morte ?

Découvrir le texte

1. 🔵 Rendez-vous sur www.youtube.com et cherchez « Villa de Diomèdes ». Quels éléments du texte reconnaissez-vous dans la vidéo qui apparaît en premier ?

Analyser et interpréter le texte

La résurrection de la « ville morte »

2. Comment la maison de Diomèdes apparaît-elle à Octavien de nuit ? Relevez les principaux changements par rapport à sa visite de l'après-midi.

3. Quelle place est accordée à la nature dans cet extrait ? Quel rôle joue-t-elle ? Relevez des exemples précis.

Paul-Alfred de Curzon, *Un rêve dans les ruines de Pompéi*, 1866, huile sur toile, musée Saliès, Bagnères-de-Bigorre.

lueurs azurées de la lune ; le ciel s'éclaircissait sur les bords ; on eût dit que le jour allait paraître. Octavien tira sa montre ; elle marquait minuit. Craignant qu'elle ne fût arrêtée, il poussa le ressort de la répétition ; la sonnerie tinta
30 douze fois ; il était bien minuit, et cependant la clarté allait toujours augmentant, la lune se fondait dans l'azur de plus en plus lumineux ; le soleil se levait.

Alors Octavien, en qui toutes les idées de temps se brouillaient, put se convaincre qu'il se promenait non dans une Pompéi morte, froid cadavre de ville qu'on a tiré à demi de son linceul[16], mais dans une Pompéi vivante,
35 jeune, intacte, sur laquelle n'avaient pas coulé les torrents de boue brûlante du Vésuve.

Un prodige inconcevable le reportait, lui, Français du XIXe siècle, au temps de Titus, non en esprit, mais en réalité, ou faisait revenir à lui, du fond du passé, une ville détruite avec ses habitants disparus ; car un homme vêtu à
40 l'antique venait de sortir d'une maison voisine.

Théophile Gautier, *Arria Marcella, Souvenir de Pompéi*, 1852.

1. **Molosse de Laconie** : gros chien de Grèce. 2. **Encaustique** : préparation à base de cire et d'essence. 3. **Sacramentelle** : rituelle. 4. *Cave canem* : «prends garde au chien» (en latin). 5. *Ave* : salut (en latin). 6. L'osque est une langue de l'Italie antique. 7. **Ocre** : peinture jaune. 8. **Rubrique** : craie rouge. 9. **Exhaussée** : agrandie. 10. **Acrotère** : ornement placé au sommet d'un monument. 11. **Chapiteaux** : éléments évasés placés au sommet d'un support. 12. **Stuc** : imitation du marbre. 13. **Péristyles** : galeries de colonnes. 14. *Cavædium* : cour intérieure de la maison romaine. 15. **Séculaires** : relatives aux siècles. 16. **Linceul** : linge dont on enveloppe un mort.

L'intrusion du surnaturel

4. À quel moment Octavien semble-t-il perdre la notion du temps ? Quel objet est mentionné pour montrer cette incertitude ?
5. Quelles sensations et quels sentiments le héros éprouve-t-il tout au long du passage ? Justifiez vos réponses.
6. Quelles explications du phénomène sont apportées ? Sont-elles rationnelles ou surnaturelles ?

S'exprimer à l'écrit ✍

Imaginer un dialogue

7. «Un homme vêtu à l'antique venait de sortir d'une maison voisine…» Inventez un bref dialogue entre Octavien et le personnage qui surgit. Octavien veut savoir si son imagination lui joue un tour.

Bilan Comment le lecteur entre-t-il peu à peu dans un univers fantastique ?

☞ MÉMO

Le **fantastique** vient du grec *phantastikos* signifiant : «qui imagine des choses irréelles, qui se crée des illusions». À partir du XVIIe siècle, le mot s'applique à ce qui est étrange.
Au XIXe siècle, il s'utilise pour nommer un genre de récits jouant sur l'extraordinaire.

Lecture 3

Une apparition fantastique

Octavien se retrouve plongé dans la ville telle qu'elle était deux mille ans plus tôt, peuplée de ses habitants. Il assiste à la représentation d'une comédie dans l'Odéon, le petit théâtre de la ville.

Des tonnerres d'applaudissements firent vibrer les échos de l'enceinte ; mais Octavien n'écoutait plus et ne regardait plus.

Dans la travée des femmes, il venait d'apercevoir une créature d'une beauté merveilleuse. À dater de ce moment, les charmants visages qui avaient attiré
5 son œil s'éclipsèrent comme les étoiles devant Phœbé[1] ; tout s'évanouit, tout disparut comme dans un songe ; un brouillard estompa les gradins fourmillants de monde, et la voix criarde des acteurs semblait se perdre dans un éloignement infini.

Il avait reçu au cœur comme une commotion[2] électrique, et il lui semblait
10 qu'il jaillissait des étincelles de sa poitrine lorsque le regard de cette femme se tournait vers lui.

Elle était brune et pâle ; ses cheveux ondés et crespelés[3], noirs comme ceux de la Nuit, se relevaient légèrement vers les tempes, à la mode grecque, et dans son visage d'un ton mat brillaient des yeux sombres et doux, chargés d'une indé-
15 finissable expression de tristesse voluptueuse et d'ennui passionné ; sa bouche, dédaigneusement arquée à ses coins, protestait par l'ardeur vivace de sa pourpre enflammée contre la blancheur tranquille du masque ; son col présentait ces belles lignes pures qu'on ne retrouve à présent que dans les statues. Ses bras étaient nus jusqu'à l'épaule, et de la pointe de ses seins orgueilleux, soulevant
20 sa tunique d'un rose mauve, partaient deux plis qu'on aurait pu croire fouillés dans le marbre par Phidias ou Cléomène[4].

La vue de cette gorge d'un contour si correct, d'une coupe si pure, troubla magnétiquement Octavien ; il lui sembla que ces rondeurs
25 s'adaptaient parfaitement à l'empreinte en

Chimère d'Arezzo, bronze étrusque, fin du Ve siècle av. J.-C.

▶ *Comment la rencontre amoureuse est-elle rendue fantastique ?*

Analyser et interpréter le texte

La peinture d'un coup de foudre
1. À travers quel regard le lecteur découvre-t-il Arria ? Comment appelle-t-on ce point de vue ?

2. LANGUE Quelle est l'importance du regard dans ce passage ? Relevez les termes qui appartiennent à ce champ lexical.
3. Relevez les éléments qui composent le portrait d'Arria. Sur quels aspects le narrateur insiste-t-il ? Attachez-vous au lexique et aux images.
4. Quelle impression se dégage de ce portrait ? Montrez qu'il repose sur des termes qui s'opposent.

creux du musée de Naples, qui l'avait jeté dans une si ardente rêverie, et une voix lui cria au fond du cœur que cette femme était bien la femme étouffée par la cendre du 30 Vésuve à la villa d'Arrius Diomèdes. Par quel prodige la voyait-il vivante, assistant à la représentation de la *Casina*[5] de Plaute ? Il ne chercha pas à se l'expliquer ; d'ailleurs, comment était-il là lui-même ?[...] 35 Il se trouvait face à face avec sa <u>chimère</u>[6], une des plus insaisissables, une chimère rétrospective. Sa vie se remplissait d'un seul coup.

En regardant cette tête si calme et si 40 passionnée, si froide et si ardente, si morte et si vivace, il comprit qu'il avait devant lui son premier et son dernier amour, sa coupe d'ivresse suprême ; il sentit s'évanouir comme des ombres légères les souvenirs de 45 toutes les femmes qu'il avait cru aimer, et son âme redevenir vierge de toute émotion antérieure. Le passé disparut.

Cependant la belle Pompéienne, le menton appuyé sur la paume de la main, 50 lançait sur Octavien, tout en ayant l'air de s'occuper de la scène, le regard velouté de ses yeux nocturnes, et ce regard lui arrivait lourd et brûlant comme un jet de plomb fondu. Puis elle se pencha vers l'oreille d'une fille assise à son côté.

Théophile Gautier, Arria Marcella, Souvenir de Pompéi, 1852.

Théodore Chassériau, *Le Tepidarium* (détail), 1853, huile sur toile, 171 x 258 cm, musée d'Orsay, Paris.

---

1. **Phœbé** : nom donné à la lune dans l'Antiquité. 2. **Commotion** : choc. 3. **Crespelés** : qui ondulent. 4. Phidias et Cléomène sont des sculpteurs grecs des ve et iiie siècles av. J.-C. 5. *Casina* : comédie de Plaute, auteur latin (254-184 av. J.-C.). 6. **Chimère** : illusion.

Une expérience extraordinaire

5. Quels effets la rencontre d'Arria produit-elle sur les sens et l'esprit d'Octavien ? Relevez des exemples précis.

6. Relevez tout ce qui oppose rêve et réalité : quel est l'effet produit par cette opposition ?

7. Arria appartient-elle au monde des morts ou des vivants ? À quoi peut-elle faire penser ?

S'exprimer à l'écrit ✍

Décrire un personnage

8. Mettez-vous à la place d'Arria et rédigez un portrait d'Octavien, comme si vous rendiez compte de cette rencontre à une confidente. Utilisez le vocabulaire du portrait physique et moral et celui des sentiments.

Bilan Dans quelle mesure peut-on dire que cette rencontre amoureuse ressemble à un rêve ?

Lecture 4

L'amour en cendres

Objectifs
• Étudier la chute d'une nouvelle fantastique.
• Identifier les thèmes du fantastique dans le dénouement du récit.

Compétence
• Élaborer une interprétation de textes littéraires.

REPÈRES

La religion dans l'Antiquité
Deux cultures s'affrontent dans le passage : Arria représente le paganisme ou la croyance en plusieurs dieux (polythéisme), tandis que son père incarne le christianisme, religion née au Iᵉʳ siècle, caractérisée par la foi en un seul Dieu (monothéisme).

Après s'être avoué leur amour, Octavien et Arria se sont retirés chez cette dernière. Son père, Arrius, arrive soudainement. Très fâché, il s'adresse à elle.

Bracelet en or retrouvé dans la maison du Faune, à Pompéi.

« Ne peux-tu laisser les vivants dans leur sphère ? ta cendre n'est donc pas encore refroidie depuis le jour où tu mourus sans repentir sous la pluie de feu du volcan ?
Deux mille ans de mort ne t'ont donc pas calmée, et tes bras voraces¹ attirent sur
5 ta poitrine de marbre, vide de cœur, les pauvres insensés enivrés par tes philtres.

— Arrius, grâce, mon père, ne m'accablez pas, au nom de cette religion morose qui ne fut jamais la mienne ; moi, je crois à nos anciens dieux qui aimaient la vie, la jeunesse, la beauté, le plaisir ; ne me replongez pas dans le pâle néant. Laissez-moi jouir de cette existence que l'amour m'a rendue.

10 — Tais-toi, <u>impie</u>², ne me parle pas de tes dieux qui sont des démons. Laisse aller cet homme enchaîné par tes impures séductions ; ne l'attire plus hors du cercle de sa vie que Dieu a mesurée ; retourne dans les limbes³ du paganisme⁴ avec tes amants asiatiques, romains ou grecs. Jeune chrétien, abandonne cette larve qui te semblerait plus hideuse
15 qu'Empouse et Phorkyas⁵, si tu la pouvais voir telle qu'elle est. »

Octavien, pâle, glacé d'horreur, voulut parler ; mais sa voix resta attachée à son gosier, selon l'expression virgilienne⁶.

20 « M'obéiras-tu, Arria ? s'écria impérieusement le grand vieillard.

— Non, jamais », répondit Arria, les yeux étincelants, les narines dilatées, les lèvres frémissantes, en entourant le corps
25 d'Octavien de ses beaux bras de statue, froids, durs et rigides comme le marbre. Sa beauté furieuse, exaspérée par la lutte, rayonnait avec un éclat surnaturel à ce moment suprême, comme pour laisser à
30 son jeune amant un inéluctable⁷ souvenir.

« Allons, malheureuse, reprit le vieillard, il faut employer les grands moyens, et rendre ton néant palpable et visible à cet enfant fasciné », et il prononça
35 d'une voix pleine de commandement une formule d'exorcisme⁸ qui fit tomber des

Fresque du Iᵉʳ siècle ap. J.-C., Pompéi.

joues d'Arria les teintes pourprées que le vin noir du vase myrrhin[9] y avait fait monter.

En ce moment, la cloche lointaine d'un des villages qui bordent la mer ou
40 des hameaux perdus dans les plis de la montagne fit entendre les premières volées de la Salutation angélique[10].

À ce son, un soupir d'agonie sortit de la poitrine brisée de la jeune femme. Octavien sentit se desserrer les bras qui l'entouraient ; les draperies qui la couvraient se replièrent sur elles-mêmes, comme si les contours qui les
45 soutenaient se fussent affaissés, et le malheureux promeneur nocturne ne vit plus à côté de lui, sur le lit du festin, qu'une pincée de cendres mêlée de quelques ossements calcinés parmi lesquels brillaient des bracelets et des bijoux d'or, et que des restes informes, tels qu'on les dut découvrir en déblayant la maison
50 d'Arrius Diomèdes.

Il poussa un cri terrible et perdit connaissance.

Le vieillard avait disparu. Le soleil se levait, et la salle ornée tout à l'heure avec tant d'éclat n'était plus qu'une ruine déman-telée.

Théophile Gautier, *Arria Marcella, Souvenir de Pompéi*, 1852.

---

1. **Voraces** : avides. 2. **Impie** : qui méprise la religion. 3. **Limbes** : enfers. 4. **Paganisme** : polythéisme (croyance en plusieurs dieux). 5. **Empouse et Phorkyas** : créatures malfaisantes. 6. **Expression virgilienne** : relative au poète latin Virgile (70-19 av. J.-C.). 7. **Inéluctable** : qu'on ne peut éviter. 8. **Exorcisme** : pratique religieuse ayant pour but de chasser le démon qui a pris possession de quelqu'un. 9. **Myrrhin** : qui a l'apparence ou la couleur de la myrrhe (gomme-résine). 10. **Salutation angélique** : prière à la Vierge Marie.

Mosaïque romaine, maison du Poète Tragique, Pompéi.

Quelle est la place du surnaturel dans la chute de la nouvelle ?

Découvrir le texte

1. Dans quel lieu Octavien et Arria se trouvent-ils ?
2. À quel moment le rêve prend-il fin ?

Analyser et interpréter le texte

L'apparition du vieillard

3. Quel rôle le vieillard joue-t-il dans ce texte ? Justifiez votre propos.
4. LANGUE Quels types de phrases Arrius emploie-t-il ? Relevez des exemples précis. Quel ton domine dans ses propos ?
5. Dans quelle mesure appartient-il à l'univers du surnaturel ?

La disparition de la femme amoureuse

6. Comment Arria réagit-elle face au discours de son père ?

7. Quelle conception de l'amour défend-elle ? En quoi s'oppose-t-elle au point de vue de son père ?
8. Quel effet la disparition d'Arria a-t-elle sur Octavien ? Quels sentiments éprouve-t-il ? En quoi cette disparition est-elle surnaturelle ?

S'exprimer à l'oral

Interpréter un dialogue

9. Par groupes de deux, jouez le dialogue entre Arria et son père, présent dans cet extrait. Veillez à reproduire le ton de chacun des personnages.

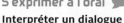 **Bilan** Pour quelle(s) raison(s) Arria disparaît-elle ?

MÉMO

Le récit fantastique met en scène des **personnages** particuliers (fantôme, vampire, mort vivant…) et des thèmes spécifiques (cauchemar, métamorphose, mort…) dans une **atmosphère inquiétante** ou angoissante. Le lecteur ne sait pas s'il est confronté à des personnages qui ont une perception déformée du réel ou à une aventure étrange.

Villas pompéiennes

Vocabulaire

• **Péristyle** : galerie de colonnes délimitant la cour intérieure ou extérieure des bâtiments sacrés et des maisons dans l'Antiquité grecque puis romaine.

• **Atrium** : pièce centrale des maisons romaines, souvent construite autour d'un bassin à ciel ouvert.

Les villas de Pompéi, demeures de riches propriétaires, comportaient de grands ensembles (nombreuses pièces) avec de magnifiques jardins, d'été et d'hiver. Elles étaient construites en tuf (pierre volcanique) et en briques. Les toits étaient faits de tuiles plates. De nombreux meubles (tables en pierre), des objets (lampes à huile), des éléments décoratifs (mosaïques, peintures, statues...) ont été mis à jour lors des fouilles successives, à partir du XVIIIᵉ siècle.

❶ Fausto et Felice Niccolini, *Reconstitution de la villa de Marcus Lucretius Fronto*, XIXᵉ siècle.

La villa de Diomèdes est située en face du tombeau d'Arrius Diomèdes, d'où elle tire son nom. Très proche du volcan, elle a sans doute été détruite parmi les premières lors de l'éruption du Vésuve. Ensevelie, elle a été retrouvée lors des fouilles de 1771-1775.

❷ Vue du péristyle de la villa de Diomèdes.

❸ Sol en mosaïque représentant des colombes autour d'un récipient d'eau.

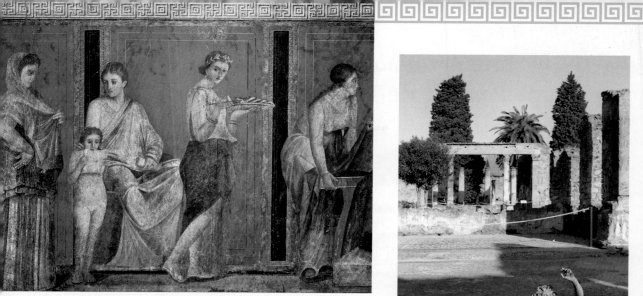

4 Fresque représentant l'initiation au culte de Dionysos, villa des Mystères.

5 Mosaïque représentant un masque, maison du Faune.

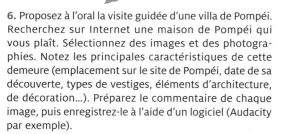

6 Statue d'un faune dans l'atrium de la maison du Faune.

Comprendre les documents

1. Pourquoi peut-on affirmer que Marcus Lucretius Fronto était un riche propriétaire (image 1) ?

2. Observez les œuvres d'art retrouvées dans les maisons de Pompéi, et identifiez le type d'œuvre. Quels semblent être les sujets principaux de chaque image ?

3. Quelle impression se dégage des ruines de la maison de Diomèdes ? Quel élément de la maison est représenté sur cette photographie ?

4. Relisez la description de la maison d'Arrius Diomèdes dans la nouvelle de Théophile Gautier (❯ p. 88) : quels éléments pouvez-vous reconnaître dans les différentes illustrations de cette page ?

5. Que pouvez-vous conclure de la décoration des villas à Pompéi et de la vie des riches Pompéiens ?

À vous de créer 💬

6. Proposez à l'oral la visite guidée d'une villa de Pompéi. Recherchez sur Internet une maison de Pompéi qui vous plaît. Sélectionnez des images et des photographies. Notez les principales caractéristiques de cette demeure (emplacement sur le site de Pompéi, date de sa découverte, types de vestiges, éléments d'architecture, de décoration…). Préparez le commentaire de chaque image, puis enregistrez-le à l'aide d'un logiciel (Audacity par exemple).

> **Conseil**
> Veillez à la clarté de votre exposé et à la correction de la langue.

Lire *Arria Marcella, Souvenir de Pompéi*, de Théophile Gautier

1. Du musée de Naples aux ruines de Pompéi

pages 9 à 26 **1.** Quelles hypothèses de lecture peut-on formuler sur le titre et le sous-titre ?

2. À quelle époque le récit commence-t-il ? Relevez des indices.

3. Qui sont les personnages principaux dans les trois premières pages du récit ? Quels sont leurs traits de caractère respectifs ?

4. Quelles sont les particularités de l'objet découvert dès le début du récit ? Relevez des citations.

5. Repérez la première description du Vésuve. Quelle impression produit-elle ? Quel procédé de style domine dans cette description ? Pourquoi ?

6. Quelles sont les principales caractéristiques de la villa d'Arrius Diomèdes ? Quelle place et quel rôle occupe-t-elle dans le récit ?

2. La promenade nocturne d'Octavien

pages 27 à 49 **7.** Montrez que les repères temporels sont perturbés au début de cette partie. À quelle époque se situe l'action de cette partie ?

8. Comment le narrateur parvient-il à faire revivre l'antique Pompéi ?

9. Quels effets provoque sur Octavien l'apparition d'Arria ?

10. Quelles couleurs dominent dans le portrait d'Arria et dans la description de sa maison ? Quel rapport s'établit entre les deux ? Pourquoi ?

11. Quelle explication Arria donne-t-elle de sa « résurrection » ?

12. Pourquoi le père d'Arria intervient-il ? Que représente-t-il ?

13. Montrez la progression du surnaturel dans cette partie.

3. La fin d'un rêve

pages 49 à 52 **14.** Quels éléments marquent le retour à la réalité dans cette partie ?

15. Pourquoi Octavien ne révèle-t-il pas son aventure à ses amis ? Pourquoi la narration s'accélère-t-elle ?

16. Quelle image de Pompéi apparaît dans cette partie ? Quel est le rapport avec la précédente ?

17. Comment expliquez-vous la mélancolie d'Octavien ? Pourquoi Arria est-elle son premier et dernier amour ?

Bilan

Créer un diaporama

Après avoir relu la nouvelle, reconstituez l'itinéraire d'Octavien de Naples à Pompéi et du présent vers le passé, à l'aide d'un diaporama.

Écrire un article pour le blog du collège

Rédigez un article présentant la nouvelle que vous avez lue, *Arria Marcella*. Cet article de présentation sera intégré au blog du collège. Donnez des détails sur le contexte de la nouvelle (Pompéi, l'éruption du Vésuve…) et faites un lien avec l'époque à laquelle écrit Théophile Gautier. Suscitez l'envie de lire !

Sens et sensations dans l'univers fantastique

Exprimer des sensations

1 À l'aide d'un dictionnaire, cherchez les définitions de « sens » et « sensation ». Illustrez chaque définition par un exemple.

2 **a.** Classez les verbes selon le sens auquel ils se rapportent.

apercevoir • attraper • auditionner • caresser • chatouiller • chiffonner • considérer • contempler • découvrir • dégager • déguster • dévisager • discerner • distinguer • écouter • effleurer • émaner • embaumer • empester • empuantir • entrevoir • épier • exhaler • fleurer • friper • froisser • frôler • frotter • heurter • imprégner • lorgner • manier • manipuler • masser • mirer • observer • palper • parfumer • regarder

b. Recopiez et complétez le tableau suivant relatif aux cinq sens.

ORGANE	SENS	ADJECTIF	CHAMP LEXICAL
Œil			
Nez	Odorat	Olfactif	Sentir, humer, …
Bouche			
Oreille			
Peau			

3 Pour évoquer une sensation, on peut utiliser des verbes variés. Recopiez et complétez les rubriques suivantes par deux ou trois mots pour chaque verbe de perception, en fonction de la nuance qu'il exprime.

Verbes de perception	
Voir	– Avec attention : *examiner*…
	– Avec émerveillement : *admirer*…
	– Sans pouvoir détacher les yeux : *être fasciné*…
	– Brutalement : *découvrir*…
	– Rapidement : *jeter un coup d'œil*…
Entendre	– Un bruit agréable peut : *bercer*…
	– Un bruit désagréable peut : *agresser*…
Sentir	– Sentir bon : *embaumer*…
	– Sentir mauvais : *empester*…
Goûter	– Avec rapidité : *avaler*…
	– Avec plaisir : *savourer*…
Toucher	– Avec brutalité : *cogner*…
	– Avec douceur : *caresser*…
	– Avec insistance : *presser*…
	– Avec légèreté : *effleurer*…
	– Avec hésitation : *tâtonner*…

Exploiter l'expression des sens dans le fantastique

4 **a.** Relevez dans le texte les groupes de mots relatifs aux sens. Classez les termes en fonction du sens dont il s'agit.
b. Repérez au moins l'expression d'une sensation en justifiant votre réponse. Dans quel état le héros se trouve-t-il ?

> Quelquefois même Octavien crut voir se glisser de vagues formes humaines dans l'ombre ; mais elles s'évanouissaient dès qu'elles atteignaient la portion éclairée. De sourds chuchotements, une rumeur indéfinie, voltigeaient dans le silence. Notre promeneur les attribua d'abord à quelque papillonnement de ses yeux, à quelque bourdonnement de ses oreilles, – ce pouvait être aussi un jeu d'optique, un soupir de la brise marine, ou la fuite à travers les orties d'un lézard ou d'une couleuvre, car tout vit dans la nature, même la mort, tout bruit, même le silence. Cependant il éprouvait une espèce d'angoisse involontaire, un léger frisson, qui pouvait être causé par l'air froid de la nuit, et faisait frémir sa peau.
>
> Théophile Gautier, *Arria Marcella, Souvenir de Pompéi*, 1852.

À vous d'écrire !

5 Lisez les deux extraits proposés.
À votre tour, écrivez un texte d'une dizaine de lignes dans lequel un décor étrange suscite en vous la peur et l'angoisse. Vous décrirez le cadre de la scène en recourant au vocabulaire des sens. Vous mobiliserez le lexique des sensations pour exprimer vos réactions à la première personne du singulier.

> 1. Chacun des bruits imperceptibles de la nuit se répondait, en tout mon être, par un coup électrique. Les branches noires se heurtaient dans le vent au jardin. À chaque instant, des brins de lierre frappaient ma vitre.
>
> Auguste Villiers de L'Isle-Adam, « L'Intersigne »,
> *Contes cruels*, 1883.

> 2. Il me sembla que je voyais la main, l'horrible main, courir comme un scorpion ou comme une araignée le long de mes rideaux et de mes murs…
>
> Guy de Maupassant, « La Main », *Contes du jour et de la nuit*, 1885.

6 Imaginez que l'un des objets qui vous entourent s'anime soudainement. Racontez la scène en respectant les caractéristiques du fantastique et en utilisant le lexique des sens et des sensations.

...à l'oral

Présenter un extrait de récit fantastique

Le narrateur, un archéologue, se rend chez M. Alphonse de Peyrehorade, amateur d'antiquités, qui lui fait visiter sa région.

Je dormis mal et me réveillai plusieurs fois. Il pouvait être cinq heures du matin, et j'étais éveillé depuis plus de vingt minutes, lorsque le coq chanta. Le jour allait se lever. Alors j'entendis distinctement les mêmes pas lourds, le même craquement de l'escalier que j'avais entendus avant de m'endormir. Cela me parut singulier. J'essayai, en bâillant, de deviner pourquoi M. Alphonse se levait si matin[1]. Je n'imaginais rien de vraisemblable. J'allais refermer les yeux lorsque mon attention fut de nouveau excitée par des trépignements étranges auxquels se mêlèrent bientôt le tintement des sonnettes et le bruit des portes qui s'ouvraient avec fracas, puis je distinguai des cris confus.

Prosper Mérimée, *La Vénus d'Ille*, 1837.

_____
1. **Matin** : tôt.

1 Lisez l'extrait proposé à voix haute en insistant sur les éléments étranges.

2 Constituez des groupes de trois ou quatre élèves. Par groupes, résumez au brouillon les caractéristiques du fantastique dans l'extrait.

3 Notez des éléments pour faire la synthèse de l'extrait en montrant l'irruption du surnaturel dans le quotidien.

4 Exposez votre synthèse à l'oral à la classe.

Conseil
Appuyez-vous notamment sur le lexique (soudaineté, étrangeté, perceptions des sens…) et les images et ordonnez votre propos de manière structurée.

Sculpture en marbre de la déesse Aphrodite, IIe siècle ap. J.-C.

...à l'écrit

Imaginer un retour dans le passé

À la manière d'Octavien, vous vivez un retour en arrière dans une période historique précise et dans un lieu géographique déterminé. Vous rencontrez une personne célèbre ou inconnue. Racontez cette scène de rencontre déterminante dans votre vie.

1 Déterminez au brouillon les étapes de la séquence narrative.

2 Rédigez votre récit en veillant à introduire une description précise du lieu et de l'époque.

3 Relisez votre texte en vérifiant que votre récit comporte plusieurs caractéristiques du fantastique et un champ lexical approprié.
↘ Connaître les particularités du registre fantastique, p. 362.

COMPÉTENCES
D1, 2, 3 Pratiquer le compte rendu.
D1, 2, 3 Pratiquer l'écriture d'invention.

Le fantastique dans Arria Marcella

Bilan de la séquence

Des faits et des personnages étranges

Un ancrage du récit dans le réel

• **Des lieux authentiques** : Naples (le musée archéologique) et le site de l'antique Pompéi (maisons, odéon, amphithéâtre…).
• **Deux époques** : le XIXe siècle (où vivent Octavien et ses camarades) et l'Antiquité (où vivent Arria et son père). Toutefois, les pistes sont brouillées : Octavien se promène dans les rues de l'antique Pompéi.

Les motifs du fantastique

• **Présence d'un objet sous différentes formes** : « morceau de cendre noire coagulée », « une pincée de cendres mêlée de quelques ossements calcinés ».
• Apparition et disparition de **créatures venues d'une autre époque**.
• **Renaissance de la cité disparue** : Pompéi est restaurée dans son état avant l'éruption du Vésuve.
• **Importance de la nuit** : promenades nocturnes d'Octavien dans la Pompéi ressuscitée.

Les réactions du personnage principal

• **Troublé** par l'objet découvert au musée.
• **Inquiet** à cause de la confusion des époques et des lieux, hésitant sur les explications du phénomène.
• **Fasciné** par Arria, la morte amoureuse.
• **Mélancolique** après la disparition d'Arria.

Un rêve impossible

Un rêve d'amour

• Octavien nourrit le désir de vivre dans un siècle disparu et de connaître un amour plus fort que la vie.
• C'est un héros romantique, plus amoureux de l'amour que d'une femme réelle.

Un amour obsessionnel

Il parcourt la cité à plusieurs reprises, à la recherche d'un amour, avant l'apparition d'Arria et après sa disparition.

Un amour idéal, une chimère ?

• L'amour se confond avec une illusion, qui se répète au gré des promenades dans les rues de Pompéi.
• L'illusion est ponctuelle (« L'hallucination ne se renouvela pas »).

Évaluation — Mobiliser les acquis de la séquence

1. Je connais le grand événement qui s'est produit en 79 de notre ère.

2. Je peux rappeler l'étymologie du mot fantastique.

3. Je sais nommer trois auteurs de nouvelles fantastiques et les situer dans le temps.

4. Je sais formuler deux caractéristiques d'un texte fantastique.

5. Je sais donner les caractéristiques d'une scène de rencontre amoureuse.

COMPÉTENCES ATTENDUES EN FIN DE 4^e

D1, 5 Lire
Situer les œuvres dans leur contexte historique et culturel. ▪ ▪ ▪ ▪

D1 Écrire
Exploiter des lectures pour enrichir son écrit. ▪ ▪ ▪ ▪

D1, 5 Acquérir des éléments de culture littéraire et artistique
Mobiliser des références culturelles pour interpréter les textes. ▪ ▪ ▪ ▪

SÉQUENCE 5

LA NOUVELLE FANTASTIQUE

Vous allez écrire un récit fantastique. Votre personnage racontera à un(e) ami(e) une aventure étrange qui lui est arrivée, les circonstances de cette aventure et son dénouement énigmatique. Par groupes de trois ou quatre élèves, suivez les étapes proposées. Votre récit se présentera sous la forme d'une nouvelle d'une ou deux pages, que vous illustrerez pour renforcer le caractère surnaturel des événements.

OBJECTIF
• Réinvestir à l'écrit ses connaissances sur le fantastique.

COMPÉTENCES
• Exploiter des lectures pour enrichir son écrit.
• Pratiquer l'écriture d'invention.
• Adopter des stratégies et procédures d'écriture efficaces.

Rappel
Une nouvelle fantastique mêle réel et surnaturel. Le point de départ est réaliste, mais divers indices annoncent l'intrusion d'événements étranges dans une atmosphère souvent angoissante. À la fin du récit, le lecteur oscille entre une explication rationnelle et une explication irrationnelle.

ÉTAPE 1 *Définir la situation initiale*

Texte intégral

EXTRAIT 1

Il y a deux ans, dit-elle, quand je fus si malade, je remarquai que je faisais toutes les nuits le même rêve. Je me promenais dans la campagne : j'apercevais de loin une maison blanche, basse et longue, qu'entourait
5   un bosquet de tilleuls. À gauche de la maison, un pré bordé de peupliers rompait agréablement la symétrie du décor, et la cime de ces arbres, que l'on voyait de loin, se balançait au-dessus des tilleuls.

Dans mon rêve, j'étais attirée par cette maison
10 et j'allais vers elle. Une barrière peinte en blanc fermait l'entrée. Ensuite on suivait une allée dont la courbe avait beaucoup de grâce. Cette allée était bordée d'arbres sous lesquels je trouvais les fleurs du printemps : des primevères, des pervenches et des
15 anémones, qui se fanaient dès que je les cueillais. Quand on débouchait de cette allée, on se trouvait à quelques pas de la maison. Devant celle-ci s'étendait une grande pelouse, tondue comme les gazons anglais et presque nue. Seule y courait une bande de fleurs
20 violettes.

La maison, bâtie de pierre blanche, portait un toit d'ardoises. La porte, une porte de chêne clair aux panneaux sculptés, était au sommet d'un petit perron. Je souhaitais visiter cette maison,
25 mais personne ne répondait à mes appels. J'étais profondément désappointée, je sonnais, je criais, et enfin je me réveillais.

À suivre...

DONT VOUS ÊTES L'AUTEUR

Johann Heinrich Füssli, *Le Cauchemar*, 1781, huile sur toile, 101,6 x 127 cm.

1 Comprendre le début d'une nouvelle fantastique

1. Observez la première phrase : qui est «je»? qui est «elle»? Qui parle à qui? À quel temps? En quoi ce choix peut-il rendre l'histoire crédible?

2. Dans quel état physique se trouve le personnage qui parle?

3. Relevez tous les termes relatifs à la description de la maison. Vous semble-t-elle précise? réaliste? Est-ce conforme à un rêve?

4. Où et comment s'arrête le rêve?

2 Définir le cadre de la nouvelle

1. Constituez des petits groupes de trois ou quatre élèves. Par groupes, choisissez un narrateur intérieur qui s'exprime à la première personne du singulier, pour rendre votre récit vraisemblable. Vous pouvez également choisir un narrateur extérieur à la troisième personne du singulier.

2. Définissez en groupes le lieu de votre nouvelle et la situation de départ. Vous pouvez :
• choisir un cadre spatio-temporel éloigné de vous, pour renforcer le caractère étrange de la nouvelle ;
❯ *Arria Marcella*, Théophile Gautier, p. 82.
• choisir un cadre inquiétant : un château isolé, un vieux manoir, le désert, une forêt épaisse, un paysage tourmenté…

> **Conseil**
> Notez au brouillon une liste de mots appartenant au champ lexical du lieu que vous avez choisi. Complétez par une liste d'adjectifs qualificatifs à la connotation inquiétante.

• choisir un contexte pesant : un brouillard dense, une nuit épaisse, un violent orage, un soleil écrasant…
• évoquer le trouble du personnage : fiévreux, égaré, seul…

3. Recopiez et complétez le tableau suivant pour définir la situation initiale de votre nouvelle.

Cadre spatio-temporel réaliste	
Caractéristiques du narrateur-personnage (homme/femme, âge, nom, caractère…)	
Autres personnages secondaires	
Éléments propices au fantastique	

4. Rédigez au brouillon une première description des lieux et du contexte, racontée du point de vue de votre personnage.

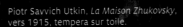

Piotr Savvich Utkin, *La Maison Zhukovsky*, vers 1915, tempera sur toile.

ÉTAPE 2 · *Mettre en place une situation inquiétante*

Tel était mon rêve et il se répéta, pendant de longs mois, avec une précision et une fidélité telles que je finis par penser que j'avais certainement, dans mon enfance, vu ce parc et ce château.

5 Pourtant je ne pouvais, à l'état de veille, en retrouver le souvenir, et cette recherche devint pour moi une obsession si forte qu'un été, ayant appris à conduire moi-même une petite voiture, je décidai de passer mes vacances sur les routes de France, à la recherche de la 10 maison de mon rêve.

Je ne vous raconterai pas mes voyages. J'explorai la Normandie, la Touraine, le Poitou ; je ne trouvai rien et n'en fus pas étonnée. En octobre je rentrai à Paris et, pendant tout l'hiver, continuai à rêver de la maison 15 blanche. Au printemps dernier, je recommençai mes promenades aux environs de Paris. Un jour, comme je traversais une vallée voisine de L'Isle-Adam, je sentis tout d'un coup un choc agréable, cette émotion curieuse que l'on éprouve lorsqu'on reconnaît, après 20 une longue absence, des personnes ou des lieux que l'on a aimés.

Bien que je ne fusse jamais venue dans cette région, je connaissais parfaitement le paysage qui s'étendait à ma droite. Des cimes de peupliers dominaient une 25 masse de tilleuls. À travers le feuillage encore léger de ceux-ci, on devinait une maison. Alors, je sus que j'avais trouvé le château de mes rêves. Je n'ignorais pas que cent mètres plus loin, un chemin étroit couperait la route. Le chemin était là. Je le pris. Il me conduisit 30 devant une barrière blanche.

De là partait l'allée que j'avais si souvent suivie. Sous les arbres, j'admirai le tapis aux couleurs douces que formaient les pervenches, les primevères et les anémones. Lorsque je débouchai de la voûte des 35 tilleuls, je vis la pelouse verte et le petit perron, au sommet duquel était la porte de chêne clair. Je sortis de ma voiture, montai rapidement les marches et sonnai.

À suivre...

1 Comprendre l'apparition de l'étrange

1. Quelle explication rationnelle la narratrice donne-t-elle à son rêve ? Quelle décision cela engendre-t-il ?

2. Relevez tous les connecteurs temporels : que marquent-ils ? Quelle expression marque un changement pour la narratrice ?

3. En quoi ce qu'elle découvre diffère-t-il de son rêve ?

2 Imaginer des péripéties

1. Réfléchissez à la manière dont vous souhaitez faire intervenir des éléments étranges. Par exemple :
• la réalité rejoint le rêve (comme dans l'extrait 2) ;
• le personnage est dans un état de fatigue extrême et a une hallucination ;
➘ *La Cafetière*, Théophile Gautier, p. 62.
• les éléments naturels se déchaînent et donnent une impression étrange au personnage ;
➘ *Le Vase d'or*, E. T. A. Hoffmann, p. 60.
• le personnage croit voir un objet s'animer.
➘ *La Vénus d'Ille*, Prosper Mérimée, p. 69.

2. En fonction du cadre choisi, mettez-vous d'accord sur une explication rationnelle possible de cette situation étrange.

3. Reprenez votre brouillon initial et complétez la description par l'apparition de ces éléments étranges. En quelques lignes, racontez les tentatives du personnage pour expliquer ces événements.

Conseil
Veillez à utiliser un vocabulaire varié pour exprimer les sensations de votre personnage.

Odoardo Borrani, *Portrait de jeune femme à la chandelle*, 1850, huile sur toile, 38,4 x 25,5 cm, galerie d'art moderne de Milan.

1 Découvrir les éléments surnaturels

1. Quelle impression l'apparition du domestique laisse-t-elle ?

2. Quelle explication vient semer le trouble ?

3. Quelle réaction provoque-t-elle chez la narratrice ?

2 Faire basculer la nouvelle dans le fantastique

1. Faites apparaître un (ou des) phénomène(s) inattendu(s) ou troublant(s) : des statues qui paraissent s'animer, des bougies qui s'éteignent, le personnage qui semble retrouver dans un livre sa propre histoire, une apparition dans le désert...

2. Orientez cette fois les inquiétudes du personnage vers une explication surnaturelle.

3. Au brouillon, décrivez l'atmosphère et les visions de votre personnage. Pour exprimer les doutes, l'angoisse de votre personnage, vous pourrez :

• Utiliser le vocabulaire de la peur	Anxiété, inquiétude, crainte, stupeur, appréhension, effroi, affolement, épouvante... ➘ Exprimer la peur, p. 70.
• Exprimer les réactions physiques qu'elle engendre	Le pouls qui bat très fort, les jambes qui se dérobent, la gorge serrée, la paralysie, les frissons qui parcourent tout le corps, la sueur abondante, « froid dans le dos »... ➘ Sens et sensations dans l'univers fantastique, p. 91.

4. Prenez appui sur le champ lexical du doute. Pour cela, recopiez et complétez le tableau suivant, puis employez ces modalisateurs dans votre récit.

Verbes	sembler, croire, distinguer, supposer, craindre...
Adverbes	peut-être, sans doute, difficilement, vraisemblablement, étrangement...
Adjectifs	déconcerté, abasourdi, décontenancé, désorienté...

ÉTAPE 3 *Faire surgir le surnaturel*

EXTRAIT 3

J'avais grand-peur que personne ne répondît, mais, presque tout de suite, un domestique parut. C'était un homme au visage triste, fort vieux et vêtu d'un veston noir. En me voyant, il parut très surpris, et me regarda

5 avec attention, sans parler.

— Je vais, lui dis-je, vous demander une faveur un peu étrange. Je ne connais pas les propriétaires de cette maison, mais je serais heureuse s'ils pouvaient m'autoriser à la visiter.

10 — Le château est à louer, Madame, dit-il comme à regret, et je suis ici pour le faire visiter.

— À louer ? dis-je. Quelle chance inespérée !... Comment les propriétaires eux-mêmes n'habitent-ils pas une maison si belle ?

15 — Les propriétaires l'habitaient, Madame. Ils l'ont quittée depuis que la maison est hantée.

— Hantée ? dis-je. Voilà qui ne m'arrêtera guère. Je ne savais pas que, dans les provinces françaises, on croyait encore aux revenants...

20 — Je n'y croirais pas, Madame, dit-il sérieusement, si je n'avais moi-même si souvent rencontré dans le parc, la nuit, le fantôme qui a mis mes maîtres en fuite.

À suivre...

Imaginer le dénouement de la nouvelle

EXTRAIT 4

– Quelle histoire ! dis-je en essayant de sourire.

– Une histoire, dit le vieillard d'un air de reproche, dont vous au moins, Madame, ne
5 devriez pas rire, puisque ce fantôme, c'était vous.

André Maurois, « La Maison »,
Toujours l'inattendu arrive, 1946.

1 Comprendre la chute d'une nouvelle fantastique

1. Qu'est-ce qui provoque l'effet de chute de cette nouvelle ?

2. Quelles explications pouvez-vous donner à cette histoire ? Laquelle vous paraît la plus crédible ? Rédigez votre réponse en commençant par « Si la narratrice…, alors… » (par exemple « Si "je" est un fantôme, alors… »).

2 Écrire un dénouement fantastique

1. En groupe, décidez de la fin de votre histoire. Celle-ci doit laisser le lecteur dans le doute. Il doit être impossible de trancher entre une explication réelle et une explication irréelle. Tout pourrait laisser penser que le personnage a rêvé, qu'il est victime d'illusions, et pourtant…

2. En reprenant ce que vous avez rédigé au brouillon, écrivez quelques phrases qui pourraient clore la nouvelle et susciter l'hésitation, la peur, la surprise chez le lecteur.

ÉTAPE 5 *Améliorer son texte et le mettre en page*

1. Relisez votre brouillon et vérifiez que votre nouvelle comporte bien les étapes suivantes :
• un paragraphe introductif pour poser le cadre et la situation initiale ;
• un élément étrange qui surgit dans le cadre réaliste ;
• une tentative d'explication rationnelle de la part du personnage ;
• la plongée dans le fantastique et l'expression de la peur du personnage ;
• une chute qui laisse planer le doute.

> *Conseil*
> Parmi les outils qui vous seront utiles pour la rédaction de votre nouvelle, pensez aux pages Vocabulaire de votre manuel, à un dictionnaire papier ou un dictionnaire en ligne (comme le Larousse en ligne), un dictionnaire des synonymes...
> Relisez également les textes des séquences 3 et 4.

2. Répartissez-vous au sein de votre groupe les différentes étapes. Retravaillez votre partie en l'enrichissant. Reprenez pour cela vos notes prises au brouillon lors des étapes précédentes.

3. Retravaillez le brouillon pour améliorer la syntaxe, corriger les fautes d'orthographe, vérifier que vous utilisez un vocabulaire varié, des modalisateurs... Relisez-vous et relisez les textes de vos camarades jusqu'à ce que l'ensemble soit complet et cohérent.

4. Mettez-vous d'accord sur un titre. Votre titre pourra être évocateur, inquiétant, suggestif...

5. Relisez votre nouvelle et vérifiez, en vous appuyant sur le tableau ci-dessous, que vous avez bien respecté les éléments suivants.

Grille de relecture

La construction de la nouvelle
☐ j'ai structuré mon récit en étapes claires
☐ j'ai créé des paragraphes (avec des alinéas au début)
☐ j'ai utilisé des connecteurs spatio-temporels
☐ j'ai raconté l'histoire à la première ou à la troisième personne du singulier

Le cadre fantastique
☐ j'ai créé une atmosphère inquiétante
☐ j'ai utilisé des modalisateurs pour exprimer le doute (adverbes, verbes...)
☐ j'ai employé le vocabulaire de la peur
☐ j'ai utilisé le lexique propre au fantastique
☐ j'ai rédigé une chute qui suscite le doute chez le lecteur

L'expression écrite
☐ j'ai vérifié la construction des phrases, la ponctuation, les majuscules...
☐ j'ai vérifié l'orthographe des mots difficiles dans un dictionnaire
☐ j'ai utilisé les temps verbaux appropriés : passé simple (récit), imparfait (descriptions)...
☐ j'ai accordé les verbes avec leurs sujets et les adjectifs avec les noms

6. Cherchez des images ou réalisez vous-mêmes des collages ou des dessins pour illustrer votre nouvelle. Veillez à sélectionner des images qui correspondent au thème et à l'atmosphère de votre nouvelle.

7. Saisissez votre texte à l'aide d'un logiciel de traitement de texte et ajoutez les images. Soignez la mise en page avant de l'imprimer. Vous pourrez relier en livret toutes les nouvelles des différents groupes de la classe et ajouter une couverture pour le recueil !

Dire l'amour

OBJECTIFS
• Découvrir des poèmes d'amour
de l'Antiquité à nos jours.
• Étudier un thème essentiel de la poésie lyrique.

Marc Chagall, *Les Mariés de la Tour Eiffel*,
1938-39, huile sur lin, 150 x 136 cm, CGP,
MNAM, dation 1938.

en poésie

► *Comment la poésie permet-elle d'exprimer les variations du sentiment amoureux ?*

Poésie et amour, une relation passionnée

1555

Louise Labé, *Sonnets*

« *Je vis, je meurs :
je me brûle et me noie* »

La poétesse exprime la douleur profonde causée par l'amour. Oscillant entre joie et désespoir, elle est victime de sa passion.

↘ p. 110

**Victor Hugo,
*Les Chants du crépuscule***

1835

« *Puisque j'ai vu pleurer,
puisque j'ai vu sourire*

*Ta bouche sur ma bouche
et tes yeux sur mes yeux* »

Évoqués sur le mode du passé, l'amour et ses plaisirs continuent d'enchanter le poète. L'amour représente pour lui une force contre l'oubli. ↘ p. 112

1930

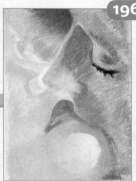

**Robert Desnos,
*Corps et biens***

« *Ô douleurs de l'amour !*

*Comme vous m'êtes
nécessaires et comme
vous m'êtes chères* »

Robert Desnos propose une vision personnelle de l'expérience amoureuse : les souffrances engendrées occupent une place centrale dans l'écriture du poème.

↘ p. 114

1963

**Paul Éluard, *Le Phénix*
et *Le temps déborde***

« *Je t'aime pour
toutes les femmes
que je n'ai pas
connues* »

Le poète exprime avec délicatesse et intensité les épreuves de la vie, mais aussi sa foi en l'amour. ↘ p. 116

Ovide
Poète latin
43 av. J.-C.
-17 ou 18 ap. J.-C.

Louise Labé
Poétesse française
1524-1566

**Johann W.
von Goethe**
Poète, dramaturge et romancier allemand
1749-1832

Victor Hugo
Poète, dramaturge et romancier français
1802-1885

Robert Desnos
Poète français
1900-1945

Paul Éluard
Poète français
1895-1952

Devenez poète

Confession

Quelle chose est difficile à cacher ? Le feu !
Car le jour il se trahit par la fumée,
La nuit par la flamme, le monstre.
Difficile à cacher est aussi
L'amour : si secrètement qu'on le nourrisse,
Il jaillit pourtant aisément des yeux.
[...]

Johann Wolfgang von Goethe, « Le Livre du chanteur »,
Divan occidental-oriental, trad. de l'allemand
par H. Lichtenberg, 1814-1819.

1 Lisez cet extrait à haute voix. Partagez-vous l'opinion du poète selon laquelle on ne peut dissimuler un état amoureux ?

2 Selon vous, à quoi voit-on qu'une personne est amoureuse ?

3 À la manière de Goethe, décrivez en quelques vers les manifestations physiques provoquées par un sentiment : la jalousie, la colère, le bonheur, la tristesse... Vous commencerez votre strophe par : « Difficile à cacher est aussi ... »

Redonnez de l'espoir

4 Un(e) de vos ami(e)s, suite à une déception sentimentale, a décidé de ne plus tomber amoureux(se). Vous lui écrivez quelques lignes afin de le/la faire changer d'avis.

Benjamin Vautier, *La Marguerite*, 1864.

Objectifs
- Découvrir les caractéristiques de la poésie lyrique.
- Identifier et définir la forme poétique du sonnet.

Compétence
- Percevoir un effet esthétique et en analyser les sources.

Je vis, je meurs...

Je vis, je meurs : je me brûle et me noie.
J'ai chaud extrême en endurant froidure[1] ;
La vie m'est et trop molle et trop dure.
J'ai grands ennuis entremêlés de joie.

5 Tout à un coup je ris et je larmoie,
Et en plaisir maint grief tourment[2] j'endure,
Mon bien s'en va, et à jamais il dure,
Tout en un coup je sèche et je verdoie[3].

Ainsi Amour inconstamment[4] me mène,
10 Et quand je pense avoir plus de douleur,
Sans y penser je me trouve hors de peine.

Puis, quand je crois ma joie être certaine,
Et être au haut de mon désiré heur[5],
Il me remet en mon premier malheur.

Louise Labé, « Je vis, je meurs... »,
Sonnets, VIII, 1555.

---

1. **Froidure** : froid. 2. **Maint grief tourment** : plusieurs tourments douloureux. 3. **Verdoie** : me couvre de verdure. 4. **Inconstamment** : de manière changeante. 5. **Heur** : bonheur.

REPÈRES

| 1500 | Renaissance | 1600 |

XVIᵉ siècle

1555
Louise Labé, *Sonnets*

▽ L'HISTOIRE DES MOTS

« Tourment » (v. 6) : ce mot vient du latin *tormentum*, qui désigne à l'origine un instrument de torture et par extension le supplice subi. Quel autre nom vient du latin *tripalium*, qui désigne aussi un instrument de torture ?

Paris Bordone, *Les Amants vénitiens*, vers 1525.

▶ Comment le poème exprime-t-il la complexité du sentiment amoureux ?

Découvrir le texte

1. 🔊 Rendez-vous sur le site www.mythologica.fr et faites une recherche sur Orphée. Quelle est l'origine du mot « lyrique » ?

2. À votre avis, quels peuvent être les événements à l'origine de ce poème ? Partagez vos hypothèses avec vos camarades.

Analyser et interpréter le texte

Les contradictions de l'amour

3. Qui s'exprime dans ce poème ?

Byam Shaw, *Femme pensive dans un sous-bois*, fin XIXᵉ siècle.

4. Relevez dans chaque strophe les termes qui s'opposent.

5. Observez les rimes à la fin des vers 1 à 8 : sont-elles plutôt positives ou négatives ? Quelle est l'impression générale ?

6. À partir du poème de Louise Labé, dites quel est le schéma des rimes dans un sonnet.

La poétesse vaincue par l'amour

7. Dans quel vers comprend-on l'origine de la souffrance ? Quelle est la figure de style utilisée ?
❯ Les figures de style, p. 377.

8. Dans les deux premières strophes, quels sont les deux sentiments dominants ? Par quelles sensations physiques se manifestent-ils ?

9. LANGUE Quel est le temps utilisé dans ce sonnet ? Quelle est sa valeur ?

10. Dans quels vers l'espoir semble-t-il renaître ?

11. a. Quel est le sujet du verbe conjugué aux vers 9 et 14 ? Qui subit l'action ?

b. En quoi peut-on dire que l'amour est tout-puissant ?

S'exprimer à l'oral

Réciter un poème

12. Recopiez ce poème et soulignez en rouge les expressions du bonheur et en bleu celles du malheur. Apprenez-le et récitez-le en mettant en valeur ces oppositions et en respectant le rythme de la ponctuation.

> Bilan En quoi peut-on dire que ce sonnet est un poème lyrique ?

MÉMO

Le **sonnet** est une forme poétique venue d'Italie et très en vogue au XVIᵉ siècle en France. Composé d'abord en décasyllabes (10 syllabes) puis en alexandrins (12 syllabes), il a une structure fixe : deux quatrains (strophes de quatre vers) suivis de deux tercets (strophes de trois vers).

Puisque j'ai mis ma lèvre à ta coupe encor pleine

Puisque j'ai mis ma lèvre à ta coupe encor[1] pleine ;
Puisque j'ai dans tes mains posé mon front pâli ;
Puisque j'ai respiré parfois la douce haleine
De ton âme, parfum dans l'ombre enseveli ;

5 Puisqu'il me fut donné de t'entendre me dire
Les mots où se répand le <u>cœur</u> mystérieux ;
Puisque <u>j'ai vu pleurer</u>, puisque j'ai vu sourire
Ta bouche sur ma bouche et tes yeux sur mes yeux ;

Puisque j'ai vu briller sur ma tête ravie
10 Un rayon de ton astre[2], hélas ! voilé toujours ;
Puisque j'ai vu tomber dans l'onde[3] de ma vie
Une feuille de rose arrachée à tes jours ;

Je puis maintenant dire aux rapides années :
– Passez ! passez toujours ! je n'ai plus à vieillir !
15 Allez-vous-en avec vos fleurs toutes fanées ;
J'ai dans l'âme une fleur que nul ne peut cueillir !

Votre aile en le heurtant ne fera rien répandre
Du vase où je m'abreuve[4] et que j'ai bien rempli.
Mon âme a plus de feu que vous n'avez de cendre !
20 Mon cœur a plus d'amour que vous n'avez d'oubli !

Victor Hugo, « Puisque j'ai mis ma lèvre... »,
Les Chants du crépuscule, 1835.

---

1. **Encor** : encore (orthographe autorisée en poésie).
2. **Astre** : étoile. 3. **Onde** : mouvement de l'eau.
4. **Je m'abreuve** : je bois.

REPÈRES

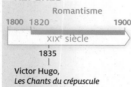

Romantisme
1800 1820   1900
XIXᵉ siècle

1835
Victor Hugo,
Les Chants du crépuscule

▽ L'HISTOIRE DES MOTS

« Cœur » (v. 6) vient du latin *cor*. La médecine grecque le considérait comme l'organe de la sensibilité, du courage, mais aussi de l'intelligence. D'où l'expression « par cœur »... Quel est son sens dans l'expression « mettre du cœur à l'ouvrage » ?

Pour bien écrire

« J'ai vu pleurer » (v. 7). Quand deux verbes se suivent, le second est toujours à l'infinitif. Le premier verbe, « voir », est au passé composé, « pleurer » est donc à l'infinitif. Trouvez un autre exemple de ce type dans le poème.

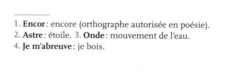

Victor Hugo, *Femme assise*, début XIXᵉ siècle, dessin à l'encre brune.

▶ En quoi le sentiment amoureux devient-il une force pour le poète ?

Découvrir le texte

1. Quels sentiments ce poème vous évoque-t-il ? Notez-les au brouillon et comparez vos réponses avec celles de vos camarades.

Analyser et interpréter le texte

La communion de deux êtres

2. Qui s'exprime à la première personne du singulier ? Selon vous, à qui s'adresse-t-il ?

3. Relevez dans les vers 1 à 8 le champ lexical des cinq sens. Ces vers évoquent-ils une expérience heureuse ?

4. Quelle place occupe l'expression « ton âme » (v. 4) dans le vers ? Quelle importance cela lui donne-t-il ?

5. À qui fait référence l'expression « Un rayon de ton astre » ? Quelle qualité cette expression met-elle en valeur ?

L'amour face au temps qui passe

6. Observez les débuts des vers 1 à 4. Que remarquez-vous ?

7. LANGUE **a.** À quel temps sont conjugués la plupart des verbes, vers 1 à 12 ? **b.** Quel est le temps principal à partir du vers 13 ? À qui le poète s'adresse-t-il au vers 15 ?

8. a. En quoi les « fleurs toutes fanées » (v. 15) peuvent-elles être le symbole du temps qui passe ? **b.** De quelle autre « fleur » parle le poète (v. 16) ?

9. a. Quel est le type de phrase employé aux vers 19-20 ? **b.** Selon vous, pourquoi le poète répète-t-il cette construction de phrase ?

S'exprimer à l'écrit 🖉

Expliquer une décision

10. Rédigez un paragraphe pour expliquer à votre entourage une décision importante que vous avez prise (liens affectifs, orientation, activité extrascolaire...). Utilisez, à la manière de Victor Hugo, l'anaphore « Puisque ».

> **Bilan** Comment l'amour permet-il au poète d'échapper au temps qui passe ?

⌒ MÉMO

Une **anaphore** est la répétition d'un même mot ou d'une même expression en début de phrases ou de vers successifs.

Ô douleurs de l'amour !

Objectifs
• Étudier un poème
en vers libres.
• Comprendre le lien
entre l'expérience de
l'amour et la création
poétique.

Compétence
• Percevoir un effet
esthétique et en analyser
les sources.

Ô douleurs de l'amour !

Comme vous m'êtes nécessaires et comme vous m'êtes chères.

Mes yeux qui se ferment sur des larmes imaginaires, mes mains qui se tendent sans cesse vers le vide.

5   J'ai rêvé cette nuit de paysages insensés[1] et d'aventures dangereuses aussi bien du point de vue de la mort que du point de vue de la vie qui sont aussi le point de vue de l'amour.

Au réveil vous étiez présentes, ô douleurs de l'amour, ô muses du désert, ô muses exigeantes.

10   Mon rire et ma joie se cristallisent[2] autour de vous. C'est votre fard[3], c'est votre poudre, c'est votre rouge, c'est votre sac de peau de serpent, c'est vos bas de soie... et c'est aussi ce petit pli entre l'oreille et la nuque, à la naissance du cou, c'est votre <u>pantalon</u> de soie et votre fine chemise et votre manteau de fourrures, votre ventre rond c'est mon rire et mes

15   joies vos pieds et tous vos bijoux.

En vérité, comme vous êtes bien vêtue et bien parée.

Ô douleurs de l'amour, anges exigeants, voilà que je vous imagine à l'image même de mon amour, que je vous <u>confonds</u> avec lui...

Ô douleurs de l'amour, vous que je crée et habille, vous vous confon-

20   dez avec mon amour dont je ne connais que les vêtements et aussi les yeux, la voix, le visage, les mains, les cheveux, les dents, les yeux...

Robert Desnos, « Ô douleurs de l'amour »,
« À la mystérieuse », *Corps et Biens*, Gallimard, 1930.

------

1. **Insensés** : incroyables. 2. **Se cristallisent** : se fixent. 3. **Fard** : maquillage.

REPÈRES

Surréalisme

1900 1920   1960   2000

XXᵉ siècle

1930
|
Robert Desnos,
Corps et Biens

▽ **L'HISTOIRE
DES MOTS**

« **Pantalon** » (l. 13) vient
de l'italien Pantalone, nom
d'un personnage typique
du théâtre comique du
XVIᵉ siècle, un vieillard
habillé d'un vêtement
fait d'une seule pièce
et tombant droit sur les
jambes. Qu'appelle-t-on
une « pantalonnade » ?

Pour bien écrire

« **Confonds** » (l. 18) : au
présent, les verbes en
-dre gardent le *-d* : « je
confonds », « tu confonds »,
« il confond »... Les verbes
en *-indre* et *-soudre* sont
une exception : le *-d*
disparaît (par exemple : « je
peins »). Trouvez dans le
poème un autre verbe en
-dre et conjuguez-le
au présent.

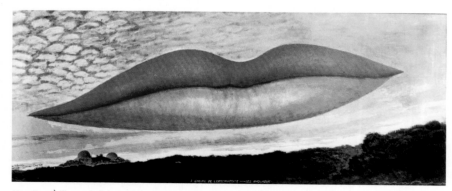

Man Ray, *À l'heure de l'observatoire. Les Amoureux*, 1934, huile sur toile,
100 x 250,4 cm, coll. part.

Édouard Vuillard, *La Comédienne française Marthe Mellot se maquillant*, début xxᵉ siècle.

✍ MÉMO

Le «Ô» est une interjection littéraire d'origine latine. Elle sert soit à interpeller son interlocuteur, soit à marquer l'intensité d'une émotion, et est particulièrement utilisée dans la poésie lyrique.

▶ Comment la douleur amoureuse est-elle source d'inspiration pour le poète?

Découvrir le texte

1. Observez la mise en page du poème. Que remarquez-vous?

2. En tant que lecteur, appréciez-vous cette nouvelle forme poétique? Justifiez votre réponse.

Analyser et interpréter le texte

La perception de la douleur d'amour

3. a. Avec la première expression «Ô douleurs de l'amour» (l. 1), à quoi peut s'attendre le lecteur dans la suite du poème? **b.** Comment cette apostrophe est-elle mise en valeur dans le poème?

4. De «votre fard» à «tous vos bijoux» (l. 10-15), quel est le champ lexical dominant? Selon vous, y a-t-il un lien avec le thème de la douleur?

5. a. Qui est représenté par le déterminant «Mon» (l. 10)? Par le pronom «vous»? **b.** À quel sentiment le poète associe-t-il la «douleur de l'amour»? Qu'en pensez-vous?

Une douleur source de création

6. L'énumération des lignes 10 à 15 vous semble-t-elle positive ou négative? Justifiez votre réponse.

7. a. LANGUE Observez l'énumération aux lignes 20-21. Ces noms ont-ils une expansion? **b.** Comparez-les avec les groupes nominaux des lignes 10-15: quelle différence constatez-vous?

➘ Identifier les expansions du nom, p. 301.

8. Faites une recherche sur les «muses» (l. 9)? Selon vous, pourquoi le poète associe-t-il sa douleur à ces personnages mythologiques?

S'exprimer à l'écrit ✍

Écrire une strophe en vers libres

9. Rédigez une strophe en vers libres ou un paragraphe qui commencera par «Ô bonheur de…» ou «Ô douleur de…». Évoquez une expérience personnelle (une victoire ou une défaite sportive, un voyage, une dégustation…).

▤ *Conseil*: Utilisez des adjectifs qualificatifs pour enrichir votre expression.

Bilan Comment le poète transforme-t-il la souffrance amoureuse en une expérience positive?

Lecture 4

Objectif
• Comparer deux poèmes
liés à deux expériences
opposées de l'amour.

Compétence
• Formuler des impressions
de lecture.

Notre vie

Nusch, la deuxième femme d'Éluard, décède subitement en 1946.

Nusch Éluard photographiée
par Dora Maar, vers 1935.

REPÈRES

1900 — XXᵉ siècle — 2000

1934 — Mariage avec Nusch
1946 — Mort de Nusch
1951 — Mariage avec Dominique

[...] Notre vie disais-tu si contente de vivre
Et de donner la vie à ce que nous aimions
Mais la mort a rompu l'équilibre du temps
La mort qui vient la mort qui va la mort vécue
5   La mort visible boit et mange à mes dépens

Morte visible Nusch invisible et plus dure
Que la soif et la faim à mon corps épuisé
Masque de neige sur la terre et sous la terre
Source des larmes dans la nuit masque d'aveugle
10   Mon passé se dissout je fais place au silence.

Paul Éluard, « Notre vie », *Le temps déborde* [1947],
dans *Derniers poèmes d'amour*, Seghers, 2013.

Je t'aime

*Quelques années plus tard, il rencontre Dominique, qui devient sa troisième
épouse en 1951. L'amour entre à nouveau dans sa vie.*

Je t'aime pour toutes les femmes que je n'ai pas
    connues
Je t'aime pour tous les temps où je n'ai pas vécu
Pour l'odeur du grand large et l'odeur du pain chaud
Pour la neige qui fond pour les premières fleurs
5   Pour les animaux purs que l'homme n'effraie pas
Je t'aime pour aimer
Je t'aime pour toutes les femmes que je n'aime pas

Qui me reflète sinon toi moi-même je me vois si peu
Sans toi je ne vois rien qu'une étendue déserte
10   Entre autrefois et aujourd'hui
Il y a eu toutes ces morts que j'ai franchies sur de
    la paille

Je n'ai pas pu percer le mur de mon miroir
Il m'a fallu apprendre mot par mot la vie
Comme on oublie

15   Je t'aime pour ta sagesse qui n'est pas la mienne
Pour la santé
Je t'aime contre tout ce qui n'est qu'illusion
Pour ce cœur immortel que je ne détiens pas
Tu crois être le doute et tu n'es que raison
20   Tu es le grand soleil qui me monte à la tête
Quand je suis sûr de moi.

Paul Éluard, « Je t'aime », *Le Phénix* [1963],
dans *Derniers poèmes d'amour*, Seghers, 2013.

Lecture de l'image

1. Quels éléments de ce tableau renvoient à la représentation traditionnelle de l'amour ?
2. Quels détails originaux marquent une rupture ? Comment les interprétez-vous ?
3. Quel poème d'Éluard vous semble le plus proche de ce tableau ? Justifiez votre réponse.

Francis Picabia, *Idylle*, 1927, huile sur carton, 105,7 x 75,7 cm, musée des Beaux-Arts de Grenoble.

▶ Comment la poésie accompagne-t-elle le poète au fil de ses passions ?

Découvrir les textes

1. Dans un tableau à deux colonnes, écrivez tous les mots et sentiments que vous inspirent le premier poème (1ʳᵉ colonne) et le second poème (2ᵉ colonne). Quelles différences remarquez-vous ? Comparez vos réponses avec vos camarades.

Analyser et interpréter les textes

« Notre vie » : La poésie au fil de la vie

2. LANGUE **a.** Qui désignent les pronoms « tu » (v. 1), « nous » (v. 2) et « je » (v. 10) ? **b.** Quels sont les trois temps employés successivement ? Comment expliquez-vous cette évolution ?
3. Quel mot annonce un changement au début du vers 3 ? Quel est ce changement ?
4. Comment le poète insiste-t-il sur l'omniprésence de la mort (v. 3-5) ? Quelle est la figure de style employée au vers 5 ?
5. Quelle est la conséquence de la mort de Nusch pour le poète ?

« Je t'aime » : La renaissance

6. Ⓘ Ce second poème est extrait d'un recueil intitulé *Le Phénix*. Sur l'encyclopédie en ligne www.universalis.fr, faites une recherche sur cet animal légendaire. En quoi ce poème illustre-t-il le titre du recueil ?
7. **a.** Combien de fois est répétée l'expression « je t'aime » ? À quelle place dans les vers ? **b.** Comment appelle-t-on cette figure de style ?

8. Relevez trois expressions (v. 1-5) qui prouvent que le poète reprend goût aux plaisirs de la vie.
9. À quelle période de l'existence du poète la deuxième strophe renvoie-t-elle ? Justifiez votre réponse.
10. Quelles sont les qualités de la femme aimée ?

S'exprimer à l'oral 💬

Ⓘ Mettre un poème en musique

11. Grâce à un logiciel gratuit comme Audacity, enregistrez une lecture personnelle de l'un des deux poèmes d'Éluard, en ajoutant une musique en fond sonore. Justifiez vos choix à l'oral.

Bilan En quoi la vie personnelle d'Éluard est-elle à l'origine de sa poésie ?

Objectifs
• Découvrir un artiste majeur et sa représentation de l'amour.
• Établir des relations entre une œuvre picturale et des œuvres littéraires.

Une histoire d'amour,

Marc Chagall est un artiste du XXᵉ siècle célèbre pour ses tableaux, décors d'opéra, costumes de ballets et sculptures. Sa peinture est profondément liée aux événements marquants de son existence.

À la découverte d'un artiste

Marc Chagall est né en 1887 en Biélorussie, dans une famille juive modeste. Il épouse Bella en 1915. Rendez-vous sur le site du musée Chagall (http://musees-nationaux-alpesmaritimes.fr/chagall/) pour en savoir plus sur la vie du peintre (origines, différents lieux de vie, vie personnelle, œuvres célèbres).

❶ **Photo de Chagall peignant sa femme Bella dans son atelier.**

Vocabulaire

• **Aplat, à-plat** : surface de couleur uniforme dans une peinture.

• **Onirique** : qui est inspiré par le rêve, qui évoque le rêve (du grec *oneiros*, « songe »).

• **Fauvisme** : mouvement pictural du début du XXᵉ siècle qui se caractérise par des formes simplifiées et des couleurs vives et pures.

Chagall a souvent peint des personnages qui flottent dans les airs, créant ainsi un univers fantastique et onirique, entre rêve et réalité.

Influencé par le fauvisme, Chagall a profondément modifié son style après son séjour à Paris en 1911-1914. Il a commencé à privilégier les aplats de couleurs claires et de couleurs fortes.

❷ Marc Chagall, *Au-dessus de la ville*, 1915, huile sur toile, 141 x 197 cm, galerie Tetriakov, Moscou.

deux tableaux

L'évolution d'une œuvre

En 1941, fuyant l'occupation allemande, toute la famille Chagall s'exile aux États-Unis. En 1944, Bella meurt brutalement, foudroyée par la maladie. Chagall est alors rongé par le chagrin. Il exécute le tableau *Autour d'elle* un an après la mort de sa femme. Cette œuvre est chargée de symboles qui renvoient à l'existence de l'artiste, mais c'est aussi une peinture qui raconte leur histoire.

Chagall n'obéit pas au traitement traditionnel de la perspective : chaque élément du tableau possède son propre mouvement. Et c'est leur juxtaposition qui crée l'animation générale du tableau, son dynamisme.

❸ Marc Chagall, *Autour d'elle*, 1946, huile sur toile, 131 x 109,5 cm, Centre Pompidou, Paris.

Le bleu est une couleur dominante dans l'œuvre de Chagall. Cette couleur a souvent été associée à l'amour, à l'espoir.

Comprendre les œuvres

1. Dans le premier tableau, à votre avis, quels sentiments ressentent les personnages ?

2. Quels sont les éléments principaux qui composent ce tableau ? Indiquez à quoi ils renvoient dans la vie du peintre.

3. Comparez la direction dans laquelle vont les personnages, et la direction dans laquelle part votre regard quand il observe les habitations et le chemin : ces deux mouvements vont-ils dans le même sens ? Quel effet le peintre a-t-il voulu créer selon vous ?

4. Quels éléments attirent votre regard dans le second tableau ?

5. Quelle est la forme géométrique centrale dans ce tableau ? Quel mouvement crée-t-elle pour le regard ? Que peut représenter ce mouvement ?

6. Quelle est la couleur principale ? Fait-elle penser au jour ou à la nuit ?

7. Selon vous, pourquoi Chagall a-t-il peint ce tableau à ce moment de sa vie ?

8. Parmi les poèmes étudiés dans la séquence, lequel vous semble le plus proche du second tableau ? Justifiez votre réponse.

Activité

Réaliser un diaporama 🔘

À partir de vos recherches sur Chagall et l'analyse des deux tableaux, réalisez un diaporama sur le peintre, dans lequel vous présenterez sa biographie, et d'autres œuvres dans lesquelles le thème de l'amour est présent. Montrez l'évolution de ce thème au fil de sa vie. Présentez ce diaporama à vos camarades dans un exposé dynamique.

L'Antiquité et nous

Objectif
• Découvrir la poésie amoureuse latine.

Dire l'amour dans la Rome antique

Poète latin, auteur des Métamorphoses, *Ovide (43 av. J.-C. – 17 ou 18 ap. J.-C.) fut aussi un observateur subtil des mœurs de son temps. Son œuvre* Les Amours *est un recueil d'élégies dans lequel le poète explore de multiples situations amoureuses et donc des émotions très variées. Dans cet extrait, le poète, épris de Corinne, demande à Napé, sa servante, de lui apporter un message.*

Si elle [Corinne] te demande de mes nouvelles, dis-lui que l'espoir d'obtenir une nuit me fait vivre ; le reste, ma main l'a marqué sur la cire. [...]

Et sans tarder, dès qu'elle aura tout lu, presse-la de faire une longue réponse. Je hais les grands espaces vides sur la cire brillante.

5 Qu'elle serre bien les lignes, et qu'à leur extrémité mes yeux soient longs à déchiffrer une lettre imparfaitement tracée.

Mais pourquoi se fatiguerait-elle les doigts à tenir le stylet ? que, sur toute la tablette, elle se borne à écrire ce mot : « Viens ».

Ovide, *Les Amours*, XI (extrait), trad. Henri Bornecque, Les Belles Lettres, 2002.

Vocabulaire

• **Élégie** : à l'origine, ce terme désigne un poème lyrique qui évoque les malheurs amoureux, la séparation, la mort... sur un ton triste et douloureux.

• **Distique** : dans la poésie latine, strophe composée de deux vers. Quand il est utilisé dans l'élégie, on parle de « distique élégiaque ».

Vénus et Mars, peinture murale de Pompéi, vers 45-79 ap. J.-C.

Texte original en latin

Si quaeret quid agam, spe noctis uiuere dices ;
Cetera fert blanda cera notata **manu**. [...]

Nec mora, perlectis rescribat multa, iubeto ;
Odi, cum late spendida cera uacat.

5 Comprimat ordinibus uersus **oculos**que moretur
Margine in extremo **littera** rasa meos.

Quid **digitos** opus est graphio lassare tenendo ?
Hoc habeat **scriptum** tota tabella « ueni ! »

Ovide, *Les Amours*, XI, texte original.

Comprendre les documents

1. Sous quelle forme matérielle le message à Corinne est-il transmis ?

2. Relevez les expressions qui traduisent l'impatience du poète.

3. Que demande-t-il à Corinne ?

À vous de créer

4. De nos jours, quel moyen de communication le poète utiliserait-il ? Rédigez le message qu'il pourrait envoyer pour obtenir un rendez-vous.

Observer le texte original

5. Combien de strophes repérez-vous dans cet extrait ? Que remarquez-vous sur la longueur des vers dans chaque distique ?

6. À l'époque d'Ovide, utilisait-on des rimes en poésie ?

7. Du latin au français : **a.** Retrouvez dans la traduction française ces mots latins : *manu, oculos, littera, digitos, scriptum.* **b.** Trouvez d'autres mots formés sur ces racines latines.
Ex : *noctis*, mis pour « nuit », a donné « nocturne ».

Analyser un poème lyrique

À une passante

La rue assourdissante autour de moi hurlait.
Longue, mince, en grand deuil, douleur majestueuse,
Une femme passa, d'une main fastueuse[1]
Soulevant, balançant le feston[2] et l'ourlet ;

5 Agile et noble, avec sa jambe de statue.
Moi, je buvais, crispé comme un extravagant[3],
Dans son œil, ciel livide où germe l'ouragan,
La douceur qui fascine et le plaisir qui tue.

Un éclair... puis la nuit ! – Fugitive beauté
10 Dont le regard m'a fait soudainement renaître,
Ne te verrai-je plus que dans l'éternité ?

Ailleurs, bien loin d'ici ! trop tard ! *jamais* peut-être !
Car j'ignore où tu fuis, tu ne sais où je vais,
Ô toi que j'eusse aimée, ô toi qui le savais !

Charles Baudelaire, « À une passante »,
Les Fleurs du mal, 1857.

_____
1. **Fastueuse** : splendide, magnifique. 2. **Feston** : dentelle qui orne le bord
d'un vêtement. 3. **Extravagant** : personne bizarre, excentrique.

MÉTHODE GUIDÉE

Étape 1 Identifier des sentiments

- Lisez le poème plusieurs fois, lentement pour vous imprégner du rythme.
- Identifiez le locuteur (qui s'exprime) et le destinataire (à qui il s'adresse).

1. Quels sentiments le poète éprouve-t-il ? Ces sentiments varient-ils au cours du poème ?
2. À qui le poète s'adresse-t-il ?

Étape 2 Expliquer comment le poète parvient à faire naître des sentiments

- Identifiez le cadre du poème, l'atmosphère générale.
- Repérez comment est caractérisé l'être aimé.
- Observez la mise en page du poème.
- Repérez les étapes du poème.
- Observez le vocabulaire (champs lexicaux, vocabulaire mélioratif, péjoratif).
- Relevez les sonorités.

3. Dans quel lieu le poète observe-t-il la jeune femme ? Quelle est la figure de style utilisée au vers 1 ? Ce lieu semble-t-il agréable ?
4. Relevez les détails qui caractérisent la passante.
5. Quelle est la forme de ce poème ?
6. Quel changement remarquez-vous dans la ponctuation ?
7. Relevez le vocabulaire qui se rapporte à la souffrance et à la mort.
8. Quelle assonance est présente au vers 9 ? À quel sentiment peut-on l'associer ?

Étape 3 Analyser la vision du poète

- Identifiez les figures de style et leur portée.
- Expliquez la vision de l'amour qu'il propose.

9. Quelle comparaison le poète utilise-t-il pour se décrire ? Que révèle-t-elle ?
10. Expliquez la métaphore du vers 7-8.

Vocabulaire

Objectifs
• Enrichir son vocabulaire pour exprimer ses sentiments.
• Découvrir le vocabulaire de la versification.

Le vocabulaire des sentiments

Identifier les sentiments

1 **a.** Parmi les mots proposés, reliez les couples d'antonymes.

attachement •
admiration •
sérénité •
enthousiasme •
euphorie •
confiance •

• jalousie
• inquiétude
• mépris
• antipathie
• découragement
• désespoir

b. Trouvez l'adjectif correspondant à chaque nom.

2 Classez les mots suivants selon qu'ils se rapportent à l'idée d'amour ou de haine :

adoration • inimitié • passion • dégoût • répulsion • répugnance • flamme • inclination • penchant • exécration • animosité • adulation • aversion • attachement

Amour	Haine

3 **a.** À l'aide d'un dictionnaire, précisez les différences de sens entre les noms suivants (vous pouvez donner un exemple de situation) :

mélancolie • nostalgie • amertume • peine • souci • anxiété
b. Trouvez l'adjectif qualificatif correspondant à chaque nom.

4 Classez ces mots, qui désignent différentes expériences amoureuses, selon leur niveau de langue : familier, courant ou soutenu.

une passade • une toquade • une bluette • une passion • une amourette • une flamme

5 Nommez le sentiment exprimé par le poète dans chaque extrait. Justifiez votre réponse.

> 1. Je t'ai cherchée à la fenêtre
> Les parcs en vain sont parfumés
> Où peux-tu où peux-tu bien être
> À quoi bon vivre au mois de mai
>
> Louis Aragon, « Le Malheur d'aimer », 1971.

> 2. Tu seras dame, et moi comte ;
> Viens, mon cœur s'épanouit ;
> Viens, nous conterons ce conte
> Aux étoiles de la nuit.
>
> Victor Hugo, « Éviradnus », *La Légende des siècles*, 1859.

Utiliser le lexique des sentiments

6 Remplacez les pointillés par un des verbes suivants au passé composé :

éprouver • ressentir • provoquer • endurer • susciter

1. Cette rupture amoureuse .... en lui un profond désespoir.
2. Tristan .... une grande joie lorsque Jeanne a accepté un premier rendez-vous.
3. Pauline .... un immense chagrin quand elle a appris le départ de sa meilleure amie.
4. Pendant plusieurs mois, François .... un véritable supplice : il ne parvenait pas à oublier son ancien amour.
5. L'annonce de leur mariage .... un réel enthousiasme dans leurs deux familles.

7 Imaginez deux situations douloureuses différentes. Pour chacune, rédigez une première phrase qui en explique l'origine puis, dans une deuxième phrase, évoquez les conséquences en utilisant les mots proposés ci-dessous.

Noms : un tourment, un supplice, un martyre, un calvaire
Adjectifs qualificatifs : effroyable, atroce, affreux, terrible
Verbes : endurer, subir, supporter, éprouver

8 **a.** À l'aide d'un dictionnaire étymologique sur Internet, cherchez l'origine du mot *passion*. Quelle était sa signification à l'origine ?
b. On peut choisir de céder à ses passions ou d'y résister. Classez les verbes suivants selon qu'ils expriment l'une ou l'autre solution. Utilisez un dictionnaire des synonymes.

se laisser aller à • réprimer • maîtriser • s'abandonner à • assouvir • satisfaire • suivre • contenir • refréner

> **Comparons nos langues**
>
> « *Je tiens à elle comme à la prunelle de mes yeux* » : la prunelle désigne la pupille de l'œil qui ressemble au fruit du prunellier. En anglais, on dit « *she's the apple of my eye* ». De quel fruit s'agit-il ?

À vous d'écrire !

9 Choisissez un sentiment que vous avez connu parmi les noms proposés (ex 1, 2 et 3). Rédigez un paragraphe en prose : racontez brièvement l'événement à l'origine de ce sentiment, puis décrivez en détail ce que vous avez ressenti.

Conseils : Employez des verbes et adjectifs qualificatifs vus dans les exercices précédents. Donnez un titre à votre texte.

Le lexique pour étudier un poème

Observer la composition d'un poème

10 Voici le texte d'un poème de Paul Verlaine, non mis en forme.

Mon rêve familier

Je fais souvent ce rêve étrange et pénétrant d'une femme inconnue, et que j'aime, et qui m'aime et qui n'est, chaque fois, ni tout à fait la même ni tout à fait une autre, et m'aime et me comprend. Car elle me comprend, et mon cœur, transparent pour elle seule, hélas ! cesse d'être un problème pour elle seule, et les moiteurs de mon front blême, elle seule les sait rafraîchir, en pleurant. Est-elle brune, blonde ou rousse ? – Je l'ignore. Son nom ? Je me souviens qu'il est doux et sonore comme ceux des aimés que la Vie exila. Son regard est pareil au regard des statues, et, pour sa voix, lointaine, et calme, et grave, elle a l'inflexion des voix chères qui se sont tues.

> D'après Paul Verlaine, « Mon rêve familier »,
> *Poèmes saturniens*, 1866.

a. En sachant qu'il s'agit à l'origine d'un sonnet écrit en alexandrins, recopiez-le en respectant la composition de ce genre de poème, sans oublier les majuscules en début de vers.
b. Soulignez les rimes (une couleur par rime). Repérez les rimes plates, croisées, embrassées.
↘ Le vocabulaire de la poésie, p. 372.

11 **a.** Parmi les mots suivants, choisissez-en deux. Pour chacun, proposez 2 ou 3 mots avec lesquels ils pourraient rimer dans un poème amoureux :

soleil • amour • parfum • douleur • personne

b. Choisissez un type de rimes et écrivez un quatrain sur le thème de l'amour.

Jouer avec le rythme et les sonorités

12 Lisez à voix haute l'extrait suivant.

a. Indiquez les allitérations et les assonances que vous entendez.
b. Selon vous, correspondent-elles aux sentiments exprimés ?
↘ Le vocabulaire de la poésie, p. 372.

> Et la mer et l'amour ont l'amer pour partage,
> Et la mer est amère, et l'amour est amer,
> L'on s'abîme en l'amour aussi bien qu'en l'amer,
> Car la mer et l'amour ne sont point sans orage.
>
> Pierre de Marbeuf, *Recueil des vers*, 1628.

Roy Lichtenstein,
Dans la voiture,
1963,
huile sur toile,
172,1 x 203,8 cm.

13 **a.** Lisez à haute voix les vers suivants en respectant la ponctuation.
b. Repérez et identifiez les effets de rythme : enjambement, rejet, contre-rejet, coupe à l'hémistiche.

> 1. Mon âme a son secret, ma vie a son mystère
> Félix Arvers, *Sonnet*, 1833.

> 2. Le moineau rit ; ce moqueur
> Entend le doux bruit des chaînes
> Que tu m'as mises au cœur.
> Victor Hugo, « Un peu de musique »,
> *La Légende des siècles*, 1859.

> 3. Voici plus de mille ans que la triste Ophélie
> Passe, fantôme blanc, sur le long fleuve noir.
> Arthur Rimbaud, « Ophélie », *Poésies* , 1895.

Identifier les figures de style

14 Recopiez et complétez le tableau suivant :

Figure de style	Comment la reconnaître ?	Exemple
Comparaison		Le fleuve est pareil à ma peine Il s'écoule et ne tarit pas Guillaume Apollinaire, « Marie », *Alcools*, 1913.
	On utilise une image pour désigner une réalité ou un sentiment.	La courbe de tes yeux fait le tour de mon cœur Paul Éluard, *Capitale de la douleur*, 1926.
Antithèse		Tous les jours me sont nuits quand je ne te vois point, Et les nuits des jours clairs quand tu parais en songe. William Shakespeare, *Sonnets*, 1609.
	La même expression est répétée en début de vers.	Rien que cette lumière que sèment tes mains [...] rien que cet incendie rien que toi Philippe Soupault, « Sang Joie Tempête », *Poésies complètes*, 1937.

Dire un poème à plusieurs

Colloque sentimental

Dans le vieux parc solitaire et glacé,
Deux formes ont tout à l'heure passé.

Leurs yeux sont morts et leurs lèvres sont molles,
Et l'on entend à peine leurs paroles.

5   Dans le vieux parc solitaire et glacé,
Deux spectres ont évoqué le passé.

– Te souvient-il de notre extase ancienne ?
– Pourquoi voulez-vous donc qu'il m'en souvienne ?

– Ton cœur bat-il toujours à mon seul nom ?
10 Toujours vois-tu mon âme en rêve ? – Non.

– Ah ! les beaux jours de bonheur indicible
Où nous joignions nos bouches ! – C'est possible.

– Qu'il était bleu, le ciel, et grand, l'espoir !
– L'espoir a fui, vaincu, vers le ciel noir.

15 Tels ils marchaient dans les avoines folles,
Et la nuit seule entendit leurs paroles.

Paul Verlaine, « Colloque sentimental », *Fêtes galantes*, 1869.

1 Lisez ce poème à plusieurs reprises à voix haute.

2 Qui sont les personnages présents et que font-ils ?

3 Quels sentiments ressentez-vous à la lecture ?

Jean-Antoine Watteau, *La Leçon de chant*, 1716,
huile sur toile, 40 x 32 cm.

> **À retenir**
>
> ### La prononciation du *e* dans la poésie classique
>
> Le *e* ne se prononce pas :
> • quand il se trouve à la fin d'un vers ;
> • quand le mot qui vient après commence par une voyelle ou un « h » aspiré.

4 Recopiez le poème de Verlaine.

5 Quel est le type de vers utilisé ? Quelle est la forme des strophes ?

6 Signalez au crayon les liaisons à effectuer, les *e* à ne pas prononcer.

7 Entraînez-vous à lire le poème de manière expressive, en respectant les indications signalées.

> **Conseil**
> Enregistrez-vous grâce à un logiciel comme Audacity jusqu'à ce que vous soyez satisfait de votre lecture.

8 En groupe, répartissez-vous les vers selon les trois voix du poème, soulignez chaque partie d'une couleur différente.

9 Apprenez par cœur votre partie.

10 Réfléchissez à une mise en scène (mouvements, gestes, expressions du visage) et à des intonations qui mettront en valeur les sentiments exprimés.

11 Entraînez-vous ensemble afin de proposer une prestation fluide, en respectant le rythme du poème.

> **Conseil**
> Filmez vos essais, exercez votre regard critique et sélectionnez la meilleure proposition.

COMPÉTENCES

D1, 2, 3 Exploiter les ressources expressives et créatives de la parole.

D1, 2, 3 Lire à voix haute et mémoriser des textes.

ATELIER

Réaliser une anthologie de poèmes amoureux

ÉTAPE 1 — Choisir une *forme poétique*

1 Relisez les poèmes étudiés dans cette séquence.

2 Choisissez la forme poétique qui vous inspire : sonnet, poème en vers réguliers ou en vers libres...

ÉTAPE 2 — Écrire un poème lyrique sur l'amour

3 Déterminez les autres sentiments que vous allez associer à l'amour, cherchez des synonymes. Imaginez des métaphores et des comparaisons que vous pourrez utiliser.
↘ Les figures de style, p. 377.

4 Rédigez une première version de votre poème.

5 Lisez votre poème à haute voix : travaillez le rythme, jouez avec les sonorités. Tenez compte des remarques de vos camarades pour améliorer votre texte.

6 Recopiez votre poème au propre, mettez-le en page, et accompagnez-le d'une illustration. Donnez-lui un titre.

Keith Haring, *Sans titre*, 1988, sérigraphie sur toile.

ÉTAPE 3 — Réunir les poèmes créés dans une anthologie

7 Réécoutez les poèmes rédigés par vos camarades.
Proposez un classement de ces poèmes selon différentes catégories : leur tonalité, leur forme, leur thème... Établissez le sommaire du recueil de la classe.

8 Rassemblez vos œuvres dans une anthologie. Vous pouvez les recopier en soignant la calligraphie, ou les assembler sous forme de livre numérique grâce à un logiciel comme Didapages (www.didasystem.com).

Pour bien écrire

Ne confondez pas la **métaphore**, qui rapproche deux réalités de façon implicite, et la **comparaison**, qui exprime explicitement le rapprochement au moyen d'un mot comparatif (*comme, tel que*...).

COMPÉTENCES

D1 Connaître les caractéristiques des genres littéraires pour composer des écrits créatifs, en intégrant éventuellement différents supports.

D1 Prendre en compte les visées du texte et les caractéristiques de son genre dès la préparation de l'écrit jusqu'à la relecture ultime.

Bilan de la séquence

L'origine du lyrisme

Depuis l'Antiquité, poésie et musique sont associées à travers la légende d'Orphée, le premier poète. Fils du roi de Thrace, il reçut d'Apollon (dieu du Chant, de la Poésie et de la Musique) une **lyre** pour accompagner ses chants. Sous le charme de sa poésie mélodieuse, il domptait toute la nature. La poésie était **lyrique** au sens propre.

La poésie lyrique à travers les époques

Au XVIᵉ siècle, le lyrisme a le sens figuré actuel («qui exprime des **sentiments personnels**»). Les poètes, comme Louise Labé, utilisent en particulier le **sonnet**, venu de la Renaissance italienne.

Au XIXᵉ siècle, les poètes romantiques, comme Victor Hugo, expriment leurs souffrances et leurs joies, leur **soif d'absolu**. Le genre poétique reste codifié : les types de vers et de rimes sont réguliers.

Au XXᵉ siècle, les poètes, comme Paul Éluard et Robert Desnos refusent les contraintes d'écriture et visent à davantage de spontanéité et de liberté de création.

Les caractéristiques de la poésie lyrique

Le poète parle à la **première personne du singulier** et utilise le **vocabulaire affectif**.

On y trouve des **interjections** et des apostrophes, des **phrases exclamatives et interrogatives**.

Il y a un travail sur le **rythme**, sur les **sonorités**, sur la musicalité propre au langage poétique.

Le poète emploie des figures de style telles que la **comparaison**, la **métaphore**, l'**antithèse**, l'**anaphore**.

Au-delà de la poésie...

Le **lyrisme de l'amour** en **poésie** conduit à une réflexion plus générale sur la vie, le temps qui passe. Il prend une **dimension universelle** où chacun peut se reconnaître.
En **peinture**, ce lyrisme s'exprime chez Marc Chagall à travers la composition onirique du tableau, le choix de couleurs fortes et la force symbolique des éléments qui le composent.

Évaluation   1. Mobiliser les acquis de la séquence

1. Je sais nommer et reconnaître la forme poétique venue d'Italie, en vogue en France au XVIᵉ siècle.

2. Je connais un grand écrivain du XIXᵉ siècle, chef de file du mouvement romantique.

3. Je sais expliquer l'origine mythologique de l'adjectif « lyrique » et le sens actuel de ce mot.

4. Je sais comment on appelle un poème écrit en vers de longueur inégale, sans rimes fixes.

5. Je sais définir ce qu'est une anaphore et ce qu'est une métaphore.

en poésie

Une allée du Luxembourg[1]

Gérard de Nerval (1808-1855) a commencé sa carrière littéraire en participant au mouvement romantique, puis il a consacré son œuvre littéraire aux liens entre vie réelle, souvenirs et rêves. Ce poème appartient au temps de sa jeunesse.

Elle a passé, la jeune fille
Vive et preste[2] comme un oiseau :
À la main une fleur qui brille,
À la bouche un refrain nouveau.

5   C'est peut-être la seule au monde
Dont le cœur au mien répondrait,
Qui venant dans ma nuit profonde
D'un seul regard l'éclaircirait !

Mais non, – ma jeunesse est finie…
10 Adieu, doux rayon qui m'as lui, –
Parfum, jeune fille, harmonie…
Le bonheur passait, – il a fui !

Gérard de Nerval, « Une allée du Luxembourg », *Odelettes*, 1832.

1. **Luxembourg** : grand jardin public parisien. 2. **Preste** : rapide.

6. Relevez les expressions qui caractérisent la « jeune fille ». Quelle est la figure de style employée au vers 2 ? Sur quel aspect de la jeune fille insiste-t-elle ?

7. Le poète connaît-il bien cette jeune fille ? Justifiez votre réponse.

8. Relevez deux mots qui s'opposent aux vers 7 et 8. Comment appelle-t-on cette figure de style ? Quelle image donne-t-elle de l'existence du poète ?

9. Quels sont les trois sens auxquels le vers 11 fait appel ? Quel est le sentiment exprimé ?

10. Comparez les strophes 2 et 3 : que remarquez-vous au niveau de la ponctuation ? Pourquoi le rythme est-il si différent ?

11. Comment le poète envisage-t-il son avenir ? Avec ou sans amour ? Justifiez votre réponse.

12. Pourquoi peut-on dire que ce poème est lyrique ? Rédigez un paragraphe de quelques lignes pour justifier votre réponse.

13. Rédigez une strophe en vers libres dans lequel vous évoquerez une rencontre à distance avec un passant ou une passante remarquable.

Conseil
Donnez une atmosphère générale à votre poème (heureuse, mélancolique…), et utilisez les ressources du langage poétique (images, jeux sur les sonorités, variations de rythme).

COMPÉTENCES ATTENDUES EN FIN DE 4e

D1, 2, 3	**Comprendre et s'exprimer à l'oral** Exploiter les ressources expressives et créatives de la parole.	■ ■ ■ ■
D1, 5	**Lire** – Lire des œuvres littéraires, fréquenter des œuvres d'art. – Élaborer une interprétation de textes littéraires.	■ ■ ■ ■ ■ ■ ■ ■
D1	**Écrire** Exploiter des lectures pour enrichir son écrit.	■ ■ ■ ■
D1, 2	**Comprendre le fonctionnement de la langue** – Maîtriser la structure, le sens et l'orthographe des mots. – Construire les notions permettant l'analyse et la production des textes et des discours.	■ ■ ■ ■ ■ ■ ■ ■
D1, 5	**Acquérir des éléments de culture littéraire et artistique** Établir des liens entre des productions littéraires et artistiques issues de cultures et d'époques diverses.	■ ■ ■ ■

Les chansons d'amour

Thématiques
- Culture et création artistiques
- Information, communication, citoyenneté

Disciplines croisées
- Français : lire des chansons d'amour
- Éducation musicale : composer et interpréter une réalisation musicale
- EPS : communiquer par le mouvement des émotions et des intentions

Projet
Composer et chorégraphier une chanson d'amour

Depuis les troubadours du Moyen Âge jusqu'aux artistes actuels, l'amour demeure une source inépuisable d'inspiration. Procurant une émotion immédiate grâce à l'harmonie des mots et de la musique, la chanson d'amour appartient à la culture populaire. Elle a traversé les époques, s'est adaptée aux modes, et a su profiter de l'évolution des moyens de communication pour toucher le plus grand nombre.

▶ Comment les chansons d'amour ont-elles évolué au cours des siècles pour toucher un public de plus en plus large ?

Troubadours et trouvères au Moyen Âge, une tradition orale

Les premières chansons d'amour datent de l'époque médiévale. Elles sont composées par des troubadours et trouvères. Elles développent l'idéal de l'amour courtois, ou *fin' amor* : avec fidélité, honneur et générosité, le chevalier se soumet entièrement à sa dame, belle, exquise mais perçue comme inaccessible.

Doc 1

Tant j'ai le cœur plein de joie

Bernard de Ventadour (en occitan Bernart de Ventadorn) est un troubadour célèbre du XIIᵉ siècle. Il a su exprimer dans une langue simple mais subtile la force du sentiment amoureux, propre au lyrisme courtois.

Tant ai mo cor ple de joya

Tant ai mo cor ple de joya,
Tot me desnatura.
Flor blancha, vermelh' e groya
Me par la frejura,
5 C'ab lo ven et ab la ploya
Me creis l'aventura,
Per que mos chans mont' e poya
E mos pretz melhura.
Tan ai al cor d'amor,
10 De joi e de doussor,
Per que·l gels me sembla flor
E la neus verdura.

                    Texte original en occitan.

Tant j'ai le cœur plein de joie

Tant j'ai le cœur plein de joie
Que tout change pour moi dans la nature.
Fleur blanche, vermeille et jaune
Voilà pour moi la froidure,
5 Avec le vent et la pluie
Augmente ma chance.
Aussi mon chant monte et s'élève
Et mon prix devient plus grand.
Tant j'ai d'amour au cœur
10 De joie et de douceur
Que le gel me semble fleur
Et la neige verdure.

Bernard de Ventadour (1125-1195), chanson 4, première strophe, *Des troubadours à Apollinaire.*
Petite anthologie poétique, adapté en français par Annie Collognat-Barès, Pocket, 2009.

REPÈRES

Troubadours et trouvères
Entre le XIIᵉ et le XIVᵉ siècle, on appelle « troubadours » les poètes qui écrivent, composent et chantent en langue d'oc (ou occitan, langue parlée dans le sud de la France), et « trouvères » ceux qui s'expriment aux XIIᵉ et XIIIᵉ siècles en langue d'oïl (langue parlée dans le nord de la France).

Doc 1 1. Observez le texte en occitan : quels sont les mots qui riment avec « amor » (« amour ») ?
2. Le troubadour propose-t-il ici une vision positive ou négative de l'amour ? Appuyez-vous sur des citations de la chanson.

du Moyen Âge à nos jours

Doc 2 **Les chansonniers au Moyen Âge**

Au Moyen Âge, la chanson est un poème chanté et rimé, composé de strophes, qui décrit les joies et les peines du chevalier amoureux. Transmises d'abord oralement, ces œuvres sont rassemblées, à partir de la fin du XIIIᵉ siècle, dans des manuscrits appelés « chansonniers », où l'on trouve les textes seuls ou parfois accompagnés de notations musicales.

Extrait d'un chansonnier provençal du XIIIᵉ siècle, BnF, Paris.

Chanson « La joie inspire et ouvre mon chant » (*Ab joi mou lo vers e.l comens*), de Bernard de Ventadour, avec notations musicales, XIIᵉ siècle.

Doc 2 **3.** Observez ces deux reproductions de chansonniers : quelles différences relevez-vous ?
4. Combien de lignes comporte la portée musicale ? Qu'en est-il de nos jours ?
5. Remarquez-vous des signes pour indiquer le rythme ?
6. 🎧 Vous pouvez écouter des interprétations des chansons de Bernard de Ventadour sur www.youtube.com. Qu'est-ce qui caractérise les instruments et la mélodie dans ces chansons ?

Doc 3 **Enluminures du Moyen Âge**

Cantigas de Santa Maria, musée de l'Escorial, Madrid.

Chansonnier provençal, XIIIᵉ siècle, BnF, Paris.

Doc 3 **7.** À l'aide des indications suivantes, donnez le nom des instruments de musique sur chaque illustration.
• Le luth est un instrument à cordes pincées.
• La vièle est un instrument à cordes et à archer.

La vogue de la romance aux XVIIIᵉ et XIXᵉ siècles

À partir de la seconde moitié du XVIIIᵉ siècle, la romance devient un genre musical particulièrement apprécié. C'est une chanson populaire sentimentale, évoquant souvent l'amour, composée sur une mélodie légère et facile à retenir. À la fin du XIXᵉ siècle, cette mode décline. Néanmoins, certaines romances ont traversé les époques...

Doc 4 **Une couverture de partition**

Couverture de la partition de *Plaisir d'amour*, composée par Jean-Paul Égide Martini.

Jean-Pierre Claris de Florian (1755-1794), auteur des paroles de *Plaisir d'amour*, gravure, 1876.

Doc 5 **Une romance célèbre : *Plaisir d'amour***

Cette romance de Jean-Pierre Claris de Florian est l'une des chansons françaises les plus reprises depuis le début du XXᵉ siècle. La musique a été composée par Jean-Paul-Égide Martini.

Plaisir d'amour ne dure qu'un moment,
Chagrin d'amour dure toute la vie.
J'ai tout quitté pour l'ingrate Sylvie.
Elle me quitte et prend un autre amant.
5 Plaisir d'amour ne dure qu'un moment,
Chagrin d'amour dure toute la vie.
« Tant que cette eau coulera doucement
Vers ce ruisseau qui borde la prairie,
Je t'aimerai », me répétait Sylvie,
10 L'eau coule encore, elle a changé pourtant.
Plaisir d'amour ne dure qu'un moment,
Chagrin d'amour dure toute la vie.

Jean-Pierre Claris de Florian, *Plaisir d'amour*, 1785.

REPÈRES

L'invention de l'imprimerie à la Renaissance (XVIᵉ siècle) permet à certains éditeurs de se spécialiser dans l'impression des partitions musicales. Pour les couches populaires, sans instruction, ce sont les **marchands de chansons** qui vont faire connaître les chansons composées à travers les régions.

Docs 4 et 5 **1.** Relevez les deux expressions qui s'opposent dans cette chanson.

2. Selon vous, quels éléments ont permis à cette chanson d'être très populaire et facilement mémorisée ?

3. Relevez toutes les informations fournies sur la couverture de la partition.

4. Quels éléments de cette couverture indiquent qu'il s'agit d'une chanson sentimentale ?

5. 🔊 Cherchez sur www.youtube.com différentes interprétations de cette chanson : par Rina Ketty (1939), par Elisabeth Schwarzkopf (1954), par Nana Mouskouri (1971), par Brigitte Bardot (2001)... Choisissez celle que vous préférez et justifiez votre choix à l'oral à vos camarades.

Auguste-Xavier Leprince, *Le Marchand de chansons*, 1825, peinture à l'huile, 37,6 x 47,2 cm, MuCem, Marseille.

Doc 6 **Le Marchand de chansons**

Vous qui voulez des chansonnettes,
Venez, venez en faire emplettes,
Filles et garçons ;
Fermez la bouche, ouvrez les oreilles,
5 Et vous entendrez des merveilles :
Chansons, chansons.

Extrait du *Marchand de chansons*,
Charles Simon Favart (1710-1792).

Doc 6 **6.** La scène sur le tableau se déroule-t-elle dans un cadre urbain ou rural ? Justifiez votre réponse.
7. Quel instrument utilise le marchand de chansons pour s'accompagner ?
8. Qui chante ? Que tient cette personne entre les mains ?
9. Observez les personnages assis : vous semblent-ils intéressés ?
10. Dans la chanson, quel mot indique la transaction commerciale ?
11. En vous appuyant sur ces paroles, expliquez quelle « technique de vente » le marchand utilise.

Doc 7 **Un instrument populaire au XIXᵉ siècle : l'orgue de Barbarie**

Doc 7 **12.** Où sont posés les feuillets des chansons en vente ?
13. À votre avis, pourquoi l'orgue de Barbarie, instrument encombrant, était-il néanmoins apprécié par les chanteurs de rue ?

Honoré Daumier, *L'Orgue de Barbarie*, vers 1862.

L'époque moderne : à chaque chanson son interprète

REPÈRES

En 1956, **Jacques Brel** (1929-1978), artiste belge, se fait connaître du grand public avec la chanson *Quand on n'a que l'amour*. Il deviendra ensuite une véritable « vedette », à la fois pour la qualité de ses textes et musiques, mais aussi pour la force de son interprétation sur scène.

Après la Seconde Guerre mondiale se multiplient les innovations techniques (vinyles, magnétophones à cassettes...) qui vont permettre à un public beaucoup plus large de connaître les nouvelles chansons. Certains chanteurs vont ainsi rapidement accéder à la célébrité : chaque chanson est désormais associée directement à son interprète, qui devient, pour certains, une « vedette ».

Doc 8   *Quand on n'a que l'amour*

Quand on n'a que l'amour
À s'offrir en partage
Au jour du grand voyage
Qu'est notre grand amour

5   Quand on n'a que l'amour
Mon amour toi et moi
Pour qu'éclatent de joie
Chaque heure et chaque jour

Quand on n'a que l'amour
10   Pour vivre nos promesses
Sans nulle autre richesse
Que d'y croire toujours

Quand on n'a que l'amour
Pour meubler de merveilles
15   Et couvrir de soleil
La laideur des faubourgs

Quand on n'a que l'amour
Pour unique raison
Pour unique chanson
20   Et unique secours

Quand on n'a que l'amour
Pour habiller matin
Pauvres et malandrins[1]
De manteaux de velours

25   Quand on n'a que l'amour
À offrir en prière
Pour les maux de la terre
En simple troubadour

Quand on n'a que l'amour
30   À offrir à ceux-là
Dont l'unique combat
Est de chercher le jour

Quand on n'a que l'amour
Pour tracer un chemin
35   Et forcer le destin
À chaque carrefour

Quand on n'a que l'amour
Pour parler aux canons
Et rien qu'une chanson
40   Pour convaincre un tambour
Alors sans avoir rien
Que la force d'aimer
Nous aurons dans nos mains
Amis le monde entier

Jacques Brel, *Quand on n'a que l'amour*, 1956, Universal Music.

1. **Malandrins** : brigands, voleurs.

Doc 8 **1.** Quels sentiments cette chanson peut-elle provoquer ?
2. Comment est-elle construite ? Possède-t-elle un refrain ?
3. Quelle « force » évoque Jacques Brel dans le dernier couplet ?
4. Pensez-vous que cette chanson soit toujours d'actualité ? Pourquoi ?
Doc 9 **5.** Quelles informations repérez-vous sur cette pochette ?
6. Montrez que le chanteur vedette est davantage mis en valeur que la chanson.

Doc 9

Une pochette de disque

Pochette du disque *Quand on n'a que l'amour*, de Jacques Brel (1956).

Doc 10 **7.** Jacques Brel était réputé pour sa présence sur scène : à votre avis, comment parvenait-il à captiver son public ?

8. 🕐 Écoutez sur www.youtube.com l'interprétation en *live* de *Quand on n'a que l'amour* par Jacques Brel (1956). Puis écoutez la version enregistrée en studio. Quelle version préférez-vous ? Pourquoi ?

9. 🕐 Rendez-vous sur le site ina.fr et écoutez Jacques Brel interpréter une autre de ses chansons en concert, *Ne me quitte pas* : comment capte-t-il l'attention du public ?

10. Laquelle de ces chansons préférez-vous ? Pourquoi ?

Chanter l'amour à l'ère numérique

Depuis les années 1980, la musique s'est appuyée sur les nouveaux moyens de communication pour se faire connaître. Les clips vidéo ont déferlé sur les chaînes télévisées, rivalisant parfois avec le cinéma. Avec l'émergence d'Internet dans les années 1990, les artistes expérimentent de nouvelles ressources graphiques et esthétiques. De nos jours, texte, musique et image forment un trio indissociable.

Doc 11

Roméo kiffe Juliette

Grand Corps Malade s'inspire de Roméo et Juliette, *la tragique histoire d'amour écrite par Shakespeare (1564-1616), et la transpose au XXIe siècle. Sous forme de slam (poésie dite à haute voix de manière expressive), il raconte les amours contrariées de deux adolescents.*

Tony et Maria dans la comédie musicale *West Side Story*, 2014.

Roméo habite au rez-de-chaussée du bâtiment trois
Juliette dans l'immeuble d'en face au dernier étage
Ils ont 16 ans tous les deux et chaque jour quand ils se voient
Grandit dans leur regard une envie de partage
5   C'est au premier rendez-vous qu'ils franchissent le pas
Sous un triste ciel d'automne où il pleut sur leurs corps
Ils s'embrassent comme des fous sans peur du vent et du froid
Car l'amour a ses saisons que la raison ignore

[*Refrain*]

Roméo kiffe Juliette et Juliette kiffe Roméo
10   Et si le ciel n'est pas clément tant pis pour la météo
Un amour dans l'orage, celui des dieux, celui des hommes
Un amour, du courage et deux enfants hors des normes

Juliette et Roméo se voient souvent en cachette
Ce n'est pas qu'autour d'eux les gens pourraient se moquer
15   C'est que le père de Juliette a une kippa sur la tête
Et celui de Roméo va tous les jours à la mosquée   •••

REPÈRES

La pièce de théâtre ***Roméo et Juliette*** écrite par William Shakespeare en 1597 (⬎ p. 140) n'a cessé d'inspirer les écrivains, artistes, réalisateurs, chanteurs jusqu'à nos jours. Le film *West Side Story* (1962) de Robert Wise et Jerome Robbins transpose par exemple la tragédie dans le New York des années 1960. Il a lui-même inspiré la comédie musicale du même nom en 2014.

Doc 11 (suite)

••• Alors ils mentent à leurs familles, ils s'organisent comme des pros
S'il n'y a pas de lieux pour leur amour, ils se fabriquent un décor
Ils s'aiment au cinéma, chez des amis, dans le métro
20 Car l'amour a ses maisons que les darons ignorent

[Refrain]

Le père de Roméo est vénèr, il a des soupçons
La famille de Juliette est juive, tu ne dois pas t'approcher d'elle
Mais Roméo argumente et résiste au coup de pression
On s'en fout papa qu'elle soit juive, regarde comme elle est belle
25 Alors l'amour reste clandé dès que son père tourne le dos
Il lui fait vivre la grande vie avec les moyens du bord
Pour elle c'est sandwich au grec et cheese au McDo
Car l'amour a ses liaisons que les biftons ignorent

[Refrain]

[...]

Roméo kiffe Juliette et Juliette kiffe Roméo
30 Et si le ciel n'est pas clément tant pis pour la météo
Un amour dans un orage réactionnaire et insultant
Un amour et deux enfants en avance sur leur temps

Grand Corps Malade, *Roméo kiffe Juliette*, AZ, 2010.

Doc 11 1. 🕐 Regardez le clip de cette chanson sur Internet.
2. Dans cette chanson, pour quelle raison les familles de Roméo et Juliette sont-elles ennemies ?
3. Relevez le vocabulaire familier et les mots qui renvoient à l'époque actuelle.
4. En quoi la fin est-elle différente de la version de Shakespeare ?
5. À votre avis, quel est le message de cette chanson ?

Doc 12 6. Observez les mouvements et la position des deux danseurs : que remarquez-vous ? Quel sentiment veut traduire le chorégraphe ?
7. Selon vous, à quelles paroles de la chanson peut correspondre chaque image ?

Doc 12 **Clip de *Roméo kiffe Juliette***

Images du clip de *Roméo kiffe Juliette*, de Grand Corps Malade, 2010.

Pour aller plus loin

Site du patrimoine de la chanson soutenu par la SACEM et le ministère de la Culture :
http://www.lehall.com/

Grand Corps Malade

Composer et chorégraphier une chanson d'amour

Composer, interpréter et chorégraphier une chanson d'amour est une véritable aventure à mener en groupes. Chacun va pouvoir utiliser ses compétences et apprendre des autres. Proposez une chanson d'amour inspirée de vos goûts musicaux et reflétant vos émotions. Mettez-la en valeur par le geste et l'image…

Étape 1 Définir les grandes lignes du projet

• Relisez les différentes chansons proposées, réfléchissez aux chansons que vous appréciez.

• En groupes, définissez les grandes lignes de votre projet : le style musical de la chanson que vous voulez écrire, l'histoire ou la situation amoureuse que vous allez évoquer dans la chanson.

• Déterminez quel genre d'accompagnement musical vous voulez créer.

Étape 2 Commencer l'écriture

• Établissez le contenu de chaque strophe et répartissez-vous l'écriture des strophes au sein de votre groupe.

• Commencez à rédiger votre strophe en utilisant les ressources du langage étudiées en classe.

Étape 3 Mettre en commun

• Rassemblez vos travaux et rédigez ensemble un refrain définitif.

• Relisez l'ensemble et améliorez la chanson en confrontant les points de vue de chacun. Soignez les effets de sonorités et de rythme. Relisez à haute voix pour bien vous rendre compte de l'effet créé.

Étape 4 Mettre au point la chorégraphie

• Avec l'aide du professeur d'EPS, préparez votre chorégraphie en prenant des notes, en effectuant des schémas préparatoires en accord avec votre texte.

• Définissez le style de la chorégraphie : expression corporelle, danse, gymnastique rythmique, mimes…

Étape 5 Élaborer le projet final

• Attribuez les rôles de chacun dans la chorégraphie et commencez à la répéter sans le son en vous concentrant sur la mise au point des enchaînements sportifs.

• Répartissez-vous les rôles : qui filme ? qui danse ? qui dit le texte ?

• Répétez les mouvements accompagnés de la musique, affinez l'ensemble.

Étape 6 Concrétiser le projet

• Enregistrez votre chanson et son accompagnement musical.

• Filmez votre chorégraphie sur cette chanson.

• Créez un générique de présentation et un générique de fin de clip.

> **Conseil**
> Filmez l'enregistrement de la chanson : vous pouvez en insérer des séquences dans votre vidéo. Filmez la chorégraphie sous différents angles et effectuez un montage dynamique.

Étape 7 Présenter le clip

• Présentez votre projet à vos camarades : expliquez vos choix artistiques, projetez votre réalisation, puis soyez attentifs à leurs remarques.

Nous avons réussi le projet si :

☐ le texte de la chanson fait preuve de musicalité et procure des émotions

☐ le refrain est facile à mémoriser, et les strophes faciles à comprendre

☐ l'ensemble formé par la chanson, la musique et la chorégraphie est cohérent

☐ le public a apprécié la vidéo projetée

COMPÉTENCES

D1, 2, 3 **Comprendre et s'exprimer à l'oral**
– Interagir avec autrui dans l'élaboration d'une réalisation commune.
– Exploiter les ressources expressives et créatives de la parole.

D1, 5 **Écrire**
– Exercer sa créativité au sein d'une réalisation collective.
– Adopter des stratégies et des procédures d'écriture efficaces.

Premiers émois

OBJECTIFS
• Étudier l'expression des premiers
sentiments amoureux au théâtre.
• Découvrir la diversité de l'écriture théâtrale.

Roméo et Juliette, mise en scène
de Magali Léris, avec Marc
Lamigeon (Roméo) et Cassandre
Vittu de Kerraoul (Juliette),
théâtre Jean Arp, Clamart, 2010.

amoureux au théâtre

▶ *Comment l'amour naissant est-il représenté au théâtre ?*

Le dialogue amoureux
à travers les siècles

1596

William Shakespeare, *Roméo et Juliette*
« Ô Roméo, Roméo ! Pourquoi es-tu Roméo ? »
La pièce se déroule à Vérone (Italie) vers 1591.
La rivalité qui oppose les Montaigu et les Capulet
ensanglante la ville. Roméo, héritier des Montaigu, se
rend en cachette au bal masqué donné par les Capulet
en l'honneur de leur fille Juliette. Les deux jeunes gens
tombent amoureux l'un de l'autre. Leur amour constitue
le nœud tragique de la pièce. ⇲ p. 140

1834

**Alfred de Musset,
*On ne badine pas avec l'amour***

« Insensés que nous sommes !
nous nous aimons. »

Perdican, au terme de ses études,
rentre chez son père et retrouve
Camille, qui sort du couvent.
Le serment d'amour de leur enfance
laisse place à la froideur et au dépit
amoureux dans un cruel jeu aux dépens
de Rosette, une paysanne séduite
par Perdican. ⇲ p. 144

1668

Molière, *L'Avare*
« Pourquoi cette inquiétude ? »

L'amour d'Élise et de Valère se heurte au père
d'Élise, un bourgeois avare et autoritaire.
Les deux jeunes gens essaient tant bien que
mal de l'amadouer pour le rallier à leur cause.
⇲ p. 142

1993

Jean-Gabriel Nordmann, *Hors les murs*
« Tout le monde est amoureux de moi
en ce moment »

Cette pièce, composée de courtes scènes, montre
des adolescents qui essaient de se parler d'amour.
Les situations sont multiples, comme celle où
le garçon n'ose rien dire à l'élue de son cœur...
⇲ p. 146

2008

**Sylvain Levey,
*Alice pour le moment***
« Le cœur mitraillette »

Sylvain Levey invente des
histoires inscrites dans notre
époque. Alice, une adolescente
vive et curieuse de tout, suit
de ville en ville ses parents, des
réfugiés chiliens, à la recherche
de travail. Cela ne l'empêchera
pas de vivre sa première histoire
d'amour. ⇲ p. 148

William Shakespeare
Auteur de théâtre
anglais
1564-1616

Molière
Auteur de
théâtre français
1622-1673

Alfred de Musset
Auteur de théâtre
et poète français
1810-1857

**Jean-Gabriel
Nordmann**
Comédien, metteur
en scène et auteur
de théâtre français
né en 1947

Sylvain Levey
Auteur de théâtre
français
né en 1973

Soyez amoureux

Je me sentis transporté...

Cléante, le frère d'Élise, lui raconte comment il est tombé amoureux de Mariane et la lui décrit.

CLÉANTE. – Une jeune personne qui loge depuis peu en ces quartiers, et qui semble être faite pour donner de l'amour à tous ceux qui la voient. La nature, ma
5 sœur, n'a rien formé de plus aimable ; et je me sentis transporté[1] dès le moment que je la vis. Elle se nomme Mariane [...]. Elle se prend d'un air le plus charmant du monde aux choses qu'elle fait, et l'on voit
10 briller mille grâces en toutes ses actions : une douceur pleine d'attraits, une bonté toute engageante, une honnêteté adorable, une... Ah ! ma sœur, je voudrais que vous l'eussiez vue.

Molière, *L'Avare*, acte I, scène 2 (extrait), 1668.

_____
1. **Transporté** : ému.

❶ Quel portrait de Mariane Cléante fait-il ?

❷ Quels sentiments ressent-il ? Comment les exprime-t-il ?

❸ Lisez ce texte à voix haute en tenant compte de vos réponses. Un deuxième élève pourra mimer l'attitude d'Élise qui écoute son frère.

Réécrivez une scène

❹ Réécrivez ce texte dans la langue d'aujourd'hui. Adaptez la situation et le vocabulaire tout en gardant les procédés d'écriture.

L'Avare, mise en scène de Catherine Hiegel, Comédie-Française, Paris, 2009.

Objectifs
- Étudier l'expression de l'amour malgré les interdits.
- Découvrir une scène emblématique du théâtre amoureux.

Compétence
- Interpréter un texte littéraire.

Ô Roméo, Roméo !
Pourquoi es-tu Roméo !

Roméo, fils des Montaigu, est tombé amoureux de Juliette, fille des Capulet, lors d'un bal masqué, malgré la haine que se vouent leurs deux familles. La nuit tombée, Roméo se rend en cachette dans le jardin de Juliette, qui apparaît au balcon. Elle pense d'abord être seule.

REPÈRES

La **scène du balcon** dans *Roméo et Juliette* est l'une des scènes les plus connues du théâtre classique et la scène clé de la pièce. Le mur que Roméo escalade pour parler à Juliette symbolise l'obstacle de leurs familles ennemies.

Acte II, scène 2

ROMÉO, JULIETTE

JULIETTE

Ô Roméo, Roméo ! Pourquoi es-tu Roméo !
<u>Renie</u> ton père et <u>refuse</u> ton nom,
Ou, si tu ne veux pas, fais-moi simplement vœu d'amour
Et je cesserai d'être une Capulet.

ROMÉO, *bas.*

5   Écouterai-je encore, ou vais-je parler ?

JULIETTE

C'est ce nom seul qui est mon ennemi.
Tu es toi, tu n'es pas un Montaigu.
Oh, sois quelque autre nom. Qu'est-ce que Montaigu ?
Ni la main, ni le pied, ni le bras, ni la face,
10   Ni rien d'autre en ton corps et ton être d'homme.
Qu'y a-t-il dans un nom ? Ce que l'on appelle une rose
Avec tout autre nom serait aussi suave[1],
Et Roméo, dit autrement que Roméo,
Conserverait cette perfection qui m'est chère
15   Malgré la perte de ces syllabes. Roméo,
Défais-toi de ton nom, qui n'est rien de ton être,
Et en échange, oh, prends-moi tout entière !

ROMÉO

Je veux te prendre au mot.
Nomme-moi seulement « amour », et que ce soit
20   Comme un autre baptême ! Jamais plus
Je ne serai Roméo.

JULIETTE

Qui es-tu qui, dans l'ombre de la nuit,
Trébuche ainsi sur mes pensées secrètes ?

ROMÉO

Par aucun nom
25   Je ne saurai te dire qui je suis,
Puisque je hais le mien, ô chère sainte,

Frank Bernard Dicksee, *Roméo et Juliette*, 1884.

140

D'être ton ennemi. Je le déchirerais
Si je l'avais par écrit.

JULIETTE

Mes oreilles n'ont pas goûté de ta bouche
30   Cent mots encore, et pourtant j'en connais le son.
N'es-tu pas Roméo, et un Montaigu ?

ROMÉO

Ni l'un ni l'autre, ô belle jeune fille,
Si l'un et l'autre te déplaisent.

JULIETTE

Comment es-tu venu, dis, et pourquoi ?
35   Les murs de ce verger sont hauts, durs à franchir,
Et ce lieu, ce serait ta mort, étant qui tu es,
Si quelqu'un de mes proches te découvrait.

ROMÉO

Sur les ailes légères de l'amour,
J'ai volé par-dessus ces murs. Car des clôtures de pierre
40   Ne sauraient l'arrêter. Ce qui lui est possible,
L'amour l'ose et le fait. Et c'est pourquoi
Ce n'est pas ta famille qui me fait peur.

William Shakespeare, *Roméo et Juliette* [1596], acte II, scène 2 (extrait),
trad. de l'anglais par Yves Bonnefoy, Mercure de France, 1968.

———————
1. **Suave** : douce.

Roméo et Juliette, mise en scène d'Éric Ruf, avec
Suliane Brahim (Juliette) et Jérémy Lopez (Roméo),
Comédie-Française, Paris, 2015.

 Lecture de l'image

Comment le danger de l'amour entre Roméo et
Juliette est-il inscrit dans la scénographie ?

▶ Comment surmonter l'obstacle des familles pour aimer ?

Découvrir le texte

1. MISE EN VOIX Relevez les vers contenant
un nom propre ou un mot relatif au nom, à
la famille. Lisez à voix haute ces vers à deux,
puis à quatre, et enfin en canon. Échangez
sur vos perceptions quant aux noms.

Analyser et interpréter le texte

Deux noms ennemis

2. Quels sont les noms de famille de Roméo
et de Juliette ? Montrez en citant le texte que
ces deux familles sont ennemies.

3. Dans quel vers voit-on que Juliette est prête
à renier son nom ? Selon vous, pourquoi ?

4. LANGUE Par quels vers Roméo renie-t-il
son nom ? Pourquoi utilise-t-il deux verbes
au futur ?

Un amour interdit

5. Quelles images Roméo et Juliette
emploient-ils pour dire leur amour ? Observez
l'image de la rose (v. 11-12) : que peut-elle
signifier ?

6. a. Quel obstacle Roméo a-t-il franchi pour
pouvoir parler à Juliette ? En quoi est-ce
héroïque ? **b.** Quel danger encourt-il (v. 36-37) ?

S'exprimer à l'écrit

Analyser un décor

7. Dans un paragraphe argumenté, expliquez en quoi cette scène, par son décor, est
représentative du danger que vivent Roméo
et Juliette.

Bilan Comment les inquiétudes et les
désirs des amoureux sont-ils liés dans cette
scène ?

Pour bien écrire

« **Renie** ton père et
refuse ton nom »
(v. 2) : le verbe
à l'impératif ne
prend pas de *-s* à
la 2ᵉ personne du
singulier pour les
verbes en *-er*. Qu'en
est-il pour les verbes
en *-ir* et en *-re* ?

Lecture 2

Objectifs
• Analyser une scène d'exposition.
• Comprendre les craintes amoureuses dans le théâtre classique.

Compétence
• Recourir à des stratégies de lecture diverses.

Pourquoi cette inquiétude ?

Valère et Élise s'aiment et se sont fiancés en cachette du père d'Élise, Harpagon. Mais Élise ne peut s'empêcher d'avoir des craintes.
Voici le début de la pièce.

Acte I, scène 1

VALÈRE, ÉLISE

REPÈRES

Le mariage au XVIIᵉ siècle
Au XVIIᵉ siècle, le mariage est avant tout un moyen pour créer des alliances entre familles, par le biais du contrat, qui assure une position sociale aux époux. Molière critique souvent dans ses pièces ces mariages arrangés, où l'amour n'a pas sa place.

VALÈRE. – Hé quoi ? charmante Élise, vous devenez mélancolique, après les obligeantes assurances[1] que vous avez eu la bonté de me donner de votre foi[2] ? Je vous vois soupirer, hélas ! au milieu de ma joie ! Est-ce du regret, dites-moi, de m'avoir fait heureux, et vous repentez-vous de cet
5 engagement où mes feux[3] ont pu vous contraindre ?

ÉLISE. – Non, Valère, je ne puis pas me repentir de tout ce que je fais pour vous. Je m'y sens entraîner par une trop douce puissance, et je n'ai pas même la force de souhaiter que les choses ne fussent pas. Mais, à vous dire vrai, le succès[4] me donne de l'inquiétude ; et je crains fort de vous
10 aimer un peu plus que je ne devrais.

VALÈRE. – Hé ! que pouvez-vous craindre, Élise, dans les bontés que vous avez pour moi ?

ÉLISE. – Hélas ! cent choses à la fois :
15 l'emportement d'un père ; les reproches d'une famille ; les censures[5] du monde ; mais plus que tout, Valère, le changement de votre cœur, et cette froideur criminelle dont ceux de votre sexe payent le plus
20 souvent les témoignages trop ardents d'une innocente amour.

VALÈRE. – Ah ! ne me faites pas ce tort de juger de moi par les autres. Soupçonnez-moi de tout, Élise, plutôt
25 que de manquer à ce que je vous dois : je vous aime trop pour cela, et mon amour pour vous durera autant que ma vie.

ÉLISE. – Ah ! Valère, chacun tient les mêmes discours. Tous les hommes
30 sont semblables par les paroles ; et ce n'est que les actions qui les découvrent différents.

L'Avare, mise en scène de Catherine Hiegel, avec Suliane Brahim (Élise) et Loïc Corbery (Valère), Comédie-Française, Paris, 2009.

VALÈRE. – Puisque les seules actions font connaître ce que nous sommes, attendez donc au moins à juger de mon cœur par elles, et ne me cherchez point des crimes dans les injustes craintes d'une fâcheuse prévoyance[6]. Ne m'assassinez point, je vous prie, par les sensibles coups d'un soupçon outrageux[7], et donnez-moi le temps de vous convaincre, par mille et mille preuves, de l'honnêteté de mes feux.

ÉLISE. – Hélas ! qu'avec facilité on se laisse persuader par les personnes que l'on aime ! Oui, Valère, je tiens votre cœur incapable de m'abuser[8]. Je crois que vous m'aimez d'un véritable amour, et que vous me serez fidèle ; je n'en veux point du tout douter, et je retranche mon chagrin aux appréhensions du blâme[9] qu'on pourra me donner.

VALÈRE. – Mais pourquoi cette inquiétude ?

Molière, *L'Avare*, acte I, scène 1 (extrait), 1668.

_____

1. **Obligeantes assurances** : aimables garanties. 2. **Foi** : amour. 3. **Mes feux** : mon amour. 4. **Succès** : issue. 5. **Censures** : critiques. 6. **Fâcheuse prévoyance** : prévision désagréable. 7. **Soupçon outrageux** : méfiance vexante. 8. **M'abuser** : me tromper. 9. **Je retranche mon chagrin aux appréhensions du blâme** : je réduis mon chagrin par crainte du blâme.

Pour bien écrire

« Une innocente amour » (l. 21) : au XVIIe siècle, le mot « amour » peut être masculin ou féminin. Aujourd'hui, il est féminin quand il est au pluriel (« de belles amours ») et masculin au singulier (« un éternel amour »). Connaissez-vous d'autres mots dans le même cas ?

MÉMO

Au théâtre, la **scène d'exposition** (première scène) commence souvent au milieu d'une conversation entre deux personnages. L'intrigue et les relations entre ces personnages sont dévoilées au spectateur au fil de la scène ou de l'acte.

▶ Comment s'expriment les craintes d'Élise dans la scène d'exposition ?

Découvrir le texte

1. MISE EN VOIX Recopiez, pour chaque personnage, les interjections et les expressions amoureuses du texte. Lisez les répliques ainsi réduites à deux, à voix haute. Quels sont les sentiments exprimés ?

2. Après avoir relu la première réplique de Valère, faites des hypothèses sur sa rencontre avec Élise. Confrontez vos premières impressions.

Analyser et interpréter le texte

Un amour réciproque

3. Quels sont les synonymes du mot « amour » et leurs adjectifs dans les répliques de Valère et d'Élise ? Quel mot est prononcé par les deux amoureux ? Pourquoi ?

4. Quelles sont les images associées à l'amour ? Étudiez particulièrement la métaphore du mot « feux » (l. 5 et 38).

5. Par quel adjectif Valère qualifie-t-il Élise à la ligne 1 ? Élise fait-elle de même ?

Les premières inquiétudes

6. Dans quel état d'esprit Élise se trouve-t-elle ? Quelles exclamations nous l'indiquent ?

7. LANGUE Qui pose les questions dans les premières répliques ? Analysez une des phrases interrogatives et ses effets sur la tension entre les personnages.

8. Quelles sont les quatre craintes d'Élise ? Quelle peut être alors l'intrigue de la pièce ?

9. Quel reproche Élise fait-elle à Valère ? Dans quelle réplique voit-on que ce reproche s'adresse à tous les hommes ?

S'exprimer à l'écrit ✍

Écrire la suite d'un texte

10. Imaginez la suite de la scène et la réponse que pourrait faire Élise à la dernière question de Valère. Rédigez sa réponse en exploitant le vocabulaire des sentiments.

↘ Exprimer des sentiments, p. 369.

Bilan Cette scène d'exposition est-elle conforme à une première scène de comédie ?

Insensés que nous sommes ! nous nous aimons

Objectifs
• Repérer l'expression de l'amour sincère.
• Étudier un dénouement tragique.

Compétence
• Réunir les éléments de cohérence d'un texte.

Perdican et Camille, deux jeunes nobles qui s'étaient promis un amour éternel dès l'enfance, ont joué avec leurs sentiments aux dépens de Rosette, une paysanne à qui Perdican a promis le mariage pour rendre Camille jalouse. Ils se retrouvent dans la chapelle. Voici la dernière scène.

Acte III, scène 8

CAMILLE, PERDICAN

REPÈRES

Le **drame romantique**, genre auquel appartient cette pièce de Musset, est défini par Victor Hugo comme le refus des règles du théâtre classique. Il mêle les registres : le pathétique, le comique voire le grotesque, mais son dénouement est tragique.

(Entre Perdican.)

[...]

CAMILLE. – Qui m'a suivie ? Qui parle sous cette voûte ? Est-ce toi, Perdican ?

PERDICAN. – Insensés que nous sommes ! nous nous aimons. Quel songe avons-nous fait, Camille ? Quelles vaines paroles, quelles misérables folies ont passé comme un vent funeste[1] entre nous deux ? Lequel de nous a voulu tromper
5 l'autre ? Hélas ! cette vie est elle-même un si pénible rêve ; pourquoi encore y mêler les nôtres ? Ô mon Dieu, le bonheur est une perle si rare dans cet océan d'ici-bas ! Tu nous l'avais donné, pêcheur céleste, tu l'avais tiré pour nous des profondeurs de l'abîme[2], cet inestimable joyau ; et nous, comme des enfants gâtés que nous sommes, nous en avons fait un jouet ; le vert sentier qui nous amenait
10 l'un vers l'autre avait une pente si douce, il était entouré de buissons si fleuris, il se perdait dans un si tranquille horizon ! Il a bien fallu que la vanité, le bavardage et la colère vinssent jeter leurs rochers informes sur cette route céleste, qui nous aurait conduits à toi dans un baiser ! Il a bien fallu que nous nous fissions du mal, car nous sommes des hommes. Ô insensés ! nous nous aimons.

(Il la prend dans ses bras.)

On ne badine pas avec l'amour, mise en scène de Claude Poissant, avec Francis Ducharme (Perdican) et Alice Pascual (Camille), théâtre Denise-Pelletier, Montréal, 2015.

15 CAMILLE. – Oui, nous nous aimons, Perdican ; laisse-moi le sentir sur ton cœur ; ce Dieu qui nous regarde ne s'en offensera pas ; il veut bien que je t'aime ; il y a quinze ans qu'il le sait[3].

PERDICAN. – Chère créature, tu es à moi !

(Il l'embrasse ; on entend un grand cri derrière l'autel.)

CAMILLE. – C'est la voix de ma sœur de lait[4].

20 PERDICAN. – Comment est-elle ici ! Je l'avais laissée dans l'escalier, lorsque tu m'as fait rappeler. Il faut donc qu'elle m'ait suivi sans que je m'en sois aperçu.

CAMILLE. – Entrons dans cette galerie ; c'est là qu'on a crié.

PERDICAN. – Je ne sais ce que j'éprouve ; il me semble que mes mains sont couvertes de sang.

25 CAMILLE. – La pauvre enfant nous a sans doute épiés ; elle s'est encore évanouie ; viens, portons-lui secours ; hélas ! tout cela est cruel.

PERDICAN. – Non, en vérité, je n'entrerai pas ; je sens un froid mortel qui me paralyse. Vas-y, Camille, et tâche de la ramener.

(Camille sort.)

PERDICAN. – Je vous en supplie, mon Dieu ! ne faites pas de moi un meurtrier !
30 Vous voyez ce qui se passe ; nous sommes deux enfants insensés, et nous avons joué avec la vie et la mort ; mais notre cœur est pur ; ne tuez pas Rosette, Dieu juste ! Je lui trouverai un mari, je réparerai ma faute ; elle est jeune, elle sera riche, elle sera heureuse ; ne faites pas cela, ô Dieu, vous pouvez bénir encore quatre de vos enfants. Eh bien ! Camille, qu'y a-t-il ?

(Camille rentre.)

35 CAMILLE. – Elle est morte. Adieu, Perdican.

Alfred de Musset, *On ne badine pas avec l'amour*, acte III, scène 8 (extrait), 1834.

PISTES **EPI**

Du texte au décor

Projet : Réalisez la maquette d'un décor pour ce texte en tenant compte des indications scéniques. Imaginez des espaces, et des jeux de lumière qui souligneraient le registre tragique de cette fin de pièce.

Thématique : Culture et création artistiques

Disciplines croisées : Français, Arts plastiques, Technologie

MÉMO

Le **registre** d'un texte est l'ensemble des caractéristiques qui font réagir le lecteur (sentiments, émotions, pensées). Il peut être réaliste, comique, lyrique, tragique, etc.

1. **Funeste** : qui a rapport à la mort. 2. **Abîme** : gouffre, néant. 3. **Il y a quinze ans qu'il le sait** : Camille a été élevée dans un couvent où elle a émis le désir de devenir religieuse. 4. **Sœur de lait** : fille qui a eu la même nourrice. Rosette et Camille ont été allaitées par la mère de Rosette.

▶ Comment l'aveu final révèle-t-il la cruauté du jeu de l'amour ?

Découvrir le texte

1. Lisez le chapeau et le texte puis observez les indications de lieu, d'entrée et de sortie des personnages. Dessinez un décor de la chapelle qui réponde à ces indications. Que pensez-vous de ce choix de lieu par l'auteur ?

Analyser et interpréter le texte

Deux amoureux réunis

2. LANGUE Par quelles phrases Camille et Perdican se révèlent-ils leur amour ? Quel est le pronom le plus utilisé ?

3. Pourquoi Perdican a-t-il l'impression de se réveiller d'un songe ? Relevez le champ lexical principal dans sa première réplique.

4. À qui s'adresse Perdican aux lignes 6 à 14 et 29 à 33 ? Par quels pronoms personnels et expressions le désigne-t-il ? Pourquoi cette insistance ?

Un dénouement tragique

5. Quelles raisons Perdican donne-t-il pour expliquer leur aveu tardif ?

6. Quel événement vient interrompre le dialogue amoureux ? Par quels mots Perdican exprime-t-il sa culpabilité ?

7. Selon vous, que signifie la dernière phrase que prononce Camille ?

S'exprimer à l'oral

Organiser un débat

8. Organisez un débat sur la fin de la pièce : Perdican et Camille méritent-ils le sort qui leur est réservé ?

Bilan En quoi la fin de la pièce éclaire-t-elle le titre *On ne badine pas avec l'amour* ?

Objectifs
• Étudier l'opposition entre silence et parole.
• Comprendre la difficulté de la déclaration amoureuse au théâtre.

Compétence
• Reconnaître les implicites d'un texte.

Tout le monde est amoureux de moi en ce moment

Scène 1

J'AVAIS BESOIN DE TE PARLER

Un hangar de machines agricoles. Rebecca et Mouss. Le garçon arrive d'abord. Il est essoufflé par sa course. Rebecca le rejoint et regarde autour d'elle.

Rebecca. – Pourquoi tu m'as emmenée là ?

Mouss. – Pour te parler.

Rebecca. – Tu pouvais aussi bien me parler sur l'esplanade.

5 Mouss. – Non.

Rebecca. – Qu'est-ce que tu dis ?

Mouss. – Je dis non.

Rebecca. – Pourquoi ?

Mouss. – Parce qu'il y a trop de monde là-bas, j'avais
10 besoin qu'on soit seuls pour te parler.

Rebecca. – Qu'est-ce que tu veux me dire ?

Mouss. – Attends.

Rebecca. – Qu'est-ce qu'il faut attendre ?

Mouss. – Je vérifie qu'on est bien seuls.

15 Rebecca. – Ça, on est seuls ! On est seuls c'est sûr
je te dis, même le vent n'arrive pas à passer ici à
cause des murs.

Mouss. – Tant mieux.

Rebecca. – Vas-y alors.

20 Mouss. – Attends, il faut que je me calme.

Rebecca. – C'est si grave ?

Mouss. – Non, mais je suis essoufflé.

Rebecca. – On n'avait pas besoin de courir non plus,
ils vont tous croire qu'on est partis ensemble.

25 Mouss. – Et alors ?

Rebecca. – Alors c'est pas vrai, c'est tout.

Mouss. – Tu t'es fait mal ?

Rebecca. – Non, c'est les ongles, je les ronge alors
ça saigne quelquefois.

30 Mouss. – Tu m'en veux ?

Rebecca. – De quoi ?

Mouss. – De t'avoir amenée ici.

Rebecca. – Mais non pourquoi, t'es <u>drôle</u>.

Mouss. – J'avais peur que tu ne veuilles pas.

35 Rebecca. – Pourquoi j'aurais pas voulu puisque tu
me le demandais ?

Mouss. – Je sais pas, je sais pas.

Rebecca. – Qu'est-ce qu'il y a ? (*Temps.*) T'es
amoureux de moi, c'est ça ?

40 Mouss. – Hein ?

Rebecca. – T'es amoureux ?

Mouss. – Pourquoi ?

▽ **L'HISTOIRE DES MOTS**

« **Drôle** » (l. 33) vient du néerlandais *drol*, « lutin », et désigne au sens figuré un être joyeux et bon vivant. Aujourd'hui ce sens est resté. Quels autres sens a-t-il ?

▶ *En quoi cette scène montre-t-elle la difficulté d'exprimer ses sentiments amoureux ?*

Découvrir le texte

1. Qu'est-ce qui vous frappe dans l'attitude de Mouss ? Êtes-vous ému par sa situation ?

Analyser et interpréter le texte

Deux caractères en opposition

2. LANGUE Qui sont les deux personnages en scène ? Quel registre de langue emploient-ils ? ↘ Identifier les niveaux de langue, p. 353.

3. Qu'est-ce qui inquiète Rebecca dans la situation provoquée par Mouss ?

4. Mouss partage-t-il la même inquiétude ? Pourquoi ?

5. Observez la réplique de Rebecca à la ligne 16. En quoi l'image est-elle révélatrice de la situation vécue par les deux adolescents ?

REBECCA. – Je sais pas, tout le monde est amoureux de moi en ce moment alors...

45 MOUSS. – Ah bon ?

REBECCA. – C'est énervant.

MOUSS. – Ben oui, j'imagine.

REBECCA. – Alors je pensais que

50 toi aussi, que c'est pour ça que tu m'entraînais ici dans le hangar.

MOUSS. – Moi, c'est pas pareil.

REBECCA. – Tant mieux, j'en ai marre qu'on me fasse des

55 déclarations, je suis pas un roman.

MOUSS. – T'es drôle.

REBECCA. – Un jour c'est mes cheveux qui sont formidables, une autre fois c'est ma robe, une autre

60 fois c'est mes yeux, une autre fois c'est ma façon de danser... L'autre jour Ignace, il m'a même dit que je pourrais faire du cinéma.

MOUSS. – Ignace ? Ah bon... Je savais pas qu'il te parlait.

REBECCA. – Il est fou de moi tu le croirais pas. Tu vois ça ?

65 MOUSS. – Quoi ?

REBECCA. – La bague. Eh ben c'est lui !

MOUSS. – C'est un cadeau d'Ignace ?

REBECCA. – Ben oui, tu te rends compte c'est de l'argent massif.

MOUSS. – Et tu la portes ?

70 REBECCA. – Ben oui, qu'est-ce que tu crois ? *(Temps.)* Comment tu la trouves ?

MOUSS. – Je sais pas.

Jean-Gabriel Nordmann, *Hors les murs*, scène 1 (extrait),
Brèves d'auteurs, Actes Sud Papiers, 1993.

MÉMO

La **gestuelle** au théâtre est l'ensemble des gestes d'un personnage. Pendant les répétitions, le comédien travaille à la fois sur l'apprentissage du texte, sur sa diction, et sur les gestes possibles.

La déclaration impossible

6. Quel personnage parle le plus ? Étudiez les répliques de Mouss et leurs répétitions. Quel trait de caractère en déduisez-vous ?

7. Comment Rebecca presse-t-elle Mouss de parler ? Que cherche-t-elle à provoquer chez lui en lui montrant la bague ?

8. Pourquoi Mouss a-t-il des difficultés à exprimer ce qu'il ressent ? Observez notamment les lignes 38 à 50. Quelle peut-être la gestuelle des comédiens ?

S'exprimer à l'oral

Jouer le texte et finir la scène

9. Par groupes de deux, choisissez chacun un rôle et apprenez-le, puis jouez la scène devant la classe. Imaginez, pour finir la scène, l'explication que Mouss donne à Rebecca de leur mise à l'écart.

Conseil: Travaillez le rythme des répliques et l'expression des émotions.

Bilan Comment cette scène rend-elle compte des premiers émois amoureux de deux adolescents d'aujourd'hui ?

Lecture 5

Objectifs
• Analyser la description des sensations physiques au théâtre.
• Étudier une tirade poétique.

Compétence
• Formuler des impressions de lecture.

L'HISTOIRE DES MOTS

« **Frissons** » (l. 22) aurait deux étymologies possibles, du latin *frictio* (« frottement ») et du latin *frigeo* (« avoir froid »), qui se seraient mêlées. Frissonne-t-on seulement de froid ?

Alice pour le moment, mise en scène de Marielle Baus, 2014.

Le cœur mitraillette

Alice, une adolescente, est amoureuse de Gabin, un garçon de son âge. Elle raconte dans cette scène ce qu'elle a ressenti lors de leur premier baiser.

Scène 5

LE CREUX POPLITÉ[1]

ALICE (ET GABIN). – Cheveux blonds et cheveux roux
Touche touche

Os frontal touche os frontal
Dent pour dent œil pour œil cils à cils

5 La peau de nos joues avait pris feu

J'étais heureuse

Nez à nez lèvres murmurent je t'aime

Moi moi moi souffle qui se cherche

Paupières qui se ferment pour profiter
10 Au mieux de l'instant

Moi moi moi aussi je t'aime moi aussi voilà
Voilà
C'est dit

Alvéoles pulmonaires
15 Dilatées[2]
Les mains
Moites
Le cœur mitraillette

Heureuse et amoureuse les cinq sens en éveil

20 Nos lobes de l'oreille avaient pris feu

Chair de poule sur mes lèvres le goût sucré du miel

Des frissons
Dans le dos partout des frissons des fourmis
Aussi des fourmis dans les doigts

25 Nos biceps
Nos triceps
Nos trapèzes
Nos muscles deltoïdes[3]
Nos longs supinateurs
30 Nos ronds pronateurs[4]
Nos grands et
Petits palmaires[5]

Avaient pris feu

---

1. **Creux poplité** : partie de la jambe située à l'arrière du genou. 2. **Dilatées** : ouvertes. 3. **Trapèzes** [...] **deltoïdes** : muscles de l'épaule. 4. **Supinateurs** [...] **pronateurs** : muscles de l'avant-bras. 5. **Palmaires** : muscles de la main.

148

Corps à corps touche touche près plus près
35 Très près très près trop près peut-être ou pas
Gabin

Un temps d'hésitation

Touche touche nos corps se rapprochent
Orteil cherchant orteil à travers la peau de la chaussure

40 Nous
Deux
Seuls
Au
Monde

45 Comme au Commencement comme Adam et Ève
En moins érotique en plus timide en plus pudique

Gabin Gabin Gabin Gabin Gabin
Sur tes lèvres ce long baiser
Gabin Gabin Gabin Gabin Gabin

50 Jambe touche jambe muscle touche muscle

Nos deux corps avaient pris feu

Gabin m'avait embrassée
Sans même me demander la permission

Le creux poplité avait pris feu lui aussi

55 Une première fois
Pour lui
Une première fois pour moi.

Sylvain Levey, *Alice pour le moment*, scène 5 (extrait),
Éditions Théâtrales Jeunesse, 2008.

Alice pour le moment, mise en scène d'Anne Courel, avec Charlotte Ligneau (Alice) et Sébastien Valignat (Gabin), 2010.

✎ MÉMO

Au théâtre, une **tirade** est une longue réplique d'un personnage qui n'est pas seul sur scène. Si le personnage est seul, on parle de monologue.

▶ Comment exprimer les premiers ressentis de l'amour ?

Découvrir le texte

1. Alice est-elle seule ? Comment comprenez-vous les parenthèses dans la didascalie « Alice (et Gabin) » ?

2. MISE EN VOIX Faites une première lecture de la scène à une voix, puis une seconde à deux voix. Quelle version préférez-vous ? Pourquoi ?

Analyser et interpréter le texte

Une scène poétique

3. Relevez dans le texte des expressions qui vous semblent poétiques. Quels sont les procédés d'écriture et en quoi permettent-ils l'expression des sentiments ?

4. Combien de fois la métaphore du feu est-elle répétée ? Quel sens peut-elle avoir ?

5. LANGUE Comment comprenez-vous l'absence de ponctuation ? Comment semblent avoir été construits les vers ?

Le récit des émotions

6. Comment Alice suggère-t-elle que Gabin est présent auprès d'elle ? Relevez deux procédés d'écriture qui le montrent.

7. Quels sentiments et quelles sensations Alice éprouve-t-elle ?

8. Quelles manifestations physiques de l'émoi amoureux Alice met-elle en valeur ? Relevez le champ lexical du corps.

S'exprimer à l'écrit

Rédiger le portrait d'Alice

9. Pour aider un metteur en scène et la comédienne, écrivez le portrait d'Alice, en incluant son portrait physique, son portrait moral, ses attentes. Imaginez ses pensées et ses sentiments.

Bilan En quoi cette scène tend-elle vers la poésie ?

Jouer le sentiment

Être comédien, c'est travailler la gestuelle, l'expression du visage, la voix, pour transmettre une certaine image du personnage que l'on joue. Selon les choix du metteur en scène et le texte, le jeu des comédiens évolue, ainsi que les costumes, les objets, le décor, la lumière et le son. Dans les scènes de théâtre amoureux, il s'agit avant tout de représenter des sentiments.

Les craintes de l'amour

1. Quelle est la position d'Élise par rapport à Valère ? Quelle impression leur attitude produit-elle ?

2. Selon vous, que signifie le geste de Valère ?

3. Observez le décor et les costumes des comédiens. Pourquoi le metteur en scène a-t-il fait ces choix ?

4. Relisez la scène 1 de l'acte I (↘ p. 142). Cette mise en scène change-t-elle votre compréhension de la scène ?

① *L'Avare*, mise en scène de Ludovic Lagarde, avec Alexandre Pallu (Valère) et Myrtille Bordier (Élise), Comédie de Reims, 2014.

Vocabulaire

Symbole : objet, image ou fait concret qui représente quelque chose d'abstrait. Par exemple, la colombe est le symbole de la paix.

L'amour et la tragédie

5. Observez la position des corps. Comment comprenez-vous que Camille soit plus haute que Perdican ?

6. De quoi le geste des bras des comédiens peut-il être symbole ?

② *On ne badine pas avec l'amour*, mise en scène d'Yves Beaunesne, avec Loïc Corbery (Perdican), Julie-Marie Parmentier (Camille), Comédie-Française, Paris, 2011.

amoureux au théâtre

Les premiers émois amoureux

7. Quels semblent être les sentiments des personnages ? Appuyez-vous sur le geste des mains et l'expression des visages.

8. Qu'apporte le costume au personnage d'Alice ?

❸ *Alice pour le moment*, mise en scène d'Anne Courel, avec Charlotte Ligneau (Alice) et Sébastien Valignat (Gabin), spectacle joué dans plusieurs villes, 2010.

L'amour partagé

9. Observez les couleurs principales de cette mise en scène : que peuvent-elles représenter ?

10. Comment l'union des deux personnages est-elle montrée par l'expression du visage et la gestuelle ? Quels sentiments expriment-ils ?

❹ *Roméo et Juliette*, mise en scène d'Olivier Py, avec Matthieu Dessertine (Roméo) et Camille Cobbi (Juliette), Odéon-Théâtre de l'Europe, 2011.

Activités

Analyser le jeu des regards

Comparez les regards des comédiens sur chacune des images : yeux ouverts ou fermés, regard vers l'autre, vers le public ou ailleurs... Que peuvent-ils symboliser ?

Rédiger un texte pour un comédien

Vous mettez en scène l'extrait de *Hors les murs* de Jean-Gabriel Nordmann (↘ p. 146). Écrivez un texte aux comédiens pour les préparer aux répétitions. Vous y expliquerez vos intentions, le propos que vous voulez transmettre au public, votre vision des personnages et quelques gestes ou positions que vous voudriez travailler en répétition pour les symboles qu'ils portent.

Les premiers mots d'amour au théâtre

Jean Tardieu, *Les Amants du métro*, Folio Junior, 1960

Deux jeunes amoureux vont prendre le métro au milieu de la foule des passants. On suit leur voyage au rythme de leur relation amoureuse avec disputes et réconciliations, et des nombreux personnages qu'ils croisent. L'auteur joue avec les mots et les situations comiques pour notre plus grand plaisir !

Mettre en jeu une foule dans le métro

Jouez une scène où les personnages sont dans une rame de métro. À chaque entrée du couple d'amoureux dans la rame, réagissez selon leur attitude. Le couple d'amoureux va donc varier son comportement : joyeux, fâchés, réconciliés...

Edmond Rostand, *Cyrano de Bergerac* [1897], Belin-Gallimard, Classico Collège, 2011

Cyrano est amoureux de Roxane mais n'espère pas être aimé en retour, car son énorme nez le rend hideux. Le beau Christian, également amoureux de Roxane, fait appel à Cyrano pour qu'il l'aide à la séduire par de beaux discours. Entre comique et tragique, cette célèbre pièce pose la question de la sincérité de l'amour.

Apprendre par cœur une réplique de Cyrano

• Choisissez une réplique de Cyrano qui vous plaît.

• Apprenez-la par cœur et jouez-la de façon expressive à la classe en tenant compte de l'articulation et de la respiration.

Michel Azama, *Iphigénie* ou *Le Péché des dieux*, Éditions Théâtrales, 1991

Iphigénie, sur le point de se marier, est offerte en sacrifice pour apaiser la colère des dieux. Elle est ici le symbole, dans notre monde moderne, d'un amour plus fort que la haine.

Illustrer une scène de théâtre

• Cherchez des représentations picturales du mythe antique d'Iphigénie.

• Choisissez une scène de la pièce de Michel Azama qui vous plaît et illustrez-la à votre tour, par le dessin, la peinture, la photographie, un collage... Expliquez votre choix à la classe.

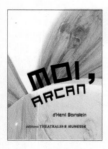

Henri Bornstein, *Moi, Arcan*, Éditions Théâtrales Jeunesse, 2015

Arcan, jeune tagueur métis habitant dans une cité, rencontre Aïcha, qu'il va aimer et protéger de la violence de son voisin qui les surveille.

Créer l'affiche du spectacle

• Imaginez une mise en scène pour cette pièce contemporaine : costumes, gestuelle des comédiens, décors...

• À partir de vos choix, réalisez une affiche pour donner envie de voir la pièce. Faites-y figurer au moins un élément central de la pièce, le nom des comédiens et le titre de la pièce.

À vous de créer

Créer le costume d'un personnage

• Choisissez un personnage de l'une des œuvres de cette page : faites-en le portrait par écrit.

• Décidez si le costume est ancré dans une époque ou s'il est contemporain, en fonction du propos de la pièce que vous voulez transmettre au public. Inspirez-vous des photographies de mise en scène de cette séquence et de vos recherches sur Internet.

• Réunissez les éléments de vos recherches dans un dossier et les éléments nécessaires à la confection du costume.

Rendre compte oralement d'un spectacle de théâtre

MÉTHODE GUIDÉE

Étape 1 — Préparer et observer

Avant le spectacle
• Repérez le titre de la pièce, l'auteur, le metteur en scène, la distribution et l'équipe technique, à l'aide d'une affiche, d'un prospectus, du programme de la salle…
• Lisez le descriptif qui en est fait et le visuel de l'affiche.
• Soyez attentif(ve) à l'arrivée dans la salle et à ce qui s'y passe avant le spectacle.

Pendant la représentation
• Appréciez le spectacle dans toutes ses dimensions : l'histoire jouée, le texte avec ses rebondissements et son dénouement, la précision du jeu des comédiens, leur voix, les costumes, les mouvements, le décor, les accessoires, les jeux de lumière, le son, etc.
• Prenez en compte les réactions du public et vos propres ressentis lors du spectacle.

1. Fiche du spectacle
• Titre de la pièce :
• Auteur :
• Metteur en scène :
• Lieu et date de la représentation :
• Rôles et comédiens :
2. Vos hypothèses de lecture d'après l'affiche :
« *Je pense que la pièce sera…* »
3. Vos impressions et ressentis pendant le spectacle : émotion, ennui, colère…

Étape 2 — Noter ses impressions au brouillon

• Prenez des notes au brouillon le lendemain, pour vous remémorer ce que vous avez vu sur la scène.
• Notez également vos ressentis.

4. Qui étaient les personnages en présence sur scène ? Décrivez leur jeu, leurs costumes…
5. De quoi était constitué le décor ? Quelle part avait-il dans la pièce ?
6. Quels étaient les jeux de lumière ? Pour quels moments ?

Étape 3 — Préparer le compte rendu oral du spectacle à plusieurs

• Par groupes de trois, mettez en commun vos notes et faites la synthèse des observations et des ressentis de chacun.
• Établissez un plan du compte rendu.
• Répartissez-vous les propos à dire pendant l'oral. Veillez à équilibrer le temps de parole.
• En les écrivant en couleurs et en formes diverses selon l'atmosphère dégagée par le spectacle, faites de cette collection de mots un collage, comme une bande-annonce du spectacle.
• Préparez une petite conclusion en disant ce que vous retenez de cette représentation.

7. Quels éléments avez-vous particulièrement appréciés pendant le spectacle ?
8. Quels éléments vous ont au contraire déconcerté(e) ou ennuyé(e) ?
9. Quels sont les ressentis communs au sein de votre groupe ?
10. Par quels mots pouvez-vous résumer ce que vous avez ressenti lors du spectacle ?
11. Que retenez-vous à la fin de la représentation ? Comment pourriez-vous résumer la mise en scène à quelqu'un qui ne l'aurait pas vue ?

Étape 4 — Faire le compte rendu devant la classe

• Appuyez-vous sur vos notes qui seront votre support, mais ne les lisez pas.
• Regardez le plus souvent possible la classe et soyez convaincant(e)s, souriant(e)s, dynamiques.
• À la fin du compte rendu, présentez la frise de mots que vous aurez préparée.

12. Quelles images pouvez-vous présenter à la classe pour accompagner votre compte rendu oral ?

L'expression de l'amour

Employer le vocabulaire de l'amour

1 Trouvez, à l'aide d'un dictionnaire, tous les mots de la famille du verbe « aimer » et donnez leur sens.

2 Classez ces synonymes de l'amour selon leur intensité, du moins fort au plus fort :

affection • ardeur • inclination • union • coup de foudre • tendresse • attachement • désir • amourette • passion

3 Parmi les mots suivants, distinguez les adverbes des noms, en les classant dans un tableau à deux colonnes.

follement • emballement • enchantement • bouleversement • tendrement • éblouissement • joliment • enivrement • passionnément • attachement

4 Reliez les parties du corps et le verbe qui leur est habituellement associé pour évoquer les réactions que provoque l'amour.

le cœur •   • balbutier
les mains •   • devenir moites
la voix •   • briller
les joues •   • battre plus fort
la peau •   • rosir ou rougir
les yeux •   • transpirer

5 Dans cette réplique célèbre, quelles sont les manifestations physiques de l'amour ? Parmi les cinq sens, lesquels sont affectés ?

> Je le vis, je rougis, je pâlis à sa vue.
> Un trouble s'éleva dans mon âme éperdue.
> Mes yeux ne voyaient plus, je ne pouvais parler,
> Je sentis tout mon corps et transir, et brûler.
>
> Jean Racine, *Phèdre*, 1677.

6 Classez par ordre d'intensité ces mots qui évoquent les doutes et les peines de l'amour, du moins fort au plus fort :

doutes • tourments • crainte • risque • chagrin • peine • incertitude • jalousie • mélancolie • peur

7 Faites des recherches sur ces expressions de la langue classique (xviie et xviiie siècles) et donnez-en une définition avec vos propres mots.

libertinage • marivaudage • badinage • carte du Tendre • transport

Repérer un lexique imagé

8 Cherchez dans un dictionnaire le sens des expressions suivantes relatives à l'amour :

premier amour • coup de foudre • conter fleurette • faire la cour • avoir le béguin • avoir un flirt • faire une touche • fréquenter quelqu'un • avoir un penchant

> *Comparons nos langues*
>
> En espagnol, « vivre d'amour et d'eau fraîche » se dit « vivre de pain et d'oignons » (*vivir con pan y cebollas*). En russe, l'équivalent de l'expression « l'amour rend aveugle » signifie « l'amour est mauvais, tu peux aimer un bouc ».

9 a. Employez chacun des mots suivants dans une phrase, en créant soit une métaphore, soit une comparaison. ↘ Les figures de style, p. 377.

feu • flamme • bourgeon • ardeur • rose • lune • blé • printemps • foudre • brûlure • brasier • fleur • étincelle • aube

b. Lesquels de ces mots renvoient au champ lexical du feu ? Lesquels renvoient au champ lexical de la nature ?

10 Retrouvez les métaphores dans cette phrase que Juliette dit à Roméo : « Ce bourgeon de l'amour, s'il mûrit dans la brise d'été, sera peut-être une splendide fleur à notre prochaine rencontre » (acte II, scène 2).

Roméo et Juliette, mise en scène d'Éric Ruf, Comédie-Française, Paris, 2015.

À vous d'écrire !

11 Choisissez des mots de cette page pour écrire une réplique où le personnage raconte à un ami l'amour naissant qu'il éprouve et ses réactions devant l'être aimé.

Les valeurs du conditionnel

Les valeurs du conditionnel
Parmi ses valeurs principales, le conditionnel peut évoquer :
• l'hypothèse ou une information non vérifiée (« L'équipe **aurait** gagné le match ») ;
• le souhait (« J'**aimerais** devenir metteur en scène ») ;
• un fait soumis à une condition, dans une proposition subordonnée avec « si » (« Si tu étais venu, tu l'**aurais vu** ») ;
• le futur dans le passé (« Il pensait qu'il **arriverait** tôt »).
⬎ Savoir conjuguer et employer le conditionnel présent, p. 338.

Repérer les conditionnels et leur valeur

1 Relevez les conditionnels dans chaque phrase. Quelle est leur valeur ?

1. « Je voudrais bien savoir si je suis amoureux »
(Perdican, III, 1).
2. « Elle aurait pu m'aimer, et nous étions nés l'un pour l'autre » (Perdican, III, 8).
3. « Que me conseilleriez-vous de faire, le jour où je verrais que vous ne m'aimez plus ? » (Camille, II, 5).

Alfred de Musset, *On ne badine pas avec l'amour*, 1834.

2 Comparez l'emploi du conditionnel dans les deux phrases de Camille. Ces deux conditionnels ont-ils la même valeur ?

CAMILLE. – Je voudrais m'instruire, et savoir si j'ai tort ou raison de me faire religieuse. Si je vous épousais, ne devriez-vous pas répondre avec franchise à toutes mes questions, et me montrer votre cœur à nu ?

Alfred de Musset, *On ne badine pas avec l'amour*, II, 5, 1834.

3 Repérez les conditionnels et les propositions subordonnées auxquelles ils sont liés. Quelles sont leurs valeurs ? Que remarquez-vous avec la rime ?
⬎ Distinguer phrase simple et phrase complexe, p. 318-320.

Si je vous le disais, pourtant, que je vous aime,
Qui sait, brune aux yeux bleus, ce que vous en diriez ?
L'amour, vous le savez, cause une peine extrême ;
C'est un mal sans pitié que vous plaignez vous-même ;
Peut-être cependant que vous m'en puniriez.

Alfred de Musset, *À Ninon*, 1837.

Comprendre le conditionnel et le sens de la phrase

4 Repérez les temps du conditionnel dans les phrases suivantes et expliquez le sens de la phrase.

PERDICAN. – J'aurais voulu m'asseoir avec toi sous les marronniers du petit bois, et causer de bonne amitié une heure ou deux.

Alfred de Musset, *On ne badine pas avec l'amour*, II, 1, 1834.

ROMÉO. – Car des clôtures de pierre ne sauraient arrêter [l'amour].

William Shakespeare, *Roméo et Juliette* [1596], trad. par Yves Bonnefoy, 1968.

ALICE. – Ma mère [...] était le point de mire de tous les regards, elle serait dès demain le sujet de toutes les conversations, ce serait à qui l'imiterait le mieux, ce serait à qui me verrait le premier à l'intercours et m'appellerait, devant tout le monde, ma chérie. Ma chérie qui deviendrait à coup sûr mon petit surnom. Un diminutif qui serait bien difficile à accepter.

Sylvain Levey, *Alice pour le moment*, Éditions Théâtrales Jeunesse, 2008.

5 Dictée préparée

Repérez les verbes à l'indicatif présent et imparfait, puis les verbes au conditionnel présent. Justifiez l'emploi des conditionnels : quelle est leur valeur ?

SILVIA. – Savez-vous bien que si je vous aimais, tout ce qu'il y a de plus grand dans le monde ne me toucherait plus ? Jugez donc de l'état où je resterais, ayez la générosité de me cacher votre amour : moi qui vous parle, je me ferais un scrupule de vous dire que je vous aime, dans les dispositions où vous êtes, l'aveu de mes sentiments pourrait exposer[1] votre raison, et vous voyez bien aussi que je vous les cache.

Marivaux, *Le Jeu de l'amour et du hasard*, 1730.

1. **Exposer** : mettre en danger.

Le Jeu de l'amour et du hasard, mise en scène de Galin Stoev, Comédie-Française, 2011.

À vous d'écrire !

6 Poursuivez ce texte à la manière de Roméo en ajoutant trois ou quatre phrases, utilisant le conditionnel, pour évoquer ce dont l'amour est capable.

ROMÉO. – Sur les ailes légères de l'amour,
J'ai volé par-dessus ces murs. Car des clôtures de pierre
Ne sauraient l'arrêter.

ATELIER

Jouer une scène avec le théâtre d'objet

Le théâtre est aussi un spectacle. Vous décidez de jouer l'une des scènes de cette séquence en manipulant des objets qui seront les personnages.

ÉTAPE 1 Observer une adaptation

1 Observez la photographie de la mise en scène de *L'Avare* par la compagnie Tàbola Rassa.

2 Quels sont les objets utilisés en guise de personnages ? Quel est l'intérêt de ces objets compte tenu du thème de la pièce, l'avarice ?

3 Quel rôle jouent les mains des manipulateurs ?

L'Avare, mise en scène de la compagnie Tàbola Rassa, 2003.

ÉTAPE 2 Choisir la scène et les objets

4 Choisissez l'une des scènes de cette séquence.

5 Pour faire votre choix des objets-personnages, prenez un élément déterminant du personnage (caractère, action, désir, etc.) et cherchez quel objet pourrait symboliser cet élément.
Exemple : Mouss est essoufflé de sa course → *une pompe à vélo.*

6 Apportez des accessoires et des tissus et fabriquez vos personnages.

7 Apprenez le texte par cœur pour le dire pendant la manipulation.

> ### Conseil
> Pour manipuler l'objet-personnage, dessinez des yeux puis placez votre main de façon à tenir la tête et la diriger. Tenez compte de la forme de l'objet et de sa matière lorsque vous le déplacez.

ÉTAPE 3 Jouer la scène

8 En fonction de la taille des objets, posez-les sur une table ou tout autre support que vous recouvrirez de tissu noir. Créez un espace de jeu adéquat aux objets, que vous éclairerez avec des projecteurs, des lampes de bureau ou de poche.

9 Soyez vêtu(e) de noir pour manipuler vos marionnettes sans gêner la vision des spectateurs. Jouez la scène devant vos camarades.

COMPÉTENCES

D1, 2, 3 Percevoir et exploiter les ressources expressives et créatives de la parole.

Écrire un texte argumentatif

Exprimez votre avis sur la question suivante dans un texte composé de paragraphes argumentés : pensez-vous que le théâtre soit un lieu propice à la représentation de l'amour et de ses obstacles ?

ÉTAPE 1 Comprendre la question

1 Relisez la question posée en pointant le sens des mots clés.

2 Reformulez-la pour la saisir complètement en commençant la phrase par : « Je dois dire si oui ou non... »

ÉTAPE 2 Chercher des éléments de réponse

3 Pour alimenter votre réflexion, relisez les extraits proposés dans la séquence et observez les différentes mises en scène au regard de la question posée.
Par exemple, dans la mise en scène ci-contre (*L'Avare*) à quoi voit-on qu'Harpagon, le père d'Élise, constitue un obstacle à l'amour entre elle et Valère ?

4 Faites un tableau en deux colonnes, une pour l'idée trouvée (argument), une pour l'exemple précis de la pièce qui illustre l'argument.

L'Avare, mise en scène de Jean-Louis Martinelli, Théâtre Dejazet, Paris, 2015.

ÉTAPE 3 Établir le plan de l'argumentation

5 Pour répondre à la question posée, établissez votre plan selon le choix du nombre de parties : oui/non ou bien oui et non.

6 Sélectionnez dans le tableau de l'étape 2 trois arguments et leurs exemples par partie.

7 Au brouillon, ordonnez les arguments choisis pour construire un plan progressif.

Pour bien écrire

Veillez à employer des **connecteurs logiques** entre les différentes parties et au sein des phrases. Pour ajouter un argument : « de plus », « en outre », « par ailleurs »... Pour donner un contre-exemple : « en revanche », « cependant », « toutefois »...

ÉTAPE 4 Rédiger le texte argumentatif

8 Commencez par rédiger une introduction de quelques lignes avec la reformulation de la question et l'annonce des parties du plan.

9 Rédigez le développement en suivant le plan établi au brouillon. Prenez le temps pour expliquer les arguments et les exemples.

10 Terminez votre texte par une brève conclusion qui contient votre réponse à la question posée.

COMPÉTENCES

D1 Utiliser l'écrit pour penser et pour apprendre.

D1 Exploiter des lectures pour enrichir son écrit.

D1 Passer du recours intuitif à l'argumentation à un usage plus maîtrisé.

D1, 2 Construire les notions permettant l'analyse et la production des textes et des discours.

Premiers émois

Bilan de la séquence

Les caractéristiques du discours amoureux naissant

Les **nombreuses images poétiques** : métaphore de la rose, du feu (Roméo et Juliette, Alice), présence de la nature harmonieuse (Alice, Perdican, Roméo et Juliette)...

La **déclaration d'amour** (Valère) ou la difficulté à dire son amour (Mouss), l'égarement (Rebecca, Perdican)...

La **célébration de la beauté de l'autre**, la promesse d'amour éternel (Roméo et Juliette, Valère)...

Les obstacles à l'amour

Le **dépit amoureux** (Camille et Perdican), la **jalousie** (Rebecca, Mouss, Élise, Perdican et Camille), le jeu dangereux avec l'amour (Camille et Perdican, Rebecca).

Le **doute** sur le sentiment d'amour (Mouss), sur la fidélité de l'autre (Élise, Camille).

L'**opposition des familles ou de la société** et la peur qu'elle entraîne (Roméo et Juliette, Élise et Valère).

La **mort** qui réunit (Roméo et Juliette) ou sépare (la mort de Rosette qui sépare à jamais Perdican et Camille).

Les genres, les registres et les personnages au théâtre

L'amour se retrouve dans tous les genres au théâtre, dans des registres différents :
• la **comédie**, où l'amour triomphe (Molière) ;
• la **tragédie**, où l'amour est impossible (Shakespeare) ;
• le **drame romantique**, qui oscille entre le comique et une fin tragique (Musset) ;
• des **formes théâtrales libres** qui continuent de mettre en scène des histoires où l'amour triomphe et tue à la fois.

Les personnages amoureux sont des **bourgeois** ou des **nobles** dans les pièces classiques (Molière, Shakespeare, Musset). Le théâtre contemporain donne la parole à des **adolescents de tous horizons**.

Évaluation 1. Mobiliser les acquis de la séquence

1. Je sais situer les écrivains dans le temps et les placer sur une frise chronologique.

Sylvain Levey • Molière • Shakespeare • Musset • Jean-Gabriel Nordmann

xvie siècle	xviie siècle	xviiie siècle	xixe siècle	xxe siècle

2. Je sais définir une scène d'exposition.

3. Je connais le registre d'une pièce dont le dénouement est malheureux.

4. Je sais reconnaître et employer le conditionnel dans une phrase.

5. Je sais nommer différents types de répliques au théâtre.

amoureux au théâtre

Je voudrais bien savoir si je suis amoureux

Camille a passé son adolescence au couvent où les religieuses lui ont parlé des infidélités des hommes. La veille, elle a expliqué à Perdican qu'elle ne pouvait l'aimer car son désir était de devenir religieuse. Seul sur scène, Perdican s'interroge.

PERDICAN. – Je voudrais bien savoir si je suis amoureux. D'un côté, cette manière d'interroger est tant soit peu cavalière[1], pour une fille de dix-huit ans ; d'un autre, les idées que ces nonnes[2] lui ont fourrées dans la tête auront de la peine à se corriger. De plus, elle doit partir aujourd'hui. Diable, je l'aime, cela est sûr. Après tout, qui sait ? peut-être elle répétait une leçon, et d'ailleurs il est clair qu'elle ne se soucie pas de moi. D'une autre part, elle a beau être jolie, cela n'empêche pas qu'elle n'ait des manières beaucoup trop décidées et un ton trop brusque. Je n'ai qu'à n'y plus penser ; il est clair que je ne l'aime pas. Cela est certain qu'elle est jolie ; mais pourquoi cette conversation d'hier ne veut-elle pas me sortir de la tête ? En vérité j'ai passé la nuit à radoter. Où vais-je donc ? – Ah ! je vais au village.

(Il sort.)

Alfred de Musset, *On ne badine pas avec l'amour*, acte III, scène 1 (extrait), 1834.

───────
1. **Cavalière** : entreprenante. 2. **Nonnes** : religieuses.

6. Comment appelle-t-on le type de réplique que prononce Perdican ? Quel est son rôle ?

7. Quels sont le mode et le temps du premier verbe ? Quelle est sa valeur ?

8. Quelles réponses Perdican donne-t-il à sa première question ? Repérez les deux phrases qui se contredisent et, en deux colonnes, rangez les raisons de chaque réponse.

9. Quels sont les connecteurs logiques qui montrent les oppositions ? Quel rythme créent-ils dans la réplique ?

10. Perdican prend-il finalement une décision ? Justifiez votre réponse.

11. Imaginez que Camille croise Perdican au moment où il sort. Écrivez leur dialogue, qui fait suite aux propos de Perdican. Trouvez une fin à la scène par la sortie de l'un ou l'autre des personnages. Insérez éventuellement des didascalies sur la gestuelle et les sentiments des personnages.

Conseil
Tenez compte du portrait que Perdican fait de Camille, et du trouble dans lequel il se trouve.

COMPÉTENCES ATTENDUES EN FIN DE 4ᵉ

D1, 5	**Lire**	
	Mobiliser des références culturelles pour interpréter les textes.	■ ■ ■ ■
D1	**Écrire**	
	– Adopter des stratégies permettant de trouver des idées ou des éléments du texte à produire.	■ ■ ■ ■
	– Connaître les caractéristiques des genres littéraires pour composer des écrits créatifs.	■ ■ ■ ■
D1, 2	**Comprendre le fonctionnement de la langue**	
	Connaître les aspects fondamentaux du fonctionnement syntaxique.	■ ■ ■ ■

Moonrise Kingdom

▶ Comment le réalisateur Wes Anderson renouvelle-t-il le thème de l'amour impossible dans *Moonrise Kingdom* ?

OBJECTIFS
• Analyser le traitement du sentiment amoureux dans un film contemporain.
• Découvrir l'univers d'un réalisateur.

COMPÉTENCE
• Maîtriser des outils simples d'analyse cinématographique.

Fiche signalétique du film

Titre : *Moonrise Kingdom*
Genre : Comédie dramatique
Durée : 1 h 34
Pays : États-Unis
Réalisateur : Wes Anderson
Scénario : Wes Anderson et Roman Coppola
Interprétation : Jared Gilman (Sam), Kara Hayward (Suzy), Bill Murray (Walt Bishop), Frances McDormand (Laura Bishop), Bruce Willis (capitaine Sharp), Edward Norton (chef de troupe Ward)
Musique originale : Alexandre Desplat
Date de sortie : 2012

Découvrir le film et son réalisateur

DOC 1   Affiche française du film *Moonrise Kingdom*.

Lire l'affiche du film

1. Quelle impression se dégage de l'affiche du film ?
2. Quels personnages sont mis en valeur par la composition de l'image ? À quoi fait-elle penser ? Justifiez par un indice du premier plan.
3. Observez le premier plan : quelles informations sont précisées ? Quelles hypothèses peut-on émettre sur le cadre spatio-temporel du film ?
4. À quel endroit se trouve le titre du film ? Que signifie-t-il ?
5. De quelle couleur est la typographie utilisée pour le titre et le nom des acteurs ? À quelle manière d'écrire cette typographie fait-elle penser ?
6. Observez les personnages : que peut-on deviner sur leurs rôles dans le film et les relations qu'ils entretiennent entre eux ? Qui semblent être les personnages principaux ?

Activité

🖱 **Consulter la bande-annonce du film**

1. Repérez le prénom des deux enfants : de quelle manière communiquent-ils entre eux ? Quelle hypothèse pouvez-vous faire sur leur relation ?
2. À partir de la bande-annonce, imaginez et rédigez les grandes étapes du scénario. Confrontez vos propositions avec celles de vos camarades.

REPÈRES

Affiches de cinéma et bandes-annonces ont deux fonctions : une **fonction informative** (donner au spectateur des éléments sur l'histoire) et une **fonction argumentative** (accrocher le spectateur pour l'inciter à aller voir le film).

de Wes Anderson (2012)

DOC 2

Wes Anderson : réalisateur, producteur et scénariste

- Naissance à Houston (Texas, États-Unis) en 1969
- Études de philosophie et pratique personnelle de tournage de courts métrages
- Réalisation de son premier film, *Bottle Rocket* (*Tête brûlée*), en 1996, avec Owen Wilson
- Nombreux séjours à Paris
- Réalisation régulière de clips publicitaires avec de nombreux clins d'œil cinématographiques

- 2001 : *La Famille Tenenbaum*
- 2004 : *La Vie aquatique*
- 2007 : *À bord du Darjeeling Limited*
- 2010 : *Fantastic Mr. Fox* (film d'animation et adaptation du roman de Roald Dahl)
- 2012 : *Moonrise Kingdom*
- 2014 : *The Grand Budapest Hotel*

Vocabulaire

- **Bande-son** : dans un film, ensemble de plusieurs éléments sonores : dialogues entre les personnages, bruitages, musique.
- **Distribution** : répartition des rôles du film entre les acteurs.
- **Producteur** : celui qui accompagne le réalisateur dans toutes les étapes de la fabrication du film, en particulier en réunissant les moyens financiers.
- **Réalisateur** : responsable technique et artistique de la production d'un film.
- **Scénariste** : personne chargée de l'écriture du scénario, qui découpe l'histoire en séquences (changement de décors, de temps ou d'action).

Découvrir la filmographie d'un réalisateur

7. Faites une recherche sur les acteurs mentionnés (doc 1) et identifiez-les sur l'affiche : ont-ils joué dans beaucoup de films ?

8. Qui sont les deux acteurs qui interprètent Sam et Suzy ? Quel âge ont-ils ? Quelle est la spécificité de *Moonrise Kingdom* dans leur carrière d'acteurs ?

9. Consultez la distribution des films de Wes Anderson qui vous sont présentés (doc 2) : quel acteur a joué dans tous ses films ?

10. Quel acteur célèbre pour ses rôles dans des films d'action joue le rôle du capitaine Sharp ? Cela vous surprend-il ?

11. ● Rendez-vous sur le site officiel du film (www.moonrisekingdom.com), dans l'onglet « Behind the scenes » (« Dans les coulisses ») et regardez les vidéos : en quoi Wes Anderson, en tant que réalisateur, s'implique-t-il particulièrement sur le tournage de ses films ?

12. Regardez les bandes-annonces des films de Wes Anderson sur Internet et observez les couleurs, les lumières et les situations : quels éléments permettent de reconnaître le style du réalisateur et l'originalité de ses scénarios ?

Activité

Écouter la bande-son

La bande-son des films de Wes Anderson est choisie avec soin. Faites une recherche sur la musique de *Moonrise Kingdom* : présentez dans un diaporama les choix musicaux du réalisateur (reprises musicales, musique originale) et les artistes représentés dans cette bande-son. Vous pouvez vous appuyer sur les extraits sonores de la bande-annonce du film.

DOC 3

Wes Anderson tient la caméra sur le tournage de *Moonrise Kingdom*, avec Jared Gilman (Sam).

Entrer dans le film

→ Consultez le site officiel du film (en anglais) :
http://www.moonrisekingdom.com

Synopsis

Sur une île au large de la Nouvelle-Angleterre (nord-est des États-Unis), au cœur de l'été 1965, Suzy et Sam, douze ans, tombent amoureux, concluent un pacte secret et s'enfuient ensemble. Alors que les adultes se mobilisent pour les retrouver, une violente tempête s'approche des côtes et bouleverse encore davantage la vie de la communauté.

1. La construction narrative

DOC 4 — Un récit minutieusement structuré

Étapes	Résumé
1 [0-4'46]	Dans la maison de la famille Bishop : Suzy Bishop reçoit du courrier
2 [4'47-8'32]	• Présentation de l'île de New Penzance par le narrateur • Disparition de Sam Shakusky dans le camp scout Ivanhoé
3 [8'33-15'39]	Signalement de la disparition de Sam auprès du capitaine de police Sharp et découverte de la situation familiale de Sam : il est orphelin
4 [15'39-38'55]	• Fugue de Sam et Suzy, qui sont amoureux et ont organisé leur fuite par correspondance • Organisation des recherches (police, parents, scouts)
5 [38'55-54'40]	• Installation de Sam et Suzy sur la plage d'une crique : ils vivent leurs premiers émois amoureux • Fin de la fugue : les adolescents sont retrouvés et n'ont plus le droit de se voir
6 [54'41-1h17'20]	• Nouvelle fugue de Sam et Suzy, avec l'aide du groupe de scouts pour rejoindre le Fort Lebanon, où Cousin Ben, un chef scout, accepte de les marier • Poursuite des adolescents en fuite par les adultes, accompagnés d'une assistante sociale qui veut placer Sam dans un orphelinat
7 [1h17'21-1h20'42]	• Sauvetage des adolescents alors qu'une tempête sans précédent ravage l'île de New Penzance • Adoption de Sam par le capitaine Sharp
8 [1h20'43-1h21'57]	Intervention du narrateur : les conséquences de la tempête sur l'île et au camp Ivanhoé
9 [1h21'58-1h30'17]	Visites clandestines de Sam chez Suzy

DOC 5 — Un cadre fictif

L'île de New Penzance nous est présentée par le « narrateur » (4'47-5'32), un personnage dont la présence ponctue le film.

→ vidéo « New Penzance » sur le site officiel du film

« Voici l'île de New Penzance. Vingt-six kilomètres de long. Plantée de pins et d'érables séculaires. Sillonnée de petits chenaux formés par les marées. Territoire Chickchaw. Pas de routes goudronnées, mais [...] des kilomètres de sentiers ; de chemins entrelacés, et un bac desservant la baie de Stone deux fois par jour. Nous sommes en 1965. C'est ici, aux abords du détroit de Black Beacon, qu'une violente tempête, restée dans les annales, viendra s'abattre depuis l'est le 5 septembre. Dans trois jours. »

Étudier l'intrigue et les personnages

1. Comment la présentation de l'île par le narrateur rend-elle vraisemblable l'existence de New Penzance ? Justifiez par différents éléments de la description (doc 5).

2. Autour de quelle étape le scénario est-il construit (doc 4) ? Expliquez en quoi certaines étapes se répondent.

3. À quoi voit-on dans les photogrammes 1 et 4 que les adultes sont dépassés par les enfants ?

4. Comment s'appelle le personnage joué par Tilda Swinton ? En quoi est-ce étonnant ? Qu'a ainsi voulu montrer le réalisateur ?

5. À quoi voit-on que le duo amoureux est en quête d'aventure ? Justifiez par des indices précis du photogramme 5.

2. Des personnages singuliers

DOC 6 → vidéo « Were you followed ? » sur le site officiel du film

Action sociale (Tilda Swinton).

Les livres de Suzy dans sa valise jaune

Suzy présente ses livres à Sam :

« J'aime les histoires de pouvoirs magiques, soit sur Terre, soit sur d'autres planètes. Je préfère les héroïnes, mais pas toujours. J'ai pas tout pris à cause du poids. »

Voici trois titres parmi les livres que Suzy transporte :
- *The Francine Odysseys* (*L'Odyssée de Francine*) de Gertrude Price
- *The Girl from Jupiter* (*La Fille qui venait de Jupiter*) d'Isaac Clarke
- *The Light of Seven Matchsticks* (*La Lumière de sept allumettes*) de Virginia Tipton

Activités

Effectuer une recherche sur le lieu de tournage

Faites des recherches sur l'île Prudence (Nouvelle-Angleterre), où le film a été tourné : pourquoi le réalisateur a-t-il choisi ce lieu ? Justifiez avec le résultat de vos découvertes.

Imaginer un livre inventé

À VOS PLUMES Les livres qui apparaissent dans le film et dont Suzy lit certains extraits n'existent pas : Wes Anderson les a inventés. Qu'est-ce que cela apporte au film, selon vous ? À votre tour, inventez un titre de livre qui pourrait être dans la valise de Suzy : vous imaginerez un nom d'auteur, puis écrirez un extrait de ce livre (premières lignes du récit, brève description, court dialogue…).

Conseil : Respectez les genres de livres qu'affectionne Suzy et aidez-vous du titre pour écrire un extrait vraisemblable.

6. Que contiennent le panier (vidéo « Were you followed ? ») et la valise de Suzy (photogramme 5) ? Qu'est-ce que le réalisateur a voulu souligner chez ce personnage ?

7. Que fait Sam dans l'image 3 ? À quel tableau du peintre américain Norman Rockwell le réalisateur rend-il hommage ?

Analyser une séquence du film

« *Moonrise Kingdom*, un film d'aventure euphorique. »
Les Inrockuptibles, 15 mai 2012

DOSSIER CINÉMA

6 ⟨ Carton « 1 an plus tôt »

Séquence du film de 16′39 à 18′34.

1. Quelles sont les couleurs dominantes dans cette séquence ? Quelle impression cela donne-t-il ?

2. Où sont les personnages dans les photogrammes 1 à 5 ? Comment le réalisateur a-t-il utilisé l'échelle des plans pour mettre en scène cette rencontre ?

3. Selon vous, où se trouve Suzy dans les photogrammes 6 à 8 ? Visionnez le début de la bande-annonce du film pour préciser votre réponse.

4. Comment comprend-on que la scène évoquée dans les photogrammes 6 à 8 se passe dans la tête de Sam et qu'il s'agit d'un flash-back ?

5. À quels autres photogrammes de la séquence les plans 7 et 8 répondent-ils ? À quoi le voyez-vous ? Quel effet le réalisateur a-t-il voulu créer ? Pourquoi ?

6. Observez la construction des plans sur les photogrammes 1 et 4 à 8 : que remarquez-vous ? quelle impression cela donne-t-il à la scène ?

7. Décrivez le geste de Sam (photogramme 7). À qui s'adresse-t-il ? Quel peut être le sens de ce geste dans une scène de rencontre amoureuse ?

Vocabulaire

• **Carton** : texte apparaissant à l'écran. Les cartons sont souvent utilisés dans les génériques pour donner des informations spatio-temporelles nécessaires à la compréhension du film. Ils étaient de règle entre deux images au temps du cinéma muet.

• **Flash-back** : retour en arrière dans l'histoire.

• **Gros plan** : plan qui cadre un visage ou un objet de près.

• **Photogramme** : photographie parmi celles qui constituent le film. Dans un film, il y a 24 photos par seconde.

• **Plan d'ensemble** : plan large cadrant des personnages dans un décor.

• **Plan rapproché** : plan qui cadre un personnage à la poitrine ou à la taille.

« *Moonrise Kingdom* : un scandale chez les scouts pour une comédie poétique et farfelue. »

Le Monde, 8 mai 2012

« *Moonrise Kingdom* nous plonge au grand air dans une aventure noyée de mélancolie et de féerie. »

Le Nouvel Obs, 16 mai 2012

Activités

1. Visionnez la vidéo (https://vimeo.com/89302848) consacrée à une construction récurrente des plans de Wes Anderson (« Centered ») : identifiez cette construction et amusez-vous à repérer les photogrammes de *Moonrise Kingdom* dans ce montage. Y a-t-il d'autres plans du film construits de la même manière parmi les photogrammes de ce dossier ?

2. Visionnez sur Internet le clip publicitaire que Wes Anderson a réalisé pour une marque de téléphone japonais, avec Brad Pitt (« Soft Bank »). Faites la liste de tous les points communs avec l'univers et l'esthétique de *Moonrise Kingdom*.

3. À VOS PLUMES En vous appuyant sur le dossier et votre découverte du film, choi-

sissez, parmi les trois extraits d'articles de presse qui vous sont proposés ci-dessus, celui qui vous semble le plus pertinent et expliquez pourquoi dans un paragraphe d'une vingtaine de lignes.

Conseil : Prenez appui sur des exemples précis pour justifier votre propos.

Débat

4. L'amour entre Sam et Suzy est-il un amour impossible ? En classe, échangez entre vous sur cette question. Pour justifier votre point de vue, comparez leur histoire à celle de Roméo et Juliette, notamment dans la pièce de Shakespeare (⇲ p. 140) : quelles sont les ressemblances et les différences entre le film et le mythe littéraire ?

REPÈRES

Dans la presse, la **critique d'un film** est un article dans lequel le journaliste présente l'œuvre et donne son avis, positif ou négatif.

Individu et société : confrontations de valeurs ?

Dire l'amour

Le Cid, entre

OBJECTIFS
- Découvrir ce qu'est une tragi-comédie.
- Comprendre les valeurs en jeu dans le théâtre classique.

> **Parcours d'une œuvre**   **Pierre Corneille,** *Le Cid* **(1637)**

Le Cid, mise en scène de Thomas Le Douarec,
avec Clio van de Walle (Chimène) et Olivier
Benard (Rodrigue), théâtre Comédia, Paris, 2009.

166

amour et devoir

▶ *Quelles sont les caractéristiques d'une tragi-comédie du XVIIᵉ siècle ?*
Quelles valeurs les héros incarnent-ils dans la pièce de Corneille ?

Le Cid, mise en scène d'Alain Ollivier, avec Thibaut Corrion (Rodrigue) et Claire Sermonne (Chimène), théâtre Gérard-Philipe, Saint-Denis, 2007.

Pierre Corneille (1606-1684)

Après avoir écrit surtout des comédies, c'est grâce au *Cid* que Corneille se fait connaître du roi Louis XIII. La pièce a un grand succès dès sa première représentation, en 1637, mais Corneille la réécrit en partie en 1660, afin de mieux respecter les règles du théâtre classique. Par la suite, il écrit notamment *Cinna* et *Horace*, tragédies qui rencontrent aussi un accueil favorable du public. La fin de sa vie est marquée par sa rivalité avec Racine, autre auteur de tragédies.

Le Cid, *une pièce du* XVIIe *siècle...*

... qui s'inspire d'un personnage du Moyen Âge

La pièce se passe à **Séville au XIe siècle**. Corneille s'inspire d'une pièce écrite en 1618 par l'auteur espagnol Guilhem de Castro, *Las Mocedades del Cid (Les Enfances du Cid)*. Elle raconte la vie d'un chevalier du XIe siècle, **Rodrigo Diaz de Bivar**, qui fut surnommé « Cid Campeador » après s'être rendu victorieux dans des batailles contre les Maures. La légende veut qu'il ait épousé la fille d'un homme qu'il avait tué en duel.

Statue équestre du Cid à Burgos (Espagne).

	1re représentation du *Cid*	Corneille entre à l'Académie française	« **Querelle du Cid** » : Corneille modifie sa pièce	2e version du *Cid*

| 1610 | 1637 | 1647 | 1648 | 1660 | 1700 |

CLASSICISME

Guerre franco-espagnole

Règne de Louis XIII   Règne de Louis XIV (1643-1715)

1624
Richelieu devient principal ministre du roi

1634 1636 — Richelieu défend Paris
Création de l'Académie française par Richelieu

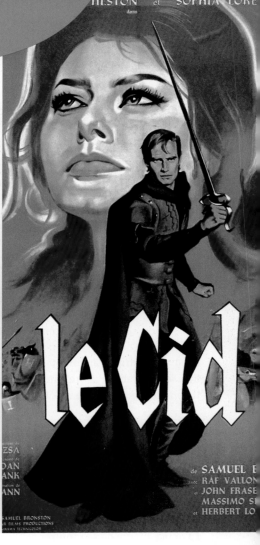

Improvisez une petite scène

1 Observez le schéma des personnages. Essayez de deviner qui peuvent être les personnages représentés sur les couvertures de livres ci-dessous et sur l'affiche de film ci-contre. Par petits groupes, imaginez une courte scène de théâtre à partir de l'une de ces images, que vous jouerez devant vos camarades.

Les personnages principaux

Découvrez l'histoire du duel

2 L'acte I du *Cid* est marqué par un duel entre don Diègue (le père de Rodrigue) et don Gomès (le père de Chimène). Laquelle des définitions suivantes de « duel » vous semble la plus correspondre à un duel de théâtre ?

> DUEL, n.m. 1. Combat entre deux personnes dont l'une exige de l'autre la réparation d'une offense par les armes. *Se battre en duel*.
> 2. fig. Assaut, compétition.
> Loc. *Duel oratoire* : échange de répliques entre deux orateurs. […]
> Le Robert Collège, © Sejer-Dictionnaires Le Robert, 2015.

3 🛈 Effectuez une recherche sur Internet et au CDI sur l'histoire du duel et réalisez un exposé à partir de vos recherches. Connaissez-vous d'autres pièces de théâtre, des films ou des romans qui racontent un duel ?

Lecture 1

La scène d'exposition

Voici les premiers vers de la pièce telle que Corneille l'a réécrite en 1660, pour qu'elle corresponde mieux aux règles du théâtre classique.

Acte I, scène 1
CHIMÈNE, ELVIRE

CHIMÈNE

Elvire, m'as-tu fait un rapport bien sincère ?
Ne déguises-tu rien de ce qu'a dit mon père ?

ELVIRE

Tous mes sens à moi-même en sont encor[1]
    charmés :
Il estime Rodrigue autant que vous l'aimez,
5 Et si je ne m'abuse[2] à lire dans son âme,
Il vous commandera de répondre à sa flamme[3].

CHIMÈNE

Dis-moi donc, je te prie, une seconde fois
Ce qui te fait juger qu'il approuve mon choix ;
Apprends-moi de nouveau quel espoir j'en dois
    prendre ;
10 Un si charmant discours ne se peut trop entendre ;
Tu ne peux trop promettre aux feux de notre amour
La douce liberté de se montrer au jour.
Que t'a-t-il répondu sur la secrète brigue[4]
Que font auprès de toi don Sanche et don Rodrigue ?
15 N'as-tu point trop fait voir quelle inégalité
Entre ces deux amants me penche[5] d'un côté ?

ELVIRE

Non, j'ai peint votre cœur dans une indifférence
Qui n'enfle d'aucun d'eux[6] ni détruit l'espérance,
Et sans les voir d'un œil trop sévère ou trop doux,
20 Attend l'ordre d'un père à choisir un époux.
Ce respect l'a ravi, sa bouche et son visage
M'en ont donné sur l'heure un digne témoignage,

Et puisqu'il vous en faut encor faire un récit,
Voici d'eux et de vous ce qu'en hâte il m'a dit :
25 « Elle est dans le devoir, tous deux sont dignes d'elle,
Tous deux formés d'un sang noble, vaillant, fidèle,
Jeunes, mais qui font lire aisément dans leurs yeux
L'éclatante vertu de leurs braves aïeux[7].
Don Rodrigue surtout n'a trait[8] en son visage
30 Qui d'un homme de cœur ne soit la haute image,
Et sort d'une maison[9] si féconde en guerriers,
Qu'ils y prennent naissance au milieu des lauriers[10].
La valeur de son père, en son temps sans pareille,
Tant qu'a duré sa force, a passé pour merveille ;
35 Ses rides sur son front ont gravé ses exploits,
Et nous disent encor ce qu'il fut autrefois.
Je me promets du fils ce que j'ai vu du père ;
Et ma fille, en un mot, peut l'aimer et me plaire. »
[...]

CHIMÈNE

Il semble toutefois que mon âme troublée
40 Refuse cette joie et s'en trouve accablée :
Un moment donne au sort des visages[11] divers,
Et dans ce grand bonheur je crains un grand revers.

Pierre Corneille, *Le Cid*, acte I, scène 1, 1660.

---

1. **Encor** : forme ancienne d'« encore ».
2. **Si je ne m'abuse** : si je ne me trompe pas.
3. **Sa flamme** : son amour.
4. **Brigue** : intrigue amoureuse.
5. **Me penche** : me fait préférer.
6. **Qui n'enfle d'aucun d'eux** : qui ne privilégie aucun des deux amants.
7. **Aïeux** : ancêtres.
8. **N'a trait** : n'a pas un seul trait.
9. **Maison** : famille.
10. **Lauriers** : gloire.
11. **Visages** : aspects.

Le Cid, mise en scène de Thomas Le Douarec, avec Clio van de Walle (Chimène) et Marie Parouty (Elvire), théâtre Comédia, Paris, 2009.

REPÈRES

Le Cid, bien que remportant un vif succès en 1637, est critiqué par les moralistes de l'Académie française, notamment parce que les règles du théâtre classique n'y sont pas suffisamment respectées (celles-ci imposent qu'il n'y ait qu'une seule intrigue, en un seul lieu et une seule journée). Corneille doit ainsi modifier sa pièce en 1660, en accentuant la dimension tragique.

▶ En quoi cette scène répond-elle aux exigences d'une scène d'exposition ?

Découvrir le texte

1. À l'aide du schéma page 169, dites qui sont Chimène, Elvire, « mon père » (v. 2) et « son père » (v. 33).

2. Quel personnage parle le plus ? Pourquoi ?

Analyser et interpréter le texte

Une intrigue initiale simple

3. Qu'apprend-on dans cette scène ? Quelle est l'intrigue ?

4. Comment Corneille transmet-il ces informations au spectateur ?

5. Quels sentiments successifs animent Chimène ? Relevez les expressions qui les montrent.

Des points de vue divergents

6. Chimène a-t-elle exprimé son choix à son père ?

7. La situation lui semble favorable. **a.** Quel vers cependant montre son inquiétude ?

b. Que pensez-vous de la construction de ce vers ? Qu'est-ce que cela laisse présager sur la suite de l'intrigue ?

8. Quelles raisons différentes ont Chimène et son père de souhaiter ce mariage ?

9. LANGUE Relisez les vers 25 à 38 : qu'attend ce dernier de son futur gendre ? Appuyez-vous sur le champ lexical correspondant.

S'exprimer à l'écrit ✐

Réécrire une scène

10. Réécrivez cette scène d'exposition, en prose ou en vers, en remplaçant Chimène et Elvire par Rodrigue et son confident. Veillez à donner toutes les indications nécessaires au spectateur pour la compréhension de l'intrigue.

> Bilan À quelle suite peut-on s'attendre à partir de cette scène d'exposition ?

Pour bien écrire

« Cœur » (v. 17), qui vient du latin *cor, cordis*, contient un « œ » (appelé fréquemment « e dans l'o ». Ce « œ » est une ligature, c'est-à-dire la fusion de deux lettres, ici le « o » et le « e ». Trouvez d'autres mots français qui contiennent un e dans l'o.

◌ MÉMO

La **scène d'exposition** a pour fonction d'informer les spectateurs des éléments essentiels à la compréhension de la pièce (personnages et intrigue). Souvent, le dramaturge utilise un dialogue entre un personnage principal et son confident pour transmettre ces informations.

Le monologue de Rodrigue

Objectifs
• Étudier un monologue de théâtre.
• Comprendre un dilemme tragique.

Compétence
• Adapter sa lecture au mode d'expression.

Le pressentiment de Chimène se révèle juste : son père, lors d'une altercation, gifle don Diègue. Ce dernier demande à son fils Rodrigue de venger son honneur en provoquant le père de Chimène en duel. Voici Rodrigue face à lui-même.

Acte I, scène 6
DON RODRIGUE

DON RODRIGUE
Que je sens de rudes combats !
Contre mon propre honneur mon amour s'intéresse[1] :
Il faut venger un père, et perdre une maîtresse[2].
L'un m'anime le cœur, l'autre retient mon bras.
5   Réduit au triste choix ou de trahir ma flamme,
            Ou de vivre en infâme[3],
Des deux côtés mon mal est infini.
            Ô Dieu, l'étrange peine !
Faut-il laisser un affront impuni ?
10 Faut-il punir le père de Chimène ?

            Père, maîtresse, honneur, amour,
Noble et dure contrainte, aimable tyrannie,
Tous mes plaisirs sont morts, ou ma gloire ternie.
L'un me rend malheureux, l'autre indigne du jour.
15 Cher et cruel espoir d'une âme généreuse,
            Mais ensemble amoureuse,
Digne ennemi de mon plus grand bonheur,
            Fer qui cause ma peine,
M'es-tu donné pour venger mon honneur ?
20 M'es-tu donné pour perdre ma Chimène ?

            Il vaut mieux courir au trépas[4].
Je dois à[5] ma maîtresse aussi bien qu'à mon père ;
J'attire en me vengeant sa haine et sa colère ;
J'attire ses mépris en ne me vengeant pas.
25 À mon plus doux espoir l'un me rend infidèle,
            Et l'autre indigne d'elle.
Mon mal augmente à le vouloir guérir ;
            Tout redouble ma peine.
Allons, mon âme ; et puisqu'il faut mourir,
30 Mourons du moins sans offenser Chimène.

            Mourir sans tirer ma raison !
Rechercher un trépas si mortel à ma gloire !

Le Cid, mise en scène de Thomas Le Douarec, avec Olivier Benard (Rodrigue), 2009.

Endurer que l'Espagne impute à ma mémoire[6]
D'avoir mal soutenu l'honneur de ma maison !
35 Respecter un amour dont mon âme égarée
            Voit la perte assurée !
N'écoutons plus ce penser suborneur[7],
            Qui ne sert qu'à ma peine.
Allons, mon bras, sauvons du moins l'honneur,
40 Puisqu'après tout il faut perdre Chimène.

Pierre Corneille, *Le Cid*, acte I, scène 6, 1660.

_____
1. **S'intéresse** : prend parti. 2. **Maîtresse** : au sens du XVIIe siècle, femme qu'on aime. 3. **Infâme** : déshonoré. 4. **Au trépas** : à la mort. 5. **Je dois à** : j'ai des devoirs envers. 6. **Impute à ma mémoire** : fasse que l'on se souvienne de moi. 7. **Ce penser suborneur** : cette pensée qui détourne du devoir.

Le Cid, texte intégral en bande dessinée, illustré par Jean-Louis Mennetrier et Christophe Billard, Petit à petit, 2006.

▽ L'HISTOIRE DES MOTS

« Dilemme », du grec *dilemma*, évoque une grande difficulté à choisir entre deux possibilités, aucune n'étant satisfaisante. Le préfixe *di-* évoque d'ailleurs cette dualité : il signifie « deux ». Que signifie le préfixe « tri » dans « trilogie » ?

ᘓ MÉMO

Au théâtre, on appelle « **monologue** » le discours qu'un personnage se tient à lui-même, à voix haute, en étant seul sur scène. On parle de « **monologue délibératif** » quand le personnage pèse le pour et le contre dans un choix à faire.

▶ Quelles sont les caractéristiques du dilemme cornélien ?

Découvrir le texte

1. Combien de personnages se trouvent sur scène ? À qui Rodrigue s'adresse-t-il ? Pourquoi ?

Analyser et interpréter le texte

Le dilemme de Rodrigue

2. Quel choix difficile Rodrigue doit-il effectuer ? **a.** Dans les premiers vers, quels sont les deux mots qui annoncent les deux options qui s'offrent à lui ? **b.** Dans quel vers voit-on qu'aucun des choix n'est meilleur que l'autre ?

3. Des stances sont des strophes régulières qui ont la même structure. **a.** Quel mot est ici répété à la fin des stances ? Pourquoi ? **b.** Avec quel mot rime-t-il ?

4. Qu'appelle-t-on « fatalité » ? En quoi Rodrigue y est-il soumis ? À quel genre semble donc appartenir la pièce ?

De l'hésitation à la décision ?

5. a. Quels vers montrent les doutes de Rodrigue ? Comment sont exprimés ces doutes ? **b.** Quelle différence remarquez-vous entre la fin des 1re et 2e stances et la fin des 3e et 4e stances ?

6. Quel verbe est répété dans les deux derniers vers des 3e et 4e stances ? Quelle indication donne-t-il sur ce que fera Rodrigue ?

7. LANGUE Observez les verbes au début des vers 29, 30, 37 et 39 : nommez et justifiez l'emploi du mode utilisé.

8. Les raisons que Rodrigue invoque pour mourir sont-elles les mêmes dans les deux dernières stances ? Pourquoi ?

S'exprimer à l'écrit 🖉

Imaginer une suite

9. Rédigez une stance sur le modèle du texte avec la réponse de don Diègue à son fils.

Bilan En quoi ce monologue permet-il à Rodrigue d'avancer dans son choix ?

Va, je ne te hais point

Rodrigue et le père de Chimène s'affrontent dans un duel au cours duquel ce dernier est tué. Rodrigue a entendu les confidences de Chimène, qui l'aime, mais celle-ci se doit de venger la mort de son père. Pour la première fois, depuis le duel, Chimène et Rodrigue sont réunis.

Objectifs
- Découvrir une scène de confrontation amoureuse.
- Analyser le rythme d'un enchaînement de répliques courtes.

Compétence
- Percevoir un effet esthétique.

Acte III, scène 4
DON RODRIGUE, CHIMÈNE, ELVIRE

DON RODRIGUE
Eh bien ! sans vous donner la peine de poursuivre,
Assurez-vous l'honneur de m'empêcher de vivre.

CHIMÈNE
Elvire, où sommes-nous, et qu'est-ce que je voi[1] ?
Rodrigue en ma maison ! Rodrigue devant moi !

DON RODRIGUE
5   N'épargnez point mon sang : goûtez sans résistance
La douceur de ma perte et de votre vengeance.

CHIMÈNE
Hélas !

DON RODRIGUE
Écoute-moi.

CHIMÈNE
Je me meurs.

DON RODRIGUE
Un moment.

CHIMÈNE
Va, laisse-moi mourir.

DON RODRIGUE
Quatre mots seulement :
Après, ne me réponds qu'avecque[2] cette épée.

CHIMÈNE
10   Quoi ! du sang de mon père encor toute trempée !

DON RODRIGUE
Ma Chimène...

[...]

CHIMÈNE
Va, je suis ta partie[3], et non pas ton bourreau.
Si tu m'offres ta tête, est-ce à moi de la prendre ?
Je la dois attaquer, mais tu dois la défendre ;
15   C'est d'un autre que toi qu'il me faut l'obtenir,
Et je dois te poursuivre, et non pas te punir.

DON RODRIGUE
De quoi qu'en ma faveur notre amour t'entretienne,
Ta générosité doit répondre à la mienne ;
Et pour venger un père emprunter d'autres bras,
20   Ma Chimène, crois-moi, c'est n'y répondre pas :
Ma main seule du mien a su venger l'offense,
Ta main seule du tien doit prendre la vengeance.

CHIMÈNE
Cruel ! à quel propos sur ce point t'obstiner ?
Tu t'es vengé sans aide, et tu m'en veux donner !
25   Je suivrai ton exemple, et j'ai trop de courage
Pour souffrir qu'avec toi ma gloire se partage.
Mon père et mon honneur ne veulent rien devoir
Aux traits de ton amour ni de ton désespoir.

DON RODRIGUE
Rigoureux point d'honneur ! hélas ! quoi que je fasse,
30   Ne pourrai-je à la fin obtenir cette grâce ?
Au nom d'un père mort, ou de notre amitié[4],
Punis-moi par vengeance, ou du moins par pitié.
Ton malheureux amant aura bien moins de peine
À mourir par ta main qu'à vivre avec ta haine.

CHIMÈNE
35   Va, je ne te hais point.

DON RODRIGUE
Tu le dois.

CHIMÈNE
Je ne puis.

Pierre Corneille, *Le Cid*, acte III, scène 4, 1660.

1. **Voi** : vois, forme admise en poésie, afin de respecter la rime pour l'œil avec « moi ». 2. **Avecque** : ancienne orthographe d'« avec », qui permet de respecter le nombre de syllabes de l'alexandrin. 3. **Ta partie** : ton adversaire (terme juridique). 4. **Amitié** : ici, amour.

REPÈRES

La règle de bienséance
Dans le théâtre classique du XVIIe siècle, la règle de bienséance impose de ne pas montrer de scène qui puisse choquer le public (sang, meurtre...).

MÉMO

Chimène dit à Rodrigue : « Va, je ne te hais point. » Cette réplique célèbre illustre une figure de style appelée **litote** ; elle consiste à dire peu pour suggérer beaucoup.

Le Cid, mise en scène de Bénédicte Budan, avec Camille Cottin (Chimène) et Antoine Cegarra (Rodrigue), théâtre Silvia-Monfort, Paris, 2009.

▶ Peut-on dire que Rodrigue et Chimène obéissent aux mêmes valeurs ?

Découvrir le texte
1. MISE EN VOIX Sur quel ton peut-on lire les vers 1 à 6 ? Quels sentiments ces vers expriment-ils ?

Analyser et interpréter le texte
Le choc de la rencontre
2. Reformulez le vers 2 avec vos propres mots. Que demande Rodrigue à Chimène ? Pourquoi ?
3. Pourquoi Chimène s'indigne-t-elle au vers 10 ?
4. Quelle différence y a-t-il entre « poursuivre » et « punir » (v. 16) ? Aidez-vous d'un dictionnaire pour répondre.

Chimène face à son devoir
5. Quels sentiments Chimène éprouve-t-elle des vers 3 à 10 ? Justifiez votre réponse.
6. Dans les vers 12 à 16, quel verbe emploie-t-elle à plusieurs reprises ? Que cela nous apprend-il ?

7. LANGUE Au vers 25, identifiez et justifiez l'emploi du mode et du temps utilisés dans « suivrai ».
8. Que signifie le vers « Va, je ne te hais point » (v. 35) ? Que dit-il des sentiments de Chimène envers Rodrigue ?

S'exprimer à l'oral
Devenir metteur en scène
9. Par groupes de trois, désignez un metteur en scène et deux comédiens. Le metteur en scène annote la scène 4 de l'acte III avec des didascalies, les deux comédiens jouent la scène en suivant ces indications.

Bilan Quelles sont les caractéristiques de la confrontation amoureuse entre Chimène et Rodrigue ?

Un héros victorieux

*Chimène aime toujours Rodrigue mais elle n'a d'autre choix que de demander
vengeance au roi, don Fernand. Don Diègue conseille à son fils Rodrigue
de prouver sa valeur en repoussant les Maures : en effet, le royaume est en
danger. S'il y parvient, le roi pourrait alors lui permettre d'épouser Chimène.
Rodrigue sort victorieux de la bataille : le roi vient de le nommer « le Cid ».*

Acte IV, scène 3
DON FERNAND, DON DIÈGUE, DON ARIAS, DON RODRIGUE, DON SANCHE
Chez le Roi

DON RODRIGUE

[...]
J'allais de tous côtés encourager les nôtres,
Faire avancer les uns, et soutenir les autres,
Ranger ceux qui venaient, les pousser à leur tour,
Et ne l'ai pu savoir jusques au point du jour[1].
5   Mais enfin sa clarté montre notre avantage :
Le More[2] voit sa perte et perd soudain courage ;
Et voyant un renfort qui nous vient secourir,
L'ardeur de vaincre cède à la peur de mourir.
Ils gagnent leurs vaisseaux, ils en coupent les câbles,
10   Poussent jusques aux cieux des cris épouvantables,
Font retraite en tumulte, et sans considérer
Si leurs rois avec eux peuvent se retirer.
Pour souffrir ce devoir leur frayeur est trop forte ;
Le flux les apporta ; le reflux les remporte,
15   Cependant que leurs rois, engagés parmi nous,
Et quelque peu des leurs, tous percés de nos coups,
Disputent vaillamment et vendent bien leur vie[3].
À se rendre moi-même en vain je les convie :
Le cimeterre[4] au poing, ils ne m'écoutent pas ;
20   Mais voyant à leurs pieds tomber tous leurs soldats,
Et que seuls désormais en vain ils se défendent,
Ils demandent le chef : je me nomme, ils se rendent.
Je vous les envoyai tous deux en même temps ;
Et le combat cessa faute de combattants.
25   C'est de cette façon que, pour votre service...

Pierre Corneille, *Le Cid*, acte IV, scène 3, 1660.

1. **Au point du jour** : à l'aube. 2. **More** : variante orthographique de « Maure ». 3. **Vendent bien leur vie** : se battent jusqu'au bout. 4. **Cimeterre** : sabre oriental.

REPÈRES

La guerre franco-espagnole
Au moment où Corneille écrit *Le Cid* (1637), la France est attaquée par les Espagnols. Richelieu, principal ministre du roi Louis XIII, réussit, grâce à une contre-offensive, à sauver la capitale. La figure de Rodrigue, vainqueur des Maures, peut faire penser à Richelieu sauvant Paris.

MÉMO

Le **registre épique** se caractérise par l'emploi de nombreux pluriels, d'énumérations, d'hyperboles et de répétitions. On le trouve surtout dans l'épopée, genre littéraire qui raconte les exploits d'un héros face à un défi exceptionnel qui l'oblige à se dépasser.

Le Cid, mise en scène de Brigitte Jacques-Wajeman, avec Alexandre Pavloff (Rodrigue)
et Jean-Baptiste Malartre (don Fernand), Comédie-Française, Paris, 2006.

Le Cid, mise en scène d'Alain Ollivier, avec Thibaut Corrion (Rodrigue) et John Arnold (don Fernand), théâtre Gérard-Philipe, Saint-Denis, 2007.

▶ Comment se manifeste l'héroïsme de Rodrigue ?

Découvrir le texte

1. Votre perception de Rodrigue change-t-elle après la lecture de ce passage ? Pourquoi ?

Analyser et interpréter le texte

Le récit d'une bataille

2. Quels moments de la bataille sont racontés ici ? Quel est le champ lexical dominant ?

3. LANGUE À quel temps le récit est-il mené à partir du vers 5 ? Quelle est la valeur de ce temps ? Quel est l'effet produit sur le lecteur-spectateur ?

4. Reformulez l'action racontée au vers 22. **a.** Comment appelle-t-on ce procédé qui consiste à ne raconter que le début et la fin d'une action ? **b.** Quelles pourraient être les étapes intermédiaires selon vous ?

La victoire de Rodrigue

5. Quelle image Rodrigue renvoie-t-il de lui au travers de ce récit ? Justifiez votre réponse.

6. Relevez le champ lexical qui témoigne de la valeur et du courage de Rodrigue.

7. Qu'est-ce que cette scène nous apprend à propos du titre de la pièce ? Pourquoi selon vous cette explication vient-elle si tard dans la pièce ?

8. MISE EN VOIX Lisez à voix haute les vers 9 à 17 : quel est selon vous le ton à adopter ?

S'exprimer à l'écrit ✐

Adopter un point de vue différent

9. À partir de la réplique de Rodrigue, racontez la même scène (l'issue de la bataille), en adoptant le point de vue des Maures vaincus. Votre récit sera à la 1re personne du pluriel.

> *Conseil :* Utilisez le présent de narration et le champ lexical de la guerre et de la défaite.

Bilan Comment Rodrigue devient-il un héros ?

Mettre en scène *Le Cid*

Le théâtre est non seulement un genre littéraire mais aussi un spectacle. Une pièce de théâtre est en effet écrite pour être jouée, c'est-à-dire mise en scène et donc interprétée. L'auteur donne quelques indications grâce à des didascalies, mais il appartient au metteur en scène d'opérer des choix concernant les costumes, les décors, le son, les éclairages.
Ainsi, chaque mise en scène est unique.

Le jeu des comédiens et les costumes

1. Qui sont ces deux hommes ?

2. a. Leurs costumes vous semblent-ils d'époque ? Qu'a voulu montrer le metteur en scène ? **b.** Quelles sont les couleurs dominantes ? Essayez de donner une interprétation pour ce choix.

3. Quels sentiments semblent les animer ?

4. Selon vous, à quelle scène cette image pourrait-elle renvoyer ?

❶ *Le Cid*, mise en scène d'Alain Ollivier, avec Thibaut Corrion (Rodrigue) et Bruno Sermonne (don Diègue), théâtre Gérard-Philipe, Saint-Denis, 2007.

Les décors et le son

5. Observez le décor (couleurs, arrière-plan, matériaux…). **a.** Que vous évoque-t-il ? **b.** Sur quel aspect de la pièce le metteur en scène met-il ainsi l'accent ?

6. Où se trouvent Rodrigue et Chimène sur scène ? Quelle place occupent-ils par rapport à l'arrière-plan ?

7. 🔊 Regardez la bande-annonce de la pièce sur le site de la compagnie Sandrine Anglade (www.compagniesandrineanglade.com) : quelle est la particularité de cette mise en scène ? Aimeriez-vous assister à cette représentation ? Pourquoi ?

❷ *Le Cid*, mise en scène de Sandrine Anglade, avec Damien Houssier (Rodrigue) et Géraldine Szajman (Chimène), spectacle joué dans plusieurs villes de 2012 à 2014.

❸ *Le Cid*, mise en scène de Bruno Spiesser, festival de Gavarnie, 2012.

Un cadre original : le cirque de Gavarnie

8. 🔍 Faites une recherche sur Internet et expliquez pourquoi on peut parler de « cirque » pour ce lieu.

9. Selon vous, choisir ce cadre pour représenter *Le Cid* change-t-il la perception que les spectateurs ont de la pièce ? Expliquez.

10. DÉBAT Préféreriez-vous assister à une représentation du *Cid* dans un théâtre traditionnel ou dans ce cadre ? Expliquez votre choix et confrontez vos points de vue en classe.

Le Festival de Gavarnie

« Au pied du cirque de Gavarnie, le Festival de Gavarnie est au cœur de l'actualité culturelle pyrénéenne en présentant un spectacle théâtral et chorégraphique dans un site grandiose. Véritable merveille naturelle, le cirque de Gavarnie, classé en 1997 par l'Unesco Patrimoine mondial de l'humanité, situé dans les Hautes-Pyrénées, présente chaque année un classique du théâtre en grandeur nature redimensionné pour le lieu. »

Article publié sur le portail d'information AquitaineOn-Line.com, le 30 juillet 2014, par Alain Dehez.

Activité

Mettre en scène un extrait du *Cid*

Vous souhaitez créer une adaptation modernisée du *Cid* pour rendre la pièce plus proche des spectateurs de votre âge. Choisissez l'un des textes étudiés et proposez une mise en scène : quels sont vos choix de décors, de costumes, d'accessoires ? Quels jeux de lumière et quel type de musique favoriseriez-vous ? Expliquez vos choix.

Lire *Le Cid*, de Pierre Corneille

1. La trame de la pièce

Acte I **1.** Où se déroule la pièce ?

2. Présentez les personnages en précisant quelle relation ils entretiennent entre eux ; sont-ils heureux au début de la pièce ? ⌐ Lecture 1

3. Quel évènement déclenche l'action ? Dans quelle situation se trouvent les personnages à la fin de l'acte I ? À quelle suite le spectateur peut-il s'attendre ?

4. Quelles sont les valeurs qui entrent en conflit dans cette pièce ? Comment appelle-t-on ce type de conflit ? ⌐ Lecture 2

Acte II **5.** Quelles sont les scènes qui font progresser l'action ?

6. En quoi peut-on dire que Rodrigue accomplit son devoir ? Sur quoi le devoir prime-t-il ?

Acte III **7.** Qui sont les deux personnages les plus présents dans l'acte III ? À votre avis, pourquoi ?

8. Pourquoi peut-on considérer que Chimène se trouve dans une situation comparable à celle de Rodrigue dans l'acte I ?

9. Dans quelle mesure ces deux personnages surmontent-ils leurs doutes ?

10. Que conseille don Diègue à son fils (scène 6) ? ⌐ Lecture 3

Acte IV **11.** Quelle prouesse Rodrigue a-t-il réalisée ? Quelle conséquence cela a-t-il sur sa situation ?

12. Pourquoi est-il désormais possible au spectateur de comprendre le titre de la pièce ? Rappelez ce que signifie « Cid ». ⌐ Lecture 4

Acte V **13.** Montrez que cette pièce présente un dénouement heureux.

2. Les personnages

RODRIGUE Comment Rodrigue acquiert-il au fil de la pièce le statut de héros ? En quoi tend-il vers la perfection ? Relevez les passages où il fait preuve de : *courage, honnêteté, générosité, sens de l'honneur.*

CHIMÈNE Montrez qu'elle incarne elle aussi un personnage héroïque. Quels sont les points communs entre elle et Rodrigue ?

L'INFANTE Qui est-elle ? À quels obstacles se trouve-t-elle confrontée ? En quoi ce personnage est-il représentatif de la tragédie ?

DON SANCHE Ce personnage peut-il être considéré comme un rival honnête ? Quel est son objectif tout au long de la pièce ? Parvient-il à son but ?

DON DIÈGUE En quoi peut-on dire que don Diègue joue un rôle clé dans le déclenchement de l'action ? Quelles sont les valeurs qu'il place au-dessus de tout ?

3. Deux valeurs en conflit : amour et honneur

1. a. Quelle conception de l'amour ont Rodrigue et Chimène ? Reportez-vous aux vers 302, 890, 924 et 835-836.

b. Que représente l'honneur pour Rodrigue et Chimène ? Reportez-vous aux vers 333-334, 850 et 924.

c. Que pouvez-vous conclure de vos réponses ?

2. Laquelle de ces valeurs semble triompher à la fin ? Justifiez votre réponse.

Bilan

🕐 Créer une carte heuristique

À partir de tous les éléments que vous avez synthétisés (actions principales, liens entre les personnages, enjeux de chaque acte), créez, à l'aide d'un logiciel gratuit comme Freemind, un schéma qui contiendra ces éléments. Agencez-les de la manière qui vous semble la plus logique.

À vos carnets !

Vous avez rencontré dans la pièce des maximes, formules brèves et frappantes qui énoncent une vérité générale (par exemple : « À vaincre sans péril, on triomphe sans gloire », acte II, scène 2, vers 434). Repérez-en quelques-unes et constituez-vous un florilège de maximes et de vers que vous trouvez beaux. Vous direz en quoi ces vers sont poétiques.

Objectifs
• Comprendre le sens des mots du XVIIᵉ siècle.
• Enrichir son vocabulaire pour analyser des scènes de théâtre.

Vocabulaire

Les mots du théâtre classique

Jouer avec les mots du théâtre

1 Au XVIIᵉ siècle, le théâtre est le genre littéraire dominant. Recopiez et remplissez cette grille avec les mots correspondants. ↘ Le vocabulaire du théâtre, p. 370
1. Personnage « ami » qui permet au héros d'exprimer sa situation. **2.** Adjectif formé à partir du nom de Corneille pour qualifier un choix difficile. **3.** Strophes construites comme des couplets. **4.** Indication scénique dans un texte théâtral. **5.** Scène du début, qui donne des informations au spectateur. **6.** Genre théâtral dans lequel évoluent des personnages de haute naissance. **7.** Situation problématique à laquelle est confronté le héros chez Corneille. **8.** Règle selon laquelle ce qui se passe dans la pièce doit être crédible. **9.** Long discours dans lequel le héros parle seul. **10.** Valeur qui s'oppose à l'amour de Rodrigue.

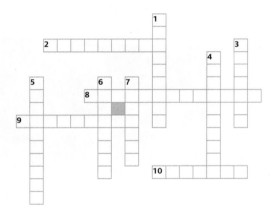

Caractériser un choix

2 Le choix que Rodrigue doit faire est-il :
cornélien • judicieux • délibéré • déterminant ?
Pour chaque réponse, justifiez.

3 Obéir ou refuser ? Classez les mots suivants selon leur sens :
obtempérer • défier • acquiescer • se résoudre à • braver • fléchir • transgresser • enfreindre

4 Pas d'hésitation ! Retrouvez les antonymes (les contraires) du mot « indécision » :
1. d_c____n   4. ré_o_ut___
2. d____m___t___   5. c_rt___d_
3. f__m_t_   6. a__ur__c_

Comprendre le sens de l'honneur

5 Reliez les mots suivants à leur définition :

Honneur •   • force de caractère que l'on manifeste devant une situation difficile

Courage •   • ce qui rend quelqu'un digne d'estime

Mérite •   • dignité, fierté vis-à-vis de soi

6 Recopiez et complétez ce tableau avec des verbes et des adjectifs de la même famille que les noms à gauche. Aidez-vous si besoin d'un dictionnaire.

NOM	VERBE	ADJECTIF
valeur		
dignité		
courage		
honneur		

7 Lisez ces deux vers prononcés par don Diègue, extraits de la scène 4 de l'acte I, et répondez aux questions.

> Ô rage ! ô désespoir ! ô vieillesse ennemie !
> N'ai-je donc tant vécu que pour cette infamie ?

a. Donnez une définition, avec vos propres mots, du mot « infamie ».
b. Quelle est l'infamie à laquelle il fait allusion ?
c. Citez au moins deux synonymes de ce mot.

À vous d'écrire !

8 Imaginez la réaction de Chimène lorsqu'elle découvre que Rodrigue a tué son père. Écrivez un paragraphe de quelques lignes pour décrire cette scène, en utilisant les mots ci-dessous :
livide • hagarde • défaillir • vaciller • sanglot(s) • stupeur

9 Mettez-vous dans la peau du metteur en scène et donnez des indications à la comédienne qui joue le rôle de Chimène après la mort de son père : quels doivent être son pas, son regard, son visage, sa tenue sur scène, ses gestes ? Soyez aussi précis(e) que possible.

...à l'oral

Jouer un enchaînement de répliques courtes

1 Rappelez quel lien unit le Comte et don Diègue, puis lisez cette scène (acte I, scène 3) en silence. Combien de syllabes comptent la plupart des vers ? Comment appelle-t-on ce type de vers ?

LE COMTE
Ce que je méritais, vous l'avez emporté.

DON DIÈGUE
Qui l'a gagné sur vous l'avait mieux mérité.

LE COMTE
Qui peut mieux l'exercer en est bien le plus digne.

DON DIÈGUE
En être refusé n'en est pas un bon signe.

LE COMTE
Vous l'avez eu par brigue, étant vieux courtisan.

DON DIÈGUE
L'éclat de mes hauts faits[1] fut mon seul partisan.

LE COMTE
Parlons-en mieux, le Roi fait honneur à votre âge.

DON DIÈGUE
Le Roi, quand il en fait, le mesure au courage.

LE COMTE
Et par là cet honneur n'était dû qu'à mon bras.

DON DIÈGUE
Qui n'a pu l'obtenir ne le méritait pas.

LE COMTE
Ne le méritait pas ! moi ?

DON DIÈGUE
Vous.

LE COMTE
Ton impudence[2],
Téméraire[3] vieillard, aura sa récompense.

(Il lui donne un soufflet[4]).

---
1. **Hauts faits** : exploits. 2. **Impudence** : insolence. 3. **Téméraire** : imprudent. 4. **Soufflet** : gifle.

2 Quels sentiments animent ces deux personnages ? Comment pouvez-vous rendre compte de ces sentiments en lisant les répliques à voix haute ?

3 En classe, réfléchissez à une mise en scène possible de cet extrait : gestes des personnages, décors, objets, voire costumes, musique... Tenez compte de l'état d'esprit des deux personnages.

Le Cid, mise en scène de Colette Roumanoff, avec Serge Catanèse (don Gomès) et Jean-Louis Laurent (don Diègue), théâtre Fontaine, Paris, 2013.

4 Par groupes de deux, apprenez chacun un rôle et jouez devant la classe cet enchaînement de stichomythies, après avoir préparé la mise en scène.

Rappel : des stichomythies sont un enchaînement de courtes répliques de longueur égale n'excédant pas un vers.

...à l'écrit

Écrire un dialogue argumentatif

Vous vous êtes rendu(e) à une représentation du *Cid* avec un(e) ami(e) ou en avez vu une retranscription vidéo. Cela vous a permis de découvrir la pièce.

1 Échangez dans un premier temps vos impressions. Notez au brouillon les arguments de chacun et classez-les selon qu'ils défendent la mise en scène ou non.

2 Rédigez ensuite le dialogue argumentatif, dans lequel vous opposerez les arguments en faveur de la mise en scène vue et ceux contre.

Conseil
Utilisez des connecteurs logiques comme « donc », « or », « en effet », « cependant »... pour marquer la progression de votre argumentation.

COMPÉTENCES

D1, 2, 3 Exploiter les ressources créatives de la parole.

D1, 2, 3 Passer du recours intuitif à l'argumentation à un usage plus maîtrisé.

Bilan de la séquence

Une tragi-comédie

Des éléments de tragédie

Les personnages appartiennent à l'aristocratie ; la pièce se déroule en 5 actes ; les vers sont des alexandrins (12 syllabes) ; un personnage meurt (le père de Chimène).

Un dénouement heureux

Le héros sort victorieux d'une bataille et les amants sont réunis à la fin malgré les circonstances.

Certaines règles de la tragédie classique ne sont pas respectées

La règle des trois unités (unité d'action, de temps, de lieu : il ne doit y avoir qu'une seule intrigue qui se déroule en 24 heures et en un seul lieu). Ici, l'unité de lieu et d'action unique ne sont pas respectées.

La bienséance (ne pas montrer de violence ou d'actes contraires à la morale). Ici, Chimène est prête à épouser le meurtrier de son père, ce qui n'est pas envisageable dans une tragédie.

La vraisemblance (tout ce qui se passe dans la pièce doit être crédible). Il n'est pas vraisemblable que Rodrigue tue le père de Chimène, parte en guerre contre les Maures, et revienne victorieux en seulement 24 heures.

Un dilemme au cœur de l'intrigue

Le dilemme cornélien

Les personnages du *Cid* sont soumis à un dilemme, c'est-à-dire à deux possibilités d'action. On parle, dans les pièces de Corneille, de « choix cornélien », qui oppose l'amour au sens du devoir.

Honneur et devoir

Au XVIIe siècle, les individus de naissance noble doivent faire passer l'honneur de leur famille avant leurs sentiments personnels.

Évaluation   Mobiliser les acquis de la séquence

1. Je sais résumer brièvement l'intrigue du *Cid*.

2. Je sais ce qu'est un monologue délibératif.

3. Je connais les caractéristiques du dilemme cornélien.

4. Je connais la définition d'« honneur ».

COMPÉTENCES ATTENDUES EN FIN DE 4e

| D1, 5 | **Lire** |
| Élaborer une interprétation de textes littéraires. | ■ ■ ■ ■ |

| D1, 2, 3 | **Comprendre et s'exprimer à l'oral** |
| Exploiter les ressources de la voix et de la gestuelle. | ■ ■ ■ ■ |

| D1, 2 | **Comprendre le fonctionnement de la langue** |
| Construire des notions permettant l'analyse des textes. | ■ ■ ■ ■ |

Individu et société : confrontations de valeurs ?

Pour tout l'or

OBJECTIFS
• Comprendre les conflits provoqués par le désir d'argent dans les récits.
• Lire des extraits de romans et de nouvelles divers.

Ali Baba et les Quarante Voleurs,
film de Jacques Becker
avec Fernandel, 1954.

du monde

▶ *Comment le désir d'argent oppose-t-il et fait-il évoluer les personnages de récits ?*

Quand l'argent entre en jeu

1764

Voltaire, *Jeannot et Colin*

*Une amitié soumise
à rude épreuve*

Dans ce conte philosophique, Voltaire
raconte l'histoire de deux amis
d'origine modeste. Quand Jeannot
s'enrichit, par amour du paraître, il
délaisse Colin, qui saura cependant
rester fidèle en amitié. ↘ p. 188

1835

Honoré de Balzac, *Le Père Goriot*

Une terrible révélation

Dans ses romans, Balzac montre des
personnages ravagés par le jeu des passions
et des intérêts. Le père Goriot, incarnation
de l'amour paternel, est victime de la cupidité
et de l'égoïsme de ses filles. ↘ p. 190

1882

**Guy de Maupassant,
*Aux champs***

Le choix de l'argent

Maupassant, très proche de
la campagne normande et de
ses paysans, décrit dans cette
nouvelle réaliste la cruauté
dont les hommes sont capables
pour de l'argent. ↘ p. 192

1962

**Romain Gary,
*J'ai soif d'innocence***

*L'homme face à
ses contradictions*

L'auteur évoque la quête
d'innocence d'un narrateur fatigué
des « fausses valeurs » de la
civilisation. Le personnage se réfugie
sur une île du Pacifique, mais ses
habitants sont-ils si désintéressés
qu'il le pense ? ↘ p. 198

Jean de La Fontaine
Fabuliste français
1621-1695

Voltaire
Écrivain et
philosophe français
1694-1778

Honoré de Balzac
Romancier français
1799-1850

Guy de Maupassant
Écrivain français
1850-1893

Romain Gary
Écrivain français
1914-1980

La Poule aux œufs d'or

L'Avarice perd tout en voulant tout gagner.
    Je ne veux pour le témoigner
Que celui dont la Poule, à ce que dit la Fable,
    Pondait tous les jours un œuf d'or.
5 Il crut que dans son corps elle avait un trésor.
Il la tua, l'ouvrit, et la trouva semblable
À celles dont les œufs ne lui rapportaient rien,
S'étant lui-même ôté le plus beau de son bien.
    Belle leçon pour les gens chiches[1] :
10 Pendant ces derniers temps combien en a-t-on vus
Qui du soir au matin sont pauvres devenus
    Pour vouloir trop tôt être riches ?

Jean de La Fontaine, « La Poule aux œufs d'or »,
Fables, livre V, 1668.

---

1. **Chiches** : trop économes.

1 Résumez cette fable.

2 Que signifie le mot « avarice » (v. 1) ? Pourquoi y a-t-il une majuscule ?

3 À quel moment y a-t-il un renversement de situation ? Quelle morale La Fontaine donne-t-il à sa fable ?

4 Écrivez une anecdote en prose qui illustrera les trois derniers vers. Vous conclurez votre récit par « L'Avarice perd tout en voulant gagner ».

5 Quelles satisfactions peut apporter selon vous le fait d'être riche ? L'argent peut-il tout acheter ? Donnez votre avis à tour de rôle, en veillant à proposer des arguments et des exemples. Tenez compte à chaque fois de la prise de parole précédente.

Lecture 1

Objectifs
• Dégager la morale d'un conte.
• Comprendre l'argumentation implicite dans un récit.

Compétence
• Situer une œuvre dans son contexte pour enrichir sa lecture.

Pour bien écrire

« Une demi-journée »
(l. 9) : adjectif placé devant le nom, « demi » ne s'accorde pas ; en revanche, placé derrière, il s'accorde : une « journée et demie ». Comment écrit-on 2 h 30 en lettres, en employant « demi » ?

✏ MÉMO

Le **conte philosophique** est un genre littéraire inventé par Voltaire au XVIIIᵉ siècle. Ce récit bref reprend les caractéristiques du conte merveilleux et permet à l'auteur de critiquer implicitement les travers de la société. Il délivre une leçon et a donc une dimension argumentative.

Des retrouvailles salutaires

Jeannot, dont les parents ont fait fortune et acheté un titre de noblesse, mène une vie luxueuse jusqu'au jour où il apprend qu'ils sont ruinés. Il demande de l'aide au confesseur de sa mère, mais en vain... C'est alors qu'il voit arriver son ami d'enfance, Colin, qu'il avait délaissé car celui-ci n'était pas aussi riche...

À mesure qu'il s'expliquait, le théatin[1] prenait une mine plus grave, plus indifférente, plus imposante : « Mon fils, voilà où Dieu vous voulait ; les richesses ne servent qu'à corrompre le cœur[2] ; Dieu a donc fait la grâce à votre mère de la réduire à la mendicité[3] ? – Oui monsieur. – Tant mieux,
5   elle est sûre de son salut. – Mais, mon père, en attendant, n'y aurait-il pas moyen d'obtenir quelque secours dans ce monde ? – Adieu, mon fils ; il y a une dame de la cour qui m'attend. »

Le marquis fut prêt à s'évanouir ; il fut traité à peu près de même par tous ses amis, et apprit mieux à connaître le monde dans une demi-journée
10 que dans tout le reste de sa vie.

Comme il était plongé dans l'accablement du désespoir, il vit avancer une chaise roulante à l'antique, espèce de tombereau[4] couvert, accompagné de rideaux de cuir, suivi de quatre charrettes énormes toutes chargées.

Illustration de René-Xavier Prinet pour *Jeannot et Colin* de Voltaire, 1917.

188

Il y avait dans la chaise un jeune homme grossièrement vêtu; c'était un
15 visage rond et frais qui respirait la douceur et la gaieté. Sa petite femme
brune, et assez grossièrement agréable, était cahotée à côté de lui. La
voiture n'allait pas comme le char d'un petit-maître⁵ : le voyageur eut tout
le temps de contempler le marquis immobile, abîmé dans sa douleur.
« Eh ! mon Dieu ! s'écria-t-il, je crois que c'est là Jeannot. » À ce nom, le
20 marquis lève les yeux, la voiture s'arrête : « C'est Jeannot lui-même, c'est
Jeannot. » Le petit homme rebondi ne fait qu'un saut, et court embrasser son ancien camarade. Jeannot reconnut Colin ; la honte et les pleurs
couvrirent son visage. « Tu m'as abandonné, dit Colin ; mais tu as beau
être grand seigneur, je t'aimerai toujours. » Jeannot, confus et attendri, lui
25 conta, en sanglotant, une partie de son histoire. « Viens dans l'hôtellerie
où je loge me conter le reste, lui dit Colin ; embrasse ma petite femme,
et allons dîner ensemble. »

     Ils vont tous trois à pied, suivis du bagage. « Qu'est-ce donc que tout
cet attirail ? Vous appartient-il ? – Oui, tout est à moi et à ma femme. Nous
30 arrivons du pays ; je suis à la tête d'une bonne manufacture de fer étamé⁶
et de cuivre. J'ai épousé la fille d'un riche négociant en ustensiles⁷ nécessaires aux grands et aux petits ; nous travaillons beaucoup ; Dieu nous
bénit ; nous n'avons point changé d'état ; nous sommes heureux, nous
aiderons notre ami Jeannot. Ne sois plus marquis ; toutes les grandeurs
35 de ce monde ne valent pas un bon ami. Tu reviendras avec moi au pays,
je t'apprendrai le métier, il n'est pas bien difficile ; je te mettrai de part⁸,
et nous vivrons gaiement dans le coin de terre où nous sommes nés. »

Voltaire, *Jeannot et Colin*, 1764.

1. **Théatin** : religieux. 2. **Corrompre le cœur** : rendre l'homme mauvais. 3. **Mendicité** : état d'une personne qui doit mendier. 4. **Tombereau** : voiture faite d'une caisse montée sur deux roues que l'on peut décharger en la basculant. 5. **Petit-maître** : jeune élégant ridicule. 6. **Étamé** : recouvert d'une couche d'étain. 7. **Négociant en ustensiles** : commerçant qui vend des objets utiles pour la maison. 8. **Je te mettrai de part** : je t'associerai à mon travail.

▶ Quelle leçon Voltaire délivre-t-il à travers l'histoire de Jeannot et Colin ?

Découvrir le texte

1. Pourquoi Jeannot et ses parents sont-ils délaissés par leurs connaissances, y compris par les plus proches ?
2. DÉBAT Comment comprenez-vous cette attitude ? Échangez vos hypothèses.

Analyser et interpréter le texte

Un ami providentiel

3. À qui Jeannot demande-t-il de l'aide au début du passage ? Caractérisez cet homme en fonction de sa réponse.
4. Dans quel état psychologique Jeannot se trouve-t-il après cet entretien ? Relevez les termes qui le décrivent.
5. Quel rôle Colin joue-t-il ? En quoi son arrivée est-elle caricaturale ?
6. Relevez tous les termes qui font penser à un univers de conte merveilleux. Quel effet la référence à ce genre produit-elle ?

Une leçon de sagesse

7. Relevez les expressions qui montrent que Colin aime la simplicité et la modestie. En quoi ce personnage s'oppose-t-il à Jeannot ?
8. LANGUE Observez la phrase « toutes les grandeurs de ce monde ne valent pas un bon ami » (l. 34). **a.** Quels sont le temps et le mode du verbe de cette proposition ? Quelle en est sa valeur ? **b.** Quelle leçon est délivrée ici ?

S'exprimer à l'écrit ✍

Écrire une lettre

9. Rédigez une lettre dans laquelle Colin raconte ses retrouvailles avec Jeannot et évoque les sentiments qu'il a éprouvés au cours de cette rencontre imprévue.

Bilan D'après Voltaire, qu'est-ce qui peut apporter le bonheur à l'homme ? Qu'est-ce qui peut lui nuire ?

Une terrible prise de conscience

Objectifs
• Étudier le registre pathétique.
• Analyser le récit réaliste d'une agonie.

Compétence
• Adapter sa lecture au mode d'expression.

Le père Goriot, ancien commerçant sur le point de mourir, évoque la façon dont il a élevé et aidé financièrement ses deux filles. Celles-ci, mariées à des aristocrates, ont arrêté de venir le voir depuis qu'il a perdu tout son argent...

« Ah ! si j'étais riche, si j'avais gardé ma <u>fortune</u>, si je ne la leur avais pas donnée, elles seraient là, elles me lécheraient les joues de leurs baisers ! je demeurerais dans un hôtel, j'aurais de belles chambres, des domestiques, du feu à moi ; et elles seraient tout en larmes, avec leurs maris, leurs enfants.
5 J'aurais tout cela. Mais rien. L'argent donne tout, même des filles. Oh ! mon argent, où est-il ? Si j'avais des trésors à laisser, elles me panseraient[1], elles me soigneraient ; je les entendrais ; je les verrais. Ah ! mon cher enfant, mon seul enfant, j'aime mieux mon abandon et ma misère ! Au moins, quand un malheureux est aimé, il est bien sûr qu'on l'aime. Non, je voudrais être
10 riche, je les verrais. Ma foi, qui sait ? Elles ont toutes les deux des cœurs de roche. J'avais trop d'amour pour elles pour qu'elles en eussent pour moi. Un père doit être toujours riche, il doit tenir ses enfants en bride comme des chevaux sournois. Et j'étais à genoux devant elles.
15 Les misérables ! elles couronnent dignement leur conduite envers moi depuis dix ans. Si vous saviez comme elles étaient aux petits soins pour moi dans
20 les premiers temps de leur mariage ! (Oh ! Je souffre un cruel <u>martyre</u> !) Je venais de leur donner à chacune près

▽ L'HISTOIRE DES MOTS

« **Fortune** » (l. 1) a longtemps signifié « sort », « destin » (du latin *fortuna*). Le mot prend le sens de « richesse » à partir du XVᵉ siècle, mais garde son double sens. Quel adjectif dérivé de ce mot signifie « malheureux » ?

Pour bien écrire

« **Martyre** » (l. 21) signifie une grande douleur physique ou morale. Il ne faut pas confondre ce mot avec « martyr », sans *-e*, qui désigne une personne qui meurt pour sa foi. Indiquez la bonne orthographe : « Persécutés, ils sont morts en *martyrs / martyres*. »

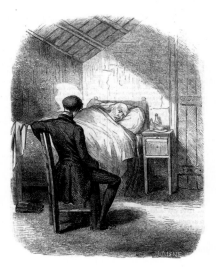

Illustration pour *Le Père Goriot*, gravure, XIXᵉ siècle.

▶ Comment l'argent modifie-t-il les rapports entre les personnages ?

Découvrir le texte

1. **a.** Qui parle dans ce texte ? Comment les paroles du personnage sont-elles rapportées ? **b.** Quel est l'intérêt de ce choix ?

Analyser et interpréter le texte

Un terrible constat

2. Dans quelle situation se trouve le père Goriot ? Vous paraît-il lucide ?

3. **a.** Qu'est-ce qui a modifié la relation père-filles ? Relevez un champ lexical à l'appui de votre réponse.
b. Quels sentiments le père Goriot éprouve-t-il désormais face à ce constat ?

4. Quel est le registre dominant dans ce texte ? Observez notamment les types de phrases et les

de huit cent mille francs, elles ne
pouvaient pas, ni leurs maris non plus,
25   être rudes avec moi. L'on me recevait :
"Mon père, par-ci ; mon cher père,
par-là". Mon couvert était toujours mis
chez elles. Enfin je dînais avec leurs
maris, qui me traitaient avec considéra-
30   tion. J'avais l'air d'avoir encore quelque
chose. Pourquoi ça ? Je n'avais rien dit
de mes affaires. Un homme qui donne
huit cent mille francs à ses deux filles
était un homme à soigner. Et l'on était
35   aux petits soins, mais c'était pour mon
argent. Le monde n'est pas beau. J'ai vu
cela, moi ! L'on me menait en voiture au
spectacle, et je restais comme je voulais
aux soirées. Enfin elles se disaient mes
40   filles, et elles m'avouaient pour leur
père. J'ai encore ma finesse, allez, et
rien ne m'est échappé. Tout a été à son
adresse[2] et m'a percé le cœur. Je voyais
bien que c'était des frimes[3] ; mais le mal
45   était sans remède. Je n'étais pas chez
elles aussi à l'aise qu'à la table d'en
bas. Je ne savais rien dire. Aussi quand
quelques-uns de ces gens du monde
demandaient à l'oreille de mes gendres : "Qui est-ce que ce monsieur-là ? –
50   C'est le père aux écus, il est riche. – Ah, diable !" disait-on, et l'on me regardait
avec le respect dû aux écus. [...] »

Honoré de Balzac, Le Père Goriot, 1835.

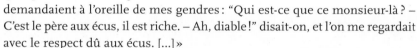

Ernest Rouart, *Soirée à l'Opéra* (détail), vers 1900.

---

1. **Panseraient** : soulageraient. 2. **Tout a été à son adresse** : rien n'a échappé à mon intelligence.
3. **Frimes** : faux-semblants.

constructions syntaxiques. Quel effet ce registre
produit-il ?

Le reproche du père

5. LANGUE À quels temps et mode sont les verbes
lignes 6-7 ? Quelle est leur valeur ? Que disent-ils
de l'état d'esprit du personnage ?

6. Quel est le temps employé dans « l'argent donne
tout, même des filles » (l. 5) ? Expliquez cette phrase.

7. Relevez une comparaison et une métaphore qui
montrent que le père Goriot porte sur ses filles un
regard négatif. Que leur reproche-t-il ?

S'exprimer à l'oral

Jouer un extrait de roman

8. Imaginez que le père Goriot est un personnage
de théâtre et transformez son dialogue intérieur
en monologue. Apprenez les dix premières lignes
et jouez-les en mettant le ton.

Bilan En quoi peut-on dire que l'argent fausse
les liens entre un père et ses filles ?

Aux champs

Objectifs
• Lire une nouvelle réaliste intégrale.
• Comprendre les procédés de la critique sociale.

Compétence
• Repérer les éléments de cohérence et les références culturelles d'un texte.

À Octave Mirbeau.

Les deux chaumières[1] étaient côte à côte, au pied d'une colline, proches d'une petite ville de bains[2]. Les deux paysans besognaient[3] dur sur la terre inféconde pour élever tous leurs petits. Chaque ménage[4] en avait quatre. Devant les deux portes voisines, toute la marmaille[5] grouillait[6] du matin au soir. Les deux
5 aînés avaient six ans et les deux cadets[7] quinze mois environ ; les mariages, et, ensuite, les naissances s'étaient produits à peu près simultanément dans l'une et l'autre maison.

Les deux mères distinguaient à peine leurs produits dans le tas ; et les deux pères confondaient tout à fait. Les huit noms dansaient dans leur tête,
10 se mêlaient sans cesse ; et, quand il fallait en appeler un, les hommes souvent en criaient trois avant d'arriver au véritable.

La première des deux demeures, en venant de la station d'eaux de Rolleport, était occupée par les Tuvache, qui avaient trois filles et un garçon ; l'autre masure abritait les Vallin, qui avaient une fille et trois garçons.

15 Tout cela vivait péniblement de soupe, de pommes de terre et de grand air. À sept heures, le matin, puis à midi, puis à six heures, le soir, les ménagères réunissaient leurs mioches[8] pour donner la pâtée[9], comme des gardeurs d'oies

1. **Chaumières** : petites maisons à toit de chaume. 2. **Ville de bains** : ville où l'on va prendre des bains de mer. 3. **Besognaient** : travaillaient. 4. **Ménage** : couple. 5. **Marmaille** : groupe nombreux de jeunes enfants. 6. **Grouillait** : s'agitait. 7. **Les deux cadets** : les deux derniers. 8. **Mioches** : enfants, mômes. 9. **Pâtée** : soupe épaisse. 10. **Moutard** : enfant. 11. **Empâtait** : nourrissait. 12. **Baisa** : embrassa. 13. **Pommadés** : enduits. 14. **Menottes** : petites mains. 15. **Frêle** : qui ne semble pas solide.

Jean-François Millet, *Paysan greffant un arbre*, 1855.

Jozef Israëls, *Le Repas des paysans*, 1889.

assemblent leurs bêtes. Les enfants étaient assis, par rang d'âge, devant la table en bois, vernie par
20 cinquante ans d'usage. Le dernier moutard[10] avait à peine la bouche au niveau de la planche. On posait devant eux l'assiette creuse pleine de pain molli dans l'eau où avaient cuit les pommes de terre, un demi-chou et trois oignons ; et toute la ligne
25 mangeait jusqu'à plus faim. La mère empâtait[11] elle-même le petit. Un peu de viande au pot-au-feu, le dimanche, était une fête pour tous ; et le père, ce jour-là, s'attardait au repas en répétant :

« Je m'y ferais bien tous les jours. »

30 Par un après-midi du mois d'août, une légère voiture s'arrêta brusquement devant les deux chaumières, et une jeune femme, qui conduisait elle-même, dit au monsieur assis à côté d'elle :

« Oh ! regarde, Henri, ce tas d'enfants ! Sont-ils
35 jolis, comme ça, à grouiller dans la poussière ! »

L'homme ne répondit rien, accoutumé à ces admirations qui étaient une douleur et presque un reproche pour lui.

La jeune femme reprit :
40 « Il faut que je les embrasse ! Oh ! comme je voudrais en avoir un, celui-là, le tout-petit. »

Et, sautant de la voiture, elle courut aux enfants, prit un des deux derniers, celui des Tuvache, et, l'enlevant dans ses bras, elle le baisa[12] passionné-
45 ment sur ses joues sales, sur ses cheveux blonds frisés et pommadés[13] de terre, sur ses menottes[14] qu'il agitait pour se débarrasser des caresses ennuyeuses.

Puis elle remonta dans sa voiture et partit au
50 grand trot. Mais elle revint la semaine suivante, s'assit elle-même par terre, prit le moutard dans ses bras, le bourra de gâteaux, donna des bonbons à tous les autres ; et joua avec eux comme une gamine, tandis que son mari attendait patiem-
55 ment dans sa frêle[15] voiture.

Elle revint encore, fit connaissance avec les parents, reparut tous les jours, les poches pleines de friandises et de sous. Elle s'appelait Mme Henri d'Hubières.

60 Un matin, en arrivant, son mari descendit avec elle ; et, sans s'arrêter aux mioches, qui la connaissaient bien maintenant, elle pénétra dans la demeure des paysans.

Pius Ferdinand Messerschmitt, *Sur le chemin du retour*, 1909.

Ils étaient là, en train de fendre du bois pour la
65 soupe ; ils se redressèrent tout surpris, donnèrent des chaises et attendirent.

Alors la jeune femme, d'une voix entrecoupée, tremblante, commença :

« Mes braves gens, je viens vous trouver parce
70 que je voudrais bien… je voudrais bien emmener avec moi votre… votre petit garçon… »

Les campagnards, stupéfaits et sans idée, ne répondirent pas.

Elle reprit haleine et continua.
75 « Nous n'avons pas d'enfants ; nous sommes seuls, mon mari et moi… Nous le garderions… voulez-vous ? »

La paysanne commençait à comprendre. Elle demanda :
80 « Vous voulez nous prend'e Charlot ? Ah ben non, pour sûr. »

Alors M. d'Hubières intervint :

« Ma femme s'est mal expliquée. Nous voulons l'adopter, mais il reviendra vous voir. S'il tourne
85 bien, comme tout porte à le croire, il sera notre héritier. Si nous avions, par hasard, des enfants, il partagerait également avec eux. Mais s'il ne répon-dait pas à nos soins, nous lui donnerions, à sa majorité, une somme de vingt mille francs, qui
90 sera immédiatement déposée en son nom chez un notaire. Et, comme on a aussi pensé à vous,

on vous servira jusqu'à votre mort une rente de
cent francs par mois. Avez-vous bien compris ? »

La fermière s'était levée, toute furieuse.

95 « Vous voulez que j'vous vendions Charlot ?
Ah ! mais non ; c'est pas des choses qu'on d'mande
à une mère, ça ! Ah ! mais non ! Ce s'rait une
<u>abomination</u>. »

L'homme ne disait rien, grave et réfléchi ; mais
100 il approuvait sa femme d'un mouvement continu
de la tête.

Mme d'Hubières, éperdue, se mit à pleurer,
et, se tournant vers son mari, avec une voix pleine
de sanglots, une voix d'enfant dont tous les désirs
105 ordinaires sont satisfaits, elle balbutia :

« Ils ne veulent pas, Henri, ils ne veulent pas ! »
Alors ils firent une dernière tentative.

« Mais, mes amis, songez à l'avenir de votre
enfant, à son bonheur, à... »
110 La paysanne, exaspérée, lui coupa la parole :

« C'est tout vu, c'est tout entendu, c'est tout
réfléchi... Allez-vous-en, et pi, que j'vous revoie
point par ici. C'est-i permis d'vouloir prendre un
éfant comme ça ! »
115 Alors, Mme d'Hubières, en sortant, s'avisa
qu'ils étaient deux tout-petits, et elle demanda à
travers ses larmes, avec une ténacité de femme
volontaire et gâtée, qui ne veut jamais attendre :

« Mais l'autre petit n'est pas à vous ? »
120 Le père Tuvache répondit :

« Non, c'est aux voisins ; vous pouvez y aller,
si vous voulez. »

Et il rentra dans sa maison, où retentissait la
voix indignée de sa femme.
125 Les Vallin étaient à table, en train de manger
avec lenteur des tranches de pain qu'ils frottaient
parcimonieusement[16] avec un peu de beurre piqué
au couteau, dans une assiette entre eux deux.

M. d'Hubières recommença ses propositions,
130 mais avec plus d'insinuations[17], de précautions
oratoires[18], d'astuce.

Les deux ruraux hochaient la tête en signe de
refus ; mais quand ils apprirent qu'ils auraient
cent francs par mois, ils se considérèrent, se
135 consultant de l'œil, très ébranlés[19].

Aux champs, téléfilm d'Olivier Schatzky, 2008.

Ils gardèrent longtemps le silence, torturés,
hésitants. La femme enfin demanda :

« Qué qu't'en dis, l'homme ? »

Il prononça d'un ton sentencieux[20] :

140 « J'dis qu'c'est point méprisable. »

Alors Mme d'Hubières, qui tremblait d'angoisse, leur parla de l'avenir du petit, de son
bonheur, et de tout l'argent qu'il pourrait leur
donner plus tard.
145 Le paysan demanda :

« C'te rente de douze cents francs, ce s'ra
promis d'vant l'notaire ? »

M. d'Hubières répondit :

« Mais certainement, dès demain. »
150 La fermière, qui méditait, reprit :

« Cent francs par mois, c'est point suffisant
pour nous priver du p'tit ; ça travaillera dans
quéqu'z'ans c't'éfant ; i nous faut cent vingt
francs. »
155 Mme d'Hubières, trépignant d'impatience,
les accorda tout de suite ; et, comme elle voulait
enlever l'enfant, elle donna cent francs en cadeau
pendant que son mari faisait un écrit. Le maire et
un voisin, appelés aussitôt, servirent de témoins
160 complaisants.

Et la jeune femme, radieuse, emporta le
marmot hurlant, comme on emporte un bibelot
désiré d'un magasin.

Les Tuvache, sur leur porte, le regardaient partir, muets, sévères, regrettant peut-être leur refus.

On n'entendit plus du tout parler du petit Jean Vallin. Les parents, chaque mois, allaient toucher leurs cent vingt francs chez le notaire ; et ils étaient fâchés avec leurs voisins parce que la mère Tuvache les agonisait d'ignominies[21], répétant sans cesse de porte en porte qu'il fallait être dénaturé[22] pour vendre son enfant, que c'était une horreur, une saleté, une corromperie[23].

Et parfois elle prenait en ses bras son Charlot avec ostentation[24], lui criant, comme s'il eût compris :

« J't'ai pas vendu, mé, j't'ai pas vendu, mon p'tiot. J'vends pas m's éfants, mé. J'sieus pas riche, mais vends pas m's'éfants. »

Et, pendant des années et encore des années, ce fut ainsi chaque jour ; chaque jour des allusions grossières qui étaient vociférées devant la porte, de façon à entrer dans la maison voisine. La mère Tuvache avait fini par se croire supérieure à toute la contrée parce qu'elle n'avait pas vendu Charlot. Et ceux qui parlaient d'elle disaient :

« J'sais ben que c'était engageant, c'est égal, elle s'a conduite comme une bonne mère. »

On la citait ; et Charlot, qui prenait dix-huit ans, élevé dans cette idée qu'on lui répétait sans répit, se jugeait lui-même supérieur à ses camarades, parce qu'on ne l'avait pas vendu.

Les Vallin vivotaient[25] à leur aise, grâce à la pension. La fureur inapaisable des Tuvache, restés misérables, venait de là.

Leur fils aîné partit au service. Le second mourut ; Charlot resta seul à peiner avec le vieux père pour nourrir la mère et deux autres sœurs cadettes qu'il avait.

165
170
175
180
185
190

L'HISTOIRE DES MOTS

« **Abomination** » (l. 98), qui signifie « acte monstrueux », vient du latin *abominatio* (« action de repousser comme une chose exécrable, malédiction »). Quel adjectif a été formé à partir de ce mot ?

16. **Parcimonieusement** : avec parcimonie, c'est-à-dire en utilisant peu. 17. **Insinuations** : sous-entendus. 18. **Précautions oratoires** : détours pour éviter chez l'interlocuteur une réaction négative. 19. **Ébranlés** : troublés. 20. **Sentencieux** : solennel. 21. **Les agonisait d'ignominies** : les accablait d'injures. 22. **Dénaturé** : ici, qui ne remplit pas ses devoirs de parent. 23. **Corromperie** : perversion, dépravation. 24. **Avec ostentation** : de manière à être vue. 25. **Vivotaient** : vivaient avec de maigres revenus.

26. **Masure** : cabane, maison délabrée. 27. **Âtre** : cheminée. 28. **Émoi** : trouble, forte émotion. 29. **Fieu** : fils (patois). 30. **Niants** : ignares, incultes (patois). 31. **Manants** : paysans.

Il prenait vingt et un ans, quand, un matin, une brillante voiture s'arrêta devant les deux chaumières. Un jeune monsieur, avec une chaîne de montre en or, descendit, donnant la main à une vieille dame en cheveux blancs. La vieille dame lui dit :

« C'est là, mon enfant, à la seconde maison. »

200 Et il entra comme chez lui dans la masure[26] des Vallin.

La vieille mère lavait ses tabliers ; le père, infirme, sommeillait près de l'âtre[27]. Tous deux levèrent la tête, et 205 le jeune homme dit :

« Bonjour, papa ; bonjour, maman. »

Ils se dressèrent effarés. La paysanne laissa tomber d'émoi[28] son savon dans son eau et balbutia :

210 « C'est-i té, m'n éfant ? C'est-i té, m'n éfant ? »

Il la prit dans ses bras et l'embrassa, en répétant :

« Bonjour, maman. »

Tandis que le vieux, tout tremblant, disait, de son ton calme qu'il ne perdait jamais :

215 « Te v'là-t'il revenu, Jean ? »

Comme s'il l'avait vu un mois auparavant.

Et, quand ils se furent reconnus, les parents voulurent tout de suite sortir le fieu[29] dans le pays pour le montrer. On le conduisit chez le maire, chez l'adjoint, chez le curé, chez l'instituteur.

220 Charlot, debout sur le seuil de sa chaumière, le regardait passer.

Le soir au souper, il dit aux vieux :

« Faut-il qu'vous ayez été sots pour laisser prendre le p'tit aux Vallin ! »

Sa mère répondit obstinément :

« J'voulions point vendre not'éfant. »

225 Le père ne disait rien.

Le fils reprit :

« C'est-il pas malheureux d'être sacrifié comme ça. »

Alors le père Tuvache articula d'un ton coléreux :

« Vas-tu pas nous r'procher d't'avoir gardé ? »

230 Et le jeune homme, brutalement :

« Oui, j'vous le r'proche, que vous n'êtes que des niants[30]. Des parents comme vous ça fait l'malheur des éfants. Qu'vous mériteriez que j'vous quitte. »

La bonne femme pleurait dans son assiette. Elle gémit tout en avalant 235 des cuillerées de soupe dont elle répandait la moitié :

« Tuez-vous donc pour élever d's éfants ! »

Alors le gars, rudement :

« J'aimerais mieux n'être point né que d'être c'que j'suis. Quand j'ai vu l'autre, tantôt, mon sang n'a fait qu'un tour. Je m'suis dit :

240 – v'là c'que j'serais maintenant. »

Il se leva.

« Tenez, j'sens bien que je ferais mieux de n'pas rester ici, parce que j'vous le reprocherais du matin au soir, et que j'vous ferais une vie d'misère. Ça, voyez-vous, j'vous l'pardonnerai jamais ! »

245 Les deux vieux se taisaient, atterrés, larmoyants.

Il reprit :

« Non, c't'idée-là, ce serait trop dur. J'aime mieux m'en aller chercher ma vie aut'part. »

Il ouvrit la porte. Un bruit de voix entra. Les Vallin festoyaient

250 avec l'enfant revenu.

Alors Charlot tapa du pied et, se tournant vers ses parents, cria :

« Manants[31], va ! »

Et il disparut dans la nuit.

Guy de Maupassant, *Aux champs* [1882], *Les Contes de la bécasse*, 1883.

Aux champs, téléfilm d'Olivier Schatzky, 2008.

▶ Quelles visions de la société Maupassant donne-t-il ?

Découvrir le texte

1. Lisez deux fois ce texte sans prendre de notes puis fermez votre livre. Par petits groupes, restituez par écrit le schéma narratif de la nouvelle : situation initiale, élément perturbateur, péripéties, résolution, situation finale.

2. Présentez oralement les personnages principaux. À quel milieu social appartiennent-ils ?

Analyser et interpréter le texte

Un texte réaliste

3. Où l'action se déroule-t-elle ? Relevez les mots et expressions qui soulignent la misère des lieux.

4. a. À quoi les enfants sont-ils comparés au début de la nouvelle ? Relevez le champ lexical approprié. **b.** Que pouvez-vous en déduire sur la relation qu'entretiennent les parents avec leurs enfants ?

5. a. Observez les paroles prononcées par les Tuvache et les Vallin : que remarquez-vous ? **b.** Celles des d'Hubières sont-elles différentes ? Pourquoi ?

6. Qu'est-ce qui constitue l'élément perturbateur du récit ?

Un regard critique sur les hommes

7. Quels arguments M. et Mme d'Hubières utilisent-ils pour convaincre les Vallin de leur laisser leur enfant ? Commentez ces arguments.

8. LANGUE Observez la phrase de « Et la jeune femme, radieuse » à « désiré d'un magasin » (l. 161-163). **a.** Quelles sont la nature et la fonction de « radieuse » ? Sur quel aspect du personnage le narrateur insiste-t-il en l'employant ? **b.** Quelle figure de style est utilisée ensuite ? Que dénonce ici le narrateur ? ↘ Les figures de style, p. 377.

9. Quels sentiments les Tuvache éprouvent-ils tout au long de la nouvelle ? Quel personnage éprouve le même sentiment à la fin du récit ?

10. En quoi la chute de la nouvelle est-elle cruelle ?

S'exprimer à l'oral

Mener un débat

11. Discutez entre vous de la question suivante : l'argent peut-il tout acheter ? Pour répondre, prenez appui sur la nouvelle de Maupassant et sur d'autres exemples précis. Commentez notamment le comportement des Vallin qui ont vendu Jean.

Bilan Que critique Maupassant à travers cette nouvelle réaliste ? Quel regard porte-t-il sur le monde qu'il décrit ?

Lecture 4

Objectifs
• Analyser le dilemme d'un personnage.
• Comprendre les contradictions dues à l'argent.

Compétence
• Faire des hypothèses de lecture.

▽ **L'HISTOIRE DES MOTS**

« **Émotion** » (l. 30), comme « émouvoir » et « ému », vient du latin *ex-movere*, qui signifie « remuer, ébranler, déplacer ». Quel verbe ayant la même origine signifie « bouger » ?

PISTES EPI

Tourisme et sociétés

Projet : Réalisez le numéro inédit d'un magazine spécialisé en géographie, pour faire découvrir les différents aspects d'une île touristique. À l'aide d'articles que vous rédigerez et d'images qui les illustreront, montrez ce qui peut menacer la biodiversité de l'île et comment le tourisme transforme cette société.

Thématique :
Transition écologique et développement durable

Disciplines croisées :
Français, Géographie, SVT

La soif d'innocence

Pour « fuir le plus loin possible » la société corrompue par l'argent, le narrateur s'installe sur une île perdue des Marquises, où la population semble ignorer l'argent et la valeur matérielle des choses...

J'étais dans l'île depuis trois mois, lorsqu'un jour un gamin m'apporta un cadeau de celle que je pouvais désormais appeler mon amie Taratonga.

C'était un gâteau de noix, qu'elle avait préparé elle-même à mon intention, mais ce qui me frappa immédiatement ce fut la toile dans laquelle le gâteau
5 était enveloppé.

C'était une grossière toile à sac, mais peinte de couleurs étranges, qui me rappelaient vaguement quelque chose ; et, au premier abord, je ne sus quoi.

J'examinai la toile plus attentivement et mon cœur fit un bond prodigieux dans ma poitrine.

10 Je dus m'asseoir.

Je pris la toile sur mes genoux et la déroulai soigneusement. C'était un rectangle de cinquante centimètres sur trente et la peinture était craquelée et à demi effacée par endroits.

Je restai là un moment, fixant la toile d'un œil incrédule[1].

15 Mais il n'y avait pas de doute possible.

J'avais devant moi un tableau de Gauguin[2].

Je ne suis pas grand connaisseur en matière de peinture, mais il y a aujourd'hui des noms dont chacun sait reconnaître sans hésiter la manière. Je déployai encore une fois la toile d'une main tremblante et me penchai sur elle. Elle représentait un
20 petit coin de la montagne tahitienne et des baigneuses au bord d'une source, et les couleurs, les silhouettes, le motif lui-même étaient à ce point reconnaissables que, malgré le mauvais état de la toile, il était impossible de s'y tromper.

J'eus, à droite, du côté du foie, ce pincement douloureux qui, chez moi, accompagne toujours les grands élans du cœur.

25 Une œuvre de Gauguin, dans cette petite île perdue ! Et Taratonga qui s'en était servie pour envelopper son gâteau ! Une peinture qui, vendue à Paris, devait valoir cinq millions ! [...]

Au cours des huit jours suivants, je reçus de Taratonga trois gâteaux enveloppés dans trois toiles de Gauguin. Je vivais des heures extraordinaires. Mon
30 âme chantait – il n'y a pas d'autre mot pour décrire les heures d'intense <u>émotion</u> artistique que j'étais en train de vivre.

Puis le gâteau continua à arriver, mais sans enveloppe.

Je perdis complètement le sommeil. Ne restait-il plus d'autres toiles, ou bien Taratonga avait-elle simplement oublié d'envelopper le gâteau ? Je me sentais
35 vexé et même légèrement indigné. Il faut bien reconnaître que malgré toutes leurs qualités, les indigènes[3] de Taratora ont également quelques graves défauts dont une certaine légèreté, qui fait qu'on ne peut jamais compter sur eux complètement. Je pris quelques pilules pour me calmer et essayai de trouver un moyen de parler à Taratonga sans attirer son attention sur son ignorance. Finalement,
40 j'optai pour la franchise. Je retournai chez mon amie.

Paul Gauguin, *Mahana no atua*, 1894,
huile sur toile, 91,5 x 68,3 cm,
Art Institute of Chicago.

Lecture de l'image

1. Que représente
ce tableau ? Que ressentez-
vous ?
2. En quoi ce tableau est-il
le reflet d'une vision
utopique des îles ?
Que vous inspire l'utilisation
des couleurs ?
3. Quel passage du texte
de Romain Gary ce tableau
peut-il illustrer ?

« Taratonga, lui dis-je, tu m'as envoyé à plusieurs reprises des gâteaux. Ils étaient
excellents. Ils étaient, de plus, enveloppés dans des toiles de sacs peintes qui m'ont
vivement intéressé. J'aime les couleurs gaies. D'où les as-tu ? En as-tu d'autres ?

– Oh ! ça... dit Taratonga avec indifférence. Mon grand-père en avait tout un tas.

45 – Tout... un tas ? bégayai-je. [...]

« Mon Dieu, pensai-je encore, quelle perte irréparable pour l'humanité, si
je n'étais pas passé par là ! » Cela devait aller chercher dans les trente millions...

« Tu peux les prendre, si tu veux, dit Taratonga. »

Un combat terrible se livra alors dans mon âme.

Romain Gary, « J'ai soif d'innocence », *Les oiseaux vont mourir au Pérou*, Gallimard, 1962.

---

1. **Incrédule** : qui doute.
2. **Paul Gauguin** (1848-1903) :
peintre français.
3. **Indigènes** : habitants natifs.

▶ Comment l'auteur met-il en évidence l'attrait inévitable des biens matériels ?

Découvrir le texte

1. De quoi le narrateur veut-il s'éloigner en s'installant sur une
île perdue de l'océan Pacifique ? Qu'espère-t-il y découvrir ?

Analyser et interpréter le texte

Une saisissante découverte

2. Quel sentiment le narrateur éprouve-t-il le jour où il
reçoit le gâteau ? Pourquoi ?

3. Quelles sensations physiques provoque chez lui la découverte de la toile ? Comment l'interprétez-vous ?

Pris dans la toile

4. LANGUE Quel type de phrase est employé des lignes 25
à 27 ? Quelle réaction cela traduit-il ?

5. À partir de la ligne 4, quel mot est répété à plusieurs
reprises ? **a.** Quel effet cette répétition produit-elle ? **b.** Que
dit-elle du narrateur ?

6. Quels mots et expressions montrent que l'état d'esprit
du narrateur a évolué depuis le début du récit ? Observez
notamment la phrase qui commence par « Il faut bien
reconnaître » (l. 35).

7. Relisez les dernières lignes (l. 41-49) : quel est le « combat
terrible » dont parle le narrateur ? Quel choix va-t-il devoir
faire ? Que découvrons-nous de lui ?

S'exprimer à l'écrit

Imaginer un débat intérieur

8. « Un combat terrible se livra alors dans mon âme. » Imaginez dans un paragraphe de quelques lignes, à la première
personne du singulier, les pensées qui agitent le narrateur.

Bilan Le narrateur semble-t-il si désireux d'étancher sa
« soif d'innocence » ?

Le festin de Trimalcion

Ancien esclave, affranchi par son maître qui lui a légué sa fortune, Trimalcion organise un grand festin pour impressionner ses invités en leur montrant l'étendue de ses richesses. Il croit se mettre en valeur à l'occasion de ce banquet, mais en réalité il se rend ridicule...

Objectifs
• Découvrir l'un des premiers romans de la littérature.
• Étudier la figure du parvenu dans l'Antiquité.

À savoir

• **Pétrone** : écrivain latin qui vécut sous le règne de Néron, au Ier siècle après J.-C. Il est l'auteur supposé du *Satiricon*, critique de la société romaine.

• **Les repas dans l'Antiquité**
Levés à l'aube, les Romains prennent un rapide petit déjeuner (*jentaculum*), à base de pain et éventuellement de fromage. Vers midi, le déjeuner (*prandium*) est également frugal : pain, fruits, viande pour les plus aisés. Le repas du soir (*cena*) est souvent un véritable banquet. Les riches le prennent allongés sur des lits.

XXXII. Nous étions dans ces magnificences[1], quand Trimalcion en personne fut amené au son de la musique et déposé au milieu de tout petits oreillers. Cet aspect imprévu nous arracha des rires mal dissimulés. Figurez-vous un manteau écarlate, d'où sortait sa tête toute rasée, et tout autour de son cou emmailloté dans sa robe, il avait encore jeté un foulard à large bordure rouge, orné de franges qui pendaient de tous côtés. Il portait en outre au petit doigt de la main gauche un large anneau légèrement doré, et à la dernière phalange du doigt suivant une bague plus petite et toute d'or, à ce qu'il me sembla, mais incrustée d'une manière d'étoiles en fer. Et voulant nous montrer encore d'autres richesses, il découvrit son bras droit qu'ornaient un bracelet d'or et un cercle d'ivoire fermé par une plaque d'émail.

Satyricon, film de Federico Fellini, 1969.

XXXIII. Puis quand il se fut curé les dents avec une pointe d'argent : « Chers amis, dit-il, je n'avais pas encore envie de passer dans la salle à manger, mais pour ne pas vous faire languir[2] plus longtemps par mon absence, j'ai sacrifié mon plaisir. Vous me permettrez pourtant de finir ma partie. » Un esclave le suivait portant une table de térébinthe[3] avec des dés de cristal, et je notai un raffinement d'un goût sans égal. En guise de pions blancs et noirs, il avait en effet des deniers[4] d'or et d'argent.

Pétrone, *Le Satiricon*, Ier siècle ap. J.-C., trad. du latin par A. Ernout, Les Belles Lettres, 1999.

1. **Magnificences** : dépenses luxueuses.
2. **Languir** : attendre.
3. **Térébinthe** : bois clair.
4. **Deniers** : pièces.

Comprendre les documents

1. À quoi voit-on que Trimalcion a quitté son statut d'esclave ?

2. Quelle image renvoie-t-il ? Relevez le champ lexical du luxe.

3. Quelle est la réaction des convives ? Pourquoi assistent-ils à ce banquet ?

4. Montrez que tout est réuni dans ce récit pour souligner le désir de paraître de Trimalcion et le ridiculiser.

5. Un peu plus loin dans le récit, Trimalcion affirme : « Croyez-moi : un sou vous avez, un sou vous valez ; ayez quelque chose et vous serez quelque chose ! » (*Credite mihi : assem habeas, assem valeas ; habes, haberis.*) Que signifie cette phrase ? Vous semble-t-elle d'actualité ?

À vous de créer

6. Vous avez trouvé le moyen de remonter le temps, et vous vous retrouvez par hasard à Rome dans l'Antiquité, à la table d'un Romain qui ne cherche qu'à étaler ses richesses : racontez la scène à l'écrit, sans oublier de décrire le comportement de votre hôte. Pour éviter les anachronismes, documentez-vous sur la vie quotidienne dans la Rome antique.

Rendre compte à l'oral
de la lecture d'un récit

Pour inciter ses camarades à lire un livre que l'on a aimé, on peut en préparer une présentation attractive, sans toutefois trop en dire pour leur laisser le plaisir de la découverte.

MÉTHODE GUIDÉE

Étape 1 Présenter l'œuvre et l'auteur

• Notez quelques éléments de présentation au tableau (titre, édition, date de la publication).
• Présentez rapidement l'auteur et nommez quelques titres de ses autres ouvrages.

1. Titre : « Aux champs »
Auteur : Guy de Maupassant
Date de parution originale : 31 octobre 1882
Recueil : *Les Contes de la bécasse*
Édition : Gallimard, « Folio », 2015
Genre littéraire : nouvelle
2. Guy de Maupassant est un célèbre auteur de récits réalistes et fantastiques du XIXᵉ siècle ; il a écrit de nombreuses nouvelles ainsi que des romans dont les plus célèbres sont *Une vie* et *Bel-Ami*.

Étape 2 Faire deviner le genre et le cadre

• Montrez la première de couverture d'une ou de plusieurs éditions.
• Précisez le statut du narrateur.
• Faites deviner le cadre spatio-temporel, dans le cas d'un récit : relevez par exemple une ou deux phrases qui pourront aider vos camarades.

3. Exemples d'indices :
• « Les deux chaumières étaient côte à côte, au pied d'une colline, proches d'une petite ville de bains. Les deux paysans besognaient dur sur la terre inféconde pour élever tous leurs petits. »
• « C'est-i pas malheureux d'être sacrifié comme ça ! »

Étape 3 Présenter les personnages

• Présentez les personnages en insistant sur quelques caractéristiques mais sans en livrer un portrait complet.
• Lisez par exemple une phrase significative.
• Donnez des indices de l'intrigue : montrez des objets factices ou des dessins (un pistolet s'il y a un meurtre ; un cœur s'il y a une intrigue amoureuse, etc.), des images symboliques (photos, reproductions de tableaux), des articles de journaux, etc.

4. – Les Tuvache et les Vallin sont deux familles de paysans pauvres voisines. Ils entretiennent de bonnes relations dans la situation initiale.
– Charlot Tuvache, 15 mois, le cadet de la fratrie.
– Jean Vallin : le cadet de la fratrie, a le même âge que Charlot.
– « Mme d'Hubières, trépignant d'impatience… » ; « Mme d'Hubières, éperdue, se mit à pleurer, et, se tournant vers son mari, avec sa voix pleine de sanglots, une voix d'enfant dont tous les désirs ordinaires sont satisfaits… » : une femme prête à tout pour obtenir ce qu'elle convoite.
– M. d'Hubières : soucieux du bonheur de sa femme.

Étape 4 Formuler des hypothèses

• Demandez à vos camarades de formuler des hypothèses de lecture à partir des informations recueillies.
• Notez au tableau les propositions justes. Ne dévoilez en aucun cas la fin !

5. Deux familles pauvres, les Tuvache et les Vallin, vivent misérablement mais en bonne intelligence dans deux chaumières voisines. Ils ont de nombreux enfants. Un jour, M. et Mme d'Hubières, qui ne peuvent pas avoir d'enfant, arrivent…
↘ Hypothèse : Ils veulent enlever un enfant ? acheter un enfant ?

Étape 5 Donner un avis personnel argumenté

• Expliquez ce qui vous a plu ou moins plu dans l'œuvre.
• Lisez à haute voix un bref extrait qui vous a marqué(e).

6. « J'ai aimé cette histoire car c'est un récit réaliste ; on se croirait dans le milieu rural du XIXᵉ siècle, surtout lorsque les personnages parlent le patois. »

Argent, ambition et apparences

Découvrir le lexique de l'argent

1 **a.** Cherchez dans un dictionnaire la définition du mot « argent ». Quels sont les deux sens principaux de ce mot ?
b. Écrivez deux phrases dans lesquelles vous emploierez ces deux sens différents du mot.

2 **a.** Parmi ces adjectifs, lesquels ont un sens négatif ? Vérifiez leur sens dans un dictionnaire.

argenté • nanti • friqué • richard • fortuné • aisé • vénal

Sens positif	Sens négatif

b. Quel suffixe de sens particulièrement péjoratif avez-vous repéré ? Trouvez d'autres adjectifs avec ce suffixe.

3 Donnez le sens des expressions suivantes en les reformulant avec vos propres mots :

1. Plaie d'argent n'est pas mortelle.
2. Vouloir le beurre et l'argent du beurre.
3. Prendre quelque chose pour argent comptant.
4. Jeter l'argent par les fenêtres.

4 Ces expressions ont-elles un sens positif ? Employez-les dans une phrase qui indiquera leur sens.

être plein aux as • un nouveau riche • un gosse de riches

5 Cherchez dans un dictionnaire les mots suivants relatifs à l'argent et classez-les selon leur niveau de langue :

fric • flouze • oseille • pognon • blé • monnaie • espèces • liquide • faste • rente • dénuement • thune • pauvreté • richesse • cupidité • aisance • fauché

Familier	Courant	Soutenu

Comparons nos langues
Les Anglais font la distinction entre le métal argent (*silver*) et la monnaie (*money*), contrairement aux Français, qui emploient le même mot. L'argent était en effet autrefois utilisé comme monnaie d'échange, au même titre que l'or.

Exprimer l'ambition

6 Classez en deux colonnes ces termes selon qu'ils désignent un défaut ou une qualité :
probité • altruisme • philanthropie • intégrité • dévouement • abnégation • humanité • générosité • individualisme • vanité • cupidité • avarice

7 Complétez ces phrases par le mot qui convient :
réussite sociale • soif • convoitise • carriériste • arriviste

1. Cet homme regarde d'un œil de .... les biens possédés par les autres.
2. Elle cherche toujours à accroître son train de vie, elle tient à sa ....
3. Sa .... d'argent est telle qu'elle est prête à tout pour en obtenir.
4. Il n'a aucun scrupule, son ambition le rend ....
5. Elle veut à tout prix réussir sa carrière professionnelle, elle est ....

8 Trouvez le nom formé sur chacun des verbes suivants :
souhaiter • viser • désirer • aspirer • vouloir • projeter • convoiter • prétendre (à) • espérer • ambitionner

9 Cherchez le sens des expressions suivantes et leur origine. Classez-les selon qu'elles renvoient à une ambition positive ou négative.

avoir les dents longues • remporter les lauriers • avoir son bâton de maréchal • tenir le haut du pavé • monter au pinacle • faire flèche de tout bois • bâtir des châteaux en Espagne

Georges Goursat, *Roulette à Monte-Carlo*, lithographie, vers 1910.

À vous d'écrire !

10 Quelle est votre ambition ? Écrivez un paragraphe d'une dizaine de lignes pour expliquer ce que vous rêvez de faire plus tard (devenir pilote de chasse, être dresseur de lions, inventer la machine à remonter le temps, etc.). Employez des verbes de souhait (vouloir, désirer, aspirer à, etc.).

Objectif
• Repérer et utiliser les différentes expressions possibles du but.

Grammaire

Exprimer le but

Retenir l'essentiel

Le but est l'objectif de l'action exprimée par le verbe.
On peut exprimer le but grâce à :
• une **proposition subordonnée circonstancielle de but,** qui indique dans quel but, à quelles fins se fait l'action de la proposition principale. Elle est introduite par des conjonctions de subordination : « pour que », « afin que », « dans l'espoir que »... suivies du mode subjonctif. Les conjonctions de subordination « de peur que », « de crainte que » suivies du subjonctif expriment un but négatif (ce que l'on cherche à éviter) ;
• un **groupe prépositionnel** suivi de l'infinitif : « pour », « en vue de » ou « afin de ».

. ❯ Maîtriser l'expression du but, p. 305.

Repérer l'expression du but

1 Observez ces phrases : lesquelles expriment un but ? Relevez les conjonctions de subordination qui l'indiquent.

1. Jeannot a accepté l'aide de Colin car il n'avait pas d'autre solution.
2. Il économise en vue de partir aux îles Marquises.
3. Il faut manger pour vivre et non pas vivre pour manger.
4. Il souffre parce que ses filles l'ont délaissé.
5. Ils reviendront afin de pouvoir en discuter.

2 Parmi ces conjonctions de subordination et ces locutions, lesquelles n'expriment pas le but ? Précisez ce qu'elles expriment.

parce que • de sorte que • étant donné que • dans le dessein de • de manière à ce que • dans le but de • en vue de • comme • vu que

3 Dans ces phrases, « pour » exprime-t-il le but ?

1. Il emploie toujours ce mot pour un autre, il faut le corriger systématiquement.
2. Pour être heureux, il faut vivre simplement.
3. Charlot reviendra pour Noël, s'il est d'accord.
4. Il convient d'être vigilant pour ne pas tomber dans le piège.
5. Il est en prison pour détournement d'argent.

Varier l'expression du but

4 Complétez les phrases suivantes par des propositions circonstancielles de but :

1. De peur que ...., il lui a rappelé ce qu'il devait faire.
2. Cette chaumière a été construite afin que des paysans ....
3. Il s'est rendu dans les îles lointaines pour que ....
4. Il est allé voir son ami dans l'espoir que ....
5. Cette affiche a été créée afin que ....

5 Subjonctif ou infinitif ? Connectez les phrases suivantes avec une conjonction de subordination ou une préposition.
Exemple : Colin a interpellé Jeannot. Il lui propose de l'aider.
→ *Colin a interpellé Jeannot pour lui proposer de l'aider.*

1. Ils ont acheté Jean Vallin. Ils peuvent devenir parents.
2. Ses filles lui ont soutiré son argent. Elles seront les plus belles au bal.
3. Il lui a prêté de l'argent. Elle ira à l'opéra ce samedi.
4. Il se rend dans une île perdue du Pacifique. Il peut vivre loin d'une société corrompue.

Illustration pour
*Le Lièvre et la
Tortue*, de Jean
de La Fontaine,
XIXe siècle.

6 Dictée préparée

a. Lisez ce texte et relevez toutes les expressions du but. Notez à chaque fois quel mode est utilisé.

b. Réécrivez ensuite ce texte dicté, sans le relire.

Pour être admirée, cette actrice est sans cesse soucieuse de son apparence ; elle choisit chaque jour ses chaussures afin qu'elles s'assortissent parfaitement à ses tenues. Pourquoi un tel comportement ? Pour montrer qu'elle est riche et élégante ! Ses admirateurs la poursuivent, dans l'espoir qu'elle les remarque... Ils rêvent tous de l'épouser... pour devenir riches à leur tour !

À vous d'écrire !

7 Vous écrivez à l'un de vos amis pour le convaincre de faire du bénévolat cet été avec vous. Vous veillerez à utiliser des conjonctions de subordination exprimant le but ainsi que des locutions telles que « dans le dessein de », « de peur que », « dans l'espoir que ».

ATELIER

Convaincre un auditoire

Vous êtes délégué(e) et vous avez décidé d'agir auprès de vos camarades pour que votre collège soit un lieu de vie plus agréable pour les élèves et les enseignants.

ÉTAPE 1 — Réfléchir au sujet de l'argumentation

1 Réfléchissez à ce que vous souhaiteriez améliorer dans votre établissement et ce sur quoi vous pouvez agir. Par exemple : donner plus la parole aux élèves, nettoyer la cour de récréation... Trouvez le sujet de votre argumentation.

2 Au brouillon, commencez par écrire tout ce qui vous passe par la tête en lien avec ce sujet.

3 Consultez les autres élèves, les enseignants, organisez un sondage pour connaître les demandes de la classe...

Mich, caricature de Henri Robert, avocat français, XXᵉ siècle.

ÉTAPE 2 — Organiser son discours

4 À partir des notes prises au brouillon, dégagez deux ou trois idées claires.

5 Faites une liste d'arguments. Gardez bien à l'esprit le but de votre argumentation, ce que vous voulez démontrer et comment vous allez y parvenir. Prenez appui sur le tableau suivant. Recopiez-le et complétez-le avec vos propres arguments et exemples.
Exemple : vous souhaitez créer un club de musique dans votre établissement.

> **Conseil**
> Trouvez un slogan percutant pour commencer ou finir votre argumentation.

Idée	Argument	Exemple
Je souhaite que les élèves puissent partager leurs centres d'intérêt.	La musique peut se jouer mais aussi s'écouter, s'écrire, se danser. Le club musique pourra être ouvert à tous.	Ainsi, les 45 % des élèves de 4ᵉA qui jouent d'un instrument pourront le pratiquer au sein d'un orchestre.

ÉTAPE 3 — Finaliser et présenter le discours

6 Au brouillon, notez des phrases et des expressions que vous souhaitez utiliser dans votre discours. Il pourra s'agir d'expressions pour expliquer le but de votre argumentation au début (« Si je suis ici, devant vous aujourd'hui, c'est pour... »), de phrases pour capter l'attention de votre auditoire (« Comme vous l'aurez remarqué... »), de questions rhétoriques, c'est-à-dire qui n'appellent pas de réponses (comme « Pourquoi sommes-nous réunis aujourd'hui ? »), etc.

7 Répétez votre discours chez vous, en veillant à parler distinctement et à un rythme normal.

8 Avant votre exposé, relisez vos notes. Pendant votre présentation, énoncez vos arguments en regardant bien votre auditoire et en prenant garde de ne pas lire. Soyez convaincant(e) !

COMPÉTENCES

D1, 2, 3 S'exprimer de façon maîtrisée en s'adressant à un auditoire.

D1, 2, 3 Participer de façon constructive à des échanges oraux.

Faire parler des personnages

Mettez-vous dans la peau d'un romancier qui veut décrire son époque. Imaginez une scène qui comportera un dialogue entre le maire d'une ville et un enfant qui a tagué le mur de la mairie. Vous veillerez à bien typer les deux personnages.

ÉTAPE 1 | Construire le cadre de l'histoire

1 Choisissez le lieu et le moment : vous pouvez vous inspirer d'une photographie pour rédiger une rapide description de la ville, du quartier, de la rue...

2 Créez vos personnages, donnez-leur une identité, choisissez quelques caractéristiques pour chacun d'eux.

3 Précisez les circonstances de l'action ; expliquez comment le maire est amené à dialoguer avec l'enfant. Cherchez des arguments pour chacun des deux personnages.

Les Quatre Cents Coups, film de François Truffaut, 1959.

ÉTAPE 2 | Choisir des verbes de parole

4 Le discours direct est introduit par des verbes de parole. Choisissez-les variés pour informer le lecteur sur :
• le ton employé par le personnage (crier, hurler, chuchoter, murmurer...) ;
• ses sentiments, son attitude (reprocher, grommeler, sangloter, pleurnicher, supplier, implorer, protester, bredouiller, bafouiller...).

Pour bien écrire

Le **discours direct** est la reproduction des paroles telles qu'elles ont été prononcées. Il permet de rendre la scène plus vivante.

ÉTAPE 3 | Rédiger le dialogue

5 Choisissez un niveau de langue (syntaxe et vocabulaire) qui reflétera l'origine des personnages, leur condition sociale, leur âge...

Exemple : les paysans dans « Aux champs » sont typés en partie grâce au patois qu'ils utilisent : « Cent francs par mois, c'est point suffisant pour nous priver du p'tit ; ça travaillera dans quéqu'z'ans ct'éfant ; i nous faut cent vingt francs. »

6 Rédigez le dialogue en l'introduisant par un court passage narratif. Veillez à bien faire apparaître les marques du discours direct (guillemets, tirets introductifs, verbes de parole...).

Conseil

Veillez au bon enchaînement des répliques et des arguments échangés et utilisez des connecteurs logiques.

COMPÉTENCES

D1 Adopter des stratégies et des procédés d'écriture efficaces.

D1 Respecter les normes linguistiques.

Bilan de la séquence

Critiquer la société dans les récits : des genres variés

Le **conte philosophique** raconte une histoire en reprenant souvent le registre merveilleux pour mieux dénoncer les travers de la société et les vices de l'homme. Voltaire dénonce ainsi, dans *Jeannot et Colin*, une société où l'on n'existe que quand on a de l'argent.

Le **roman**, par sa longueur, donne une grande place à la description psychologique des personnages et permet ainsi de dresser des portraits complets d'hommes et de femmes, et de mieux comprendre les oppositions de valeurs vécues dans la société.

La **nouvelle** est un récit court, dont la chute est souvent surprenante : la brièveté du récit renforce la dimension morale implicite, et donne l'occasion à l'auteur de dénoncer, sur un ton parfois grinçant, les faiblesses humaines et la cruauté de la société.

Des valeurs contradictoires

L'argent oppose les personnages, nuit à leurs relations.
• Le père Goriot n'obtient plus d'attention de la part de ses filles.
• Jeannot se montre ingrat à l'égard de son prétendu ami Colin.
• Les Tuvache et les Vallin ne se fréquentent plus et Charlot rompt avec sa famille.

Le désir d'argent est révélateur des valeurs des personnages.
• Le père Goriot devient lucide (« L'argent donne tout, même des filles »).
• Jeannot, confus et attendri, est recueilli par son fidèle ami, qui lui pardonne son abandon.
• Le narrateur, qui a « soif d'innocence », se trouve confronté à un dilemme qui lui révèle qu'il est attiré par l'argent malgré son apparent désir de fuir une société corrompue (« Un terrible combat se livra alors dans mon âme »).

Évaluation   1. Mobiliser les acquis de la séquence

1. Je sais situer les écrivains étudiés dans le temps et les placer sur une frise chronologique.

Voltaire • Honoré de Balzac • Guy de Maupassant • Romain Gary • Jean de La Fontaine

xviie siècle	xviiie siècle	xixe siècle	xxe siècle

2. Je sais ce qu'est un conte philosophique et connais l'auteur à l'origine de ce genre.

3. Je sais ce qu'est un registre littéraire.

4. Je sais identifier un dialogue dans un récit et connais son rôle.

5. Je sais expliquer, en me référant aux textes étudiés, en quoi le désir d'argent oppose les personnages ou perturbe leurs relations.

du monde

Un million

Léopold Bonnin, fonctionnaire, a épousé une femme dont la tante, sans enfant, s'apprête à lui léguer toute sa fortune, qui s'élève à un million de francs. À l'ouverture du testament, le notaire leur annonce qu'ils toucheront la somme à condition qu'ils aient un héritier avant trois années.

Mais Léopold était malheureux dans son ménage. Sa femme le harcelait d'allusions désobligeantes[1], le martyrisait de sous-entendus. Et le temps passait ; un an déjà s'était écoulé depuis la mort de la tante. L'héritage semblait perdu.

Mme Bonnin, en se mettant à table, disait : « Nous avons peu de choses pour
5 le dîner ; il en serait autrement si nous étions riches. »

Quand Léopold partait pour le bureau, Mme Bonnin, en lui donnant sa canne, disait : « Si nous avions cinquante mille livres de rente, tu n'aurais pas besoin d'aller trimer[2] là-bas, monsieur le gratte-papier[3]. »

Quand Mme Bonnin allait sortir par les jours de pluie, elle murmurait : « Si
10 on avait une voiture, on ne serait pas forcé de se crotter par des temps pareils. »

Enfin, à toute heure, en toute occasion, elle semblait reprocher à son mari quelque chose de honteux, le rendant seul coupable, seul responsable de la perte de cette fortune. [...]

Un an s'écoula, la guerre était déclarée, une guerre incessante, acharnée, entre
15 les deux époux, une sorte de haine épouvantable. Et Mme Bonnin ne cessait de répéter : « Est-ce malheureux, de perdre une fortune parce qu'on a épousé un imbécile ! » ou bien : « Dire que si j'étais tombée sur un autre homme, j'aurais aujourd'hui cinquante mille livres de rente ! » ou bien : « Il y a des gens qui sont toujours gênants dans la vie. Ils gâtent tout. »

20 Les dîners, les soirées surtout, devenaient intolérables.

Guy de Maupassant, *Un million*, 1882.

1. **Désobligeantes** : vexantes. 2. **Trimer** : travailler durement. 3. **Gratte-papier** : employé de bureau.

6. Quel regard Mme Bonnin semble-t-elle porter sur son mari ? Pourquoi ?

7. Relevez le champ lexical de l'argent. Que révèle-t-il sur l'état d'esprit de Mme Bonnin ?

8. De quelle façon les paroles sont-elles rapportées ? Quel est l'intérêt de ce choix ?

9. Quel est le temps des verbes du récit ? Quelle impression est ainsi renforcée ?

10. À quoi Mme Bonnin attache-t-elle le plus d'importance ? Qu'en pensez-vous ?

11. Imaginez en une quinzaine de lignes la suite de ce récit : un peu plus tard, M. Bonnin fait un héritage inespéré et se retrouve à la tête d'une fortune considérable. Rédigez un second dialogue entre lui et sa femme, dans lequel il lui fera à son tour des reproches.

COMPÉTENCES ATTENDUES EN FIN DE 4ᵉ

D1, 5	**Lire**			
	– Reconnaître les implicites d'un texte et faire les hypothèses de lecture nécessaires.	■	■	■
	– Lire une œuvre complète et rendre compte oralement de sa lecture.	■	■	■
D1	**Écrire**			
	Exploiter des lectures pour enrichir son écrit.	■	■	■
D1, 2	**Comprendre le fonctionnement de la langue**			
	Construire les notions permettant l'analyse et la production de discours.	■	■	■
D1, 5	**Acquérir des éléments de culture littéraire et artistique**			
	Mobiliser des références culturelles pour interpréter les textes.	■	■	■

Villes de poètes

OBJECTIFS
• Découvrir différentes écritures poétiques
pour décrire la ville.
• Comprendre le rapport de l'homme
à la ville exprimé par les poètes.

Vassily Kandinsky,
Moscou I, 1916, huile
sur toile, 51,5 x 49,5 cm,
galerie Tretiakov, Moscou.

▶ *Quelles visions de la ville les poètes du XXe siècle cherchent-ils à transmettre?*

Les villes en poésie, entre fascination et inquiétude

Les métamorphoses du paysage urbain à la fin du XIXᵉ siècle

Dès la fin du XIXᵉ siècle, la ville connaît de profondes transformations, liées à l'industrialisation : l'architecture change, l'automobile et les transports en commun se développent, la population urbaine augmente… L'expansion des villes au détriment des campagnes est perçue comme source de désillusions.

FASCINATION

« J'ai vu ce matin une jolie rue dont j'ai oublié le nom
Neuve et propre du soleil elle était le clairon »
Guillaume Apollinaire, « Zone », 1913. ↘ **p. 214**

GAIETÉ

« et toujours elle éclate de rire
quand arrive le soleil d'été »
Jacques Prévert, « La Seine a rencontré Paris », 1972. ↘ **p. 218**

Robert Delaunay, *La Tour rouge*, 1928.

FIERTÉ

« Je viens de là où on est fier de raconter d'où l'on vient »
Grand Corps Malade, « Je viens de là », 2008. ↘ **p. 216**

INQUIÉTUDE

« La ville au loin s'étale et domine la plaine [...]
Ses murs s'enflent pareils à une armée »
Émile Verhaeren, « La Ville », 1893. ↘ **p. 212**

Des représentations poétiques ambivalentes

« Quelles bizarreries ne trouve-t-on pas dans une grande ville, quand on sait se promener et regarder ? » s'émerveillait Baudelaire. Les poètes du XXᵉ siècle s'emparent aussi des espérances et des craintes que la ville inspire : nouveaux thèmes, nouvelles formes et fonctions poétiques, nouvelles manières de célébrer et de se révolter…

Paul Verlaine
Poète français
1844-1896

Émile Verhaeren
Poète belge
1855-1916

Guillaume Apollinaire
Poète français
1880-1918

Jules Supervielle
Écrivain français
1884-1960

Jacques Réda
Écrivain français
né en 1929

Jacques Prévert
Poète et scénariste français
1900-1977

Grand Corps Malade
Chanteur français
né en 1977

Suivez les poètes dans la ville

Il pleure dans mon cœur

Il pleure dans mon cœur
Comme il pleut sur la ville ;
Quelle est cette langueur[1]
Qui pénètre mon cœur ?

Ô bruit doux de la pluie
Par terre et sur les toits !
Pour un cœur qui s'ennuie,
Ô le chant de la pluie !

Paul Verlaine, « Il pleure dans mon cœur »,
Romances sans paroles, 1874.

1. **Langueur** : mélancolie.

Ville et cœur

Ô ville comme un cœur tu es déraisonnable.
Contre ma paume j'ai senti les battements
De la ville et du cœur : de la ville imprenable
Et de mon cœur surpris de vie, énormément.

Guillaume Apollinaire, « Ville et cœur »,
Poèmes à Lou, 1947 (posthume).

1 Quels sont les deux mots qui reviennent plusieurs fois dans ces poèmes ? Constituez une liste de mots appartenant aux champs lexicaux de ces deux mots.

2 À partir de ces deux listes, créez un nuage de mots en vous rendant sur le site : http://www.abcya.com/word_clouds.htm. Personnalisez la mise en page, les couleurs… Vous pouvez donner plus ou moins d'importance à certains mots en les écrivant plusieurs fois.

Partez à la rencontre de votre ville

3 Prenez une photo de votre ville, de votre quartier ou de votre village, ou trouvez-en une sur Internet, et décrivez-la par écrit, en insistant sur les sentiments qu'elle vous inspire.

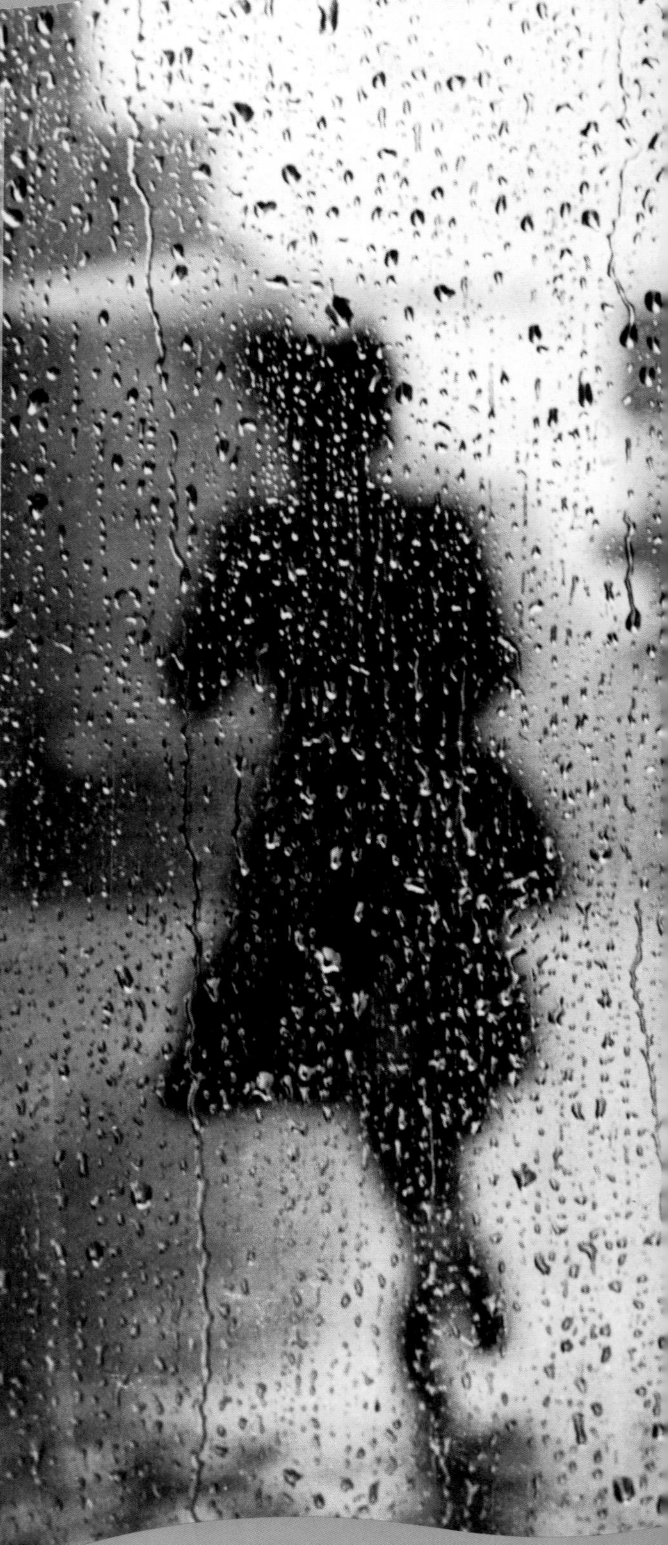

Objectifs
• Étudier un poème versifié.
• Comprendre la conception de la ville à la fin du XIXᵉ siècle.

Compétence
• Formuler des impressions de lecture.

La ville

Le poème « La Ville » ouvre le recueil Les Campagnes hallucinées. *Le poète décrit ici la ville de nuit.*

Telle, le jour[1] – pourtant, lorsque les soirs
Sculptent le firmament[2] de leurs marteaux d'ébène,
La ville au loin s'étale et domine la plaine
Comme un nocturne et colossal espoir ;
5   Elle surgit : désir, splendeur, hantise ;
Sa clarté se projette en lueurs jusqu'aux cieux,
Son gaz myriadaire[3] en buissons d'or s'attise,
Ses rails sont des chemins audacieux
Vers le bonheur fallacieux[4]
10   Que la fortune et la force accompagnent ;
Ses murs s'enflent <u>pareils</u> à une armée
Et ce qui vient d'elle encore de brume et de fumée
Arrive en appels clairs vers les campagnes.

C'est la ville tentaculaire,
15   La pieuvre ardente et l'ossuaire[5]
Et la carcasse solennelle.

Et les chemins d'ici s'en vont, à l'infini
Vers elle.

Émile Verhaeren, « La Ville » (extrait), *Les Campagnes hallucinées*, 1893.

---

1. Le jour : dans les vers qui précèdent, le poète évoque la ville le jour.
2. Firmament : ciel. **3. Son gaz myriadaire** : ses lumières par milliers.
4. Fallacieux : trompeur. **5. Ossuaire** : ici, référence au cimetière.

REPÈRES

1800   1900
XIXᵉ siècle
1893-94

Émile Verhaeren,
Les Campagnes hallucinées
et *Les Villes tentaculaires*

Pour bien écrire

« Pareils » (v. 11), adjectif qui introduit une comparaison dans « pareil à », s'accorde en genre et en nombre avec le nom qu'il qualifie. Par exemple, « Ses murs se dessinent **pareils** à une armée », ou « des fortifications se dessinent **pareilles** à une armée ». Quel adverbe pouvez-vous former avec l'adjectif « pareil » ?

Vue aérienne de Londres la nuit.

▶ **En quoi la ville de la fin du XIXᵉ siècle paraît-elle inquiétante ?**

Découvrir le texte
1. Recherchez le sens d'« halluciné ». Qu'est-ce qui peut justifier dans le poème le titre du recueil ?
2. Selon vous, pourquoi le poème « La Ville » se trouve-t-il dans un recueil intitulé *Les Campagnes hallucinées* ?

François Schuiten, *Panorama-La Cité*, acrylique et crayon, 1997.

Analyser et interpréter le texte

Le dessin de la nuit

3. Où se trouve celui qui décrit la ville ? Observez notamment les indications spatiales aux vers 3, 13 et 17-18.

4. Lequel des cinq sens permet ici de percevoir la ville ? Justifiez votre réponse en relevant le champ lexical des vers 6, 7, 13.

5. À quel type d'artiste « les soirs » sont-ils associés ? À votre avis, cette image est-elle pertinente ?

Une ville inquiétante

6. À quel animal la ville est-elle associée ?

7. Avez-vous été surpris(e) par l'expression « ville tentaculaire » (v. 14) ? Relevez les mots et expressions qui annoncent l'adjectif « tentaculaire ».

8. Quelle image le poète cherche-t-il à donner de la ville dans le tercet qui clôt le poème (v. 14-16) ? Quel effet les sonorités du tercet produisent-elles ?

❯ Le vocabulaire de la poésie, p. 372.

S'exprimer à l'oral 💬

Lire un poème à voix haute

9. Lisez le poème à voix haute en jouant sur l'intensité de la voix. Comment devez-vous lire les vers 8 et 9 pour obtenir 10 et 8 syllabes ?

Bilan Qu'est-ce qui, dans ce poème, montre que la ville semble envahir les campagnes ?

✐ MÉMO

On parle de **diérèse** quand on prononce en deux syllabes deux voyelles qui se suivent (par exemple, audac**i-eux**, v. 8).

Objectifs
• Découvrir des poèmes en vers libres.
• Comparer deux visions poétiques de villes différentes.

Compétence
• Percevoir un effet esthétique.

Zone

« Zone », long poème en vers libres de 161 vers, inaugure le recueil Alcools.
Ici, le poète décrit une rue de Paris.

J'ai vu ce matin une jolie rue dont j'ai oublié le nom
Neuve et propre du soleil elle était le clairon[1]
Les directeurs les ouvriers et les belles sténo-dactylographes[2]
Du lundi matin au samedi soir quatre fois par jour y passent
5 Le matin par trois fois la sirène y gémit
Une cloche rageuse y aboie vers midi
Les inscriptions des enseignes et des murailles
Les plaques les avis à la façon des perroquets criaillent
J'aime la grâce de cette rue industrielle
10 Située à Paris entre la rue Aumont-Thiéville et l'avenue des Ternes

Guillaume Apollinaire, « Zone » (extrait), *Alcools*, 1913.

---

1. **Clairon** : instrument à vent. 2. **Sténo-dactylographes** : personnes exerçant un métier nouveau à l'époque qui consistait à prendre des notes à la machine le plus rapidement possible.

REPÈRES

1re Guerre mondiale
1900 1914 1918   2000

XXe siècle

1913   1922
Guillaume   Jules
Apollinaire, Supervielle,
Alcools   *Débarcadères*

Maurice Utrillo, *Rue Tholozé à Montmarte et le Moulin de la Galette*, vers 1908.

▶ Quelle image de la rue le poète donne-t-il ?

Découvrir le texte
1. Le poète a-t-il respecté les règles de grammaire usuelles ?

Analyser et interpréter le texte

Une jolie rue
2. Quel moment le poète a-t-il choisi pour décrire la rue ? Justifiez votre réponse.
3. Quels sont, parmi les cinq sens, ceux qui permettent de découvrir la rue ? Relevez les champs lexicaux concernés. Selon vous, ce choix est-il original ?
4. LANGUE Relevez les adjectifs caractérisant la rue. Quelles qualités principales mettent-ils en valeur ?
5. Selon vous, la description de la ville est-elle précise ou vague ? Pourquoi ?

Une rue bruyante
6. Relevez les termes et expressions qui évoquent le bruit dans la rue. Ces bruits vous semblent-ils agréables ou désagréables ?
7. Comparez les bruits évoqués aux sonorités dans les vers 5 à 8. Quels effets produisent-elles ?

Bilan Peut-on dire que « Zone » est un poème traditionnel dans sa forme et son contenu ?

Marseille

*« Marseille » est tiré d'un recueil qui évoque les voyages du poète.
Il exalte ici le port de Marseille.*

Marseille sortie de la mer, avec ses poissons de roche ses coquillages et l'iode[1],
Et ses mâts en pleine ville qui disputent les passants,
Ses tramways avec leurs pattes de crustacés sont luisants d'eau marine,
Le beau rendez-vous de vivants qui lèvent le bras comme pour se partager le ciel,
5 Et les cafés enfantent sur le trottoir hommes et femmes de maintenant avec leurs yeux de phosphore[2],
Leurs verres, leurs tasses, leurs seaux à glace et leurs alcools,
Et cela fait un bruit de pieds et de chaises frétillantes.
Ici le soleil pense tout haut, c'est une grande lumière qui se mêle à la conversation,
Et réjouit la gorge des femmes comme celle des torrents dans la montagne,
10 Il prend les nouveaux venus à partie, les bouscule un peu dans la rue,
Et les pousse sans un mot du côté des jolies filles.
Et la lune est un singe échappé au baluchon d'un marin
Qui vous regarde à travers les barreaux légers de la nuit.
Marseille, écoute-moi, je t'en prie, sois attentive,
15 Je voudrais te prendre dans un coin, te parler avec douceur,
Reste donc un peu tranquille que nous nous regardions un peu
Ô toi toujours en partance
Et qui ne peux t'en aller,
À cause de toutes ces ancres qui te mordillent sous la mer.

Jules Supervielle, « Marseille », *Débarcadères*, « Poésie / Gallimard », 1927.

---

1. **Iode** : particules présentes dans l'eau de mer. 2. **De phosphore** : qui dégagent une lueur pâle.

▶ Comment le poète dialogue-t-il avec la ville ?

Analyser et interpréter le texte

1. Quelle est la particularité géographique de la ville de Marseille ? Quel autre titre pourriez-vous proposer pour ce poème ?

2. À qui le poète s'adresse-t-il ? Observez notamment le vers 14 : quelle est la figure de style utilisée ?
↘ Les figures de style, p. 377.

3. Comment l'écriture poétique (rythmes, sonorités) et le choix du lexique donnent-ils une vision heureuse des habitants de Marseille ?

4. À partir de quel vers l'atmosphère de la ville change-t-elle ?

5. Comment les trois derniers vers atténuent-ils la vision heureuse de Marseille présente dans le poème ?

S'exprimer à l'oral

Défendre un point de vue

6. Débattez entre vous pour savoir lequel de ces deux poèmes vous préférez. Préparez deux arguments et deux exemples pour défendre votre point de vue.

⌁ *Conseil* : Notez au brouillon vos arguments avant de prendre la parole.

∽ MÉMO

Un **poème en vers libres** comporte des vers de longueur variable, avec ou sans rimes, parfois sans ponctuation. Les vers se lisent souvent à l'oral comme de la prose.

Objectifs
• Comprendre comment
le poète fait de la banlieue
un espace oppressant.
• Comparer un poème
et une chanson.

Compétence
• Faire des hypothèses
de lecture.

Personnages dans la banlieue

Dans le recueil Amen, *le poème « Personnages dans la banlieue » annonce le sujet principal de l'œuvre de Jacques Réda, la ville. Il décrit ici une foule qui se déplace vers la banlieue.*

Vous n'en finissez pas d'ajouter encore des choses,
Des boîtes, des maisons, des mots.
Sans bruit l'encombrement s'accroît au centre de la vie,
Et vous êtes poussés vers la périphérie,
5   Vers les dépotoirs, les autoroutes, les orties ;
Vous n'existez plus qu'à l'état de débris ou de fumée.
Cependant vous marchez,
Donnant la main à vos enfants hallucinés
Sous le ciel vaste, et vous n'avancez pas ;
10   Vous piétinez sans fin devant le mur de l'étendue
Où les boîtes, les mots cassés, les maisons vous rejoignent,
Vous repoussent un peu plus loin dans cette lumière
Qui a de plus en plus de peine à vous rêver.

Jacques Réda, « Personnages dans la banlieue » (extrait), *Amen* [1968],
« Poésie / Gallimard », 1988.

Texte écho

Je viens de là

Grand Corps Malade est un chanteur français qui a contribué à populariser une nouvelle forme de poésie, le slam. Il évoque ici le quartier où il est né.

Je viens de là où les mecs traînent en bande pour tromper l'ennui
Je viens de là où, en bas, ça joue au foot au milieu de la nuit
Je viens de là où on fait attention à la marque de ses textiles
Et même si on les achète au marché, on plaisante pas avec le style
[...]

{Refrain, x 2}
5   Je viens de là et je kiffe ça, malgré tout ce qu'on en pense
À chacun son territoire, à chacun sa France
Si j'rends hommage à ces lieux, à chaque expiration
C'est qu'c'est ici qu'j'ai puisé toute mon inspiration
[...]

Je viens de là où la violence est une voisine bien familière

10 Un mec qui saigne dans la cour d'école, c'est une image hebdomadaire

Je viens de là où trop souvent un paquet de sales gamins

Trouvent leur argent de poche en arrachant des sacs à main

[...]

Je viens de là où comme partout, quand on dort, on fait des rêves

Je viens de là où des gens naissent, des gens s'aiment, des gens crèvent

15 Tu vois bien, de là où je viens, c'est comme tout endroit sur Terre

C'est juste une p'tite région qu'a un sacré caractère

Je viens de là où on est fier de raconter d'où l'on vient

J'sais pas pourquoi mais c'est comme ça, on est tous un peu chauvin[1]

J'aurais pu vivre autre chose ailleurs, c'est tant pis ou c'est tant mieux

20 C'est ici que j'ai grandi et que je me suis construit...

Je viens de la <u>banlieue</u>

Grand Corps Malade, « Je viens de là » (extrait), *Enfant de la ville*, AZ, 2008.

---

1. **Chauvin** : admiratif de son pays.

▽ L'HISTOIRE DES MOTS

« **Banlieue** » (v. 21) est un dérivé de « ban » (« territoire sous la juridiction d'un seigneur »). La banlieue est au Moyen Âge un endroit éloigné de la ville qui reste sous l'autorité du seigneur. Le substantif désigne aujourd'hui l'ensemble des agglomérations autour d'une grande ville.

MÉMO

L'**allitération** est une figure de style qui consiste à répéter une ou plusieurs consonnes dans une suite de mots rapprochés. Elle peut viser à imiter le thème du vers ou à en symboliser un aspect.

▶ Quelle vision de la banlieue la poésie exprime-t-elle ?

Découvrir les textes

1. MISE EN VOIX Lisez ces deux textes à voix haute. Ressentez-vous les mêmes émotions pour le poème de Jacques Réda et la chanson de Grand Corps Malade ? Comparez vos ressentis avec vos camarades.

Analyser et interpréter le poème de J. Réda

Un poème émouvant

2. Qui sont les personnages décrits ? Dans quelle situation se trouvent-ils ?

3. LANGUE Quel adjectif qualifie les enfants ? Quel effet ce terme produit-il sur le lecteur ?

4. Relevez deux ou trois sonorités récurrentes dans ce poème. Vous semblent-elles musicales ? Pourquoi ?

Une banlieue oppressante

5. **a.** Selon vous, pourquoi les personnages sont-ils « poussés vers la périphérie » (v. 4) ? **b.** Observez les verbes de mouvement et leur temps. Quel est l'effet produit par l'emploi de ce temps ?

6. Relevez les énumérations présentes dans ce poème. Comment caractérisez-vous les mots choisis ? Ont-ils plutôt un sens positif ou négatif ?

7. Quels sont les mots que le poète associe à la banlieue ? Observez particulièrement les vers 5, 10 et 11. Quelle image donnent-ils de la banlieue ?

Mettre en relation un poème et une chanson

8. 🔊 **a.** Écoutez la chanson de Grand Corps Malade sur www.youtube.com. Quel est le niveau de langue employé ? **b.** Selon vous, pourquoi le chanteur a-t-il fait ce choix ?

9. Quelle expression est répétée plusieurs fois au début des strophes ? Quel est l'effet produit ?

10. Grand Corps Malade donne-t-il une vision positive ou négative de la banlieue ? À votre avis, pourquoi ?

Bilan En quoi la banlieue est-elle source d'inspiration et d'inquiétudes pour le poète et le chanteur ?

La Seine a rencontré Paris

Objectifs
• Lire un poème long.
• Étudier un motif de la ville : le fleuve.

Compétence
• Adapter sa lecture au mode d'expression.

Dans ses poèmes et ses chansons, Jacques Prévert a beaucoup célébré Paris et ses habitants. Dans le poème qui suit, il propose de suivre le fleuve à travers Paris et ses habitants.

▽ **L'HISTOIRE DES MOTS**

« Fleuve » (v. 5) apparaît dans la langue française au XVIᵉ siècle. Ce nom vient du verbe latin *fluere* qui signifie « couler ». Quel est l'adjectif dérivé de « fleuve » ?

Qui est là
toujours là dans la ville
et qui pourtant sans cesse arrive
et qui pourtant sans cesse s'en va

5 C'est un <u>fleuve</u>
répond un enfant
un devineur de devinettes
Et puis l'œil brillant il ajoute
Et le fleuve s'appelle la Seine
10 quand la ville s'appelle Paris
et la Seine c'est comme une personne
Des fois elle court elle va très vite
elle presse le pas quand tombe le soir
Des fois au printemps elle s'arrête
15 et vous regarde comme un miroir
et elle pleure si vous pleurez
ou sourit pour vous consoler
et toujours elle éclate de rire
quand arrive le soleil d'été
20 La Seine dit un chat
c'est une chatte
elle ronronne en me frôlant

Ou peut-être que c'est une souris
qui joue avec moi puis s'enfuit
25 La Seine c'est une belle fille de dans le temps
une jolie fille du French Cancan[1]
dit un très vieil Old Man River[2]
un gentleman de la misère
et dans l'écume du sillage
30 d'un lui aussi très vieux chaland[3]
il retrouve les galantes images
du bon vieux temps tout froufroutant[4]

La Seine
dit un manœuvre
35 un homme de peine de rêves de muscles et de sueur
La Seine c'est une usine
La Seine c'est le labeur
En amont en aval toujours la même manivelle
des fortunes de pinard[5] de charbon et de blé
40 qui remontent et descendent le fleuve
en suivant le cours de la Bourse
des fortunes de bouteilles et de verre brisé
des trésors de ferraille rouillée
de vieux lits cages abandonnés
45 ré-cu-pé-rés
La Seine
c'est une usine
même quand c'est la fraîcheur
c'est toujours le labeur
50 c'est une chanson qui coule de source
Elle a la voix de la jeunesse
dit une amoureuse en souriant
une amoureuse du Vert-Galant

Barbara Pflaum, *Paris. Un couple d'amoureux sur les bords de Seine*, 1958.

Paul Signac,
Le Pont des Arts,
1925, huile sur toile,
89 x 116 cm.

Une amoureuse de l'île des cygnes
55 se dit la même chose en rêvant

La Seine
je la connais comme si je l'avais faite
dit un pilote de remorqueur[6] au bleu
de chauffe[7] tout bariolé[8]
tout bariolé de mazout[9] et de soleil et
de fumée
60 Un jour elle est folle de son corps
elle appelle ça le mascaret[10]
le lendemain elle roupille comme un
loir
et c'est tout comme un parquet bien
briqué[11]
Scabreuse[12] dangereuse tumultueuse
et rêveuse par-dessus le marché
65 Voilà comment qu'elle est

Malice caresse romance tendresse
caprice
vacherie paresse
Si ça vous intéresse c'est son vrai
pedigree[13]
La Seine
70 c'est un fleuve comme un autre
dit d'une voix désabusée un monsieur
correct et blasé
l'un des tout premiers passagers du
grand tout
dernier bateau-mouche touristique et
pasteurisé
un fleuve avec des ponts des docks[14]
des quais
75 un fleuve avec des remous des égouts
et de temps à autre un noyé
quand ce n'est pas un chien crevé

1. **French cancan** : type de spectacle dansé et entraînant. 2. **Old Man River** : célèbre chanson américaine. 3. **Chaland** : bateau de pêche. 4. **Froufroutant** : qui fait un bruit froissé. 5. **Pinard** : vin. 6. **Remorqueur** : bâtiment qui déplace les bateaux dans un port. 7. **Bleu de chauffe** : combinaison de travailleurs manuels. 8. **Bariolé** : coloré. 9. **Mazout** : pétrole. 10. **Mascaret** : augmentation du niveau d'eau d'un fleuve. 11. **Briqué** : frotté, nettoyé. 12. **Scabreuse** : rude. 13. **Pedigree** : culture. 14. **Docks** : bassins.

Pour bien écrire

«Aie» (v. 116)
Il ne faut pas
confondre la
1re personne du verbe
«avoir» au subjonctif
présent avec la forme
de l'indicatif présent
comme dans «il est
vrai que j'ai mauvaise
mémoire». Trouvez
des homophones
de «aie» et expliquez
leur sens.

avec des pêcheurs à la ligne
et qui n'attrapent rien jamais
un fleuve comme un autre et je suis le
    premier à le déplorer

80 Et la Seine qui l'entend sourit
et puis s'éloigne en chantonnant
Un fleuve comme un autre comme un
    autre comme un autre
un cours d'eau comme un autre cours
    d'eau
d'eau des glaciers et des torrents
85 et des lacs souterrains et des neiges
    fondues
des nuages disparus
Un fleuve comme un autre
comme la Durance ou le Guadalquivir
ou l'Amazone ou la Moselle
90 le Rhin la Tamise ou le Nil
Un fleuve comme le fleuve Amour
comme le fleuve Amour

chante la Seine épanouie
et la nuit la Voix lactée l'accompagne de
    sa tendre rumeur dorée
95 et aussi la voix ferrée de son doux fracas
    coutumier

Comme le fleuve Amour
vous l'entendez la belle
vous l'entendez roucouler
dit un grand seigneur des berges
100 un estivant[15] du quai de la Rapée
le fleuve Amour
tu parles si je m'en balance
c'est pas un fleuve la Seine
c'est l'amour en personne
105 c'est ma petite rivière à moi
mon petit point du jour
mon petit tour du monde
les vacances de ma vie
Et le Louvre avec les Tuileries la Tour
    Eiffel la Tour Pointue et Notre-
    Dame et l'Obélisque

Édouard Boubat, *Famille
et ouvrier sur le pont des Arts*,
1960.

Noël Le Boyer, *Pêcheurs sur les quais à Paris*, 1940.

110 la gare de Lyon ou d'Austerlitz
c'est mes châteaux de la Loire
la Seine
c'est ma Riviera
et moi je suis son vrai touriste
115 Et quand elle coule froide et nue en
hurlante plainte contre inconnu
faudrait que j'aie mauvaise mémoire
pour l'appeler détresse misère ou
désespoir
Faut tout de même pas confondre les
contes de fées et les cauchemars
Aussi
120 quand dessous le Pont-Neuf le vent du
dernier jour soufflera ma bougie
quand je me retirerai des affaires de la
vie
quand je serai définitivement à mon
aise
au grand palace des allongés
à Bagneux au Père-Lachaise
125 je sourirai et me dirai

> ### MÉMO
>
> Une **strophe** se définit par le système des rimes et le nombre de syllabes des vers. Les noms des strophes dépendent du nombre de vers qu'elles contiennent (un tercet contient trois vers, un quatrain quatre vers, etc.).

Il était une fois la Seine
il était une fois
il était une fois l'amour
il était une fois le malheur
130 et une autre fois l'oubli

Il était une fois la Seine
il était une fois la vie.

Jacques Prévert, « La Seine a rencontré Paris », *Choses et autres*, Gallimard, « Folio », 1972.

———

15. **Estivant** : vacancier.

▶Comment les voix des Parisiens dressent-elles un portrait de la Seine et de Paris ?

Découvrir le texte

1. Le poème dans son intégralité est composé de 132 vers. Selon vous, pourquoi est-il si long ?

2. À l'aide d'un plan de Paris, repérez le parcours de la Seine dans la ville. Identifiez et localisez les lieux cités par le poète.

Analyser et interpréter le texte

Une rencontre avec la Seine

3. Pourquoi le poème est-il écrit sans ponctuation, et pourquoi est-il divisé en strophes ?

4. À quelles différentes activités la Seine est-elle associée dans ces vers ?

5. Quelles caractéristiques du fleuve le poète met-il en évidence ?

Une rencontre avec les Parisiens

6. Identifiez les différents personnages du poème. Que pouvez-vous dire sur ces personnages ?

7. LANGUE Par quels procédés grammaticaux leur point de vue est-il rapporté ? En quoi leur point de vue sur le fleuve révèle-t-il leur personnalité ?

8. Quelle est, selon vous, l'identité du dernier personnage qui prend la parole ? Pourquoi ?

S'exprimer à l'oral

🔴 Enregistrer une lecture de poème

9. La Seine est un fleuve très prisé des poètes. Cherchez d'autres poèmes qui l'évoquent et enregistrez vos lectures à l'aide d'un logiciel gratuit comme Audacity. Votez pour la version qui vous paraît la plus créative.

Bilan Comment la promenade du poète le long du fleuve est-elle représentée par la forme même du poème ?

La ville dans la peinture

En littérature et dans les arts, la ville est un thème omniprésent. Elle a particulièrement inspiré les peintres du XXᵉ siècle, qui ont montré son ambivalence.

Une vision cubiste

Fernand Léger (1881-1955) est un artiste français aux facettes multiples : avant tout peintre, il est aussi dessinateur, illustrateur, sculpteur, décorateur... Il est connu pour ses peintures cubistes, influencées par Picasso, et qui se prêtent particulièrement à la représentation de la ville.

1 Fernand Léger, *Les Hommes dans la ville*, 1919, huile sur toile, 145,7 x 113,5 cm, musée Solomon R. Guggenheim, New York.

Vocabulaire

• **Art non figuratif** : lorsqu'une œuvre d'art ne renvoie pas directement à un élément de la réalité, on parle d'art non figuratif, ou art abstrait.

• **Cubisme** : mouvement pictural du début du XXᵉ siècle représenté par Pablo Picasso et d'autres peintres comme Georges Braque ou Fernand Léger. Une œuvre cubiste se caractérise par l'omni-présence des formes géométriques.

• **Surréalisme** : courant littéraire et artistique qui s'inspire beaucoup des rêves et de l'inconscient pour renouveler notre regard sur la réalité.

Comprendre les œuvres

1. Observez attentivement les trois œuvres représentées et leur titre.

2. Notez vos premières impressions de spectateurs.

3. Qu'est-ce qui rapproche et oppose ces trois œuvres ? Nommez le courant artistique auquel appartient chaque peintre.

4. Quel aspect de la ville chaque artiste met-il en avant ? Attachez-vous aux dimensions, aux formes, aux mouvements, aux lignes, aux couleurs...

5. Quelle vision des villes et des hommes les artistes nous donnent-ils dans ces trois œuvres ? Justifiez votre réponse.

du XXᵉ siècle

Une vision surréaliste

René Magritte (1898-1967) appartient au mouvement surréaliste. Ses peintures présentent, sur un mode ludique ou inquiétant, un décalage entre la réalité et sa représentation. Selon Magritte, ce tableau représente une ville détruite, comme l'indique le titre, *Golconde*, qui fait référence à une cité indienne en ruine.

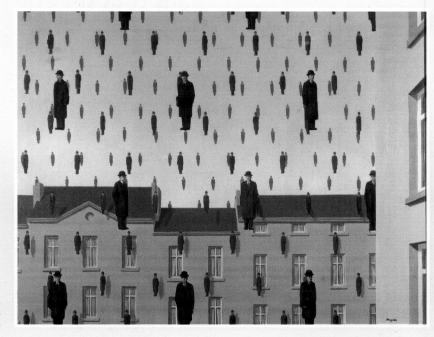

2 René Magritte, *Golconde*, 1953, huile sur toile, 80,7 x 100,6 cm, Menil Collection, Houston (États-Unis).

3 Piet Mondrian, *New York City I*, 1942, huile sur toile, 119,3 x 114,2 cm, musée national d'Art moderne, Centre Georges-Pompidou, Paris.

Une vision abstraite

Piet Mondrian (1872-1944) est un peintre néerlandais surtout connu pour ses compositions non figuratives qui poussent le cubisme à l'extrême. On peut cependant voir dans *New York City I* l'évocation du plan de la ville américaine, très rectiligne.

Activités

Représenter une ville

Choisissez le plan d'une ville ou d'un quartier et, à la manière de Mondrian, représentez-le en insistant sur un aspect géométrique (lignes droites, rues tortueuses…).

Vers d'autres lectures

Objectif
• Découvrir des représentations différentes de la ville dans des genres divers.

La ville
dans tous ses états

Raymond Queneau, *Zazie dans le métro*, Gallimard, Folio, 1959.

Une petite fille très délurée arrive à Paris, impatiente de prendre le métro. Mais celui-ci est en grève. On suit alors ses différentes aventures dans la ville et on découvre avec elle des lieux et des personnages insolites.

Réaliser un album illustré

• Notez au fil de votre lecture les différents lieux découverts par Zazie.

• Recherchez des représentations de ces lieux et rassemblez-les dans un album illustré retraçant son parcours.

Guillaume Guéraud, *Cité Nique-le-ciel*, éditions Le Rouergue, 1998.

Rachid a 13 ans et rêve de devenir pilote de ligne. Mais la cité Arc-en-ciel, dans laquelle il grandit, n'offre pas beaucoup de perspectives d'avenir. Quand son frère meurt d'une overdose, l'espoir s'amenuise encore.

Créer une couverture de livre

• Observez la couverture du roman : que vous évoque-t-elle ?

• Imaginez une couverture différente, qui fera figurer le personnage principal, Rachid. Notez au brouillon les différents éléments que vous ajouterez, et décrivez-les à vos camarades.

Jean-Pierre Pécau, Dim. D, *La Malédiction de la tour Saint-Jacques*, Delcourt, 2013.

L'album débute par un mystérieux crime lié aux symboles qui ornent le sommet de la tour Saint-Jacques, à Paris. Le Bureau des affaires publiques (BAP) mène l'enquête.

Écrire un article de journal

• Pour le journal de votre collège ou pour le CDI, écrivez un article sur la représentation que cet album donne de Paris.

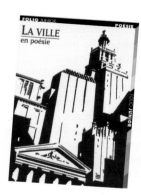

Jacques Charpentreau (dir.), *La Ville en poésie*, Gallimard, Folio Junior, 2000.

Une anthologie qui montre que la ville est et a toujours été un sujet privilégié pour les poètes.

Réciter un poème

• Choisissez dans cette anthologie le poème qui évoque selon vous le mieux la ville.

• Apprenez ce poème et récitez-le à voix haute en privilégiant l'expression des sentiments.

À vous de créer

Réaliser une anthologie de poésie

• À votre tour, constituez une petite anthologie de vos cinq poèmes préférés sur la ville, choisis dans le recueil de Jacques Charpentreau ou ailleurs.

• Classez-les chronologiquement.

• Présentez rapidement les auteurs des poèmes que vous avez retenus à la fin de votre anthologie en respectant un ordre alphabétique.

Analyser un poème en vers libres

Stop

Le bidon de pétrole
Et le bruit
Celui qui le porte rit

Une cigarette qui scintille
5 Dans la nuit

Le tramway traîne une mélodie dans ses roues
Et une chevelure de lumière
Les étincelles de celle qui passe par la portière
Ses yeux sont tombés sur le rail

10 Un arrêt facultatif où personne ne descend
On repart
Le train mon cœur et mes mains ce soir sont en retard

Pierre Reverdy, «Stop» (extrait), *Plupart du temps (1915-1922)* [1945], «Poésie / Gallimard», 1989.

MÉTHODE GUIDÉE

Étape 1 Partir de ses observations

• Repérez le titre et l'auteur du poème et situez-le par rapport à des poètes que vous connaissez.
• Observez la forme du poème, le nombre de vers et leur longueur, et le nombre de strophes.
• Identifiez la tonalité du poème.

1. À quelle époque Pierre Reverdy a-t-il écrit ce poème? Quels poètes de la même époque connaissez-vous?
2. Que vous évoque le titre? Quel lien faites-vous entre le titre et le contenu du poème? Quel est le lieu décrit? Qui parle? Observez les pronoms.
3. Combien y a-t-il de strophes? Combien de syllabes les vers comptent-ils? Ont-ils tous la même longueur?
4. Que ressentez-vous à la lecture de ce poème?

Étape 2 Analyser la forme du poème

• Identifiez les rimes.
• Repérez les jeux sur les sonorités.
• Identifiez et analysez les principales figures de style.

5. Tous les vers ont-ils une rime? Quels sont les vers qui riment entre eux? Que pouvez-vous dire de ces rimes?
6. Par quel procédé typographique distingue-t-on les différents vers?
7. Quels effets les assonances produisent-elles?
8. Le lexique est-il imagé? Identifiez les figures de style.
9. En quoi ces effets (sonorités, figures de style...) sont-ils poétiques?

Étape 3 Repérer les principales caractéristiques d'un poème en vers libres

• Analysez le rythme et ses effets.
• Lisez les vers à voix haute.
• Observez la ponctuation.

10. Comment prononce-t-on les vers en les lisant à voix haute?
11. Ce poème contient-il des signes de ponctuation? Quels effets permettent de créer un rythme? Que pouvez-vous dire de ce rythme? Y a-t-il un lien avec le sujet du poème?
12. Qu'est-ce qui peut justifier l'appellation de «vers libres» dans le nombre de syllabes des vers?

Vocabulaire

Objectif
• Enrichir son vocabulaire pour évoquer la ville et la poésie.

Les mots de la ville et de la poésie

Connaître les mots de la ville

1 Recherchez à l'aide d'un dictionnaire l'origine du mot « ville ».
a. Établissez la famille du mot « ville ».
b. Composez trois phrases en utilisant trois mots de cette famille.

> **Conseil**
> Rappelez-vous : une famille de mots est l'ensemble de tous les mots qui ont le même radical (par exemple : grand, grandeur, grandir…).

2 Recherchez trois synonymes de « ville » et remplacez les points de suspension par un de ces synonymes dans les phrases suivantes :

1. Londres est l'une des plus grandes .... du monde.
2. La .... d'Athènes est riche de nombreux vestiges de l'Antiquité.
3. Avec ses millions d'habitants, Paris prétend rivaliser avec les grandes .... d'Europe.

3 Reliez chacun des noms à un des adjectifs qui peut le qualifier.

quartier •   • couvert
cité •   • achalandé
passage •   • antique
magasin •   • large
boulevard •   • chaud

> **Comparons nos langues**
> Pour parler de suppositions sans fondement, le Français dit « Avec des si, on mettrait Paris en bouteille », et l'Anglais « *If wishes were horses, beggars would ride* » (littéralement : si les souhaits étaient des chevaux, les mendiants les monteraient).

Jouer avec les mots de la ville

4 a. Repérez dans cette liste les mots qui n'ont aucun rapport avec la ville :
venelle • arrondissement • cité • vilipender • cours • mail • vile • rustine • passage • ruelle • chemin • boulevard • croisement • clous • bistrot • coin • piétons • venin • citation • villégiature
b. Imaginez une définition fantaisiste des mots en rapport avec la ville.

5 Un mot-valise est un néologisme créé à partir de deux mots qui existent, qu'on fusionne pour n'en faire qu'un. Le mot ainsi créé synthétise les deux idées contenues dans les mots de départ.
a. Créez des mots-valises à partir des couples suivants :
Exemple : français – anglais = franglais

trottinette – trottoir   impasse – paisible

venelle – ruelle   automobile – immobile

piéton – prioritaire

b. Employez-les dans des phrases que vous construirez.

6 Jouez avec les sonorités du mot « ville ».
a. Recherchez un mot rimant avec « ville » et un autre avec « bruit ».
b. Écrivez un quatrain sur ces rimes. Vous proposerez au moins une allitération en [v] et une assonance inquiétante en [i]. ↘ *Le vocabulaire de la poésie, p. 372.*

François Schuiten, *Le Viaduc d'Austerlitz*, fin XXᵉ siècle.

À vous d'écrire !

7 Lisez la strophe suivante :

> Un amas confus de maisons,
> Des crottes dans toutes les rues,
> Ponts, églises, palais, prisons,
> Boutiques bien ou mal pourvues ?
>
> Paul Scarron, « Sur Paris », *Poésies diverses*, 1654.

a. Rappelez la définition des mots suivants :
quatrain • octosyllabe • disposition • rythme
b. À la manière de Scarron, écrivez un quatrain en octosyllabes sur un thème propre à la ville : un fleuve, des rues, des bâtiments, des passants…

Les adjectifs qualificatifs

Retenir l'essentiel

• L'adjectif qualificatif sert à qualifier un nom ou un groupe nominal, et en précise le sens.

• Il s'accorde **en genre** et **en nombre** avec le nom (ou le pronom) qu'il qualifie. Il se place juste avant ou après le nom (adjectif épithète), ou bien après un verbe d'état (adjectif attribut).

• L'adjectif peut être séparé du nom **quand il est nuancé par un adverbe** («un sac très pratique»), quand il est attribut d'un verbe d'état («Il est intelligent»), **quand il est en apposition**, c'est-à-dire séparé par une virgule et placé en tête de phrase («Fatigué, il alla se reposer»).

Reconnaître et employer l'adjectif qualificatif

1 a. Relevez les adjectifs qualificatifs dans ces extraits.
b. Rédigez trois phrases dans lesquelles vous emploierez ces adjectifs, en changeant le genre du nom qu'ils accompagnent.

> 1. Ces grands monceaux pierreux, ces vieux murs que tu vois
> Furent premièrement le clos d'un lieu champêtre
> Joachim Du Bellay
>
> 2. Le long du vieux faubourg, où pendent aux masures
> Les persiennes, abri des secrètes luxures
> Charles Baudelaire
>
> 3. Tournez, tournez, bons chevaux de bois
> Paul Verlaine
>
> 4. Voici la jeune rue et tu n'es encore qu'un petit enfant
> Guillaume Apollinaire

2 Pour chaque nom souligné, ajoutez un adjectif pour le qualifier. N'oubliez pas de l'accorder en genre et en nombre avec le nom.

> Le promeneur tire une ivresse de cette communion. Celui-là qui épouse facilement la foule connaît des jouissances [...]. Il adopte comme siennes toutes les professions, toutes les joies et toutes les misères que la circonstance lui présente.
> D'après Charles Baudelaire, «Les foules», *Petits poèmes en prose*, 1864.

Comprendre la place de l'adjectif qualificatif

3 a. Quelle place l'adjectif occupe-t-il par rapport au nom qu'il qualifie dans les vers suivants?
b. Réécrivez ces vers en changeant la place de l'adjectif. Est-ce toujours possible?

> **Le Masque**
> Une vie imaginaire
> Sur les villes est posée.
> Partout de fausses lumières
> Sont peintes sur les paupières
> Des fenêtres enfermées.
> Le pâle soleil qui luit
> N'est que plâtre sur les pierres.
>
> La vraie ville est dans la nuit
> Jean Tardieu, «Le Masque», *Le Témoin invisible*, recueilli dans *Le Fleuve caché*, Gallimard, coll. «Métamorphoses», 1943.

4 ORTHOGRAPHE Accordez les adjectifs entre parenthèses aux noms qu'ils qualifient. Vérifiez le genre des noms dans un dictionnaire si vous avez un doute.

> J'ai longtemps habité Montmartre; on y jouit d'un air très (pur), de perspectives (varié), et l'on y découvre des horizons (magnifique), soit «qu'ayant été vertueux, l'on aime à voir lever l'aurore», qui est très (beau) du côté de Paris, soit qu'avec des goûts moins (simple), on préfère ces teintes (pourpré) du couchant, où les nuages (déchiqueté) et (flottant) peignent des tableaux de bataille [...].
> D'après Gérard de Nerval, *Promenades et souvenirs*, 1854.

5 Dictée préparée
a. Observez les noms communs et cherchez le sens de ceux que vous ne connaissez pas.
b. Relevez dans ce texte les adjectifs qualificatifs et observez leur place. Comment s'accordent-ils avec les noms qu'ils qualifient?

> Des ciels gris de cristal. Un bizarre dessin de ponts, ceux-ci droits, ceux-là bombés, d'autres descendant ou obliquant en angles sur les premiers, et ces figures se renouvelant dans les autres circuits éclairés du canal, mais tous tellement longs et légers que les rives, chargées de dômes, s'abaissent et s'amoindrissent. Quelques-uns de ces ponts sont encore chargés de masures. D'autres soutiennent des mâts, des signaux, de frêles parapets. Des accords mineurs se croisent et filent, des cordes montent des berges.
> Arthur Rimbaud, «Les Ponts», *Illuminations*, 1872-1875.

Organiser un récital de poèmes

ÉTAPE 1 **S'entraîner à bien lire un poème**

Le Pont Mirabeau

Sous le pont Mirabeau coule la Seine
  Et nos amours
  Faut-il qu'il m'en souvienne
La joie venait toujours après la peine

5 Vienne la nuit sonne l'heure
  Les jours s'en vont je demeure

Les mains dans les mains restons face à face
  Tandis que sous
  Le pont de nos bras passe
10 Des éternels regards l'onde si lasse

  Vienne la nuit sonne l'heure
  Les jours s'en vont je demeure

L'amour s'en va comme cette eau courante
  L'amour s'en va
15 Comme la vie est lente
Et comme l'Espérance est violente

  Vienne la nuit sonne l'heure
  Les jours s'en vont je demeure

Passent les jours et passent les semaines
20 Ni temps passé
  Ni les amours reviennent
Sous le pont Mirabeau coule la Seine

  Vienne la nuit sonne l'heure
  Les jours s'en vont je demeure

Guillaume Apollinaire, « Le Pont Mirabeau », *Alcools*, 1913.

Jean-Antoine Injalbert, *Le Commerce*, 1896, sculpture sur le pont Mirabeau, Paris.

ÉTAPE 2 **Réciter un poème à plusieurs**

4 Par groupes de trois ou quatre, imaginez une lecture originale de ce poème à plusieurs voix. Notez vos indications :
– vous pouvez par exemple choisir un débit plus ou moins lent ;
– vous pouvez demander de faire entendre avec insistance les rimes ou d'autres sonorités ;
– vous pouvez réfléchir au rythme en décidant certaines pauses ;
– vous pouvez proposer de varier la lecture d'une strophe à l'autre.

5 Réfléchissez à une mise en scène de votre lecture : tonalité, rythme, voix… Soyez créatifs ! Récitez le poème à tour de rôle devant la classe.
Pour vous inspirer, vous pouvez écouter sur www.youtube.com trois mises en chanson : la version de Léo Ferré (1953), celle de Serge Reggiani (1972) et celle de Marc Lavoine (2001).

1 **a.** Lisez silencieusement la première strophe du poème d'Apollinaire « Le Pont Mirabeau ».
b. Comptez le nombre de syllabes par vers.
c. Relevez les sonorités qui se répètent.
d. Réfléchissez au rythme de la lecture des vers : quelle ponctuation pourriez-vous ajouter ? Quelles syllabes pourriez-vous accentuer ?

2 Mettez en commun vos partis pris de lecture en proposant tour à tour vos lectures à haute voix des premiers vers d'Apollinaire. Soumettez-les aux remarques de vos camarades dans le but de les améliorer.

3 Poursuivez votre lecture du poème.
Comment peut-on faire entendre les vers qui ressemblent à un refrain (v. 5-6) ?

COMPÉTENCES

D1, 2, 3	Exprimer ses sensations à propos d'une œuvre.
D1, 2, 3	Exploiter les techniques multimodales (texte et son) de la parole.

Écrire un poème de métro

En suivant le « mode d'emploi » de Jacques Jouet, vous rédigerez à sa manière un poème de métro.

ÉTAPE 1 | **Découvrir un poème-jeu**

Jacques Jouet est un poète et romancier français membre de l'Oulipo (Ouvroir de littérature potentielle), groupe d'écrivains et de mathématiciens fondé en 1960 qui fait de la littérature un jeu.

Qu'est-ce qu'un poème de métro ?

J'écris, de temps à autre, des poèmes de métro. Ce poème en est un.

Voulez-vous savoir ce qu'est un poème de métro ? Admettons que la réponse soit oui. Voici donc ce qu'est un poème de métro.

Un poème de métro est un poème composé dans le métro, pendant le temps d'un parcours.

Un poème de métro compte autant de vers que votre voyage compte de stations moins un.

5 Le premier vers est composé dans votre tête entre les deux premières stations de votre voyage (en comptant la station de départ).

Il est transcrit sur le papier quand la rame s'arrête à la station deux.

Le deuxième vers est composé dans votre tête entre les stations deux et trois de votre voyage.

Il est transcrit sur le papier quand la rame s'arrête à la station trois. Et ainsi de suite.

Il ne faut pas transcrire quand la rame est en marche.

10 Il ne faut pas composer quand la rame est arrêtée.

Le dernier vers du poème est transcrit sur le quai de votre dernière station.

Si votre voyage impose un ou plusieurs changements de ligne, le poème comporte deux strophes ou davantage.

Si par malchance la rame s'arrête entre deux stations, c'est toujours un moment délicat de l'écriture d'un poème de métro.

Jacques Jouet, *Poèmes de métro*, P.O.L. éditeur, 2000.

❶ Lisez attentivement ce poème. Quels indices vous permettent de dire qu'il s'agit d'un poème de métro, tel que Jacques Jouet le définit ?

ÉTAPE 2 | **Repérer les règles d'écriture**

❷ À partir du poème de Jacques Jouet, remettez dans l'ordre ces étapes préalables à l'écriture.

Cyril Edward Power, *The Tube Train*, vers 1932.

– Déterminez un temps approximatif de trajet entre deux stations.

– Déterminez un trajet de métro, en choisissant une station de départ et une station d'arrivée.

– Estimez le temps de votre parcours global.

– Comptez le nombre de stations de votre parcours et le nombre de changements de lignes.

❸ Établissez la liste des contraintes que Jacques Jouet énonce dans son poème.

Exemple : ne pas écrire quand le métro est en marche.

ÉTAPE 3 | **Écrire un poème à la façon de Jacques Jouet**

❹ En classe, mettez-vous d'accord pour choisir un plan de métro (celui de Paris, New York, Londres ou n'importe quelle autre ville).

❺ À partir de ce plan, constituez quatre groupes. Chaque groupe prépare une des quatre étapes énoncées ci-dessus.

❻ Mettez-vous en situation et écrivez en classe votre poème de métro en respectant les contraintes données par Jacques Jouet.

COMPÉTENCES

D1 Adopter des stratégies et des procédures d'écriture efficaces.

D1 Pratiquer l'écriture d'invention.

Bilan de la séquence

La diversité des villes et des regards au XXᵉ siècle

Les poètes et les artistes s'intéressent davantage à de **grandes villes** comme Paris, Marseille ou New York, mais certains poèmes évoquent des villes qui ne renvoient à aucune réalité précise.

Elles apparaissent **lumineuses et séduisantes** chez Guillaume Apollinaire, chez Jules Supervielle ou chez Jacques Prévert.

Elles deviennent **inquiétantes** ou angoissantes chez Émile Verhaeren, Jacques Réda et dans certains vers de Jacques Prévert.

La diversité des poèmes

Les poètes recourent à des **formes poétiques modernes** pour évoquer la ville : l'emploi des vers libres est le plus courant.

Les écrivains emploient des **figures de style variées** pour exprimer les sentiments que la ville leur inspire : métaphores, comparaisons, personnifications de la ville...

La ville, lieu de tous les possibles ?

Les villes sont, au même titre que la nature, **une source d'inspiration essentielle de la création poétique**. Parfois **célébrées** pour leur beauté, elles fascinent les poètes, **mais elles sont rarement le lieu de la parfaite sérénité**.

Évaluation 1. Mobiliser les acquis de la séquence

1. Je sais nommer la forme poétique rencontrée chez Supervielle ou Prévert.

2. Je sais reconnaître et nommer différents types de strophes.

3. Je sais définir un poème en vers libres.

4. Je sais donner un exemple de comparaison, de métaphore, d'allitération et d'assonance à partir des textes étudiés.

5. Je sais caractériser en une phrase des visions différentes de la ville.

poètes

Ce ciel de Paris...

Ce ciel de Paris est plus pur qu'un ciel d'hiver lucide de froid
Jamais je ne vis de nuits plus sidérales[1] et plus touffues que ce printemps
Où les arbres des boulevards sont comme les ombres du ciel,
Frondaisons[2] dans les rivières mêlées aux oreilles d'éléphant,
5 Feuilles de platanes, lourds marronniers.
[...]
Pas un bruit. Pas un passant. C'est le lourd silence de guerre.
Mon œil va des pissotières[3] à l'œil violet des réverbères.
C'est le seul espace éclairé où traîner mon inquiétude.

Blaise Cendrars, « Ce ciel de Paris... » (extrait), *Au cœur du monde* (fragment retrouvé) [1917],
dans *Du monde entier au cœur du monde (Poésies complètes)*, Éditions Denoël, 2005.

───────

1. **Sidérales** : pleines d'étoiles. 2. **Frondaisons** : moment de l'année où les feuilles d'un arbre commencent à pousser. 3. **Pissotières** : urinoirs publics pour hommes.

6. Quelle est la forme poétique de ce poème ? Rappelez-en les principales caractéristiques.

7. Qui parle ? Justifiez en relevant un pronom. Quel lieu est décrit ?
Quelles sont les caractéristiques de ce lieu ?

8. Dans quel état d'esprit le poète se trouve-t-il ? Observez la deuxième strophe et le lexique pour répondre.

9. Relevez le champ lexical de la ville ainsi que les comparaisons et les métaphores propres à la ville.

10. Quelle place la nature occupe-t-elle dans ces vers ? Cela vous semble-t-il surprenant au regard du sujet du poème ?

11. Relevez deux allitérations et deux assonances. Quels effets ces sonorités produisent-elles ?

Évaluation 3. Écrire

12. Quelle vision de Paris le poète cherche-t-il à donner ? Répondez en un bref paragraphe en vous appuyant sur les procédés d'écriture propres à la poésie ainsi que sur les figures de style.

13. Composez un sizain en vers libres en exploitant le champ lexical de la nature, en créant deux métaphores et en utilisant une allitération ainsi qu'une assonance.

COMPÉTENCES ATTENDUES EN FIN DE 4e

D1, 5 **Lire**
Élaborer une interprétation d'un texte littéraire. ■ ■ ■ ■

D1, 2, 3 **Comprendre et s'exprimer à l'oral**
Exploiter les ressources expressives et créatives de la parole. ■ ■ ■ ■

D1, 2 **Comprendre le fonctionnement de la langue**
Construire les notions permettant l'analyse des textes et des discours. ■ ■ ■ ■

D1, 5 **Acquérir des éléments de culture littéraire et artistique**
Mobiliser des références culturelles pour interpréter les textes. ■ ■ ■ ■

De Haussmann au

Thématiques
- Culture et création artistiques
- Information, communication, citoyenneté

Disciplines croisées
- Français : lire des descriptions de Paris dans les romans du XIXᵉ siècle
- Histoire : découvrir l'histoire d'une ville • Géographie : comprendre les évolutions spatiales d'une ville

Projet
Créer le guide touristique d'une ville

Paris, ville de type médiéval jusqu'au début du XIXᵉ siècle, devient en un siècle une grande agglomération augmentée d'une banlieue. Le Second Empire (1852-1870) marque le début d'une période de grands travaux menés sous la direction du préfet Haussmann. Paris s'est étendu et modernisé depuis cette époque, mais sa physionomie générale n'a pas été bouleversée. Le projet du Grand Paris marque une étape importante de l'évolution de la ville.

▶ Comment les évolutions de la société font-elles changer l'apparence d'une ville ?

Paris aux XIXᵉ et XXᵉ siècles : une ville en mouvement

Des travaux d'Haussmann à la tour Eiffel

Sous le Second Empire (1852-1870), Napoléon III et le baron Haussmann veulent améliorer les conditions de vie dans la capitale, embellir la ville, créer de grands axes. Quelques années plus tard, la tour Eiffel est érigée pour l'Exposition universelle de 1889. Ce monument devient le symbole de la modernité de la capitale.

Doc 1 **Travaux de percement de l'avenue de l'Opéra**

Doc 3 **Le boulevard Haussmann terminé**

« Le boulevard Haussmann terminé », *Journal illustré*, 1883.

Photographie de Charles Marville, 1877.

Doc 2 **Napoléon III et le baron Haussmann**

Adolphe Yvon, *Napoléon III remettant au baron Haussmann le décret d'annexion des communes limitrophes (16 février 1859)*, 1865.

Docs 1, 2 et 3 **1.** Observez la photographie. Dans quel état sont les bâtiments en arrière-plan ?
2. Observez la taille du chantier. Quel pouvait être l'intérêt de travaux d'une telle ampleur à l'époque de Napoléon III ?
3. Quels sont les outils utilisés pour réaliser les travaux ? Vous semblent-ils modernes ?
4. Qu'est-ce qui caractérise le boulevard Haussmann terminé ?

Grand Paris

Les évolutions de Paris depuis le XIXe siècle

Plan de Paris en 1864 pendant les travaux

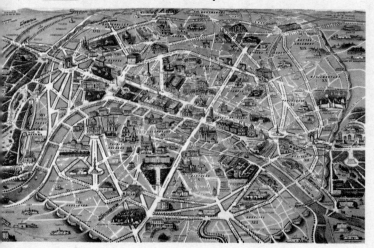

> « Le vieux Paris n'est plus (la forme d'une ville
> Change plus vite, hélas ! que le cœur d'un mortel) »
> Charles Baudelaire, « Le Cygne », *Les Fleurs du mal*, 1857.

Doc 4 **5.** Observez le plan. Montrez que les travaux haussmanniens s'organisent autour de deux axes principaux, nord-sud et ouest-est. Puis repérez l'avenue de l'Opéra et le boulevard Haussmann.
6. Sur quels éléments naturels les limites de Paris semblent-elles s'appuyer ?
Docs 4, 5 et 6 **7.** À quelles « démolitions et reconstructions » Victor Hugo fait-il allusion ?
8. Quel semble être son état d'esprit quand il évoque le « Paris ancien » ?
9. Observez le tableau de Camille Pissarro. Quelle évolution le quartier de l'avenue de l'Opéra a-t-il connu ? Comparez avec le doc 1.

Doc 5 **Le Paris ancien et le Paris nouveau**

Lorsque Victor Hugo écrit Les Misérables, *il vit en exil à Guernesey depuis 1852. Il n'a donc pas été témoin de la transformation de Paris entreprise par Haussmann. Il l'évoque cependant dans ces lignes.*

Voilà bien des années déjà que l'auteur de ce livre[1], forcé, à regret, de parler de lui, est absent de Paris. Depuis qu'il l'a quitté, Paris s'est transformé. Une ville nouvelle a surgi qui lui est en quelque sorte
5 inconnue. Il n'a pas besoin de dire qu'il aime Paris ; Paris est la ville natale de son esprit. Par suite des démolitions et des reconstructions, le Paris de sa jeunesse, ce Paris qu'il a religieusement emporté dans sa mémoire, est à cette heure un Paris d'autrefois.
10 Qu'on lui permette de parler de ce Paris-là comme s'il existait encore. Il est possible que là où l'auteur va conduire les lecteurs en disant : « Dans telle rue il y a telle maison », il n'y ait plus aujourd'hui ni maison ni rue. Les lecteurs vérifieront, s'ils veulent en prendre
15 la peine. Quant à lui, il ignore le Paris nouveau, et il écrit avec le Paris ancien devant les yeux dans une illusion qui lui est précieuse.

Victor Hugo, *Les Misérables*, livre 5, I, 1862.

1. **L'auteur de ce livre** : Victor Hugo parle de lui à la troisième personne du singulier.

Doc 6 **L'avenue de l'Opéra après les travaux d'Haussmann**
Camille Pissaro, *L'Avenue de l'Opéra*, 1898, huile sur toile, 73 x 91 cm.

Doc 7 **La construction de la tour Eiffel en 1888-1889**

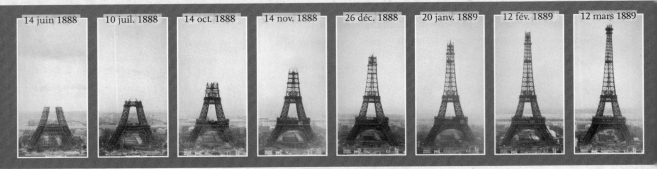

14 juin 1888 — 10 juil. 1888 — 14 oct. 1888 — 14 nov. 1888 — 26 déc. 1888 — 20 janv. 1889 — 12 fév. 1889 — 12 mars 1889

REPÈRES

Les **Expositions universelles** sont de grandes expositions internationales et publiques qui ont lieu régulièrement depuis le milieu du XIXᵉ siècle. Elles ont pour but de présenter les moyens artistiques, scientifiques, architecturaux dont disposent les pays à un moment donné. C'est lors de l'Exposition universelle de 1889 que fut présentée la tour Eiffel.

Docs 7, 8 et 9 **1.** Observez attentivement le tableau de Monet et repérez les éléments qui montrent que la gare représente la modernité.
2. Qui est Gustave Eiffel ? Qu'est-ce qui caractérise ses réalisations ?
3. En quoi ces illustrations témoignent-elles de la volonté de faire de Paris une ville moderne ?

Doc 8 **Un lieu essentiel : la gare**

La Gare Saint-Lazare représentée par Claude Monet en 1877 témoigne de l'intérêt du peintre pour l'évolution de Paris. La gare peinte par Monet a été inaugurée par Napoléon III pour l'Exposition universelle de 1867.

Travaux de la construction du métro Saint-Michel, vers 1905.

Doc 9 La construction des premiers métros à partir de 1898

Luigi Loir, *La Construction de la station de métro*, 1900.

Une ville touristique

Doc 10 Queneau, un poète-urbaniste !

Urbanisme

Avec les moyens de la science et de l'industrie modernes
(ou à venir)
on pourrait très bien déplacer les monuments historiques
et les foutre tous ensemble dans le même quartier
5 qu'on aurait au préalable rasé
comme ça il y aurait côte à côte la Tour Eiffel le Sacré-Cœur
    Saint-Honoré-d'Eylau
la Sainte-Chapelle le Tribunal de Commerce les Deux-Magots
    Sainte-Clotilde l'Opéra
le musée d'Ennery et cetera
ce qui éviterait aux touristes
10 de se disperser inconsidérément dans les rues de la ville

Raymond Queneau, « Urbanisme », *Courir les rues,
Battre la campagne. Fendre les flots*, 1981.

Doc 11
Carte des principaux sites touristiques de Paris

Docs 10 et 11 **4.** Repérez sur la carte les différents monuments historiques et touristiques et faites une petite recherche sur chacun d'eux.

5. Diriez-vous que Paris a profondément évolué entre le XIXᵉ et le XXᵉ siècle ?
6. Que pensez-vous des transformations proposées par Queneau ?

Paris demain : le projet du Grand Paris

Le Grand Paris est un projet d'aménagement urbain à l'échelle de la métropole. Il a vocation à améliorer le cadre de vie des habitants, à corriger les inégalités territoriales et à construire une ville durable.

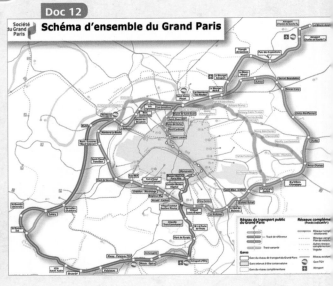

Doc 12 Schéma d'ensemble du Grand Paris

Doc 13 Le projet de l'île de Vitry

Docs 12, 13 et 14 1. En quoi peut-on parler de Grand Paris ?

2. Évaluez sur une carte de l'Île-de-France la nouvelle étendue du Grand Paris. Quels peuvent être, selon vous, les objectifs de ce projet ?

3. Quelle place le Grand Paris semble-t-il donner à la nature (doc 13) ?

4. Qu'est-ce que le Grand Paris Express ? En quoi ce projet peut-il contribuer à améliorer les conditions de vie ?

5. DÉBAT Débattez entre vous : le projet du futur Grand Paris vous semble-t-il rassurant ou inquiétant ?

Pour aller plus loin

• Site de la Société du Grand Paris :
www.societedugrandparis.fr
• Site sur les évolutions spatiales de Paris : paris-atlas-historique.fr

Doc 14 Le Grand Paris dans la presse

Les collégiens découvrent « leur » futur supermétro

Le Parisien.fr | Elsa Marnette | 19 févr. 2016

Un endroit où les trains passent en gare toutes les 86 secondes et où les titres de transport sont intégrés aux téléphones portables. Hier matin, une quinzaine d'élèves de 3e au collège Rabelais de Saint-Maur-des-Fossés ont découvert « leur » futur transport en commun.

La Société du Grand Paris (SGP), avec le conseil départemental et la mairie, est venue leur présenter le supermétro qui connectera les banlieues entre elles à horizon 2022, sauf retard de chantier. À plus de cinquante mètres dans le sol, la gare de Saint-Maur-Créteil sera la plus profonde de France – d'Europe selon le maire LR Sylvain Berrios, qui veut ravir le titre à Barcelone – et constituera une station de la ligne 15 sud entre Pont-de-Sèvres et Noisy-Champs.

Parmi d'autres travaux préparatoires, un puits d'essai a récemment été creusé en bord de Marne. C'est ce vertigineux trou, où sont testées les techniques de construction en fonction des sols, qu'ont observé les collégiens. « On ne pensait pas que le trou serait si grand ! constatent Axel et Boubakar, 15 ans. Quand le métro sera mis en service, on sera majeur, on aura le permis, mais on testera quand même. Vu la profondeur et vu les escaliers, on est pressé de voir ça. »

Des milliers d'emplois en perspective

Les deux adolescents se destinent plutôt aux métiers du transport routier mais ont malgré tout écouté avec intérêt le nombre d'emplois que le supermétro devrait créer. « Quand on sera à plein régime, on va avoir besoin de 10 000 à 15 000 emplois dans le bâtiment et les travaux publics », assure le président de la SGP, Philippe Yvin, précisant ensuite que près de 2 000 autres « métiers magnifiques » seront créés pour entretenir les trains et les voies. […]

Créer le guide touristique d'une ville

Un guide touristique a pour but d'informer sur les différents aspects d'une ville, d'une région ou d'un pays, qu'il doit présenter de façon attrayante. À votre tour, vous allez rédiger le guide de la ville que vous aimeriez faire connaître et aimer.

Étape 1 — Définir le projet

• Choisissez en classe la ville dont vous voulez concevoir le guide.

• Réfléchissez au public visé par le guide et au ton que vous souhaitez lui donner : neutre, informatif, humoristique...

• Réfléchissez à l'ambition de votre guide : historique, culturel, pratique, etc.

> **Conseil**
> • Feuilletez des guides touristiques pour vous en inspirer.
> • Retenez les rubriques qui vous paraissent essentielles.

Étape 2 — Faire des recherches préalables

• Recherchez des informations sur l'histoire de la ville, ses principales figures, les principaux quartiers, monuments et lieux attractifs.

• Faites la liste de toutes les informations pratiques que vous trouverez : services, horaires, transports, hébergement, etc.

• Recherchez des photographies de la ville et de ses monuments, ainsi que des représentations artistiques de cette ville.

• Complétez vos recherches par des plans de la ville, des plans détaillés des différents quartiers, des moyens de transports, etc.

Étape 3 — Réfléchir à la conception du guide

• Par petits groupes, répartissez-vous les différents aspects de la ville que vous souhaitez faire figurer : histoire, langue, habitants, paysages, monuments... et sélectionnez les informations.

• Définissez pour chaque aspect une rubrique et organisez ces rubriques entre elles, en définissant le plan de votre guide.

• Choisissez les images qui illustrent le mieux votre propos.

Étape 4 — Écrire les textes

• Écrivez les titres de votre guide et de chacune des rubriques.

• Rédigez les textes de présentation des rubriques.

• Trouvez des légendes synthétiques pour les images.

• Relisez-vous et faites relire votre texte par vos camarades pour en améliorer le contenu, l'orthographe, la syntaxe...

Étape 5 — Choisir un support et mettre en page

• Choisissez le support sur lequel vous souhaitez diffuser votre guide touristique : guide imprimé, guide en ligne, guide sous forme de pdf... Vous pouvez par exemple utiliser un logiciel comme Didapages.

• En fonction de votre choix, réfléchissez à la mise en page de chaque rubrique.

• Relisez vos textes et vérifiez qu'ils ne sont pas trop longs.

• Mettez le texte en page en variant la dimension des images et l'habillage du texte.

Étape 6 — Diffuser le guide

• Faites imprimer la version papier ou mettez en ligne la version numérique.

• Présentez votre guide touristique sur le blog de votre collège.

> **Nous avons réussi le projet si :**
> ☐ nous avons varié les sources pour la recherche documentaire
> ☐ nous avons utilisé un vocabulaire approprié et neutre
> ☐ le guide est complet et traite bien de tous les aspects de la ville choisie
> ☐ le guide est clair et donne envie de voyager

COMPÉTENCES

D1, 5 **Lire**
Lire des textes non littéraires.

D1 **Écrire**
– Réaliser des écrits préparatoires.
– Prendre en compte le destinataire et les visées d'un texte.

La ville, lieu de tous les possibles ?

Individu et société : confrontations de valeurs ?

New York,

OBJECTIFS
• Découvrir les ambivalences d'une ville, source d'espoir et de désillusion.
• Comprendre pourquoi la ville de New York inspire les écrivains.

Vue de New York
et de la statue de
la Liberté de nuit.

New York !

▶ *Quelles différentes visions de New York les écrivains nous transmettent-ils ?*

New York, la ville de tous les possibles ?

À l'origine

Les Indiens occupent **Mannahatta**, « l'île aux Collines ». Au xviie siècle, les colons européens achètent ce territoire.

1898

Naissance de la mégalopole New York City par association de municipalités : New York devient la ville la plus peuplée des États-Unis, la deuxième du monde après Londres, et un centre mondial pour l'industrie, le commerce et la communication.

1776

Déclaration d'indépendance des colonies, alors britanniques : les « États-Unis d'Amérique » sont nés. La statue de la Liberté, en projet dès 1876, fête les cent ans de cette déclaration et devient un symbole (*La Liberté éclairant le monde*).

Entre 1892 et 1954

Ellis Island (petite île proche de New York) a ainsi accueilli près de **12 millions d'immigrés**, venus chercher une vie meilleure et attirés par le « rêve américain ». Si certains ont réussi, beaucoup cependant ont connu de nouvelles difficultés. Le « **rêve américain** » est l'idée selon laquelle toute personne aux États-Unis, par son travail et son mérite, peut améliorer ses conditions de vie, voire faire fortune.

New York aujourd'hui

L'**insécurité** et la criminalité augmentent dans les années 1960. Il faut attendre les années 1990 pour que New York retrouve son équilibre et sa prospérité. C'est aujourd'hui la plus grande ville et l'une des plus importantes des États-Unis.

Louis-Ferdinand Céline
Écrivain français
1894-1961

Jean-Paul Sartre
Écrivain et philosophe français
1905-1980

Simone de Beauvoir
Philosophe et romancière française
1908-1986

Léopold Sédar Senghor
Poète sénégalais
1906-2001

Fabrice Colin
Écrivain français
né en 1972

CANADA

New York

ÉTATS-UNIS

MEXIQUE

L'Amérique au jour le jour

Voilà. C'est arrivé. Je vole vers New York. C'est vrai. Le haut-parleur a appelé : « Les voyageurs pour New York... » et la voix avait l'accent familier de toutes les voix qu'on entend à travers les
5 haut-parleurs, sur les quais des gares. [...] Ce n'est qu'un voyage, un passage d'un lieu à un autre. C'est ce que disait la voix ; c'est ce que prétend le visage blasé du steward[1] ; il trouve naturel, par métier, que je vole vers l'Amérique.
10 Il n'y a qu'un monde et New York est une ville du monde. Mais non. Malgré tous les livres que j'ai lus, les films, les photographies, les récits, New York est dans mon passé une cité légendaire : de la réalité à la légende, il n'existe pas de chemin.
15 En face de la vieille Europe, au seuil d'un continent peuplé de 160 millions d'hommes, New York appartient à l'avenir.

Simone de Beauvoir, *L'Amérique au jour le jour*, Gallimard, 1954.

_____

1. **Steward** : membre (homme) du personnel de cabine d'un avion.

1 Que ressent la narratrice dans l'avion pour New York ? Trouvez trois noms ou adjectifs pour décrire ses sentiments.

2 Selon vous, en quoi New York est-elle une « cité légendaire » ?

3 À votre tour, rédigez un petit paragraphe pour décrire New York telle que vous l'imaginez. Appuyez-vous sur les livres, films, photographies, séries que vous connaissez et qui ont pour cadre cette ville.

4 Imaginez-vous dans l'avion. Comme la narratrice, vous allez atterrir à New York. Que rêvez-vous d'y faire ? Vous avez dix minutes pour imaginer vos envies à l'écrit avant de les partager oralement avec la classe.

Lecture 1

Objectif
• Découvrir le point de vue d'un personnage sur l'arrivée à New York.

Compétence
• Élaborer une interprétation de textes littéraires.

REPÈRES

1900   2000

XXᵉ siècle

1914-18   1932   1939-45

Première   Céline, *Voyage*   Seconde
Guerre   *au bout de la*   Guerre
mondiale   *nuit*   mondiale

Joseph Pennell, *New York
vu depuis le port de Brooklyn*,
vers 1921.

Arrivée à New York

*Voyage au bout de la nuit met en scène un personnage, Ferdinand Bardamu,
qui, après avoir vécu les horreurs de la guerre 1914-1918, est vendu comme
rameur sur un bateau qui le mène en Amérique.*

Pour une surprise, c'en fut une. À travers la brume, c'était tellement étonnant ce qu'on découvrait soudain que nous nous refusâmes d'abord à y croire
et puis tout de même quand nous fûmes en plein devant les choses, tout galérien[1] qu'on était on s'est mis à bien rigoler, en voyant ça, droit devant nous...

5   Figurez-vous qu'elle était debout leur ville, absolument droite. New York
c'est une ville debout. On en avait déjà vu nous des villes bien sûr, et des belles
encore, et des ports et des fameux même. Mais chez nous, n'est-ce pas, elles
sont couchées les villes, au bord de la mer ou sur les fleuves, elles s'allongent
sur le paysage, elles attendent le voyageur, tandis que celle-là l'Américaine, elle

10   ne se pâmait pas[2], non, elle se tenait bien raide, [...] raide à faire peur.

Du coup on en a donc rigolé comme des cornichons. Ça fait drôle forcément, une
ville bâtie en raideur. Mais on n'en pouvait rigoler nous du spectacle qu'à partir
du cou, à cause du froid qui venait du large pendant ce temps-là à travers une
grosse brume grise et rose, et rapide et piquante à l'assaut de nos pantalons

15   et des crevasses de cette muraille, les rues de la ville, où les nuages s'engouf-
fraient aussi à la charge du vent. [...]

Pour un miteux[3], il n'est jamais bien commode de débarquer nulle part mais
pour un galérien c'est encore bien pire, surtout que les gens d'Amérique n'aiment
pas du tout les galériens qui viennent d'Europe. «C'est tous des anarchistes[4]»

20   qu'ils disent. Ils ne veulent recevoir chez eux en somme que les curieux qui leur
apportent du pognon, parce que tous les argents d'Europe, c'est des fils à Dollar.

J'aurais peut-être pu essayer, comme d'autres l'avaient déjà réussi, de
traverser le port à la nage et puis une fois au quai de me mettre à crier : « Vive
Dollar ! Vive Dollar ! » C'est un truc. Y a bien des gens qui sont débarqués

25   de cette façon-là et qui après ça ont fait des fortunes. C'est pas sûr, ça se

raconte seulement. Il en arrive dans les rêves des bien
pires encore. Moi, j'avais une autre combinaison en tête
en même temps que la fièvre.

30   À bord de la galère[5] ayant appris à bien compter les
puces (pas seulement à les attraper, mais à en faire des
additions, et des soustractions, en somme des statis-
tiques), métier délicat qui n'a l'air de rien, mais qui
constitue bel et bien une technique, je voulais m'en servir.
35 Les Américains on peut en dire ce qu'on voudra, mais en
fait de technique, c'est des connaisseurs. Ils aimeraient
ma manière de compter les puces jusqu'à la folie, j'en
étais certain d'avance. Ça ne devait pas rater selon moi.

   J'allais leur offrir mes services quand tout à coup on
40 donna l'ordre à notre galère d'aller passer une quarantaine[6] dans une anse[7] d'à côté, à l'abri, à portée de voix
d'un petit village réservé, au fond d'une baie tranquille,
à deux milles[8] à l'est de New York.

Louis-Ferdinand Céline, *Voyage au bout de la nuit* [1932],
Gallimard, 1952.

1. **Galérien** : esclave. 2. **Ne se pâmait pas** : ne faiblissait pas. 3. **Miteux** : qui a l'apparence misérable. 4. **Anarchistes** : personnes souhaitant une société sans autorité
politique. 5. **Galère** : bateau. 6. **Quarantaine** : mesure d'isolement provisoire.
7. **Anse** : petite baie. 8. **Deux milles** : environ trois kilomètres.

*Immigrants européens passant devant la statue
de la Liberté à New York*, 1892, gravure.

▶ Comment l'arrivée à New York annonce-t-elle la vie qui attend le héros ?

Découvrir le texte

1. Effectuez une recherche sur Ellis Island.
Que s'y passait-il entre 1892 et 1954 ? Illustrez votre recherche avec des images.

Analyser et interpréter le texte

New York, une ville peu accueillante

2. Quelle première image le narrateur a-t-il
de New York ? D'où la scène est-elle vue ?

3. LANGUE Observez les pronoms et adjectifs
dans le 2e paragraphe. En quoi renforcent-ils
l'impression d'une ville inhospitalière ?

4. « L'Américaine » (l. 9) : comment appelle-t-on
la figure de style utilisée ? Comment « l'Américaine » est-elle décrite ? Est-ce une description
péjorative ou méliorative ? Pourquoi ?

5. Relevez dans le 3e paragraphe les termes
qui donnent une indication sur le temps qu'il
fait. Quelle impression produisent-ils ?

Entre espoir et désillusion

6. Quels sentiments animent les arrivants
dans le 1er paragraphe ? Justifiez.

7. Quelle expression du 4e paragraphe laisse
penser au narrateur que sa vie ne sera pas
facile ?

8. a. Qu'est-ce qui montre que le narrateur reprend espoir dans le 6e paragraphe ?
Que pensez-vous de son projet ? **b.** Quel
événement brise ses rêves dans le dernier
paragraphe ?

S'exprimer à l'oral

Transformer un texte en dialogue joué

9. Par groupes de trois ou quatre, transformez le texte en conversation entre le
narrateur et ses camarades, puis jouez votre
scène à la classe. Rendez compte des sentiments des personnages qui arrivent à New
York par la mer, après une longue traversée.

> **Bilan** Dans quel état d'esprit le narrateur
> se prépare-t-il à accoster à New York ?

Pour bien écrire

« New York » (l. 5) s'écrit
sans trait d'union, car
il s'agit de deux mots
anglais qui forment un
nom de lieu. Le trait
d'union est rétabli pour
le nom des habitants,
les « New-Yorkais », qui
devient un nom français.
Écrit-on « Nouvelle
Zélande » ou « Nouvelle-
Zélande » ?

⌔ MÉMO

La **personnification**
est une figure de style
qui consiste à donner
des caractéristiques
humaines à un animal
ou à un objet inanimé.

Objectif
• Étudier une description
méliorative de New York.

Compétence
• Adapter sa lecture
à l'objectif poursuivi.

Regards sur New York

En 1945, Jean-Paul Sartre, alors journaliste, est envoyé aux États-Unis et découvre New York. Dans cet article, paru en 1949, il nous livre sa vision et son expérience de la ville.

REPÈRES

Le plan de New York
En 1811, le plan de New York est défini selon un quadrillage rectiligne : 12 avenues nord-sud, coupées à la perpendiculaire par 155 rues est-ouest. Un espace vert, Central Park, est ajouté plus tard à ce projet urbain.

Pour bien écrire

« **Buildings** » (l. 4) vient de l'anglais *to build*, « construire », ce qui explique son orthographe. Trouvez d'autres anglicismes construits de la même manière.

   J'aime New York. J'ai appris à l'aimer. Je me suis habitué à ses ensembles massifs, à ses grandes perspectives. Mes regards ne s'attardent plus sur les façades, en quête d'une maison qui, par impossible, ne serait pas identique aux autres maisons. Ils filent tout de suite à l'horizon chercher les <u>buildings</u>
5 perdus dans la brume, qui ne sont plus rien que des volumes, plus rien que l'encadrement austère du ciel. Quand on sait regarder les deux rangées d'immeubles qui, comme des falaises, bordent une grande artère[1], on est récompensé : leur mission s'achève là-bas, au bout de l'avenue, en de simples lignes harmonieuses, un lambeau[2] de ciel flotte entre elles.
10   New York ne se révèle qu'à une certaine hauteur, à une certaine distance, à une certaine vitesse : ce ne sont ni la hauteur, ni la distance, ni la vitesse du piéton. Cette ville ressemble étonnamment aux grandes plaines andalouses[3] : monotone quand on la parcourt à pied, superbe et changeante quand on la traverse en voiture.
15   J'ai appris à aimer son ciel. Dans les villes d'Europe, où les toits sont bas, le ciel rampe au ras du sol et semble apprivoisé. Le ciel de New York est beau parce que les gratte-ciel le repoussent très loin au-dessus de nos têtes. Solitaire et pur comme une bête sauvage, il monte la garde et veille sur la cité. Et ce n'est pas seulement une protection locale : on sent qu'il s'étale au
20 loin sur toute l'Amérique ; c'est le ciel du monde entier.

Piétons sur la Vᵉ Avenue (New York), dans les années 1950.

▶ *Comment parvenir
à rendre compte d'une
expérience urbaine ?*

Découvrir le texte
1. Situez ces lieux sur une carte des États-Unis : New York, Manhattan, Boston, Chicago.
2. Ce texte vous donne-t-il envie de visiter New York ? Pourquoi ?

Analyser et interpréter le texte
Une ville à découvrir
3. Dans les deux premiers paragraphes, quels éléments semblent au premier abord désagréables ?

J'ai appris à aimer les avenues de Manhattan. Ce ne sont pas de graves petites promenades encloses entre des maisons : ce sont des routes nationales. Dès que
25 vous mettez le pied sur l'une d'elles, vous comprenez qu'il faut qu'elle file jusqu'à Boston ou Chicago. Elle s'évanouit hors de la ville et l'œil peut presque la suivre dans la campagne. Un ciel sauvage au-dessus de
30 grands rails parallèles : voilà ce qu'est New York, avant tout. Au cœur de la cité, vous êtes au cœur de la nature.

Il m'a fallu que je m'y habitue, mais, à présent que c'est chose faite, nulle part je
35 ne me sens plus libre qu'au sein des foules new-yorkaises. Cette ville légère, éphémère[4], qui semble chaque matin, chaque soir, sous les rayons lumineux du soleil, la simple juxtaposition de parallélépipèdes rectangles,
40 jamais n'opprime ni ne déprime. Ici, l'on peut connaître l'angoisse de la solitude, non celle de l'écrasement.

Jean-Paul Sartre, « New York, ville coloniale »,
Situations, III, Gallimard, 1949.

_____

1. **Artère** : grande avenue. 2. **Lambeau** : morceau. 3. **Andalouses** : d'Andalousie, région d'Espagne. 4. **Éphémère** : qui ne vit qu'un jour.

Vue aérienne de Central Park, New York.

 Lecture de l'image

1. Quelle est votre première impression en voyant cette photographie ?
2. Relevez tous les éléments qui opposent les deux espaces principaux.

4. Quelle expression est répétée à trois reprises en début de paragraphe ? À quoi cette répétition sert-elle ?

La démesure et l'immensité

5. Relevez le champ lexical des mathématiques : pourquoi est-il présent ?
6. De quels éléments les comparaisons rapprochent-elles la ville ?
7. LANGUE Quels adverbes et expressions donnent l'impression que New York n'a pas de limites géographiques ? Observez notamment les compléments circonstanciels de lieu.
8. Selon le narrateur, jusqu'où s'étend New York horizontalement et verticalement ? Justifiez en citant le texte.

S'exprimer à l'écrit

Concevoir un diaporama
9. « New York ne se révèle qu'à une certaine hauteur » (l. 10), affirme le narrateur. Vous aussi, prenez de la hauteur ! Créez un diaporama dans lequel vous présenterez les principaux monuments de la ville : sur chaque diapositive, présentez l'un de ces monuments grâce à une photo et quelques informations placées en vis-à-vis.

Bilan Quels différents visages de New York le narrateur nous présente-t-il ?

MÉMO

Un **parallélisme de construction** est la répétition d'une même structure de phrase. Il permet d'attirer l'attention du lecteur.

À New York
(pour un orchestre de jazz : solo de trompette)

Léopold Sédar Senghor a découvert New York après la Seconde Guerre mondiale lors d'un voyage officiel. Les seize vers suivants constituent la première partie du poème.

New York ! D'abord j'ai été confondu[1] par ta beauté, ces grandes filles d'or aux jambes longues.

Si timide d'abord devant tes yeux de métal bleu, ton sourire de givre

Si timide. Et l'angoisse au fond des rues à gratte-ciel

Levant des yeux de chouette parmi l'éclipse du soleil.

5 Sulfureuse ta lumière et les fûts livides[2], dont les têtes foudroient le ciel

Les gratte-ciel qui défient les cyclones sur leurs muscles d'acier et leur peau patinée[3] de pierres.

Mais quinze jours sur les trottoirs chauves de Manhattan

– C'est au bout de la troisième semaine que vous saisit la fièvre en un bond de jaguar

Quinze jours sans un puits ni pâturage, tous les oiseaux de l'air

10 Tombant soudain et morts sous les hautes cendres des terrasses.

Pas un rire d'enfant en fleur, sa main dans ma main fraîche

Pas un sein maternel, des jambes de nylon. Des jambes et des seins sans sueur ni odeur.

Pas un mot tendre en l'absence de lèvres, rien que des cœurs artificiels payés en monnaie forte

Et pas un livre où lire la sagesse. La palette du peintre fleurit des cristaux de corail.

15 Nuits d'insomnie ô nuits de Manhattan ! si agitées de feux follets[4], tandis que les klaxons hurlent des heures vides

Et que les eaux obscures charrient[5] des amours hygiéniques, tels des fleuves en crue[6] des cadavres d'enfants.

> Léopold Sédar Senghor, « À New York », *Éthiopiques* [1956], *Œuvre poétique*, Éditions du Seuil, 1990.

---

1. **J'ai été confondu** : j'ai été troublé, saisi. 2. **Fûts livides** : ici, référence aux gratte-ciel. 3. **Patinée** : usée. 4. **Feux follets** : flammes légères. 5. **Charrient** : emportent. 6. **En crue** : dont le débit augmente.

REPÈRES

La négritude

Dans les années 1930, avec Aimé Césaire, Léopold Sédar Senghor crée le concept de « négritude », un mouvement culturel et politique fondé sur les valeurs et la culture africaines, qu'il défend et célèbre dans de nombreux poèmes.

▽ L'HISTOIRE DES MOTS

« **Cyclones** » (v. 6) : ce mot vient du grec *kuklos*, « cercle ». En effet, la forme du cyclone rappelle celui du cercle. À votre tour, trouvez d'autres mots formés à partir de ce nom grec.

↭ MÉMO

En poésie, un **enjambement** est le rejet au vers suivant d'un morceau de phrase nécessaire à la compréhension du premier vers.

▶ Comment le poète africain perçoit-il New York ?

Découvrir le texte

1. Quelles sont vos premières impressions ? Notez-les au brouillon puis partagez-les avec la classe.

2. Observez le sous-titre du poème : que vous évoque un « solo de trompette » ? Quel lien pouvez-vous faire avec le poème ?

Analyser et interpréter le texte

Une ville fascinante

3. Commentez la longueur des vers 1 et 6 en vous appuyant sur leur contenu.

4. D'après le poète, quel genre de femme serait New York (v. 1 à 6) ? Pourquoi avoir choisi cette personnification ?

↘ Les figures de style, p. 377.

5. Nommez trois émotions ressenties par le poète dans ces mêmes vers, puis expliquez d'où vient chacune d'elles.

6. LANGUE **a.** Quelles sont les indications de temps dans les vers 1 et 7-8 ? **b.** Relevez la conjonction de coordination (v. 7). Que montre-t-elle ?

La solitude du poète

7. Relevez, dans les vers 9 à 14, les expressions qui marquent le manque. Quelle figure de style y est associée ?

8. Identifiez l'enjambement (v. 9 et 10). Quel est son effet ?

9. Quelles sont les choses qui manquent le plus au poète africain ?

10. Quelle atmosphère se dégage des deux derniers vers ? Justifiez en citant le texte.

S'exprimer à l'écrit ✐

Écrire un calligramme

11. Recherchez une représentation de l'Empire State Building à New York. Avec des mots renvoyant au champ lexical de la verticalité, dessinez ce gratte-ciel en rédigeant des phrases pour exprimer ce que vous ressentez face au monument. Vous formerez ainsi un calligramme, c'est-à-dire un poème qui prend la forme de ce qu'il décrit.

Bilan Qu'est-ce qui caractérise la ville de New York, selon le poète ?

Dans le métro new-yorkais

Objectif
• Analyser le rôle de la description dans un récit.

Compétence
• Adapter sa lecture à l'objectif poursuivi.

La narratrice, Anna, jeune femme de 17 ans, ayant juste recouvré ses esprits après un accrochage avec une voiture, vient de rejoindre, depuis la Ve Avenue, la station de métro Fulton, qui la ramènera «chez elle».

Prisonnier de cylindres argentés, un ascenseur de verre s'élevait en son sein. Treuil[1], câbles, poulie de traction : la mécanique s'offrait au regard tel un baroque[2] assemblage d'organes internes.

Des gens attendaient, fatigués, impatients. Les hommes portaient des costumes sombres, les femmes des tailleurs sans fantaisie. Machinalement, je me mêlai à eux. Je devais rentrer moi aussi. Quelle heure pouvait-il être ?

Au moment où la cabine commença à descendre vers nous, je remarquai une plaque, enchâssée dans le pilier.

CYRIUS CLARAMOND

Les portes de l'ascenseur s'ouvrirent, libérant un flot empressé. Nous montâmes à notre tour. L'intérieur était garni de miroirs et de poignées de cuivre. Toux grasse, froissements. Personne ne pipait mot.

L'ascension ne dura que quelques secondes. Je suivis les autres sur un quai de lattes de bois décoré de panneaux publicitaires. Devant les longs bancs sombres de la station, des grappes de voyageurs lisaient le *New York Call*, faisaient tourner les pages avec empressement. De toute évidence, nous attendions un métro.

Je songeai à la plaque. Mes souvenirs revenaient, hésitants : on aurait dit des enfants perdus, couverts de cendres et de poussière. Cyrius Claramond était mon père, un immense architecte, le plus célèbre de tous. C'était lui qui avait conçu ce pont et ces arches, ces tours et ces verrières. Où se trouvait-il désormais ?

Un bourdonnement me tira de ma léthargie. Une rame arrivait, une splendeur transparente. Elle s'arrêta devant nous, et ses portes s'ouvrirent. Des voyageurs descendirent ; je montai avec les autres.

Avec une brève secousse, le métro repartit et gagna de la vitesse. De chaque côté défilaient des façades d'acier et de verre. Nous progressions dans une quiétude feutrée[3]. Je jetai mon dévolu sur[4] une banquette de cuir.

Je m'appelais Anna Claramond et mon père était l'architecte emblématique[5] de cette ville : celui qui l'avait magnifiée[6], enchantée, et j'habitais quelque part aux environs de Broadway dans le sud de Manhattan.

Voici que nous débouchions sur Broadway, justement. D'instinct, je m'étais dirigée dans la bonne direction.

La station suivante s'appelait Grace Church. Des passagers nous quittèrent, d'autres nous rejoignirent – le ciel devenait maussade.

Tournant la tête vers la vitre, j'observai mon reflet. Cheveux bruns mi-longs, expression rêveuse. Le sentiment de familiarité n'était pas aussi fort que je l'aurais pensé mais j'aimais ce que je voyais.

Fabrice Colin, *Bal de givre à New York*, Albin Michel, 2011.

1. **Treuil** : appareil destiné à lever des charges. 2. **Baroque** : insolite, farfelu. 3. **Quiétude feutrée** : atmosphère tranquille. 4. **Je jetai mon dévolu sur** : je choisis. 5. **Emblématique** : représentatif, connu. 6. **Magnifiée** : embellie.

Vue de la station de métro Fulton, à New York.

▶ Comment la vie d'Anna détermine-t-elle son regard sur la ville ?

Découvrir le texte

1. Quelles similitudes la description des premiers paragraphes présente-t-elle avec la photographie de la station de métro new-yorkaise ?

2. Trouvez trois adjectifs qui caractérisent l'état d'esprit d'Anna.

Analyser et interpréter le texte

Un cadre impersonnel

3. Relevez les mots qui désignent et caractérisent les voyageurs (l. 4-5). Quelle impression donnent-ils des gens ? Quelle atmosphère créent-ils dans la station ?

4. Quels sont les termes ou expressions (l. 10 à 25) qui montrent que c'est la vitesse qui détermine les actions et les attentes des personnages ?

5. LANGUE Quel temps du récit renforce cette impression de succession d'actions rapides ?

6. Observez la phrase suivante : « Toux grasse, froissements » (l. 12). Quelle est sa particularité ? Quel effet produit-elle ?

↘ Reconnaître les types de phrases, p. 314.

Le regard de la narratrice

7. Quel lien unit Anna à la ville de New York ? De quelles informations dispose-t-on à son sujet ?

8. Pourquoi peut-on affirmer que ce qu'elle voit l'amène à réfléchir à son histoire ? Relevez deux passages qui montrent ce lien.

9. À la fin du texte, Anna observe son reflet à travers la vitre. Quels sentiments éprouve-t-elle ?

S'exprimer à l'écrit 🖊

Décrire un lieu

10. Vous vous promenez dans un lieu qui vous rappelle un souvenir personnel. À la manière d'Anna, racontez votre expérience en liant les passages descriptifs à vos souvenirs.

▤ *Conseil :* Choisissez un lieu que vous connaissez bien, ou aidez-vous d'une photographie.

Bilan Comment l'observation du métro de New York et l'histoire personnelle de la narratrice se mêlent-elles ?

New York en musique : du jazz aux comédies musicales

La ville de New York est célèbre pour sa vie musicale riche et diverse. Elle a inspiré de nombreux interprètes et a vu naître une foule de créations.

Le jazz

Depuis la fin des années 1940, New York est la capitale mondiale du jazz. De nombreux clubs et salles de spectacles jalonnent la ville. De très célèbres chanteurs de jazz sont passés à New York et parmi eux Louis Armstrong (1901-1971) et Ella Fitzgerald (1917-1996).

1. 🔊 Écoutez la chanson «Autumn in New York», d'Ella Fitzgerald et Louis Armstrong sur Internet. Selon vous, est-ce une chanson plutôt triste ou gaie ? Expliquez votre impression.

2. Quels sont les instruments mis en valeur ? Qu'apportent-ils à la chanson ?

3. À partir de la chanson et des photos ci-contre, faites la liste des principaux instruments de jazz et classez-les selon leur famille (cuivres, bois…).

Vocabulaire

• **Jazz :** genre musical d'origine afro-américaine qui voit le jour au début du xxe siècle. Il se caractérise par une mise en valeur du rythme et une grande part d'improvisation. Les principaux instruments utilisés sont les cuivres, le piano et la contrebasse.

❶ Louis Armstrong à Atlanta City en 1944.

❷ Ella Fitzgerald à Chicago en 1948.

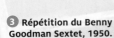
❸ Répétition du Benny Goodman Sextet, 1950.

Vocabulaire

• **Bois :** famille d'instruments à vent qui ont une anche (clarinette, saxophone…) ou un biseau (flûte).
• **Cuivres :** famille d'instruments à vent, dont le son provient de l'air mis en mouvement par la vibration des lèvres. Les principaux instruments sont la trompette, le trombone, le tuba et le cor.

④ Quartier des théâtres (Broadway) sur Times Square à New York.

Les comédies musicales

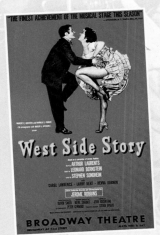

West Side Story est l'une des comédies musicales les plus célèbres. Elle met en scène l'histoire d'amour entre Tony et Maria, qui appartiennent chacun à deux bandes rivales des bas quartiers de New York.

La pièce, créée en 1957 et jouée à Broadway, a donné lieu à de nombreuses adaptations, et est toujours jouée de nos jours.

⑤ **Affiche originale de la comédie musicale** *West Side Story*.

Dans le quartier de Broadway, près de Times Square, des centaines de théâtres de toutes tailles accueillent de nombreuses comédies musicales, souvent de renommée mondiale.

4. Quelle impression donne le quartier des théâtres sur la photo ? Quels titres de spectacles identifiez-vous ?

5. De quelle œuvre littéraire célèbre s'inspire *West Side Story* ? Quels sont les liens entre les deux histoires ?

6. Quelles sont les principales caractéristiques d'une comédie musicale ?

⑥ *Kiss Me Kate*, comédie musicale créée à Broadway en 1949.

Activités

Présenter une chanson

Recherchez d'autres artistes de jazz célèbres. Choisissez une chanson que vous présenterez oralement après en avoir fait écouter un extrait à la classe.

Réaliser l'affiche d'un spectacle

Choisissez sur Internet l'un des spectacles actuellement joués dans les théâtres de Broadway. Réalisez une affiche pour le présenter et insérez un commentaire personnel sur ce qui vous plaît.

Le colosse de Rhodes

Au IIIe siècle avant J.-C., une statue de bronze en l'honneur d'Hélios, dieu du Soleil, est édifiée pour commémorer une victoire militaire. Il s'agit d'une grande prouesse architecturale. L'architecte Auguste Bartholdi s'en serait inspiré pour construire la statue de la Liberté, achevée en 1886.

Mais, de tous, le plus admiré est le colosse du Soleil à Rhodes, fait par Charès de Linde [...]. Il avait soixante-dix coudées[1] de hauteur. Cette statue fut renversée, cinquante-six ans après, par un tremblement de terre. Tout abattue qu'elle est, elle excite l'admiration : peu d'hommes en embrassent[2] le pouce ; les doigts sont plus gros que la plupart des statues. Le vide de ses membres rompus ressemble à de vastes cavernes. Au dedans on voit des pierres énormes, par le poids desquelles l'artiste avait affermi sa statue en l'établissant. Elle fut achevée, dit-on, en douze ans.

Pline l'Ancien, *Histoire naturelle*, livre XXXIV, 18.

1. **Soixante-dix coudées** : environ 32 mètres. 2. **En embrassent** : en font le tour avec leurs bras.

Représentation du colosse de Rhodes, école anglaise, XXe siècle.

Comprendre les documents

1. Cherchez la définition du mot « colosse ». En quoi s'applique-t-elle globalement à la statue décrite par Pline ?

2. Étudiez la description de la statue. Quelles sont ses caractéristiques principales ?

3. Pline a-t-il vu le colosse ? Justifiez votre réponse à l'aide du texte.

4. Le colosse de Rhodes est l'une des Sept Merveilles du monde antique. Recherchez les six autres.

5. 🔊 Quels rapprochements pouvez-vous faire entre le colosse de Rhodes et la statue de la Liberté ? Regardez sur www.youtube.com le reportage de Planète intitulé « Les Grandes Inventions de l'Antiquité, New York, petite-fille de Rome ».

À vous de créer 💬

6. Faites une recherche sur le projet contemporain de reconstruction du colosse à Rhodes. Regardez la première vidéo de présentation sur le site www.colossusrhodes.com. À votre tour, imaginez, en vous inspirant du colosse de Rhodes, une nouvelle statue pour Paris. Notez quelques idées, puis décrivez votre projet à l'oral à vos camarades.

Conseil
Vous pouvez auparavant créer votre statue (dessin, collage, logiciel informatique...).

Commenter un texte descriptif

C'est une ville édifiée[1]. Nulle ville n'a l'air plus faite, moins laissée au hasard. Un délire rangé. Les avenues coupées au couteau, les ponts lancés d'un jet au-dessus de deux fleuves étincelants, l'Hudson et l'East River, les routes droites et monotones convergeant vers ces ponts, les
5 gratte-ciel. Merveilleux gratte-ciel, merveilleux «dandies[2]» de la pierre, effarants[3] d'insolence et de tranquillité, avec leurs ombres qui s'entre-croisent sur la tête blasée des New-Yorkais. En trois semaines se bâtit un immeuble de quarante étages car l'organisation est la reine de ce beau et monstrueux amas de ferrailles [...].
10 Ville si belle, éclatante au soleil, ville écrasant le ciel dans ses parois, noyant les fleuves sous ses ombres, ville toujours éveillée sous le trafic des voitures, et surtout le piétinement gigantesque de la foule new-yorkaise.

Françoise Sagan, *Bonjour New York* [1956], Le Livre de poche, 2009.

---

1. **Édifiée**: construite, élaborée avec détails. 2. **Dandies**: hommes élégants. Ici, personnifi-cation des gratte-ciel. 3. **Effarants**: impressionnants.

MÉTHODE GUIDÉE

Étape 1 Repérer et imaginer

• Repérez les passages précis de description et représentez-vous les lieux.
• Identifiez les connecteurs spatiaux.
• Identifiez les expansions du nom (épithètes, compléments du nom, propositions relatives).

1. Quelles sont vos premières impressions sur New York en lisant ce texte?
2. Quels aspects concernent les passages descriptifs?
3. Relevez les connecteurs spatiaux. Quel est leur effet ici?

Étape 2 Analyser le point de vue

• Identifiez le narrateur et le rôle qu'il joue dans la description.
• Indiquez si la description est objective ou subjective.
• Relevez les indices qui justifient votre réponse: champs lexicaux, modalisateurs, degrés d'intensité, choix d'un vocabulaire spécifique...

4. Classez les mots et expressions qui décrivent la ville selon qu'ils sont mélioratifs, neutres ou péjoratifs.
5. Quelles expressions montrent que la description est subjective?
6. Selon vous, que pense la narratrice de New York? Justifiez votre point de vue.

Étape 3 Commenter la description

• Identifiez les figures de style et leurs effets, en particulier les comparaisons et les métaphores.
• Replacez la description dans le contexte de l'œuvre.
• Déduisez l'intention du narrateur.

7. Identifiez et commentez la figure de style suivante: «Un délire rangé» (l. 2).
8. Quel message la narratrice veut-elle faire passer à son lecteur?

Décrire un paysage

Utiliser ses sens

1 Reliez chaque adjectif au type de lumière qu'il décrit.

blafarde •
éblouissante •
             • lumière forte
franche •
hivernale •
tamisée •
artificielle •
             • lumière faible
vive •

2 Complétez les expressions suivantes :

Un lieu   bai___   de lumière
         ino___

3 Classez ces sons selon leur intensité :

murmure • chuchotement • fracas • crissement •
vacarme • grincement • chant

son faible   son fort ➡

4 Ces sons sont-ils agréables ou non ?

strident • assourdissant • mélodieux • grave • discordant
• métallique • cristallin

5 Parmi ces groupes de mots, chassez l'intrus en expliquant votre réponse.

| effleurer | frémir | frôler |

| bousculer | heurter | troubler |

| écorcher | érafler | froisser |

Central Park (New York) en automne.

Comparons nos langues

Si New York est qualifiée de « Grosse Pomme » (*Big Apple*), Paris est quant à elle la « Ville Lumière », Rome la « Ville éternelle », Budapest la « Perle du Danube », Prague la « Ville dorée », et Rio de Janeiro la « Ville merveilleuse ». Dans quels pays se situent ces villes ?

Varier les procédés pour décrire

6 **a.** Dans ce texte, quel modalisateur introduit l'impression du narrateur ?
b. Reformulez le passage en gras de trois manières différentes. N'hésitez pas à changer la structure de la phrase.
c. Imaginez les sensations du narrateur. Est-il : déboussolé • décontenancé • ébranlé • enhardi • interloqué • tranquillisé • troublé ? Justifiez vos réponses.

> La statue de la Liberté se dressait dans le port à notre gauche, incandescente sous la gloire de ses illuminations, **et il me semblait à tout moment** que les immeubles de Manhattan allaient se déraciner.
>
> Paul Auster, *Léviathan*, trad. de l'anglais par Christine Le Bœuf, Actes Sud, 1993.

7 Reconstituez les adverbes qui permettent d'exprimer un doute ou une conviction.

1. A__ur_ment   3. C_r___n_m_nt
2. Vr____bl_bl_ment   4. Pr_b_b__ment

8 **a.** Pour chaque adjectif ci-dessous, cherchez deux synonymes, d'un niveau de langue équivalent :

laid • époustouflant • étonnant • beau • épouvantable

b. Choisissez un adjectif dans chaque trio formé et employez-le, encadré de « si … que … », au sein d'une phrase. *Exemple :* « *L'immeuble était **si** haut **qu'**une sensation vertigineuse m'envahit.* »

À vous d'écrire !

9 Un feu d'artifice extraordinaire illumine la ville. Décrivez-le en insérant :
– un champ lexical du sens (vue, ouïe, toucher…) ;
– des adjectifs mélioratifs ou péjoratifs ;
– une comparaison ;
– une question exprimant le doute ;
– un adverbe ;
– la formulation : si + adjectif + que.

Objectifs
• Comprendre le rôle des compléments circonstanciels.
• Mémoriser l'orthographe des mots fréquemment utilisés pour exprimer le lieu et le temps.

Exprimer le temps et le lieu

Retenir l'essentiel

• Le **complément circonstanciel de temps** situe l'action dans le temps. Il indique un moment, une durée, une fréquence...
• Le **complément circonstanciel de lieu** permet d'indiquer la provenance, la destination, l'endroit où l'on se trouve...
• Chaque type de complément peut s'exprimer de différentes façons, ce qui permet de varier l'expression au sein d'une description.

Wall Street : l'argent ne dort jamais, film d'Oliver Stone, 2010.

Identifier et employer les compléments de lieu et de temps

1 Relevez les compléments circonstanciels de lieu. Séparez ceux qui indiquent le lieu de l'action et ceux qui indiquent la destination.

Don Giorgio nous a menés jusqu'au port et nous avons embarqué sur l'un de ces paquebots construits pour emmener les crève-la-faim d'un point à l'autre du globe, dans de grands soupirs de fioul. Nous avons pris place sur le pont au milieu de nos semblables.

Laurent Gaudé, *Le Soleil des Scorta*, Actes Sud, 2004.

2 Relevez les expressions qui indiquent le temps. Quelles précisions apportent-elles ?

J'avais brusquement laissé tomber ce projet. En rentrant à New York, je m'étais aperçue que je ne pouvais pas repartir. Puis j'avais rencontré Don.
Le deuxième jour de mon travail à l'Agence, j'arrivai de nouveau désagréablement tôt, tant je craignais d'être en retard.
Joanna Smith Rakoff, *Mon année Salinger*, Albin Michel, 2014.

3 **a.** Mémorisez l'orthographe des mots ci-dessous. Lesquels expriment le temps ? Lesquels expriment le lieu ?
là • ci-contre • en dessous • auparavant • alentour • aujourd'hui • où • jusqu'à ce que • d'abord • en train de • côte à côte • au-delà • longtemps

b. Par binômes, rédigez trois courtes phrases avec ces mots et dictez-les entre vous.

4 Dictée préparée
a. Recopiez ce texte en prenant garde aux accents, à la ponctuation et aux traits d'union.
b. Faites-vous dicter le texte puis corrigez vos erreurs en échangeant vos copies avec vos camarades.

« Qu'est-ce que tu espères trouver à New York ?
– La question, c'est qu'est-ce que j'ai ici ?
– Ta mère ? hasarda-t-il.
– Elle est partie, Reilly, ça fait longtemps qu'elle est partie, et tu le sais. [...] »
Reilly resta un moment silencieux, puis il me regarda par-dessus la table avec une expression bienveillante, presque compatissante.

R. J. Ellory, *Seul le silence*, trad. de l'anglais par F. Pointeau, Sonatine Éditions, 2008.

Respecter la syntaxe

5 Complétez ces phrases en respectant le bon mode.

Rappel : « Avant que » et « jusqu'à ce que » sont suivis du subjonctif.

1. J'attendrai jusqu'à ce que ....
2. Nous visiterons la ville pendant que ....
3. Le soleil se couchera avant que ....

6 Reliez la seconde phrase à la première à l'aide d'une proposition subordonnée relative indiquant le lieu. Quels changements devez-vous faire dans la deuxième partie de la phrase ?

1. New York est une ville immense. On y trouve de nombreux musées.
2. Je me trouverai dans Central Park. On s'y est croisés la dernière fois.
3. Voici Ellis Island. Les immigrés accostaient sur cette île auparavant.

À vous d'écrire !

7 Vous vous êtes rendu(e) dans un théâtre de Broadway où vous avez vu un spectacle éblouissant. Racontez par écrit ce qui vous a le plus frappé(e), en variant les expressions de lieu et de temps.

Conseil
Vous pouvez vous inspirer d'une vidéo ou d'une photo d'un spectacle sur Internet.

ATELIER

Réaliser un exposé sur une ville

Vous avez découvert plusieurs aspects de New York.
À votre tour d'en choisir un et de le faire partager à la classe.

ÉTAPE 1 — Définir son sujet et rechercher des informations

1 Choisissez un aspect de New York que vous souhaitez présenter. Vous pouvez choisir un film dans lequel New York prend une place importante, un extrait de livre, un artiste new-yorkais, un événement historique, un quartier, une chanson...

2 Cherchez quelques informations pour vous faire une idée claire de ce que vous allez dire.

ÉTAPE 2 — Élaborer un plan et organiser ses notes

3 Grâce à ces premières recherches, établissez un plan en deux ou trois parties. Donnez un titre à chaque partie, puis notez à l'intérieur les informations qui vous semblent intéressantes.

4 Notez au brouillon des éléments pour votre introduction :
– expliquez votre sujet et pourquoi vous l'avez choisi ;
– présentez le point que vous allez traiter, les questions à se poser ;
– annoncez le plan que vous allez suivre.

5 Faites la même chose pour la conclusion :
– rappelez les questions importantes que vous vous posiez ;
– résumez en une phrase les informations qui y répondent ;
– demandez à vos camarades s'ils ont des questions à poser.

Le Jour d'après, film de Roland Emmerich, 2004.

ÉTAPE 3 — Présenter l'exposé sous forme de diaporama sonorisé

6 Réalisez votre diaporama avec vos titres, des illustrations et les mots importants. Ne mettez qu'une idée principale et une illustration par diapositive.

7 Enregistrez ensuite oralement vos commentaires, diapositive par diapositive, avec l'introduction et la conclusion.

Conseil

Il existe sur Internet de nombreux tutoriels sous forme de vidéos qui expliquent comment réaliser un diaporama selon le logiciel utilisé.

COMPÉTENCES

D1, 2, 3 S'exprimer de façon maîtrisée en s'adressant à un auditoire.

D1, 2, 3 Exploiter les ressources expressives et créatives de la parole.

Rédiger une description

Vous êtes à New York, face à la scène représentée sur la photographie ci-dessous. Pour ne rien oublier de votre expérience, vous décidez d'écrire vos impressions.

ÉTAPE 1 — Organiser la description

1 Choisissez le sens de la description qui vous semble le plus approprié : de gauche à droite, de bas en haut, du plus proche au plus lointain... Votre description doit suivre votre regard. Les connecteurs spatiaux vous aideront à guider votre lecteur.

2 Afin de construire votre plan, utilisez un tableau à deux colonnes. Notez dans la colonne de gauche ce qui vous fait face, dans celle de droite ce qui se trouve en hauteur. Puis inscrivez trois caractéristiques pour chaque élément de votre liste.

> **Conseil**
>
> Pour décrire, pensez à utiliser les sens : notez ce que vous voyez (formes, couleurs, lumières, mouvements...), mais aussi ce que vous entendez (voix, chant, crissement...), ce que vous sentez...

ÉTAPE 2 — Enrichir son récit

3 Commencez à rédiger votre description en ajoutant vos impressions et sensations. Utilisez des comparaisons, des métaphores, des adverbes d'intensité, des compléments circonstanciels... afin de rendre votre point de vue plus personnel.

Exemple : Il y a du monde autour de moi.
→ *La foule me presse.*

Times Square, photographie de Robert Gniewek.

ÉTAPE 3 — Améliorer son texte

4 Utilisez un dictionnaire de synonymes pour améliorer le vocabulaire, notamment les adjectifs, notés sur votre feuille de travail.

5 Ajoutez des détails à l'aide d'adverbes, de propositions subordonnées relatives...

6 Variez les verbes. Évitez le verbe « être », ainsi que l'expression « il y a ». Vous pouvez :
– utiliser les verbes suivants : se dresser • se trouver • dessiner • afficher • se tenir • se rencontrer • apparaître • exhiber • se presser • se rassembler...
– reformuler vos phrases :

Exemple : Il y a des taxis dans la rue.
→ *Des taxis circulent dans la rue.*

> **Pour bien écrire**
>
> Pensez à bien accorder les adjectifs et les participes passés employés seuls avec le(s) nom(s) au(x)quel(s) ils se rapportent, en genre et en nombre.

COMPÉTENCES

D1 Adopter des stratégies et des procédures d'écriture efficaces.

D1 Exploiter des lectures pour enrichir son écrit.

Bilan de la séquence

New York, une ville frappante par son architecture et son immensité

Les écrivains soulignent dans leurs descriptions la géométrie de ses formes, ses rues parallèles, les angles droits et les longues « perspectives » (Sartre).

La ville se caractérise par sa démesure : New York donne l'impression de s'étendre à l'infini, à la fois horizontalement, avec les avenues, et verticalement, avec les buildings (Sartre, Senghor).

Espoirs et désillusions

La ville suscite l'espoir des migrants venus chercher une vie meilleure, mais leur rêve se heurte parfois à l'échec (Céline).

Les écrivains rendent compte de leur attirance pour cette ville (Simone de Beauvoir). Ils montrent aussi son ambivalence et la déception qu'elle peut provoquer.

L'homme dans la ville

New York ne laisse pas indifférent : elle fait naître des sentiments contradictoires et changeants, de la fascination à la solitude (Senghor).

Lieu de tous les possibles, New York inspire les auteurs de polars : certains écrivains la placent au centre de leurs intrigues (Fabrice Colin).

Évaluation   1. Mobiliser les acquis de la séquence

1. Je connais au moins un roman qui se passe à New York.

2. Je peux citer plusieurs aspects de New York qu'on retrouve souvent dans les récits et la poésie.

3. Je connais les termes qui qualifient une description positive et une description négative.

4. Je sais utiliser différents compléments circonstanciels de temps et de lieu dans une phrase.

5. Je peux décrire un lieu en variant les procédés.

New York

La lumière de New York

La narratrice, sortie de l'avion, quitte l'aéroport avec une jeune femme venue la chercher : elle découvre alors New York pour la première fois.

Ici, les autos glissent sur une chaussée feutrée d'où sourdent de petits geysers[1] de vapeur : on dirait un film muet. Les voitures lustrées semblent sortir d'un hall d'exposition ; et le sol me paraît aussi net que le carrelage d'une cuisine hollandaise :
5 la lumière en a lavé toutes les souillures ; c'est une lumière surnaturelle qui transfigure l'asphalte, qui entoure d'une auréole les fleurs, les robes de soie, les bonbons, les bas nylons, les gants, les sacs, les souliers, les fourrures, les rubans offerts derrière les vitres des magasins. De tous mes yeux, je regarde.
10 Sans doute ne retrouverai-je jamais ce silence, ce luxe, cette paix ; je ne reverrai plus autour de Central Park ces remparts de lave noire, ces gigantesques dominos de pierre et de lumière. Demain, New York sera une ville. Mais ce soir appartient à la magie. Nous tournons en rond sans trouver un emplacement
15 où parquer la voiture : c'est qu'un rite l'exige et je m'y soumets avec une curiosité de néophyte[2]. Dans le restaurant décoré de palmiers rouges et or, le dîner est un repas d'initiation ; le martini et le homard ont un goût sacré.

Simone de Beauvoir, *L'Amérique au jour le jour*, Gallimard, 1954.

1. **Geysers** : jets, jaillissements. 2. **Néophyte** : novice, personne qui découvre.

6. Dans quel état d'esprit se trouve la narratrice ? Justifiez votre réponse en citant le texte. Que signifie l'expression « De tous mes yeux, je regarde » (l. 9) ?

7. « Ce soir appartient à la magie » (l. 13). Relevez les mots employés par la narratrice pour évoquer cette atmosphère presque divine. Que représente New York pour elle ?

8. Observez les éléments éclairés par la lumière (l. 5 à 9). **a.** Quelle est la figure de style utilisée ? À quoi sert-elle ? **b.** Diriez-vous que cette liste est objective ou subjective ? Justifiez votre réponse.

9. « Remparts de lave noire », « gigantesques dominos de pierre et de lumière » (l. 11-12). Quelle est la particularité de ces expressions ? À quels éléments réels renvoient-elles ?

10. Comment comprenez-vous la phrase « Demain, New York sera une ville » (l. 13) ?

11. Imaginez, en une vingtaine de lignes, la suite de ce récit : la suite du repas, une promenade dans les rues de New York, l'arrivée à l'hôtel et les émotions de la narratrice. Écrivez votre texte en essayant d'imiter le style de l'auteur. Employez les procédés d'écriture que vous avez découverts dans cette séquence.

COMPÉTENCES ATTENDUES EN FIN DE 4ᵉ

D1, 5 **Lire**
– Lire des œuvres littéraires.
– Élaborer une interprétation de textes littéraires.

D1 **Écrire**
– Adopter des stratégies et des procédures d'écriture efficaces.
– Exploiter des lectures pour enrichir son écrit.

D1, 2 **Comprendre le fonctionnement de la langue**
Maîtriser la structure, le sens et l'orthographe des mots.

Pars vite et

OBJECTIFS
- Découvrir les caractéristiques du genre policier.
- Étudier l'importance de la ville dans le roman policier.

Parcours d'une œuvre Fred Vargas, *Pars vite et reviens tard* (2002)

Pars vite et reviens tard,
film de Régis Wargnier, 2007.

reviens tard

▶ *Quels procédés du genre policier tiennent le lecteur en haleine ? En quoi la ville est-elle un cadre propice au développement d'une intrigue policière ?*

Fred Vargas (de son vrai nom Frédérique Audoin-Rouzeau) est une romancière française et archéologue médiéviste née à Paris en 1957. Ses romans policiers mettent en scène des personnages atypiques, marginaux et souvent très savants. On y suit notamment les enquêtes du commissaire Jean-Baptiste Adamsberg et de son coéquipier, Adrien Danglard. Certains personnages, comme Camille, réapparaissent dans plusieurs romans.

Petite histoire du genre policier

Edgar Allan Poe

Naissance du genre

Edgar Allan Poe marque les débuts du genre policier avec *Double assassinat dans la rue Morgue*, publié en 1840. Cette nouvelle met en scène un détective amateur, le chevalier Dupin, dont l'esprit de déduction et la logique lui permettent de résoudre l'affaire. Le genre se développe au XIXe siècle, parallèlement à l'intérêt pour les affaires criminelles. En France, des personnages réels comme Vidocq (ancien malfrat devenu chef de la police) ou Lacenaire (escroc, criminel et poète) fascinent.

Le succès des polars

Des romans-feuilletons tels que *Les Mystères de Paris* (1842), d'Eugène Sue, ou encore *Les Drames de Paris* (1857), de Ponson du Terrail, et son célèbre personnage, Rocambole, connaissent un grand succès. Paris – et plus généralement les grandes

villes – inspire les romanciers. Le milieu urbain, son insalubrité, ses coins sombres, ses quartiers malfamés offrent un cadre privilégié aux intrigues les plus fantasques et les plus sordides.

Des personnages mythiques

Durant les XIXe et XXe siècles, des séries de romans donnent naissance à des policiers ou détectives devenus mythiques : Sherlock Holmes, créé par Sir Arthur Conan Doyle ; Hercule Poirot, personnage fétiche d'Agatha Christie, ou encore Sam Spade, détective de Dashiell Hammett, qui marque le début du roman noir.

Sherlock Holmes

Menez l'enquête

Les personnages principaux du roman de Fred Vargas

Jean-Baptiste Adamsberg
Personnage principal, commissaire qui vient d'être muté à la Brigade criminelle de Paris

Adrien Danglard
Fidèle adjoint d'Adamsberg

Joss Le Guern
Ancien marin sortant de prison, il se reconvertit en « crieur public » sur la place Edgar-Quinet (Paris)

Decambrais
Ancien professeur d'histoire, propriétaire de la pension où loge Joss

Damas Viguier
Personnage fragile, discret, qui travaille dans une boutique d'article de sport sur la place Edgar-Quinet

Marie-Belle
Demi-sœur de Damas

1 Imaginez, à partir des informations qui vous sont données, une intrigue policière, sous forme d'un schéma narratif : une situation initiale, un ou plusieurs crimes, une enquête, puis la résolution de l'énigme par l'un des personnages. Présentez-la à l'oral à vos camarades, et confrontez vos hypothèses.

Trouvez le coupable

2 Observez les vignettes de cette planche de bande dessinée et imaginez le texte qui pourrait remplir les bulles.

Jacques Géron et André-Paul Duchâteau, *Arsène Lupin, Le Bouchon de cristal*, éditions Soleil, 2001.

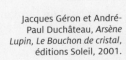

Lecture 1

Objectif
• Analyser le portrait
du personnage principal.

Compétence
• Repérer les implicites
d'un texte.

Le commissaire Adamsberg

Le commissaire Adamsberg vient tout juste d'être muté à la Brigade criminelle de Paris. Une femme, Maryse, se présente au commissariat pour faire part de ses craintes sur un phénomène étrange apparu dans son immeuble... Elle observe Adamsberg sans savoir qu'il s'agit du commissaire.

REPÈRES

**Le personnage
du détective**

Il est fréquent que les
auteurs de romans policiers
reprennent dans plusieurs
ouvrages un même policier,
détective ou toute autre
personne menant une
enquête. Dans les romans
de Fred Vargas, c'est le
commissaire Adamsberg
que l'on suit à travers
différentes affaires.

Pour bien écrire

« **Peut-être** » (l. 17) est un
adverbe, qui s'écrit avec un
trait d'union, et qu'on peut
remplacer par « sans doute »
ou « certainement ». Mais
on trouve aussi « peut être »
écrit sans trait d'union : il
s'agit alors d'une forme
verbale constituée de
« pouvoir » à la 3e personne
du singulier, et « être ». Faut-
il mettre un trait d'union
dans « la jeune femme peut
être choquée » ?

C'était un homme petit et brun habillé à la va comme je te pousse, pas même coiffé, les manches de sa veste noire remontées sur ses avant-bras nus. Sûrement quelqu'un qui, comme elle, avait des embarras à raconter. Mais lui, il avait fini.

– Ils sont gentils, là-dedans ? lui demanda Maryse.

5 Le type brun haussa les épaules.

– Ça dépend des gars.

– Ils vous écoutent ? précisa Maryse.

– Ça dépend de ce que vous leur dites.

– Mon neveu pense qu'ils se foutront de moi.

10 Le type pencha la tête de côté, posa sur elle un regard attentif.

– De quoi s'agit-il ?

[...]

– C'est une peinture noire, expliqua-t-elle. Ou plutôt treize peintures, sur toutes les portes de l'immeuble. Elles me font peur. Je suis toujours seule avec les enfants, vous comprenez.

15 – Des tableaux ?

– Oh non. Des quatre. Des chiffres 4. Des grands 4 noirs, un peu façon ancienne. Je me demandais si ce n'était pas une bande ou quoi. Peut-être que les policiers le savent, peut-être qu'ils peuvent comprendre. Mais peut-être pas. Paul[1] a dit, si tu veux qu'ils se foutent de ta gueule, fonce.

20 Le type se redressa, lui posa une main sur le bras.

– Venez, lui dit-il. On va noter tout cela et il n'y aura plus rien à craindre.

– Mais, dit Maryse, ce ne serait pas mieux qu'on trouve un flic ?

L'homme la regarda un instant, un peu surpris.

– Je suis flic, répondit-il. Commissaire principal Jean-Baptiste Adamsberg.

[...]

Une fois Maryse partie, Adamsberg explique la situation à un collègue, le lieutenant Noël.

25 – Une jeune femme à bout de nerfs, rien de plus. Une mauvaise blague dans un immeuble, ou simplement quelques tags. Elle n'a besoin que d'un peu de soutien.

– C'est pas l'assistance sociale, ici, dit Noël en fermant son blouson d'un coup sec.

Pars vite et reviens tard, film de Régis Wargnier, 2007.

30   — Et pourquoi non, lieutenant...

— Noël, compléta l'homme.

— Noël, répéta Adamsberg, tâchant de mémoriser son visage.

Tête carrée, peau blanche, cheveux en brosse blonde et oreilles bien visibles
égale Noël. Fatigue, morgue, brutalité éventuelle égale Noël. Oreilles, brutalité,
35 Noël.

Fred Vargas, Pars vite et reviens tard, chap. 4, Éditions Viviane Hamy, 2002.

1. **Paul** : neveu de Maryse.

MÉMO

Le **discours direct** dans un récit se remarque aux signes de ponctuation du dialogue (tirets et guillemets) et aux verbes de parole (dire, préciser, répondre, demander, compléter...) qui permettent d'en suivre la progression.

Johnny Depp dans le rôle de Frederick Abberline (*From Hell*).

Romain Duris dans le rôle d'Arsène Lupin.

David Suchet dans le rôle d'Hercule Poirot.

José Garcia dans le rôle de Jean-Baptiste Adamsberg.

Lecture de l'image

À partir des informations de ce début de roman, décrivez le commissaire Adamsberg en le comparant avec ces trois autres personnages de romans policiers.

▶ Comment le commissaire est-il présenté au début du roman ?

Découvrir le texte

1. Que pouvez-vous dire sur la manière dont les personnages s'expriment ? Quel effet ce niveau de langue produit-il ?

2. Le commissaire considère-t-il que l'affaire présentée par le témoin est alarmante ? Justifiez en citant précisément le texte.

Analyser et interpréter le texte

La description du personnage principal

3. Quelle partie du texte décrit physiquement Adamsberg ? Qu'est-ce qui est mis en évidence ?

4. LANGUE **a.** Relevez les groupes nominaux qui désignent Adamsberg dans le texte. Lequel est répété plusieurs fois ?
b. Quel est le point de vue choisi pour présenter le personnage ? Justifiez votre réponse.

↘ Repérer le point de vue, p. 358.

La figure du commissaire

5. Jusqu'à la ligne 10, qui pose surtout des questions ? Qu'est-ce que ce type de phrase révèle de l'état d'esprit du personnage ?

6. Qui pose la question ligne 11 ? Que nous révèle-t-elle dans le changement d'attitude d'Adamsberg ?

7. Que signifie la réplique du lieutenant Noël (l. 28) ? Que révèle-t-elle du caractère d'Adamsberg et de sa particularité en tant que policier ?

8. Quels mots et expressions permettent de voir qu'Adamsberg est commissaire ?

Bilan En quoi le commissaire Adamsberg est-il un policier atypique ?

La menace de la peste

Objectif
• Comprendre le rôle des dialogues dans la construction de l'intrigue policière.

Compétence
• Situer une œuvre dans son contexte pour enrichir sa lecture.

Après les dépositions de Maryse, Adamsberg s'interroge sur la propagation des « 4 » dans différents quartiers parisiens. Parallèlement, Joss Le Guern, ancien marin devenu crieur sur la place Edgar-Quinet, découvre dans sa boîte à messages des annonces de plus en plus énigmatiques. Decambrais, propriétaire de la pension où loge Joss et ancien historien, est intrigué par ces annonces « spéciales ». Il découvre finalement qu'elles proviennent de traités sur la peste et décide, avec Joss, d'alerter la police.

REPÈRES

Le métier de crieur public
Au Moyen Âge, le crieur avait pour mission de diffuser oralement les nouvelles et les annonces que postaient les habitants dans les villages reculés, qui n'avaient pas accès à l'information par la presse. Avec le personnage de Joss Le Guern et sa boîte à messages, Fred Vargas redonne vie à cette profession oubliée.

    – Chaque jour, et à présent deux ou trois fois par jour, reprit Decambrais, M. Le Guern trouve ces petits textes annonciateurs de peste. Chaque annonce nous rapproche de son explosion.

    – Bien, dit Adamsberg en tirant à lui la main courante[1], indiquant assez par

5   son mouvement bâclé que la discussion touchait à son terme. Depuis quand ?

    – Depuis le 17 août, précisa Joss.

    Adamsberg suspendit son geste et leva rapidement les yeux vers le Breton[2].

    – Vous en êtes sûr ? demanda-t-il.

    Et Joss vit qu'il s'était trompé. Pas sur la date de la première « spéciale »[3],

10 non, mais sur les yeux du commissaire. Dans l'eau de ce regard d'algue venait de s'allumer une lumière claire, comme un minuscule incendie crevant la bogue du flotteur[4]. Donc ça s'allumait et ça s'éteignait, comme un phare.

    – Le 17 août au matin, répéta Joss. Juste après la période de cale sèche[5].

    Adamsberg abandonna la main courante et reprit sa

15 déambulation. Le 17 août, premier immeuble marqué de 4 dans Paris, rue de Chaillot. Du moins premier immeuble signalé. Second immeuble deux jours plus tard, à Montmartre.

    – Et le message suivant ? demanda Adamsberg.

20   – Deux jours après, le 19, répondit Joss, et puis le 22. Ensuite, les annonces se sont resserrées. Presque tous les jours à partir du 24 et plusieurs fois par jour depuis peu. [...]

    – Je ne saisis pas, dit-il, ce qui vous fait penser à la peste.

Pars vite et reviens tard, film de Régis Wargnier, avec Michel Serrault (Decambrais) et José Garcia (Jean-Baptiste Adamsberg), 2007.

▶ Quel rebondissement permet de relancer l'intrigue ?

Analyser et interpréter le texte

Deux nouveaux personnages

1. Du point de vue de quel personnage le lecteur suit-il la scène des lignes 10 à 14 ? Appuyez-vous sur les deux comparaisons pour répondre.

2. Quel rôle joue Decambrais dans cet extrait ? Que nous apprennent ses paroles sur son caractère ?

3. Quel(s) rôle(s) pourraient jouer ces personnages dans la suite de l'intrigue ? Justifiez votre réponse.

Deux affaires

4. LANGUE À quel temps sont conjugués les verbes ligne 7 ? Expliquez le choix de ce temps

– J'ai identifié ces extraits, expliqua
Decambrais. Ce sont des citations tirées d'anciens traités de peste[6], comme il en a existé
des centaines à travers les siècles. Le messa-
ger en est aux signes précurseurs. Il ne va pas
tarder à entrer dans le vif du sujet. On en est
tout proches. Dans ce dernier passage, celui
de ce matin, dit Decambrais en désignant un
des feuillets, le texte s'interrompt juste avant
le mot «peste».

Adamsberg examina l'annonce du jour :

(...) que beaucoup se déplacent comme
des ombres sur un mur, qu'on voit des vapeurs
sombres s'élever du sol comme un brouillard,
(...) quand on remarque chez les hommes un
grand manque de confiance, la jalousie, la
haine et le libertinage (...)

– À la vérité, dit Decambrais, je crois qu'on
y sera demain. C'est-à-dire cette nuit, pour
notre homme. À cause du *Journal* de l'Anglais[7].

– Les bouts de vie dans le désordre ?

– Ils sont dans l'ordre. Ils datent de 1665,
l'année de la grande peste à Londres. Et dans les prochains jours,
Samuel Pepys[8] verra son premier cadavre. Demain, je pense.
Demain.

Fred Vargas, *Pars vite et reviens tard*, chap. 12,
Éditions Viviane Hamy, 2002.

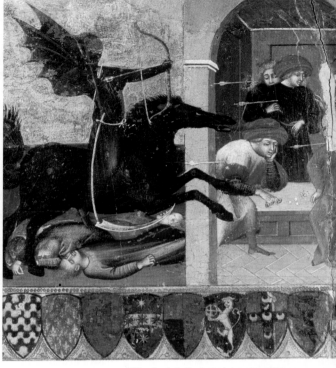

Allégorie de la Peste, peintre anonyme
du XVe siècle.

---

1. **Main courante** : dans un commissariat, registre sur lequel sont consignés les incidents.
2. **Le Breton** : surnom de Joss. 3. **« Spéciale »** : dans le roman, nom donné aux annonces
reçues par Joss portant sur la peste. 4. **Bogue du flotteur** : coque de la bouée (ici, terme
imagé qui fait référence au regard d'Adamsberg). 5. **Cale sèche** : bassin où l'on peut mettre
les navires à sec. 6. **Traités de peste** : ouvrages scientifiques qui informaient sur les causes
de la peste et les mesures à prendre pour l'éviter. 7. ***Journal* de l'Anglais** : journal de Samuel
Pepys, d'où est extraite la citation. 8. **Samuel Pepys** : haut fonctionnaire de la marine anglaise
au XVIIe siècle, qui a relaté la Grande Peste de Londres dans un journal.

Lecture de l'image

1. Que représentent les flèches
décochées par la créature en noir ?
2. De quoi cette créature est-elle
l'allégorie ? De quelle autre créature
peut-on la rapprocher (avec une cape
noire et une faux) ?
3. En quoi ce tableau illustre-t-il
une épidémie ?

---

ici. Quel adverbe souligne le changement d'attitude du commissaire ?
5. Quel est le pressentiment de Decambrais ?
Qu'est-ce qui le déclenche ?

S'exprimer à l'écrit

Réaliser un diaporama
6. Faites une recherche sur les différentes
périodes de l'histoire qui ont connu la peste

et sur ses représentations picturales. Choisissez une période historique et une image qui
lui correspond. À l'aide d'un logiciel comme
PowerPoint ou Prezi, présentez-les dans un
diaporama.

Bilan Comment l'auteure insiste-t-elle
sur l'accélération de l'intrigue et comment
prépare-t-elle le lecteur au premier meurtre ?

L'HISTOIRE DES MOTS

« Peste » (l. 2). Issu
du latin *pestis*, qui
signifiait « fléau,
maladie contagieuse,
destruction »,
« peste » a longtemps
gardé ses sens latins
avant d'avoir son
sens médical actuel.

Lecture 3

Objectif
• Lire une scène classique
du roman policier : la scène
de crime.

Compétence
• Faire des hypothèses
de lectures.

Première scène de crime

Alors qu'Adamsberg s'apprête à clore l'enquête, la prédiction de Decambrais se vérifie. Comme l'a annoncé la « spéciale » du matin même, dans un des immeubles frappés des « 4 », un homme est retrouvé mort. Le corps de la victime est entièrement nu et noirci au charbon, en référence à l'un des noms donnés à la peste, la Mort Noire. Adamsberg, son adjoint Danglard et trois policiers se rendent sur la scène de crime.

REPÈRES

L'inspection de la scène de crime est un passage incontournable des romans et films policiers. C'est un moment où les qualités d'analyse, d'observation, de raisonnement et de déduction de l'enquêteur sont mises en avant.

Pour bien écrire

« Le groupe de techniciens s'écarta » (l. 14). Quand le sujet du verbe est un nom collectif (ex : « un groupe de »), l'accord peut se faire soit avec ce nom collectif, au singulier, soit avec le nom qui suit (ex : « techniciens »), au pluriel. Mais quand le nom collectif est précédé d'un article défini (« <u>le</u> groupe »), on doit accorder au singulier. Accordez : Une foule d'hommes (*se presser*).

L'HISTOIRE DES MOTS

« Croix » (l. 15) vient du latin *crux, crucis* (gibet, potence). L'expression « avoir les bras en croix » renvoie à la position qu'avaient les suppliciés (principalement au Ier siècle chez les Romains) accrochés à une potence en forme de croix (comme Jésus). À partir de ces éléments, expliquez le nom « crucifixion ».

Les cinq hommes grimpèrent jusqu'au cinquième étage où les attendait le commissaire du 1er arrondissement. Les portes avaient été nettoyées à tous les paliers, mais on voyait sans peine les larges traces noires laissées par la peinture récente. [...]

5 Adamsberg repoussait la porte de l'appartement pour l'examiner côté face. Elle était propre, sans une seule marque de peinture.

— René Laurion, célibataire, dit Devillard[1] en consultant ses premières notes, trente-deux ans, garagiste. Réglo, rien au fichier. C'est la femme de ménage qui a trouvé le corps, elle vient une fois par semaine, le mardi matin.

10 — Pas de chance, dit Adamsberg.

— Non. Elle a eu une crise nerveuse, sa fille est venue la chercher.

Devillard lui déposa son paquet de notes en main et Adamsberg le remercia d'un signe. Il s'approcha du corps et <u>le groupe des techniciens s'écarta</u> pour le laisser voir. L'homme était nu, renversé sur le dos, les bras en <u>croix</u>, et sa peau

15 était d'un noir de suie en une dizaine de larges plaques, sur les cuisses, le torse, un bras, le visage. Sa langue était tirée hors de sa bouche, noire également. Adamsberg s'agenouilla.

— Du chiqué[2], hein ? demanda-t-il au médecin légiste[3].

— Ne vous foutez pas de moi, commissaire, répondit sèchement le médecin.

20 Je n'ai pas encore examiné le corps mais ce type est mort et bien mort depuis des heures. Étranglé, d'après ce qu'on voit sur le cou, sous la couche noire.

— Oui, dit doucement Adamsberg, ce n'est pas ce que je voulais dire.

Il ramassa un peu de la poudre noire qui s'était répandue sur le sol, la frotta entre ses doigts et s'essuya sur son pantalon.

25 — Du charbon, murmura-t-il. Ce type a été passé au charbon.

— Ça en a tout l'air, dit l'un des techniciens.

Adamsberg jeta un regard autour de lui.

— Où sont ses habits ? demanda-t-il.

— Proprement pliés, dans la chambre, répondit Devillard. Les chaussures

30 sont rangées sous la chaise.

— Pas de casse ? Pas d'effraction ?

— Non. Ou bien Laurion a ouvert à l'assassin, ou bien le type a crocheté la serrure en douceur. Je crois qu'on s'oriente vers la deuxième solution. Si c'est cela, ça va nous faciliter les choses.

35 — Un spécialiste, hein ?

Pars vite et reviens tard, film de Régis Wargnier, avec José Garcia (Jean-Baptiste Adamsberg), 2007.

— Exactement. Ouvrir les serrures en artiste ne s'apprend pas à l'école. Le type a sans doute fait de la taule, un séjour plutôt long qui laisse le temps de s'instruire. Auquel cas, il est fiché. S'il a laissé la moindre empreinte, vous le tenez en moins de deux. C'est le mieux que je vous souhaite, Adamsberg.

Fred Vargas, *Pars vite et reviens tard*, chap. 16, Éditions Viviane Hamy, 2002.

1. **Devillard** : l'un des commissaires chargés de l'enquête. 2. **Du chiqué** : bluff (familier). 3. **Médecin légiste** : médecin chargé de déterminer les causes du décès d'une victime.

▶ En quoi la scène de crime permet-elle d'impliquer le lecteur dans l'enquête ?

Découvrir le texte

1. En groupes, relevez dans ce passage les mots qui appartiennent au genre policier et définissez-les. Comparez vos réponses avec les autres groupes et, au besoin, complétez votre travail.

Analyser et interpréter le texte

L'investigation

2. Adamsberg est-il le premier policier arrivé sur la scène de crime ? Justifiez votre réponse en vous appuyant sur des éléments du texte.

3. Expliquez le geste d'Adamsberg à la ligne 5. Pourquoi le commissaire agit-il ainsi ?

4. Quel type de phrase est surtout employé par le commissaire ? Pourquoi ?

5. Que signifie la question d'Adamsberg à la ligne 18 ?

Un lecteur enquêteur

6. LANGUE Relevez le pronom personnel sujet ligne 3. Quelle impression ce pronom donne-t-il au lecteur ?

7. Comment le corps de la victime est-il décrit ? Quelle impression se dégage de cette description ?

8. Quels éléments de l'enquête sont certains ? Quelles sont les hypothèses formulées par les personnages et non vérifiées ? Répondez à l'aide d'un tableau à deux colonnes.

S'exprimer à l'écrit 🖉

Faire le rapport d'une enquête

9. Rédigez le rapport qu'Adamsberg fera à sa brigade pour faire le point sur ce meurtre. Terminez votre travail par une conclusion qui proposera une première piste sur l'identité de l'assassin.

Bilan Quelles sont les caractéristiques d'une scène de crime dans un roman policier ?

Une affaire résolue ?

Objectif
• Comprendre les différentes étapes
de la résolution d'un roman policier.

Compétence
• Repérer les implicites d'un texte.

(Extrait 1) *Adamsberg a la certitude que le tueur
est présent au milieu de la foule tous les matins
sur la place où Joss lit les annonces. Après avoir
découvert une cinquième victime à Marseille,
le commissaire a soudain une intuition en
observant le reflet de la lune dans l'eau.*

L'éclair, pendant la criée de Joss, à la fin.
Quelqu'un avait bougé, et quelque chose avait étin-
celé, vif et rapide. Un flash ? Un briquet ? Non, bien
sûr que non. C'était un éclair beaucoup plus petit,
5 infime et blanc, comme ceux des vaguelettes ce soir,
et bien plus fugace. Il avait bougé, de bas en haut, il
venait d'une main, comme une étoile filante.

Adamsberg se leva, et respira d'un grand
coup. Il l'avait. L'éclair d'un diamant, projeté par le
10 mouvement d'une main, pendant la criée. L'éclair
du semeur[1], protégé par le roi des talismans[2]. Il
avait été là, quelque part sur la place, son diamant
au doigt.

(Extrait 2) *L'éclair dans l'eau le fait remonter
jusqu'à Damas Viguier, présent lors des criées, et
porteur d'une bague au doigt. Il enquête sur le passé
de Damas et découvre que celui-ci est animé d'un
désir de vengeance depuis qu'il a été accusé à tort
de la mort de sa compagne. Damas avoue être le
semeur et est persuadé d'avoir réussi à tuer les huit
victimes en lâchant des puces porteuses de peste dans
leurs appartements. Mais les victimes sont mortes
étranglées...*

Adamsberg se leva et tourna dans ses deux
pièces. Damas n'avait pas trituré[3] l'Histoire.
Damas avait posé les points de suspension. Donc
Damas n'avait pas charbonné[4] les corps.

5 Donc Damas n'avait pas tué. Le charbon recou-
vrait nettement les marques de strangulation[5].
C'était le dernier geste du tueur, et ce n'était pas
Damas qui l'avait fait. Ni charbonné, ni étranglé.
Ni déshabillé. Ni ouvert de porte.

10 Adamsberg s'immobilisa près de son téléphone. Damas n'avait fait qu'exécuter ce en quoi il
croyait. Il était maître du fléau et il avait semé des

Illustration du *Petit Journal illustré*
pour l'affaire Troppmann, 1931.

▶ Comment la résolution de l'énigme se construit-elle progressivement ?

Découvrir le texte

1. Reconstituez les différentes étapes qui
permettent à Adamsberg de remonter jusqu'aux
coupables et résumez-les.

Analyser et interpréter le texte

Une plongée dans les réflexions d'Adamsberg

2. Comment Adamsberg fait-il le lien entre
Damas et le diamant ?

annonces, peint des 4 et libéré des puces pesteuses. Annonces garantissant le retour d'une véritable
15 peste, le déchargeant de son fardeau. Annonces affolant l'opinion, le créditant de sa toute-puissance revenue[6]. Annonces semant la confusion, lui laissant les mains libres. Signe du 4 limitant les dégâts qu'il croyait commettre, apaisant la conscience de
20 ce tueur imaginaire et scrupuleux[7]. [...]

Mais quelqu'un tuait derrière Damas. Quelqu'un qui se glissait dans son fantôme et opérait réellement à sa place. Quelqu'un de pratique, qui ne croyait pas une seconde à la peste
25 et n'y connaissait rien. Qui pensait que la peau des pestiférés[8] était noire. Quelqu'un qui commettait une énorme bévue[9]. Quelqu'un qui poussait Damas dans le piège profond qu'il s'était creusé, jusque vers son terme inéluctable[10].

(Extrait 3) *Après avoir fait arrêter Damas, Adamsberg finit par découvrir qu'Antoine et Marie-Belle, le demi-frère et la demi-sœur de Damas, ont toujours voulu se venger de ce dernier, car il a hérité de tout l'argent de leur père. Marie-Belle s'enfuit et avoue tout dans une lettre à Adamsberg, que celui-ci montre à Damas.*

Je me dépêche. Il suffisait de laisser Damas faire ses salamalecs[11] et nous, on tuait par-derrière. Si on terminait son idée, le Damas partait en taule[12] *à perpétuité[13]. Après les huit meurtres, j'aurais mis*
5 *les flics sur sa piste, l'air de rien. Je suis assez calée là-dessus. [...]*

Damas encaissa le coup durement. La lettre pendait au bout de ses doigts, sa tête s'appuyait sur sa main, et Adamsberg vit des larmes s'écraser
10 sur ses genoux. Ça faisait beaucoup de nouvelles à la fois, la haine d'un frère et d'une sœur, et la foutaise[14] totale de la puissance Journot[15]. Adamsberg s'assit sans bruit face à lui, et attendit.

– Il n'y avait rien dans les puces ? chuchota
15 enfin Damas, la tête toujours baissée.

– Rien.

Fred Vargas, *Pars vite et reviens tard*, chap. 30, 36 et 37,
Éditions Viviane Hamy, 2002.

---

1. **Semeur** : ici, référence au tueur, qui croit semer la peste. 2. **Talismans** : objets censés protéger du mauvais sort. Dans la croyance populaire, le diamant protège de la peste. 3. **Trituré** : joué avec. 4. **Charbonné** : couvert de charbon. 5. **Strangulation** : fait d'étrangler. 6. **Sa toute-puissance revenue** : Damas pense être invincible, car sa famille a survécu à l'épisode de peste survenu à Clichy en 1920. 7. **Scrupuleux** : consciencieux. 8. **Pestiférés** : personnes atteintes de la peste. 9. **Bévue** : erreur (ici, Adamsberg reprend l'expression de Decambrais). 10. **Inéluctable** : qu'on ne peut éviter. 11. **Salamalecs** : ici, opérations. 12. **Taule** : prison. 13. **À perpétuité** : à vie. 14. **Foutaise** : mensonge. 15. **Journot** : nom de famille des ancêtres de Damas.

---

3. LANGUE Relevez le connecteur de temps du début du premier paragraphe (extrait 1). Qu'indique-t-il ?

4. Relevez les nombreuses répétitions dans les trois extraits. Que montrent-elles sur les réflexions d'Adamsberg ?

Le « semeur » ou le tueur ?

5. En quoi Damas n'est-il pas le véritable coupable ? Comment réagit-il à la lecture de la lettre de Marie-Belle ? Pourquoi ?

6. Comment cette fin change-t-elle la perception du lecteur sur les principales péripéties du roman ?

S'exprimer à l'écrit ✍

Rédiger une définition

7. En vous appuyant sur ces extraits, sur d'autres passages du roman, sur vos lectures et sur des exemples tirés de films, rédigez une définition du « suspense », avec vos propres mots.

(Bilan) Comment Adamsberg est-il parvenu à résoudre l'énigme ?

↻ MÉMO

Dans un roman policier, toutes les péripéties tendent vers la **résolution de l'énigme** par l'enquêteur. Cette résolution se fait souvent en plusieurs étapes, par l'accumulation d'indices.

Lire *Pars vite et reviens tard,* de Fred Vargas

Chapitres 1 à 11 : des « 4 » et des « spéciales »

1. Quel est le contenu du premier chapitre ? À quoi cela correspond-il ?

2. Quel personnage découvre-t-on en premier dans le roman ? Présentez-le en quelques lignes.

3. Comment Adamsberg juge-t-il cette affaire des « 4 » ? Danglard est-il d'accord avec lui ? Relevez des passages pour justifier votre réponse.
↘ Lecture 1

4. Quel personnage relève avec précision les « spéciales » des criées ? Présentez ce personnage en quelques mots.

Chapitres 12 à 20 : l'affaire se complique…

5. Qu'est-ce qui permet de faire un premier lien entre les « 4 » et les annonces ? ↘ Lecture 2

6. Qui est Marc Vandoosler ? Qu'apprend-il à Adamsberg sur ces 4 ?

7. Qu'est-ce que le Viking ? Où se situe-t-il ? Qui sont les personnages qui le fréquentent ?

8. Quels sont les différents rebondissements de l'affaire ? Relevez des passages précis.

9. Dans un premier temps, que croit-on que signifie « CLT » ? Pourquoi les recherches des policiers sont inutiles ? Qui apprend à Adamsberg la réelle signification de ces trois lettres ? Faites le lien avec le titre.

10. Qui sont « Mané » et Arnaud ? Quand se rencontrent-ils ? Pourquoi ?

Chapitres 21 à 35 : « le coup du sextant »

11. Où sont découvertes les deuxième et troisième victimes ? Quelles semblent être les différentes étapes du mode opératoire du tueur ?
↘ Lecture 3

12. Pourquoi le « semeur » fait-il preuve d'intelligence en demandant à la population de peindre des « 4 » pour se prémunir ?

13. Comment la rumeur se propage-t-elle dans la capitale ?

14. Sous forme d'arbre généalogique, retracez la « saga » familiale de Damas. Quelle légende est attachée à cette famille ?

15. Pourquoi Adamsberg est-il persuadé que Damas n'est pas le meurtrier ?

Chapitres 36 à 38 : deux femmes en fuite

16. Quel est le lien des deux tueurs avec Damas ? Quel est leur mobile ? Qui est le plus coupable dans cette histoire ? ↘ Lecture 4

17. Qui sont les deux femmes qui ont fui ? Pour quelles raisons ?

18. L'arrestation de la principale coupable est-elle la priorité d'Adamsberg ? Pourquoi ?

19. En quoi peut-on dire qu'Adamsberg achève la vengeance de Damas ?

Bilan

Portraits robots

Réalisez en groupe un diaporama pour présenter les personnages suivants : Adamsberg, Danglard, Decambrais, Vandoosler, Damas, Clémentine, Marie-Belle et Camille. Indiquez tous les éléments qui vous semblent essentiels, utilisez des adjectifs pour les présenter, citez le texte, etc.

Dans les rues de Paris

À partir d'un plan de Paris, localisez les différents lieux où se déroule l'action. Décrivez chacun rapidement (quand c'est possible) et indiquez ce qui s'y passe (lieu de rencontre, scène de crime, etc.).

En quête de mots

Identifier le vocabulaire du genre policier

1 a. Dans ce texte, listez les mots appartenant à l'univers du genre policier.

b. Parmi ces mots, regroupez ceux qui sont des synonymes.

> C'était une image de la mort que le commissaire Bouclard connaissait bien : celle du meurtre hâtif, improvisé, presque bâclé dans la violence, la peur ou la folie. Difficile à déchiffrer, la plupart du temps, car « organisé » par le hasard. On était loin du crime parfait, si rare et si minutieux que le commissaire n'en avait connu jusqu'alors que deux ou trois exemples – ayant d'ailleurs abouti à l'arrestation rapide du meurtrier, en raison même de cette recherche de perfection, révélatrice d'un certain type d'assassin de ce fait trop facile à découvrir parmi les suspects possibles.
>
> Alain Demouzon, *Crime Circus*, Fayard, 2002.

2 Complétez ce tableau en trouvant le verbe ou le nom de la même famille.

Noms	Verbes
	arrêter
un témoin	
un suspect	
	interroger
	soupçonner
un assassinat	
	avouer

3 Replacez ces mots de la famille de « coupable » dans les phrases suivantes, après en avoir cherché le sens dans un dictionnaire. Conjuguez les verbes et faites les accords quand c'est nécessaire : culpabiliser • disculper • culpabilité • *mea culpa* • inculpé • battre sa coulpe.

1. Honteux de ses agissements, il ne cesse de se ....
2. Les deux complices viennent d'être .... pour vol.
3. Les enquêteurs ont fait la preuve de sa ....
4. Ils ne cessent de lui rappeler ses erreurs pour le faire ....
5. Les dernières révélations ont .... le suspect.
6. Le politicien impliqué dans l'affaire vient de faire son .... devant les journalistes.

4 Dans ces phrases, les mots en gras ne sont pas les bons.
a. Corrigez-les en employant le mot qui convient.
b. Rédigez une phrase avec chacun des mots en gras pour illustrer son sens.

1. Le commissaire vient de prouver la culpabilité du suspect, il a trouvé son **alibi**.
2. L'enquête piétine, un appel à **suspect** a été lancé.
3. La police est persuadée que le malfaiteur n'a pas agi seul, elle recherche son **indice**.

5 Par groupes de quatre, élaborez une grille de mots croisés à partir du vocabulaire travaillé dans les exercices 1 à 3. Choisissez douze mots, disposez-les en mots croisés, dessinez la grille et rédigez les définitions des mots à trouver.

Décrire le milieu urbain

6 Classez ces noms de voies en fonction de leur taille, de la plus petite à la plus grande :
rue • avenue • ruelle • passage • boulevard

7 Rédigez une phrase avec chacun des mots suivants, en leur associant une expansion du nom (adjectif, complément du nom, apposition ou proposition subordonnée relative) :
square • immeuble • macadam • arrondissement • banlieue
➤ Les expansions du nom, p. 301.

8 *Urbs, urbis* (« la ville », en latin) a donné plusieurs mots en français. Retrouvez ceux qui se cachent derrière ces énigmes en remettant les lettres dans l'ordre.

1. À la fois nom et adjectif, je change de sens. Je peux être synonyme de « citadin » ou qualifier une personne qui fait preuve de politesse → BRNAUI

2. Je transforme des espaces vides en villes → TUBRSOAINAIN

3. Je désigne un espace situé tout près d'une ville → IURBBUSNA

À vous d'écrire !

9 Vous êtes avocat(e) et vous assurez la défense de Damas. Rédigez un texte dans lequel vous tenterez de le disculper. Variez le vocabulaire et employez les termes appropriés.

...à l'oral

Réaliser un reportage

Une quatrième victime est découverte. Réalisez une édition spéciale de journal télévisé sur l'affaire du tueur « CLT ». Votre travail devra intégrer : une introduction du reportage par le présentateur, une présentation de l'affaire par un envoyé spécial et des interviews d'Adamsberg, de Decambrais, de Joss et de Lisbeth.

ÉTAPE 1 Organiser le travail du groupe

1 Déterminez le rôle interprété par chacun : l'envoyé spécial, Adamsberg, Decambrais, Joss, Lisbeth.

2 Élaborez une fiche des personnages : caractère, manière de parler voire de se tenir, réactions par rapport à l'affaire, rôle dans la progression de l'enquête.

3 Rédigez les questions des interviews, assurez-vous que le roman de Fred Vargas vous permet d'y répondre.

ÉTAPE 2 Construire et filmer le reportage

4 Préparez les interviews des personnages sous forme de notes.

5 Rédigez une introduction dans laquelle vous présenterez l'affaire puis les personnages interviewés.

6 Filmez le reportage après avoir répété.

> **Conseil**
>
> Faites plusieurs prises. Choisissez des lieux neutres et calmes pour filmer. Respectez les niveaux de langue de chaque intervenant.

Pars vite et reviens tard, film de Régis Wargnier, avec Olivier Gourmet (Joss Le Guern), 2007.

...à l'écrit

Raconter un fait divers

Rédigez un article de presse sur l'affaire de *Pars vite et reviens tard* comme si elle avait réellement eu lieu.

1 Après avoir observé divers types de mises en page de journaux au CDI, choisissez celle de votre article à l'aide d'un logiciel de mise en page de magazines (comme MadMagz).

2 Choisissez les éléments de l'affaire que vous souhaitez mettre en avant, les personnages dont vous souhaitez rapporter quelques propos (pris dans le livre).

3 Déterminez les parties « documentaires » de votre article (plan de Paris, image d'un des quartiers de l'intrigue, petit point historique sur la peste, etc.).

4 Construisez le plan de votre article : chapeau, présentation de l'affaire, interview, etc. Rédigez votre texte en soignant l'expression et l'orthographe.

> **Conseil**
>
> • Établissez un plan précis.
> • Notez systématiquement vos sources (encyclopédie, manuel géographique, pages du roman, etc.).

COMPÉTENCES

D1	Exploiter sa lecture de l'œuvre pour enrichir son article.
D1	Adopter des stratégies et des procédures d'écriture efficaces.
D1, 2, 3	Utiliser les technologies numériques pour enregistrer sons et images.

Bilan de la séquence

Le schéma narratif et l'importance du cadre

On retrouve souvent dans les romans policiers la même **structure narrative** : présentation du lieu et des personnages, crime (meurtre, vol, agression...), enquête faite de rebondissements, et enfin résolution et explication des mobiles du coupable.

Dans la plupart des récits policiers l'espace géographique où se produisent les crimes est essentiel. C'est presque un personnage à part entière. La ville est le cadre privilégié des romans policiers.

Des personnages types

Un **enquêteur**, parfois secondé d'un ou plusieurs protagonistes au caractère et aux méthodes complémentaires, est chargé de trouver le ou les coupable(s) du crime.

Certains personnages doivent avoir un profil de **suspect** potentiel.

Ils doivent être **rapidement identifiés**, pouvoir se résumer à quelques caractéristiques. Ils doivent être découverts au fur et à mesure.

Une **analyse psychologique** des personnages, même rapide, permet de dresser leur portrait.

Une écriture proche du réel qui entretient le suspense

Des **dialogues** qui font avancer l'intrigue.

Des **descriptions courtes** mais efficaces.

Des **scènes types** et un vocabulaire spécifique.

L'art du **suspense**, du rebondissement.

Une **participation active du lecteur**.

Évaluation — Mobiliser les acquis de la séquence

1. Je sais employer correctement dans des phrases les termes « mobile », « alibi », « disculper », *mea culpa* et « urbain ».

2. Je peux résumer en quelques lignes l'intrigue de *Pars vite et reviens tard*.

3. Je peux donner les caractéristiques du roman policier et citer quelques noms d'auteurs.

4. Je peux présenter rapidement une œuvre d'art qui a pour sujet la peste.

COMPÉTENCES ATTENDUES EN FIN DE 4ᵉ

D1, 5 **Lire**
Lire un roman policier et rendre compte de sa lecture. ■ ■ ■ ■

D1, 2, 3 **Comprendre et s'exprimer à l'oral**
Exploiter les ressources expressives et créatives de la parole. ■ ■ ■ ■

D1 **Écrire**
Adopter des stratégies et des procédures d'écriture efficaces. ■ ■ ■ ■

La presse et les médias face

▶Comment la presse et les médias nous informent-ils
sur l'actualité et les questions de société?
▶Quels sont les nouveaux moyens d'information
dont disposent les journalistes?

OBJECTIFS
• Découvrir les enjeux
de la presse et des médias.
• Analyser différents points de
vue sur une question d'actualité.

COMPÉTENCES
• Lire et comprendre
des images, des textes,
des documents variés.
• Reconnaître les implicites
d'un texte, d'une image.

→ Consultez le site
www.1jour1actu.com,
notamment le dossier
«Qui sont les migrants?»

**Les rubriques
d'un journal**

Dans un journal,
les informations
sont classées sous
des rubriques:
Une, France,
International, Société,
Santé, Culture,
Environnement,
Politique, Économie...
Elles permettent au
lecteur de trouver
rapidement les sujets
qui l'intéressent.

1. Choisir ses mots

Il existe des migrations de populations à l'intérieur d'un pays, mais
aussi des mouvements transnationaux. Les raisons de ces migrations
sont variées: conflits, crises climatiques, problèmes économiques...
L'ampleur des conflits les met souvent au cœur de l'actualité. On parle
d'«émigrant» pour une personne qui quitte son pays d'origine (le
préfixe *e-* indique un mouvement vers l'extérieur), à ne pas confondre
avec «immigrant», qui désigne une personne qui vient dans un pays
étranger pour s'y installer (le préfixe *im-* indique un mouvement vers
l'intérieur).

DOC 1 **«Réfugié» ou «migrant»? Quel est le mot juste?**

31 août 2015 © UNHCR (Haut-Commissariat des Nations unies pour les réfugiés)
*«Word choice matters»: le choix des mots compte.

Comprendre une affiche

1. Qui sont les personnes
représentées sur cette affiche?
2. Que pensez-vous du slogan?
3. Quel est selon vous l'objectif
recherché par cette campagne
d'affichage?

à une question de société

DOC 2

Le « migrant », nouveau visage de l'imaginaire français

LE MONDE | SOCIÉTÉ | 26.08.2015 | Par Sylvia Zappi

Les mots sont importants. Particulièrement dans les périodes de crise et de doute. C'est la conviction du journaliste en ligne Barry Malone, de la chaîne Al-Jazira[1], quand il lance son appel intitulé *« Ne les appelez plus migrants »*, le 20 août,
5 sur son blog. Ce jour-là, il demande aux médias de ne plus utiliser ce terme pour désigner les milliers de personnes qui fuient les frontières syriennes ou érythréennes, expliquant que le mot
10 avait une connotation[2] *« dépréciative »* et *« péjorative »*. [...] Le directeur des informations de la chaîne qatarie[3] annonce le même jour qu'il remplacera le qualificatif par le mot *« réfugié »* (refugee).
15 [...] Pourquoi un tel emballement sur un terme *a priori* neutre ? « Migrant », selon le *Larousse*, est employé pour parler d'une personne qui effectue un *« déplacement volontaire d'un pays dans un*
20 *autre [...], pour des raisons économiques, politiques ou culturelles »*. Pour l'historien de l'immigration Gérard Noiriel, c'est un terme « neutre », utilisé depuis le XVIe siècle. *« Il a été remplacé par le couple "émigrant-immigrant" au XIXe lorsque les États nations ont commencé à contrôler réellement leurs frontières. Puis le mot "clandestin" a surgi*
25 *dans le contexte de xénophobie[4] des années 1930, pour stigmatiser[5] les immigrants. »* Le mot « migrant », qui n'était plus guère utilisé, s'est imposé beaucoup plus récemment dans le vocabulaire des politiques comme des militants.

« Processus de déplacement »

30 Cette réapparition remonte au début des années 2000. [...] Sur les côtes françaises de la Méditerranée, les premiers bateaux remplis de Kurdes en fuite s'échouent. Et tous sentent que les mots doivent changer : on ne peut plus parler de « sans-papiers » quand il s'agit de personnes aux statuts divers, qui ne veulent pas rester en France. On
35 ne peut pas davantage employer une locution[6] au passé, « immigré », pour évoquer une action qui n'est pas achevée. [...]

Lire un article de société

4. Pourquoi peut-on dire que le journaliste Barry Malone a écrit une « tribune » sur son blog ?

5. Qu'est-ce qu'un blog ? Est-ce une source d'information officielle ?

6. Quelles sont les répercussions de l'emploi du mot « migrant » ? Du mot « réfugié » ?

7. Quelle polémique liée au choix des mots cet article soulève-t-il ?

---

1. **Al-Jazira** : chaîne de télévision qatarie. 2. **Connotation** : tout ce qu'évoque un mot par association d'idées, indépendamment de son sens premier. Les connotations peuvent être mélioratives (positives) ou péjoratives (négatives). 3. **Qatarie** : du Qatar, pays du Moyen-Orient. 4. **Xénophobie** : hostilité manifeste à l'égard des étrangers (du grec *xéno*, « étranger », et *phobia*, « peur »). 5. **Stigmatiser** : accuser, critiquer, humilier publiquement. 6. **Locution** : terme.

DOC 3 Migrants.
« Plus de 80 % des migrants arrivés en Grèce sont des réfugiés »

Libération.fr | DIRECT | 03.09.15 | 13:20

Plus de 230 000 migrants ont rallié la Grèce par la mer depuis le début de l'année, contre environ 17 500 pour la même période en 2014, a indiqué
5 jeudi le ministre adjoint grec à la Marine marchande, Nikos Zoïs.
« Plus de 80% » de ces arrivants, comptabilisés par les garde-côtes du pays, « sont des réfugiés », éligibles à recevoir
10 l'asile politique, a-t-il précisé, au cours d'une conférence de presse donnée en présence d'autres ministres sur les mesures préparées par le pays pour mieux gérer ce flux.

Lire une brève

8. D'après cet article, quelle est la définition du mot « réfugié » ?
9. Relevez toutes les désignations des personnes qui ont quitté leur pays. Quelles nuances de sens percevez-vous ?
10. Cherchez dans un dictionnaire le sens du mot « flux ». Qu'est-ce qu'un flux migratoire ?
11. 🌐 Sur un moteur de recherche, lancez une recherche en proposant le mot « migrants ». Relevez les premiers articles proposés. Faites de même avec le mot « réfugiés ». Comparez le résultat de vos recherches. Quelle conclusion pouvez-vous en tirer ?

Lectures croisées : docs 1 à 3

12. À l'aide des documents 1 à 3, expliquez en quelques phrases en quoi le choix des mots peut être révélateur d'une prise de position.
13. Quels risques court-on en ne choisissant pas bien ses mots ?
14. Avez-vous des exemples d'actualité qui montrent que le choix des mots est important ?

> ### Les brèves
> Une brève est un très court article qui, en quelques phrases, donne une information concise sur l'actualité et répond aux questions : qui ? quand ? où ? quoi ? Sur Internet, elle peut apparaître dans la rubrique « Direct », qui présente un fil d'actualités.

2. Analyser le pouvoir de l'image

DOC 4

Une image qui a fait le tour du monde

Cette photographie a été prise en 1984 par le photographe Steve McCurry. Elle a ensuite fait la Une de *National Geographic*, un mensuel américain, en 1985. La photographie de la jeune fille afghane a été prise dans un camp de réfugiés au Pakistan. D'après William Allen, rédacteur en chef de *National Geographic*, « son histoire est une métaphore pour celle de tous les réfugiés ».

1. Pourquoi *National Geographic* a-t-il choisi de placer cette photographie en Une ?
2. En quoi cette photographie peut-elle illustrer le thème des migrants et réfugiés ?
3. Qualifiez le regard de la jeune fille. Vers qui est-il dirigé ? Quelle sensation peut-on ressentir ?
4. À partir de cette photo, réalisez vous-même une autre Une de journal : quels éléments de la photo allez-vous mettre en valeur ?
5. **Bilan** Quels sont les points essentiels de la Une d'un journal ?

DOC 5 **La Une de *Courrier international* du 23 au 29 avril 2015**

La manchette contient le nom du journal, le numéro, la date de parution.

N° 1277 du 23 au 29 avril 2015
courrierinternational.com
France : 3,70 €

CsOURRIER international

Pollution L'enfer des villes

INTERNET — **LES TCHÈQUES RÉSISTENT À GOOGLE** *FRANCE —* **LA TRICHE ? TOUT UN ART**

Histoire— Veaux, vaches, cochons... accusés, levez-vous !

M 03183 - 1277 - F: 3,70 €

Migrants **Le naufrage de l'Europe**

• *Analyse. Après la mort de 800 clandestins en Méditerranée, la presse étrangère s'interroge : que va faire l'UE ?*

• *Enquête. Le business des passeurs*

La sous-tribune (colonne en marge) est occupée par des titres qui renvoient aux pages intérieures, parfois des débuts d'articles.

L'image en Une est sur le ventre (milieu) de la page.

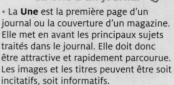

La Une d'un journal

• La **Une** est la première page d'un journal ou la couverture d'un magazine. Elle met en avant les principaux sujets traités dans le journal. Elle doit donc être attractive et rapidement parcourue. Les images et les titres peuvent être soit incitatifs, soit informatifs.

• Un titre est **informatif** quand il résume l'article de manière neutre.

• Un titre est **incitatif** quand il est amusant, déroutant, polémique, et attise la curiosité du lecteur (et son imagination).

Comprendre la Une d'un hebdomadaire

6. Quels sont les éléments représentés sur la photo en Une de *Courrier international* ?

7. Décrivez les différents éléments qui composent le ventre de cette Une.

8. Quel est le lien entre le titre choisi et l'illustration ?

9. Le titre est-il incitatif ou informatif ? Justifiez votre réponse.

10. Trouvez-vous la Une de ce journal efficace pour attirer l'attention du lecteur ? Justifiez votre réponse.

11. Identifiez sur des journaux trouvés sur Internet et au CDI les différents éléments qui composent leurs Unes.

12. À votre tour, sélectionnez différentes actualités d'une même journée pour composer vous-même votre Une.

DOC 6

Dessin de Simon Kneebone publié dans *The Independent*, quotidien britannique, 2015. (Traduction : « D'où venez-vous ? » – « De la Terre ».)

Utiliser l'image pour émouvoir

13. Comment les éléments sont-ils répartis sur le dessin ? Comparez-les.

14. Que pensez-vous de la question posée par le personnage à gauche de l'image ? Quel peut être le double sens de la réponse ?

15. Quel message le dessinateur veut-il faire passer ? Est-ce efficace ?

DOC 7

Zep fait de Titeuf un réfugié comme les autres

L'EXPRESS.fr avec AFP | ACTUALITÉ – MONDE – PROCHE ET MOYEN-ORIENT | 09.09.2015 à 15h29

Sur son blog hébergé par LeMonde.fr, le dessinateur suisse Zep a imaginé mercredi son héros en petit réfugié pris dans la tourmente de la guerre.

Jamais Titeuf, le gamin le plus célèbre de la BD actuelle, n'avait produit cet effet glaçant. Finis les jeux de billes dans la cour de la récré, finie l'histoire d'amour avec Nadia. Dans une longue planche dessi-
5 née sur son blog sur LeMonde.fr, Zep en fait un petit réfugié chassé de son pays par la guerre.

«Mi petit, mi grand»
Composée de 42 vignettes, la planche intitulée «Mi petit, mi grand» commence comme une classique aventure
10 de Titeuf. Sur le premier dessin, le garçon à la houppette est tranquillement chez lui. Depuis la cuisine, son père lui demande de se dépêcher de lacer ses chaussures pour aller à l'école. Un matin comme les autres.
Tout bascule dès la deuxième vignette. Une bombe
15 explose. Le père de Titeuf gît sous les décombres. Titeuf pris de panique fuit de façon éperdue dans une ville devenue un champ de bataille. Son copain Hugo est sur la chaussée le corps criblé de balles, son meilleur ami Manu est abattu devant ses yeux
20 par un sniper. L'autocar où il a pris place avec son

Zep a dessiné un Titeuf dont la vie est ravagée par la guerre.

institutrice saute sur une mine. La maîtresse est tuée. Elle aura eu juste le temps de dire : «C'est la guerre, les enfants», sans pouvoir répondre à la question de Titeuf : «Pourquoi ?». [...]

Sensibiliser, s'engager

16. Quel est le sujet principal de cet article ? Est-ce la parution de la planche de la bande dessinée *Titeuf* ou est-ce le sujet qu'elle traite ? Justifiez votre réponse.
17. Pourquoi un journal reprend-il cette planche de BD et la classe-t-il dans les rubriques Actualité-Monde-Proche et Moyen-Orient ? Où aurait-elle sa place habituellement ?

18. «Mi petit, mi grand» : pourquoi l'auteur de cet article met-il en relief le titre de la planche dessinée par Zep ?
19. Les lecteurs de Titeuf ont-ils l'habitude de voir leur personnage dans cette situation ? Que peuvent-ils ressentir ?
20. Quel message Zep cherche-t-il à faire passer en mettant son personnage en scène dans cette situation ?

DOC 8

ON PAYE D'AVANCE

Dessin de presse de Deligne, 2015.

Utiliser le dessin pour faire réfléchir

21. Quels symboles de la mort sont utilisés dans ce dessin ? Comment sont-ils détournés ?
22. Qui est représenté à droite de l'image ? Les personnages sont-ils identifiables ?
23. Pourquoi le personnage de gauche dit-il «On paye d'avance» ?
24. Trouvez-vous ce dessin cynique ? triste ? pathétique ? humoristique ? polémique ? Justifiez votre réponse.

Regards croisés : docs 4 à 8

25. Dans ce dossier, quels dessins utilisent l'humour ? l'émotion ? la provocation ?
26. À quel type de dessin êtes-vous le plus sensible ? Pourquoi ?

3. Informer et faire comprendre

DOC 9   **Le périlleux périple d'un journaliste français avec des réfugiés syriens**

TÉLÉRAMA.fr | RADIO | 22.10.2015 | Par Carole Lefrançois

Reporter à France Inter, Omar Ouahmane a suivi jusqu'en Autriche une famille fuyant la guerre en Syrie. De simple observateur, il est devenu acteur, notamment lors de la traversée mouvementée de la mer Égée.

[...] Pour France Inter, Omar Ouahmane a voulu donner des visages et des voix à ces hommes, femmes et enfants noyés dans les ⁵statistiques. Pendant douze jours, il a ainsi suivi pour *12 jours dans la vie d'un réfugié* – un documentaire diffusé dans *Interception*[1] – une de ces familles qui a tout abandonné ¹⁰pour fuir en Europe. [...]

Avez-vous eu des difficultés à trouver cette famille et à la convaincre d'être accompagnée par un journaliste français ?

¹⁵Le reportage a mal commencé... [...] À défaut de partir de la frontière comme je l'espérais, je suis allé à la gare routière d'Antakya[2], à ²⁰trente kilomètres. C'est là que j'ai rencontré la famille que j'allais suivre : deux ingénieurs et leurs enfants originaires d'Idlib, au nord de la Syrie. [...]

Quels ont été vos rapports avec la ²⁵famille et les autres réfugiés qui voyageaient avec eux ?

[...] Nous avons partagé des moments forts, comme ce jour à Izmir[3] où ils essayaient les ³⁰gilets de sauvetage, juste avant la traversée vers la Grèce. Ils pleuraient et j'étais aussi au bord des larmes. Nous avons embarqué au milieu de la nuit sur un bateau ³⁵pneumatique conçu pour 15 personnes maximum. Nous étions cinquante passagers dont dix-sept enfants. Maya m'a confié sa fille pour que je m'occupe d'elle ⁴⁰si jamais l'embarcation venait à chavirer, car elle ne savait pas nager et ne pourrait lui porter secours.

De journaliste spectateur et témoin vous êtes devenu acteur, ⁴⁵en prenant la direction du bateau engagé dans la mauvaise direction, en pleine nuit...

[...] J'ai consulté mon GPS et j'ai vu que nous faisions fausse route. ⁵⁰La lune nous éclairait à peine. Les enfants serrés au centre du pneumatique pleuraient et j'avais toutes les peines du monde à me faire entendre. Je suis ⁵⁵alors intervenu pour rediriger l'embarcation, en croisant les doigts pour éviter le passage des gros cargos et les rochers acérés aux abords des îles grecques. [...]

1. *Interception* : émission diffusée sur France Inter. 2. **Antakya** : ville de Turquie proche de la frontière avec la Syrie. 3. **Izmir** : ville de la côte ouest de la Turquie.

Informer autrement : la démarche inédite d'un journaliste

1. Quelle est la forme prise par cet article ? Selon vous, quel est l'intérêt principal de ce type d'article ?

2. Quel est le sujet abordé ? Quels éléments vous ont permis de répondre ? Où ces éléments sont-ils situés ?

3. Expliquez la démarche choisie par le journaliste Omar Ouahmane pour informer le public sur ce que vivent les réfugiés.

4. Que pensez-vous de cette démarche ?

Le métier de reporter

Un **reporter** est un journaliste spécialisé dans les reportages, articles d'intérêt documentaire sur un sujet présenté aussi objectivement que possible. Les reportages demandent souvent des déplacements et des investigations.

Omar Ouahmane, reporter pour France Culture, Radio France/Christophe Abramowitz.

DOC 10 ## Les enfants de migrants à l'école de l'exil

LE MONDE | SOCIÉTÉ | 10.01.2016 | Par Ondine Debré

Quatre enfants font de la trotti-nette entre les flaques en ce jour pluvieux d'automne. Rien ne les différencie de ceux que l'on
5 croise à la sortie des écoles. Raed, Hadi et les jumeaux Maya et Mohamed sont arrivés avec leurs parents, Naram et Issam, quinze jours auparavant, en pleine nuit,
10 au centre Louis-Lumière, dans le 20e arrondissement de Paris. Depuis des mois déjà, ils avaient quitté Damas[1]. Deux valises remplies à la hâte, un sac à dos
15 par enfant avec quelques souve-nirs, une chambre dans un foyer d'hébergement au milieu de Paris. Et une vie à reconstruire…
Ils sont aujourd'hui plus de mille
20 élèves migrants, scolarisés dans l'académie de Paris. Raed et Hadi vont au collège Jean-Perrin, à deux pas du centre, les plus jeunes à l'école élémentaire du Clos, tout
25 à côté. Ces jumeaux de 6 ans

attirent tous les regards : très
40 petits tous les deux, le garçon et la fille se ressemblent, partageant des cheveux châtains et des yeux
30 mordorés[2]. Ils rient, courent et semblent se jouer de tout. Une famille unie et souriante, des enfants sages et bien peignés : comment imaginer qu'ils ont vécu
35 la guerre et la peur ?
Cécile Cajas, de la Ligue de l'enseignement, s'occupe des réfugiés syriens à Louis-Lumière. Elle raconte que les enfants ont

vite retrouvé le sourire et qu'ils
40 semblent tous heureux d'être là. *« On ne leur pose pas de questions sur ce qu'ils ont vécu avant, et le quotidien se met en place »*, dit-elle.
45 *« Ici, la meilleure chose, c'est la paix. Mais aussi la piscine où nous allons chaque semaine. On ne fait pas ça en Syrie »*, commente Raed, visage fin et cheveux soigneusement domp-
50 tés sur le côté, qui lui donnent l'air d'avoir 10 ans – il en a presque 15.

1. **Damas** : capitale de la Syrie. 2. **Mordorés** : bruns.

DOC 11

HERMON 14 ANS, ÉRYTHRÉEN

Hermon vient d'Érythrée, un pays où règnent la pauvreté, l'absence de libertés et les arrestations injustes. Là-bas, le service militaire est obligatoire et illimité. Hermon veut rejoindre son frère aux Pays-Bas. En attendant, il vit dans un camp installé dans les Jardins d'Éole, à Paris.

PAYS-BAS
FRANCE
LIBYE
ÉRYTHRÉE

❝ Je suis venu seul. J'ai quitté toute ma famille. Mes parents, ma grande sœur âgée de 25 ans et mes frères de 19 et 22 ans sont restés au pays. Depuis mon arrivée en France, je suis sans nouvelles d'eux. ❞

❝ Je n'avais pas d'autre choix que de partir car, à l'âge de 18 ans, les pouvoirs et les forces armées m'auraient forcé à devenir soldat comme mon père. ❞

❝ Je suis passé par la Libye, où j'ai été arrêté, battu et emprisonné durant 2 mois. Pour sortir de prison, il a fallu que mon frère paie une caution de 1 800 euros. Une fois libre, j'ai entamé une traversée en mer qui a duré 4 jours. ❞

❝ Je suis content d'être arrivé jusqu'ici, mais mon objectif n'est pas de rester en France. J'espère rejoindre les Pays-Bas pour pouvoir aller à l'école. ❞

GeoAdo n° 152, octobre 2015, Laurence Muguet, extrait du reportage « Partir pour survivre ».

Informer par le reportage

5. Comment le magazine *GeoAdo* choisit-il de présenter l'information pour ses lecteurs dans cette page ? Observez la couleur, la mise en page, la forme de l'article.

6. Imaginez et rédigez les questions auxquelles le jeune Hermon répond.

7. Pourquoi choisir d'interviewer un adolescent dans ce magazine ? Pour ce sujet ?

8. Le titre du doc 10 est-il informatif ou incitatif ? Expliquez l'expression « école de l'exil ».

9. Pourquoi la journaliste présente-t-elle une famille de migrants dans son article ? Est-ce surprenant par rapport au titre ?

10. Relevez les éléments qui permettent de présen-ter cette famille. Quelle image en est donnée ?

11. Quel est l'intérêt des citations ?

Lectures croisées : docs 9 à 11

12. Après avoir lu ces extraits de reportages, lequel vous touche le plus ? Pourquoi ?

Lire un article de presse

« Migrant » ou « réfugié » : quelles différences ?

Le Monde.fr | 25.08.2015 à 20h21 | Par Alexandre Pouchard

Migrants ou réfugiés ? Le débat sémantique s'installe en Europe pour savoir comment qualifier les milliers de personnes qui arrivent quotidiennement sur les côtes méditerranéennes. Le premier terme est fustigé[1] pour ne pas refléter la détresse de ceux qui, le plus souvent, fuient un conflit.

5 Le média qatari[2] Al-Jazira a ainsi annoncé le 20 août qu'il n'utilisera plus que le mot « réfugié » dans le contexte méditerranéen :

« Le terme parapluie "migrant" ne suffit désormais plus pour décrire l'horreur qui se déroule en mer Méditerranée. Il a évolué, depuis ses définitions de dictionnaire, pour devenir un outil péjoratif qui déshumanise et distance. [...] C'est un mot qui ôte la voix aux personnes
10 *qui souffrent. »*

Al-Jazira rappelle que la plupart de ces personnes viennent de Syrie – où une terrible guerre civile se déroule depuis quatre ans –, d'Afghanistan, d'Irak, de Libye, d'Érythrée ou de Somalie, *« autant de pays dont les ressortissants[3] obtiennent généralement l'asile[4] »*. [...]

15 **Tout réfugié est un migrant...**

En droit international, le « réfugié » est le statut officiel d'une personne qui a obtenu l'asile d'un État tiers. Il est défini par une des conventions de Genève (*« relative au statut des réfugiés »*), signée en 1951 et ratifiée par 145 États membres des Nations unies [...].

1. **Fustigé** : condamné. 2. **Qatari** : du Qatar, pays du Moyen-Orient. 3. **Ressortissants** : personnes qui, dans un pays, relèvent de l'autorité d'un autre pays. 4. **Asile** : protection accordée aux réfugiés politiques.

MÉTHODE GUIDÉE

Étape 1 Étudier la forme et les sources d'un article

- Repérez d'où vient l'information.
- Identifiez le genre de l'article.
- Observez sa composition.

1. Quel média a publié cet article ? Dans quel journal peut-on le trouver ? Quand et par qui a-t-il été écrit ?
2. Cet article est-il un reportage, une interview, un article d'opinion, un filet... ?
3. Quel est le titre ? Y a-t-il des intertitres ? Des citations ?

Étape 2 Repérer et analyser les procédés d'écriture

- Soyez attentif(ve) au choix des mots, à la construction des phrases.
- Analysez le point de vue du journaliste.

4. Quel type de phrase est utilisé au début de l'article ? Quel est son intérêt ?
5. Commentez l'utilisation des mots « fustigé » (l. 3) et « parapluie » (l. 7).
6. Un journaliste et un média s'expriment dans cet extrait d'article. Lequel donne une information objective ? subjective ?

Étape 3 Comprendre les enjeux d'un article

- Réfléchissez à la place de cet article dans le journal, aux thèmes et questions abordés.
- Analysez les enjeux de société soulevés par l'article.

7. Dans quelle rubrique classeriez-vous cet article ?
8. À travers le choix d'un mot, que veut montrer cet article ?

Exprimer une opinion 💬 et interagir

1. Présenter une revue de dessins de presse

La revue de presse permet de présenter dans une chronique des points de vue de journaux d'actualité, sans être pour autant totalement neutre.

Le présentateur de la chronique sélectionne quelques thèmes d'actualité, ou quelques articles sur le même thème, et compare le traitement de l'information dans différents journaux.

Dessin de presse de Wingz, 9 septembre 2015.

1 Observez ce dessin de presse. Quel message le dessinateur veut-il faire passer ? Cela vous semble-t-il efficace ?

2 Vous êtes journaliste radio. Commentez le dessin pour vos auditeurs, en mettant l'accent sur les sentiments qu'il vous inspire, son efficacité ou son inefficacité. N'oubliez pas que vos auditeurs ne peuvent pas voir le dessin.

3 Choisisssez le ton que vous voulez donner à votre chronique : informatif, critique, positif...

4 🎙 Enregistrez votre chronique afin de la diffuser en classe, à l'aide d'un logiciel comme Audacity.

2. Jouer une interview

Par groupes de deux, réalisez une interview sur la question suivante : pensez-vous que toutes les images, même violentes, doivent être publiées dans la presse ?
L'un d'entre vous sera le journaliste qui mène l'interview en posant les questions, l'autre répondra aux questions.

> **Conseil**
> L'interview peut être enregistrée, vous pourrez ensuite proposer un montage de cet entretien, en restant fidèles aux propos tenus.

3. Débattre

Organisez en classe un débat autour de la question suivante : le travail d'un journaliste consiste-t-il uniquement à informer ?

1 Analysez la question en la reformulant.

2 Réfléchissez individuellement à la question en notant au brouillon vos idées. Trouvez des exemples concrets pour illustrer votre propos.

3 Constituez deux groupes : d'un côté ceux qui auront répondu oui, de l'autre ceux qui auront répondu non. En groupes, mettez en commun vos arguments.

4 Commencez le débat : prenez soin de ne pas répéter deux fois un même argument, et illustrez votre propos avec des exemples.

COMPÉTENCES

D1, 2, 3	S'exprimer de façon maîtrisée en s'adressant à un auditoire.
D1, 2, 3	Participer de façon constructive à des échanges oraux.
D1, 2, 3	Percevoir et exploiter les ressources expressives de la parole.

Informer et convaincre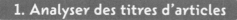

1. Analyser des titres d'articles

Classez les titres d'articles suivants selon qu'ils sont incitatifs ou informatifs.

↘ La Une d'un journal, p. 279.

Les migrants se noient, l'Europe sursoit
Les Inrocks.com, 28 avril 2015, par Cédric Vallet

Migrants : une photo choc et des questions
Les Échos.fr, 3 septembre 2015, par Adrien Lelièvre

Migrants : l'Autriche va installer une barrière à sa frontière avec la Slovénie
L'Express.fr, avec AFP, 28 octobre 2015

Face aux migrants, l'Europe à l'heure des murs
Le Figaro.fr, 28 octobre 2015, par Christian Lemenestrel

Cachez ces migrants que je ne saurais voir
France Inter, « La mécanique médiatique » 12 juin 2015, par Jean-Marc Four

Bientôt 250 millions de « réfugiés climatiques » dans le monde ?
L'Express.fr, 1er novembre 2015, par Marie Simon

2. Enrichir son vocabulaire

1 Vous êtes journaliste et souhaitez écrire un article sur la situation des migrants lors de leur voyage d'exil pour mettre en valeur la dangerosité du trajet. Trouvez trois mots ou expressions qui pourraient désigner chacun des termes proposés.

Exemple : L'exil → ce triste déracinement, cette fuite douloureuse...

Le trajet →

Le camion →

Les passeurs →

Les embuscades →

La mer →

2 Trouvez un titre pour votre article. Selon le message que vous voulez faire passer, optez pour un titre incitatif ou informatif.

3. Écrire pour informer, émouvoir, convaincre

Rédigez un court article à partir de la dépêche suivante qui est tombée dans votre rédaction. Votre article visera à mettre en valeur l'émotion que peut susciter cet événement. Choisissez bien votre titre. Veillez à utiliser le vocabulaire des sentiments.

Vendredi 26 octobre 2015

TURQUIE — Sauvetage en mer par des pêcheurs d'un enfant de migrants de 18 mois suite au naufrage de l'embarcation. Les parents sont saufs.

Des Syriens et des Irakiens arrivant sur l'île grecque de Lesbos sont secourus.

Conseils de professionnels pour bien écrire un article :

« Le lecteur n'a pas toujours envie de lire l'article. Il faut donc le prendre en main. On doit être très concret. Il faut soigner l'accroche […], donner des chiffres précis, il faut toujours commencer et finir par une bonne formule. L'article doit tenir un fil conducteur, développer une seule idée. Un mauvais article part dans tous les sens. »

Franz-Olivier Giesbert, *Le Figaro*.

« Résumer l'info à quelqu'un qui ne connaît pas le sujet et être attentif à ses réactions. Mettre en valeur une image, une expression dès le début de l'article. Soigner la dernière phrase. »

D. Pillit, *Ouest-France*.

Propos recueillis dans *Mon quotidien*, n°300 à 303 du 2 avril au 5 avril 1996.

COMPÉTENCES

D1 Adopter des stratégies et des procédures d'écriture efficaces.

D1 Passer du recours intuitif à l'argumentation à un usage plus maîtrisé.

Bilan de la séquence

Le choix des mots et des images

Tous les mots ne sont pas de parfaits synonymes, ils peuvent être porteurs de connotations ou de marques de jugement (subjectivité).

Les procédés d'écriture (vocabulaire, jeux de mots, interrogations oratoires…) permettent de capter l'attention du lecteur, de faire appel à l'émotion.

L'image peut elle aussi attirer l'attention, émouvoir, choquer, faire rire, réfléchir.

Des formes à distinguer

La **Une** met en relief une information en la portant en première page du journal.

La **tribune** permet au journaliste d'interpeller le lecteur sur une question d'actualité et de donner son point de vue. C'est un article souvent polémique.

Le **reportage** vise à faire ressentir ce que le journaliste a lui-même vécu, vu, entendu. C'est un article développé.

L'**interview** est l'entretien d'un journaliste avec une personne qui accepte de répondre à des questions pour les besoins d'un article ou d'une émission.

Le traitement de l'information : classer et identifier

Il existe des **médias variés** pour s'informer : presse écrite, papier ou en ligne, radio, télévision, réseaux sociaux… Certaines sources d'information sont officielles, d'autres sont informelles (réseaux sociaux, blog…).

Dans la presse papier et sur Internet, l'information apparaît dans des **rubriques** qui permettent au lecteur de se repérer : société, international, culture, sport…

L'**information en ligne**, réactualisée très régulièrement, permet de tenir au courant le lecteur rapidement. Elle peut aussi passer par des canaux informels comme les réseaux sociaux (Facebook, Twitter…).

Le ton choisi

L'information peut être délivrée sous forme factuelle, objective dans une dépêche de l'AFP, un filet ou une brève, ou faire l'objet d'un traitement plus polémique dans un article d'opinion. Le ton de l'article dépend alors du message que le journaliste veut faire passer.

Évaluation   1. Mobiliser les acquis de la séquence

1. Je connais les différences entre la brève, la tribune et le reportage, et je sais classer les articles dans des rubriques.

2. Je sais définir les mots « connotation », « brève » et « reporter ».

3. Je sais utiliser différents moyens pour mettre en relief l'information.

4. Je sais identifier les effets produits par un article, une image, une Une.

les médias

Bientôt 250 millions de «réfugiés climatiques» dans le monde?

L'EXPRESS.fr | 01.11.2015 à 18:20 | Par Marie Simon

Inondations violentes, typhons meurtriers, assèchement de points d'eau, montée du niveau de la mer... Ces événements, dont la fréquence et l'ampleur sont renforcées par le changement climatique, contraignent déjà des millions de personnes à migrer.

Des flots de réfugiés qui fuient leur pays, un mur à la frontière pour les arrêter, des négociations à n'en plus finir pour éviter l'escalade verbale voire pire... Le défi auquel fait face l'Europe actuellement, avec les centaines des milliers de migrants qui traversent la Méditerranée,
5 est colossal. Mais pas isolé.

Outre les guerres, la misère ou des tensions ethniques ou religieuses, le dérèglement climatique pourrait déplacer «des millions» de personnes sur la planète, avertissait François Hollande lors de sa dernière conférence de presse semestrielle, afin de souligner les
10 enjeux de la COP 21[1], fin 2015 à Paris. À raison.

250 millions de réfugiés climatiques en 2050
L'ONU[2] prévoit 250 millions de réfugiés climatiques dans le monde en 2050. Ils sont déjà des millions, d'après les données recueillies par l'IDMC (Internally Displacement Monitoring Centre). Pour donner un ordre de grandeur, quelque 4 millions de réfugiés syriens ont quitté
15 leur pays en guerre depuis 2011, un nombre déjà édifiant... Que dire des 83,5 millions de «réfugiés climatiques» recensés de 2011 à 2014.
[...]

_____
1. **COP 21**: conférence internationale sur le climat, qui s'est tenue à Paris fin 2015.
2. **ONU**: Organisation des Nations unies.

5. Le titre de cet article est-il incitatif ou informatif? Justifiez votre réponse.

6. Quel est le sujet de cet article?

7. Dans quelle rubrique classeriez-vous cet article?

8. Relevez les différentes sources citées (personnes, associations...). L'article vous semble-t-il sérieux? Justifiez votre réponse.

9. Quel est le champ lexical utilisé dans le premier paragraphe? Quel ton donne-t-il à l'article?

10. Relevez dans le texte les mots et expressions marquant la subjectivité du journaliste.

11. Proposez, en la décrivant en quelques mots, une idée de photographie ou de dessin de presse pour illustrer cet article. Vous expliquerez votre intention.

12. Écrivez une tribune en lien avec le sujet de l'article pour faire part de votre réaction, dans le journal de votre choix. Choisissez bien vos mots et réfléchissez à vos arguments.

COMPÉTENCES ATTENDUES EN FIN DE 4ᵉ

D1, 5	**Lire**
	– Lire et comprendre des textes non littéraires.
	– Formuler des impressions de lecture.

D1	**Écrire**
	Adopter des stratégies et des procédures d'écriture efficaces.

D1, 2, 3	**Comprendre et s'exprimer à l'oral**
	Formuler un avis personnel à propos d'une situation.

Étude de la langue

Annexes

Identifier les racines latines

Sensible, sensationnel, pressentir, sensuel.

1. Dans un dictionnaire étymologique, cherchez l'origine de chacun de ces mots. Quelle racine latine retrouvez-vous ?

2. Trouvez d'autres mots issus de la même racine.

Retenir

La majorité des mots français sont issus de racines latines. Chaque racine a donné en français plusieurs mots de la même famille.

▶ **Les noms et adjectifs latins**

Mots latins	Sens	Exemples
anima	souffle d'air, de vie	âme, animal
cor, cordis	cœur	accord, cordial
cura	soin	cure, récurer
domus	maison	domicile, domestique, domaine
finis	fin, limite	enfin, définition, financer
lux, lucis	lumière	lueur, lucide
mens, mentis	pensée, intelligence	mental, mention
pater, patris	père	paternel, patrie, patron
sacer, sacris	qui ne peut être touché	sacré

▶ **Les verbes latins**

Mots latins	Sens	Exemples
audio (participe passé auditus)	entendre	audience, ouïe, audition
fido	avoir confiance	confier, fidèle
habeo (participe passé habitus)	avoir	habit, exhiber
nosco (participe passé notus)	connaître	reconnaître, notice, notoriété
peto (participe passé petitus)	demander, chercher à avoir	pétition, compétition
rapio (participe passé raptus)	prendre	ravir, ravage, rapide, rapace
scio (participe présent sciens)	savoir	science, conscience
sto (participe passé status)	être debout	station, état, stage, constat
tango (participe passé tactus)	toucher	intact, tact, tangible
verto (participe passé versus)	retourner	anniversaire, bouleverser
video (participe passé visus)	voir	vue, visible

▶ **Les nombres latins**

Mots latins	Sens	Exemples
bis	deux fois	bipède, bisaïeul
decem	dix	décibel, décimal
centum	cent	centuple, centime
medius	qui se trouve au milieu	demi, médiane
primus	qui est tout à fait en avant	premier, primaire

1 Identifier

1 a. **Classez ces mots en fonction de leur racine latine.**
moitié • centurion • biathlon • décembre • médiatique • bigame • centaine • décimer • bilingue • immédiat • centuple • décennie • binaire • méditerranée • décimale

bis	decem	centum	medius

b. **Pour chacun des mots suivants, rédigez une phrase qui en éclaircira le sens :**
centurion • médiatique • décimer • binaire

2 a. **Classez ces mots en fonction de leur racine latine.**
printemps • cure • primaire • écœurer • curieux • sacrement • accord • primordial • concorde • consacrer • primate • incurable • récurer • courage • primitif • curatif

cor, cordis	cura	primus	sacer

b. **Employez les mots suivants dans des phrases qui mettront leur sens en valeur.**
cure • primate • primitif • consacrer • incurable

2 Manipuler

3 TOP CHRONO ! **En trois minutes, trouvez le plus de mots possible formés à partir de ces racines latines.**

Mots latins	Sens	Mots français issus du latin
sto	être debout	
tango	toucher	
verto	retourner	
video	voir	

4 a. **Reliez les racines latines issues de la première et de la deuxième colonne pour former des mots français que vous écrirez dans la troisième colonne.**

b. **Choisissez cinq mots que vous avez trouvés et employez-les dans des phrases qui en illustreront le sens.**

extra (hors de) •   • *linea* (ligne)   • • ....

locus (lieu) •   • *punctura* (piqûre)   • • ....

aequus (uni, égal) •   • *ordo* (ordre)   • • extraordinaire

longus (long) •   • *scire* (savoir)   • • ....

acus (aiguille) •   • *motio* (mouvement)   • • ....

omnis (tout) •   • *latus* (côté)   • • ....

5 a. **Identifiez les racines latines à partir desquelles les mots suivants sont formés.**
omniscient • rapt • unanimité • animosité • plébiscite

b. **Essayez d'en deviner le sens, puis vérifiez-le dans un dictionnaire.**

6 **Reliez à chaque racine latine les deux mots français qui en sont issus.**

habeo •   • fidèle

                             • notion

                             • habitude

noxo •   • fiancer

                             • notable

mens •   • habile

                             • dément

fido •   • mentalité

7 **Complétez cette grille de mots croisés en trouvant, à l'aide des définitions ci-dessous, les mots issus de la racine latine *peto*.**

Vertical
1. Requête collective adressée aux pouvoirs publics
2. Éternel

Horizontal
3. Capacité, aptitude
4. Violent, emporté
5. Désir de manger

3 S'exprimer

8 **Vous découvrez la ville de Rome. Décrivez vos impressions en utilisant au moins cinq mots issus de racines latines de cette page, que vous soulignerez.**

Observer et réfléchir

1. exporter, exhumer, excuser, exonérer, exulter.

2. sortir de terre, mettre hors de cause, dispenser de payer, laisser sortir sa joie, transporter en dehors.

3. bénéfique, magnifique, calorifique, maléfique.

4. qui produit de la chaleur, qui fait le bien, qui donne une impression de grandeur et de beauté, qui fait le mal.

1. Observez les listes 1 et 2. Quel est le préfixe commun aux verbes de la liste 1 ? Retrouvez la définition de ces verbes dans la liste 2.

2. Qu'exprime, d'après vous, le préfixe utilisé ?

3. Observez les listes 3 et 4. Quel est le suffixe commun aux adjectifs de la liste 3 ? Retrouvez leur définition dans la liste 4.

4. Qu'exprime, d'après vous, le suffixe -fique ?

Retenir

▶ **Les préfixes latins**

Mots latins et sens	Préfixes en français	Mots français issus du latin
ad (vers, en direction de)	*a-, ad-, ag-, ac-, al-, af-,* etc.	**ab**order, **ad**venir, **ag**graver, **ac**corder, **al**léger
cum (avec, ensemble)	*co-, con-, com-, cor-, col-,* etc.	**com**battre, **col**laborer, **col**lègue
de, des (en partant de)	*dé-* ou *dés-*	**dé**faire, **dés**unir
dis (en se séparant de, en se privant de)	*dis-*	**dis**paraître
ex (hors de)	*ex-*	**ex**humer, **ex**pulser
extra (au dehors, à l'extérieur)	*extra-*	**extra**terrestre, **extra**ordinaire
in (dans, à l'intérieur)	*in-, im-, en-, em-*	**in**jecter, **en**fermer
in (privé de, le contraire de)	*in-, im-, il-, ir-*	**in**stable, **il**lisible
per (à travers, pendant, en enfreignant)	*par-, per-*	**par**jure, **per**pendiculaire
prae (avant)	*pré-*	**pré**vision, **pré**dire
pro (pour, en avant, sur le devant)	*pro-*	**pro**vision
sub (en dessous, inférieur)	*sub-, sous-, sou-*	**sous**traire, **sou**mettre, **sub**ordonné
trans (à travers)	*trans-, tra-, tré-, tres-*	**trans**parent, **tra**verser, **tré**passer

▶ **Les suffixes latins**

Mots latins et sens	Suffixes en français	Mots français issus du latin
-cida (qui tue)	*-cide*	insecti**cide**
-cola (relatif à la culture)	*-cole*	agri**cole**
ferre (porter)	*-fère*	mammi**fère**
facere (faire)	*-fier, -fique*	paci**fier**, paci**fique**
forma (apparence)	*-forme*	protéi**forme**
fuga (fuite)	*-fuge*	trans**fuge**
pes, pedis (pied)	*-pède*	bi**pède**
vorare (avaler, dévorer)	*-vore*	omni**vore**

S'exercer

1 Identifier

1 Dans les mots suivants, identifiez le préfixe utilisé.
coopérer • accompagner • interner • déplacer • transalpin • convenir • distendre • incapable • souterrain

2 a. Comment appelle-t-on la culture des vignes ? Donnez une définition du suffixe trouvé.

b. Comment appelle-t-on l'homme qui cultive la vigne ? Donnez une définition du suffixe trouvé.

c. Appliquez ces suffixes aux autres mots de la liste en donnant à chaque fois la définition.
api.... • arbori.... • horti.... • ostréi.... • pisci.... • agri....

3 a. Précisez si le préfixe *in-* signifie « à l'intérieur de » ou « privé de, le contraire de » :
incarcéré • irresponsable • insoumis • embaumer • illettré • irremplaçable • encerclé • incapable • emmener • importer • immobile • impair • irrégulier

b. Illustrez le sens des cinq premiers mots dans une phrase.

4 a. Retrouvez le suffixe qui permet de compléter les mots suivants :
bactéri.... • fongi.... • homi.... • géno.... • tyranni.... • parri.... • régi.... • liberti....

b. Donnez la définition des mots reconstitués.

2 Manipuler

5 Reliez les définitions suivantes aux mots qui conviennent, puis soulignez leur suffixe.

animal qui mange des fruits •   • frigorifique

animal qui mange des insectes •   • frugivore

animal qui mange de la viande •   • soporifique

qui produit du froid •   • prolifique

qui endort •   • insectivore

qui a la capacité de se multiplier •   • bénéfique

qui procure un avantage •   • carnivore

6 TOP CHRONO ! En trois minutes, retrouvez le plus de verbes français possible en ajoutant des préfixes aux verbes suivants :
montrer • rompre • passer • joindre • placer • graver • faiblir • mettre • tendre • porter • partager • tenir • sauter

7 Recopiez et complétez le tableau suivant en utilisant les préfixes et en vous aidant des définitions, selon l'exemple.

Mot français	Préfixe latin	Définition	Mot de la même famille
lire	*in*	qu'on ne peut pas lire	illisible
cadre	*in*	mettre dans un cadre	
louer	*cum*	plusieurs personnes habitant ensemble	
traction	*sub*	fait d'enlever	
aveu	*in*	qu'on ne peut pas avouer	
arme	*des*	enlever les armes	
tropique	*sub*	qui est situé sous les tropiques	
loi	*in*	qui n'est pas conforme à la loi	
réel	*in*	qui n'existe pas	

8 a. Recomposez les mots correspondant aux définitions suivantes à l'aide du suffixe *-fère* (qui porte) :
qui porte des fruits en forme de cônes • qui cause le sommeil • qui est pourvue de mamelles (*mamma*) • qui porte ou cause la mort • qui contient de l'or (*aurum*)

b. Employez chaque mot dans une phrase qui mettra son sens en valeur.

9 a. Créez des verbes à partir du radical des mots suivants et du suffixe *-fier* : paix • béatitude • amplificateur • édifice • gloire • horreur • saint

b. Employez chaque mot dans une phrase.

10 En vous aidant d'un dictionnaire, retrouvez les mots construits à l'aide du suffixe *-forme* qui correspondent aux définitions suivantes :
qui a une seule forme • qui a la forme d'un poisson • qui a la forme d'une poire • qui a une forme allongée • qui prend des formes différentes, comme le dieu Protée

3 S'exprimer

11 Faites le bref portrait d'un individu ou d'un animal, dans lequel vous emploierez au moins cinq mots contenant des suffixes latins différents.

12 Rédigez une déclaration d'amour, dans laquelle vous emploierez au moins cinq adjectifs comportant chacun un préfixe latin différent.

Retenir

Les termes scientifiques et techniques sont majoritairement formés à partir de racines grecques.

Racines grecques	Sens étymologique	Exemples
aèr	air	aérien, aérophagie
anthropos	homme	anthropologie, philanthrope
astron	astre	astrologue, astronome
autos	tout seul, soi-même	autographe, automatique
biblion	livre	bibliothèque, bibliophile
déca	dix	décamètre
eïcon	image	iconographie
gè	terre	géographe, géologie
glotta	langue	polyglotte
grapheïn	graver, écrire	polygraphe, géographe
hémi	moitié	hémisphère, hémiplégie
homos	le même que, semblable	homonyme, homogène
hydor	eau	hydrater, hydravion
isos	égal	isocèle
logos	parole, raison	logique, trilogie
mania	manie, folie	maniaque, pyromane
odè	chant	ode, mélodie
pathos	fait d'être atteint ou ému	pathétique, psychopathe
phobos	peur	claustrophobie
poly	plusieurs, beaucoup	polygame
pyr	feu	pyrotechnie

S'exercer

1 Identifier et manipuler

1 a. Classez ces mots en fonction de leur racine grecque : isocèle • désastre • polyglotte • hémiplégie • homogène • ode • décathlon • homosexuel • décalitre • astrologue • isotherme • décade • hémicycle • polygraphe

b. Utilisez les mots suivants dans des phrases qui permettront de comprendre leur sens : désastre • hémicycle • ode • décathlon

2 a. Après avoir identifié la racine grecque des mots suivants, classez-les : pathologie • pyromane • émoticône • toxicomanie • antipathie • iconoclaste • cleptomane

b. Essayez de deviner leur sens, puis vérifiez-le dans le dictionnaire.

3 TOP CHRONO ! En trois minutes, trouvez le plus de mots possible formés à partir de ces racines.

Racines grecques	Mots français
aèr	
anthropos	
hydor	
phobos	

2 S'exprimer

4 Rédigez un bref paragraphe sur un thème fantastique en utilisant au moins cinq mots issus de racines grecques, que vous soulignerez.

4 | Identifier les doublets étymologiques

> **On appelle *doublets* deux mots venant du même terme latin.**
>
> • Un même mot latin peut être à l'origine de deux mots français différents, qu'on appelle **doublets.** Du latin au français, les mots ont pu suivre deux évolutions.
> *Raison et ration viennent du même mot latin* ratio, *qui signifie « calcul, logique ».*
>
> ▶ **Une évolution populaire, ancienne et qui passe par l'oral**
> • Les mêmes mots ont perduré de la naissance du français à nos jours.
> • À force d'être répétés, les mots ont vu leur prononciation, leur orthographe et leur sens se modifier, parfois radicalement : legalis *(conforme à la loi)* → loyal *(juste, équitable)*
>
> ▶ **Une évolution savante, plus récente et qui passe par l'écrit**
> • Pour désigner des objets ou des concepts nouveaux, des savants ont emprunté des mots présents dans les textes latins.
> • Le mot n'a quasiment pas évolué, les auteurs veillant à rester proches de l'orthographe originelle : legalis *(conforme à la loi)* → légal *(conforme à la loi)*

S'exercer

1 Identifier et manipuler

1 a. Dans les couples de mots suivants, repérez le mot issu d'une évolution savante et le mot issu d'une évolution populaire.
frictio → frisson/friction • *inversus* → inverse/envers • *strictus* → strict/étroit • *gemellus* → gémeaux/jumeau • *liberare* → libérer/livrer • *bulla* → bulle/boule
b. Utilisez chaque mot dans une phrase qui en révèlera le sens.

2 Placez dans le tableau les mots suivants : poison • armure • *palma* • auditoire • *vitrum* • naviguer • armature • potion • *luminaria* • nager • vitre • luminaire • paume • *auditorium*

Mot latin	Dérivé savant	Dérivé populaire
armatura		
		lumière
potio		
		verre
navigare		
	palme	
	auditorium	

3 a. Lequel des deux mots est le plus adapté au sens de la phrase ?
1. Charpentier depuis sa majorité, il adore son *ministère/métier* (ministerium). **2.** C'est vers l'âge de quatorze ans que les garçons *mutent/muent* (mutare). **3.** Cet enfant est enfin *séparé/sevré* (separare). **4.** Il lui donne une *ration/raison* de soupe (ratio). **5.** Ce garçon est *naïf/natif* de Bretagne (nativus). **6.** La lame de ce couteau est *aigre/acérée* (acer).
b. Précisez s'il s'agit du dérivé savant ou populaire, grâce au mot latin entre parenthèses.

4 a. Reliez les mots latins à leurs dérivés populaires.
b. Recherchez les dérivés savants de ces mots et employez-les dans une phrase qui en illustrera le sens.

ululare •	• fade
ustensilia •	• épaule
fetidus •	• outil
scala •	• hurler
spatula •	• échelle

2 S'exprimer

5 Imaginez un bref dialogue entre un scientifique et un homme qui n'a jamais fait de latin : le premier utilise un maximum de dérivés savants, l'autre leurs équivalents populaires. Vous emploierez au moins cinq doublets.

5 / Construire des réseaux de sens : synonymes et antonymes

5

Retenir

▶ **Les synonymes**

- Des mots synonymes sont des **mots de sens proche** et de **même classe grammaticale**.
- Chaque mot apporte des nuances particulières, en fonction :
  – de l'intensité : *tocade* → *amour* → *passion*
  – du niveau de langue : *amoureux* (courant) / *soupirant* (soutenu)
  – de l'époque : *flirt* (actuel) / *badinage* (ancien)

▶ **Les antonymes**

- Des antonymes sont des **mots de sens contraire** et de **même classe grammaticale** :
  chaud ≠ froid

Attention

Deux mots ne peuvent pas être synonymes ni antonymes s'ils n'appartiennent pas à la même classe grammaticale. Ainsi, un nom sera uniquement le synonyme d'un autre nom, un verbe d'un autre verbe, etc.

S'exercer

1 Identifier et manipuler

1 a. Classez ces mots en deux listes, selon qu'ils sont des synonymes ou des antonymes du mot *amour*.
animosité • détestation • béguin • indifférence • inclination • feu • froideur • inimitié • adoration • exécration • flamme • batifolage • aversion

b. Classez les mots de chaque liste en trois catégories, selon le degré d'intensité qu'ils représentent (faible, fort, très fort).

2 a. Identifiez parmi ces mots les synonymes d'*aveu*, puis ses antonymes.
épanchement • déni • dissimulation • confession • déclaration • dénégation • omission • témoignage • démenti • reconnaissance • confidence • rétractation • révélation • refus

b. Utilisez deux mots de chaque liste dans une phrase qui mettra son sens en évidence.

3 TOP CHRONO ! a. Vous avez trois minutes pour trouver le plus de synonymes et d'antonymes possible du terme *erreur*.

b. En trois minutes, cherchez maintenant le plus de synonymes et d'antonymes possible de l'adjectif qualificatif *erroné*.

c. Comparez vos scores aux deux exercices.

4 RÉÉCRITURE **Réécrivez ce texte en remplaçant les mots en gras par des synonymes.**

> La grimace était son visage.
> Ou plutôt toute sa personne était une grimace. Un gros visage **hérissé** de cheveux roux ; entre les deux épaules une **grosse** bosse dont le contre-coup se faisait sentir par devant ; [...] de larges pieds, de larges mains **monstrueuses** ; et, avec toute cette **monstruosité**, je ne sais quelle allure **redoutable** de vigueur, d'agilité et de **courage** ; **étrange** exception à la règle éternelle qui veut que la **vigueur**, comme la beauté, résulte de l'harmonie.
>
> D'après Victor Hugo, *Notre-Dame de Paris*, 1831.

2 S'exprimer

5 a. Reliez les antonymes suivants entre eux.

b. Imaginez un bref dialogue entre deux amoureux fâchés dans lequel vous utiliserez au moins cinq paires d'antonymes.

proie •	• rougir
enthousiasme •	• satisfaction
poison •	• docile
confiance •	• suspicion
farouche •	• délice
dépit •	• prédateur
pâlir •	• concorde
querelle •	• déception

Retenir

Paronymes et homonymes sont des mots dont le son est proche mais dont le sens est différent.

1. Les paronymes sont des mots qui se prononcent presque de la même façon mais ont des sens différents. On court donc le risque de les confondre.

effusion / infusion, conjoncture / conjecture

2. Les homonymes sont des mots qui se prononcent de la même façon mais ont des sens différents.

Homonymes parfaits	Homophones	Homographes
Ils s'écrivent et se prononcent de la même manière.	Ils se prononcent de la même manière et s'écrivent différemment.	Ils s'écrivent de la même manière mais se prononcent différemment.
un vase / la vase	*serf / cerf / serre / sert*	*fils* (enfants) / *fils* (ficelles)

S'exercer

1 Identifier et manipuler

① **Formez des couples de paronymes avec les mots de cette liste, puis donnez la définition exacte de chaque terme.**
allusion • éliminer • embrasser • chevalet • spectre • illusion • effraction • illuminer • embraser • infraction • affliger • chevalier • infliger • sceptre

② **Trouvez un paronyme à chaque mot de la liste suivante, puis utilisez-le dans une phrase qui mettra son sens en évidence.**
cousin • consumer • provenir • éprouver • contracter • dessert

③ **a. Précisez si ces couples de mots sont des homonymes parfaits, des homophones ou des homographes.**
1. la page / le page. **2.** la reine / une rêne. **3.** un couvent / elles couvent. **4.** la voile / le voile. **5.** la mousse / un mousse. **6.** un cœur / un chœur. **7.** un vers / un ver.

b. Utilisez chaque mot dans une phrase qui en expliquera le sens.

④ **Complétez ces phrases avec le paronyme ou l'homonyme qui convient, puis employez chaque mot non utilisé dans une phrase qui mettra son sens en lumière.**

1. Ce grand illusionniste *mythifia / mystifia* le public avec l'un de ses tours. **2.** Cet homme ne fait que brasser du *vend / vent*. **3.** L'orage de la veille a détruit la *serre / serf* de mon jardin. **4.** L'accident est *subvenu / survenu* si brusquement que les spectateurs furent choqués. **5.** L'oracle *invoqua / évoqua* les Dieux. **6.** La *fin / faim* de ce travail approche. **7.** Samedi soir, le cinéma connut une grande *affluence / influence*. **8.** Crois-tu que nous aurons le *tant / temps* de finir ?

⑤ **L'auteur du texte suivant a confondu certains paronymes. Remplacez les mots en italiques par le terme correct en vous aidant du sens de la phrase.**

C'était un bel *avènement*. Tandis que le géant de paille, qui *personnalisait* le Roi, *s'embrassait* et que le feu *se consommait*, on aperçut bientôt *l'intégrité* du colosse disparaître dans les flammes. À la fin, on vit enfin *immerger* son ossature de *mer*. Le maître de cérémonie prononça alors une brève *élocution* qui parut au public *incompréhensive*.

2 S'exprimer

⑥ **a. Par groupes de deux, imaginez un bref dialogue comique entre deux personnages en utilisant plusieurs des couples de paronymes suivants :** mangouste / langouste • irruption / éruption • subvenir / survenir • infecter / infester • dénuder / dénué • consommer / consumer
Vous pouvez aussi ajouter vos propres paronymes.

b. Jouez ce bref dialogue devant la classe.

Construire des réseaux de sens : le champ sémantique et le champ lexical

Observer et réfléchir

• Jamais personne ne put connaître son **secret**.

• Le bandit découvrit le **secret** du coffre-fort.

• Arrêté sous l'Occupation, le poète Jean Cassou fut mis au **secret**, où, privé de papier et de crayon, il composa ses poèmes de mémoire.

1. a. Le mot *secret* a-t-il le même sens dans chaque phrase ?
b. Donnez un synonyme possible pour le mot *secret* dans les deux dernières phrases.

2. Expliquez quel peut être le rapport entre les sens figurés de *secret* dans les deux dernières et le sens premier du mot.

3. Dans la troisième phrase, relevez tous les mots qui évoquent le thème de l'écriture. À quelles classes grammaticales appartiennent-ils ?

Retenir

▶ **Le champ sémantique**

• Le champ sémantique est l'ensemble des sens d'un mot.

Champ sémantique du mot *roman*				
récit *Elle écrit un roman.*	événements extraordinaires *Ta vie est un vrai roman !*	aventure amoureuse *Ces amoureux vivent un roman.*	mensonge *Il ne raconte que des romans.*	illusion *Il ne cesse de se faire des romans dans sa tête.*

• De nombreux mots possèdent plusieurs sens. On les appelle **mots polysémiques**.

• Un champ sémantique est souvent divisé entre **sens propre**, le premier sens et le plus courant, et **sens figuré**, sens imagé.

dévorer : Le loup <u>dévore</u> sa proie.   Il a <u>dévoré</u> le livre d'Alexandre Dumas.
                    ↓   ↓
              sens propre   sens figuré

▶ **Le champ lexical**

• Le champ lexical est l'**ensemble des mots** se rapportant à une **même notion** ou un **même thème**. Les termes *soldats*, *viser*, *fusils*, *tranchées*, *assaut* appartiennent au champ lexical de la guerre.

• Les mots qui composent un champ lexical peuvent être **de classes grammaticales différentes**. Il peut s'agir de **synonymes** (*combat*, *conflit*, *hostilités*) ou de **mots de la même famille** (*guerre*, *guerrier*, *guerroyer*).

• En repérant un ou plusieurs champs lexicaux dans le texte, on peut mettre en avant l'intention de l'auteur.

Oh ! l'affolante sensation, <u>rouler</u>, <u>rouler</u> comme un fantôme, en silence, voir à chaque minute un **paysage nouveau**, <u>descendre</u> des **plaines** dans les vallées, <u>grimper</u> le long des **collines**, <u>suivre</u> les **fleuves**, <u>franchir</u> les **forêts**, <u>glisser</u> de **ville** en **ville**.

champ lexical   champ lexical
du <u>mouvement</u>   du <u>paysage</u>

Maurice Leblanc, « Elle », *Contes du Gil Blas*, 1896.

L'union des champs lexicaux du **mouvement** et du **paysage** traduit les sentiments de liberté et de découverte qu'éprouve le narrateur.

1 Identifier

★
1 a. Identifiez les différents sens du mot *sentiment* dans les phrases suivantes. Aidez-vous d'un dictionnaire si nécessaire.

b. Donnez-en à chaque fois un synonyme.
1. À peine tiré du lit, il eut un sentiment de froid.
2. Il s'évanouit, et resta privé de sentiment deux bonnes heures.
3. Il avait le sentiment clair de sa puissance !
4. Il a le sentiment de la famille. Jamais il n'abandonnerait un des siens.
5. Mon sentiment sur cette affaire, c'est que le vrai coupable a réussi à échapper à la police.
6. Il prit cet homme par les sentiments.

★
2 Quels sont les différents sens des mots *jalousie* et *siège* dans les phrases suivantes ?
1. C'est la jalousie qui l'avait amené à espionner ses faits et gestes.
2. Lorsqu'il visita la demeure de son nouvel ami, il ne put réprimer un sentiment de jalousie.
3. Il pouvait l'observer secrètement, à travers la jalousie qui donnait sur le bureau.
4. Prenez un siège.
5. Le cœur est le siège des sentiments.
6. Savez-vous où se trouve le siège de cette société ?
7. La ville capitula après un siège interminable.

★
3 Soulignez les termes appartenant au même thème, puis identifiez le champ lexical présent dans ce texte.

Mille petits amours, à leur miroir de flamme,
Se viennent regarder et s'y trouvent plus beaux,
Et les désirs y vont rallumer leurs flambeaux.
Théophile Gautier, « À deux beaux yeux »,
La Comédie de la Mort, 1838.

★★
4 a. Dans le texte suivant, relevez le champ lexical de la peur et celui de la nuit.

b. Cherchez les différents sens du mot *occulte*. À quel champ lexical appartient-il ? Relevez d'autres mots de ce champ lexical.

Comme l'obscurité des soirs devait être sombre, terrible, autrefois, quand elle était pleine d'êtres fabuleux, inconnus, rôdeurs méchants, dont on ne pouvait deviner les formes, dont l'appréhension glaçait le cœur, dont la puissance occulte passait les bornes de notre pensée, et dont l'atteinte était inévitable !
Avec le surnaturel, la vraie peur a disparu de la terre, car on n'a vraiment peur que de ce qu'on ne comprend pas.
Guy de Maupassant, « La Peur », *Contes de la bécasse*, 1883.

2 Manipuler

★★
5 a. Pour chaque mot en gras, précisez s'il est employé au sens propre ou figuré.

b. S'il est employé au sens figuré, donnez un synonyme ; s'il est employé au sens propre, donnez au moins un sens figuré possible.
1. Elle lui déclara sa **flamme** à l'abri des regards.
2. Après quinze ans d'amour, il ne put que constater le **naufrage** de leur relation.
3. Il ne put approcher cet **animal**, trop farouche.
4. Ses remarques le **blessèrent** au plus profond de son âme.
5. Ils vécurent cette nouvelle comme un véritable **séisme**.
6. Ce qui la séduisit en premier lieu, c'était son cœur en **or**.

★★
6 a. Relevez les mots utilisés dans un sens figuré.

b. À quels champs lexicaux appartiennent-ils ?

c. Quelle vision de l'amour traduisent-ils ?

Seras-tu de l'amour l'éternelle pâture ?
À quoi te sert la volonté,
Si ce n'est point, ô cœur, pour vaincre ta torture,
Et dans la paix enfin, plus fort que la nature,
T'asseoir sur le désir dompté [...] ?

Ainsi, dans les combats que le désir te livre,
Ne compte sur personne, ô cœur !
N'attends pas, sous la dent, qu'un autre te délivre !
Tu luttes quelque part où nul ne peut te suivre,
Toujours seul, victime ou vainqueur.
Sully Prudhomme, « Combats intimes », *Les Solitudes*, 1869.

★★
7 Remplacez le verbe *consumer* par l'un des synonymes de cette liste, en fonction du sens de la phrase.
brûler • gaspiller • dévorer • user • s'épuiser
1. Tous ses biens furent consumés dans le grand incendie.
2. La passion les consumait tous deux.
3. Les ennuis le consumèrent lentement.
4. Il consuma tout son patrimoine en débauches.
5. Il consumait sa vie au travail, ne prenant aucun répit.

3 S'exprimer

★★
8 Imaginez qu'une femme de chambre inopportune oblige sa maîtresse à changer plusieurs fois de pièce alors qu'elle fait le ménage. Vous utiliserez les mots suivants dans un sens figuré.
retraite • assaut • fuir • se retrancher • capitulation • abandon

★★
9 Imaginez un bref texte humoristique dans lequel vous exploiterez le champ sémantique du mot *cloche*. Vous pouvez au préalable chercher les différents sens du mot dans un dictionnaire.

Les mots sont répartis en dix catégories ou classes de mots.

▶ **Les mots variables**

• Les **noms** sont les éléments de base du groupe nominal. On distingue :
– Les **noms communs** : variables en nombre (singulier/pluriel), ils possèdent un genre : *fauteuil* (masculin) ; *chaise* (féminin).
– Les **noms propres** qui prennent une majuscule : *Louis, Paris, les Alpes.*

• Les **déterminants :** constituants obligatoires du groupe nominal, ils prennent les marques du genre et du nombre. On distingue :
– **Les articles** définis (*le, la, les, l'*), indéfinis (*un, une, des*) et partitifs devant des noms désignant des substances non dénombrables : *du sable, de la confiture.*
– **Les déterminants** démonstratifs (*ce, cette, ces*), possessifs (*mon, ma, notre*), indéfinis (*aucun, nul*), interrogatifs (*quel, quelle*), exclamatifs (*quel, quelle*), numéraux (*un, deux*, etc.).

• Les **adjectifs qualificatifs** varient en degré : on distingue les **comparatifs** (*moins/aussi/plus grand que*) et les **superlatifs** (*le plus grand de/des*).

• Les **pronoms** représentent des **noms** ou des **groupes nominaux.** On distingue les pronoms suivants :

Personnels	Possessifs	Démonstratifs	Indéfinis	Interrogatifs	Relatifs
je, tu, il, elle, on, nous, …	le mien, le sien, les leurs, …	celui/celle (-ci/là), ce, ça, …	personne, rien, peu, …	qui, que, quoi, qu'est-ce que, …	qui, que, quoi, dont, où

• Les **verbes** mettent en relation les autres éléments de la phrase. Ils se conjuguent selon la personne, le temps, le mode, à l'actif, à la forme pronominale ou au passif.

▶ **Les mots invariables**

• Les **adverbes** modifient l'énoncé ou le mot (verbe, adjectif, autre adverbe) qu'ils accompagnent : *discrètement, plus, moins, même, très, hier, ici, là, heureusement, pourquoi*, etc.

• Les **prépositions** se placent devant un groupe nominal, ou son équivalent (pronom, infinitif) pour former un groupe prépositionnel : *de (une tasse **de** thé), à, chez*, etc.

• Les **conjonctions :**
– Les **conjonctions de coordination** relient deux mots, groupes de mots, ou propositions : *et, ou, ni, mais, or, car, donc*, etc.
– Les **conjonctions de subordination** établissent une relation de dépendance entre une proposition principale et une ou plusieurs propositions subordonnées : *que, parce que, quoique, lorsque, quand, si*, etc.

• Les **interjections** expriment un sentiment du locuteur : *ah ! oh ! aïe ! hélas !* etc.

• Les **onomatopées** : *plouf, bing, bzzz, cocorico*, etc.

---

1 **Identifier**

★
1 Précisez à quelles classes appartiennent les mots en gras.
1. Les jeunes filles **s'**avancent **avec** confiance, **car** elles connaissent **bien l'**itinéraire. **2.** Elles **ont** encore **beaucoup de** chemin à **parcourir**. **3. Les uns** se hâtent **vers les champs, les autres** vont à la ferme. **4. Vous** verrez **ici un** spectacle **assez** étonnant et digne **de** vous. **5.** Allez **hop !** à table ! Prenez **du** sel **et** du poivre **si** vous **le** souhaitez.

★★
2 RÉÉCRITURE **Réécrivez les phrases suivantes en ajoutant un mot appartenant la classe indiquée entre parenthèses.**
(*Article*) ciel était (*adjectif qualificatif*). (*Déterminant possessif.*) avion décolla à son tour, monta (*préposition*) le ciel (*conjonction de coordination*) atteignit (*adverbe*) sa vitesse (*préposition*) croisière. Notre escadrille survola (*déterminant indéfini*) batteries ennemies, mais (*adverbe*) (*déterminant indéfini*) ne nous aperçut. (*Conjonction de subordination*) nous allions atterrir, (*article indéfini*) tirs (*adjectif qualificatif*) endommagèrent (*déterminant indéfini*) appareils.

Identifier et employer les expansions du nom, l'apposition et l'attribut du sujet

Observer et réfléchir

C'était une figure d'homme, austère, calme et sombre. Cet homme, dont le costume était caché par la foule qui l'entourait, ne paraissait pas avoir plus de trente-cinq ans ; cependant il était <u>chauve</u> ; à peine avait-il aux tempes quelques touffes de cheveux rares et déjà gris ; son front large et haut commençait à se creuser de rides ; mais dans ses yeux enfoncés éclatait une jeunesse extraordinaire, une vie ardente, une passion profonde.

Victor Hugo, *Notre-Dame de Paris*, 1831.

1. Quels éléments permettent d'affirmer que l'objectif principal de ce texte est de faire le portrait d'un personnage ? Ce portrait est-il seulement physique ?

2. Relevez une proposition relative donnant une indication sur l'homme décrit. Quel indice grammatical vous a permis de répondre ?

3. L'adjectif souligné peut-il être supprimé ? Pourquoi ?

Retenir

On peut enrichir une description grâce à des compléments variés.

Dans sa forme minimale, le groupe nominal est composé d'un **déterminant** et d'un **nom commun** ou d'un **nom propre**.

On peut préciser son sens grâce aux éléments suivants :

▶ **Des expansions du nom**

1. Un adjectif épithète
- C'est un **adjectif** qui s'accorde en **genre et en nombre** avec le **nom** qualifié.
- L'épithète est placée **à côté du nom**.

La <u>langoureuse</u> Asie et la <u>brûlante</u> Afrique.

2. Un complément du nom
Il peut s'agir :
- D'un **groupe prépositionnel**
Il ne comporte **pas de verbe conjugué** et est introduit par une **préposition** (*à, dans, par, pour, en vers, avec, de, sans, sous*)

Un éblouissant rêve <u>de voiles, de rameurs, de flammes et des mâts</u>.
↓
groupe prépositionnel complément du nom *rêve*

- D'une **proposition subordonnée relative**
Elle est introduite par un **pronom relatif** (*qui, que, quoi, dont, où, lequel, auquel*, etc.) et comporte un **verbe conjugué**

N'es-tu pas l'oasis <u>où je rêve</u>.
↓
subordonnée relative complément du nom *oasis*

▶ **Une apposition**

Il s'agit d'un groupe nominal, d'un adjectif ou d'un pronom séparé du nom auquel il renvoie par une virgule.

Cheveux bleus, <u>pavillon de ténèbres tendues</u>.

▶ **Un attribut du sujet**

Sa classe grammaticale est variable (adjectif, groupe nominal, pronom, etc.), mais contrairement aux expansions du nom, **on ne peut pas le supprimer** car il fait partie du groupe verbal.

Le soleil est <u>éblouissant</u>. Les nuages semblent <u>une mer de coton</u>.

attribut du sujet *soleil*   attribut du sujet *nuages*

Remarque

Un même nom peut être augmenté de plusieurs expansions.

Mon esprit <u>subtil</u> <u>que le roulis caresse</u>.

adj.   proposition subordonnée relative

S'exercer

1 Identifier

❶ **Relevez toutes les expansions des noms signalés en gras et donnez leur classe grammaticale. Quel nom compte le plus d'expansions ?**

Alors, suspendu sur l'abîme, lancé dans le **balancement** formidable de la cloche, il saisissait le **monstre** d'airain aux oreillettes, l'étreignait de ses deux **genoux**, l'éperonnait de ses deux talons, et redoublait de tout le choc et de tout le **poids** de son corps la **furie** de la volée. [...]

Il semblait qu'il s'échappât de lui, du moins au dire des **superpositions** grossissantes de la foule, une émanation mystérieuse qui animait toutes les pierres de Notre-Dame et faisait palpiter les profondes **entrailles** de la vieille église. [...] Souvent, la nuit, on voyait errer une **forme** hideuse sur la frêle **balustrade** découpée en dentelle qui couronne les tours et borde le pourtour de l'abside ; c'était encore le **bossu** de Notre-Dame.

Victor Hugo, *Notre-Dame de Paris*, 1831.

❷ **Dans un tableau à deux colonnes, distinguez les appositions et les attributs du sujet.**

Le *Neptune*, robuste galion de la flotte espagnole, avait une voilure telle qu'il semblait un véritable poisson volant quand le vent était favorable. Il transportait toutes sortes de marchandises, des légumes, des épices, du vin, des matériaux de construction. Il était commandé par Bartolomé Sterne, un homme imposant particulièrement respecté par son équipage. Après plus de vingt ans passés sur les mers, ses mains étaient devenues rugueuses mais elles avaient étonnamment conservé toute leur souplesse.

❸ **Dans le texte suivant, relevez toutes les expansions du nom puis donnez leur classe grammaticale.**

La baronne, peu à peu, s'endormait. Sa figure, qu'encadraient six boudins réguliers de cheveux pendillants, s'affaissa peu à peu, mollement soutenue par les trois grandes vagues de son cou, dont les dernières ondulations se perdaient dans la pleine mer de sa poitrine. Sa tête, soulevée à chaque aspiration, retombait ensuite ; les joues s'enflaient, tandis que, entre ses lèvres entr'ouvertes, passait un ronflement sonore. Son mari se pencha sur elle, et posa doucement, dans ses mains croisées sur l'ampleur de son ventre, un petit portefeuille en cuir.

Ce toucher la réveilla ; et elle considéra l'objet d'un regard noyé, avec cet hébétement des sommeils interrompus. Le portefeuille tomba, s'ouvrit. De l'or et des billets de banque s'éparpillèrent dans la calèche. Elle s'éveilla tout à fait ; et la gaieté de sa fille partit en une fusée de rires.

Guy de Maupassant, *Une vie*, 1886.

2 Manipuler

❹ RÉÉCRITURE **Réécrivez le texte suivant en supprimant autant d'expansions du nom qu'il est possible sans nuire à la compréhension d'ensemble du passage. Quelle dimension de la description est ainsi supprimée ?**

Claude Frollo n'était plus le simple écolier du collège Torchi, le tendre protecteur d'un petit enfant, le jeune et rêveur philosophe qui savait beaucoup de choses et qui en ignorait beaucoup. C'était un prêtre austère, grave, morose ; un chargé d'âmes ; M. l'archidiacre de Josas, le second acolyte de l'évêque, ayant sur les bras les deux décanats de Montlhéry et de Châteaufort et cent soixante-quatorze curés ruraux. C'était un personnage imposant et sombre devant lequel tremblaient les enfants de chœur en aube et en jaquette, les machicots[1], les confrères de Saint-Augustin, les clercs matutinels[2] de Notre-Dame, quand il passait lentement sous les hautes ogives du chœur, majestueux, pensif, les bras croisés et la tête tellement ployée sur la poitrine qu'on ne voyait de sa face que son grand front chauve.

Victor Hugo, *Notre-Dame de Paris*, 1831.

1. **Machicots** : officiers dans une église.
2. **Matutinels** : qui travaillent le matin.

5 Remplacez chaque épithète par une proposition subordonnée relative.
1. Mon voisin semblait être un homme *respectueux*.
2. Il avait sur le monde un point de vue *pessimiste*.
3. Son épouse était une femme *admirable*.
4. Sa voix *enchanteresse* ne laissait pas de nous étonner.
5. Nous étions deux jeunes gens *enthousiastes*.

6 Transformez les paires de phrases suivantes en une phrase unique à l'aide d'une proposition subordonnée relative.
1. La comtesse aimait à recevoir dans son salon. Ce salon était toujours surchauffé.
2. Le duc portait un monocle. Son monocle ne cessait de tomber.
3. Je contemplais toutes ces personnes étranges. Elles me semblaient appartenir à un autre monde que le mien.
4. La comtesse et le duc s'étaient dirigés vers un coin de la pièce. Cet endroit était plongé dans l'ombre.

7 Complétez les noms en gras à l'aide des indications entre parenthèses.
1. En traversant la place, il crut voir un **homme** (*proposition subordonnée relative*).
2. En haut de la cathédrale, les **gargouilles** tendaient leur cou démesuré (*adjectif épithète*).
3. La **danseuse** était d'une beauté frappante (*groupe prépositionnel*).
4. Accepterais-tu d'aller voir un **film** avec moi ? (*adjectif épithète*).
5. Ce jour-là, Quasimodo monta dans la **tour** tandis que le bedeau ouvrait toutes les portes de l'église (*proposition subordonnée relative*).
6. Un **chien** le regardait fixement (*deux adjectifs épithètes*).
7. Quand il entra, il fut frappé par l'**obscurité** (*groupe prépositionnel*).
8. L'**animal** est totalement immobile (*proposition subordonnée relative*).

8 Réécrivez le texte suivant en remplaçant chaque adjectif par une autre expansion du nom.

> C'était une vaste place, irrégulière. On entendait des rires aigus, des vagissements d'enfants, des voix de femmes. Le rayonnement chancelant et pauvre des feux permettait à Grégoire de distinguer, tout à l'entour de la place, un hideux encadrement de vieilles maisons. C'était comme un nouveau monde pour lui.
>
> Victor Hugo, *Notre-Dame de Paris*, 1831.

3 S'exprimer

9 Dans un court texte, décrivez un objet du quotidien de manière à le valoriser.

10 **a. En vous aidant du portrait reproduit sur cette page, reliez les noms suivants aux épithètes qui conviennent.**

des cheveux •   • somptueuse
un visage •   • droit
une bouche •   • fins
des yeux •   • petite
un nez •   • juvénile
des doigts •   • tombantes
des épaules •   • bruns
une robe •   • sereine
une expression •   • raides

Léonard de Vinci, *La Dame à l'hermine*, 1490, huile sur panneau de bois, 54 x 39 cm, musée Czartoryski, Cracovie.

b. En une dizaine de lignes, rédigez maintenant un portrait de la *Dame à l'hermine* à l'aide d'expansions du nom variées. Vous pouvez vous aider du tableau suivant.

épithète	
groupe prépositionnel	
proposition subordonnée relative	
apposition	
attribut	

c. Sur Internet, cherchez des informations sur l'hermine et complétez votre description du tableau par une présentation de cet animal.

Comprendre la construction du verbe et identifier ses compléments

▶ **Les verbes transitifs**

Ils peuvent avoir un complément d'objet direct (COD), indirect (COI) ou second (COS).

1. Le complément d'objet direct (COD)

Il se construit **directement** derrière le verbe, **sans préposition :** *Il aime la lecture. Le roi veut parler. Il exige que son fils revienne.*

Il peut être remplacé par les pronoms *le*, *la*, *les* placés devant le verbe : *Des messagers les préviendront.*

2. Le complément d'objet indirect (COI)

Il se construit de façon **indirecte** et est introduit par une **préposition** imposée par le verbe : *parler à*, *ressembler à*, *se souvenir de*…

> *Le prince accède au pouvoir.   Le soldat songe à renoncer.   Nous consentons à ce que tu viennes.*

Il se place derrière le verbe et peut être remplacé par les pronoms *en* et *y* placés devant le verbe :

> *Elle parle de son travail toute la journée. → Elle en parle toute la journée.*

3. Le complément d'objet second (COS)

Un verbe possédant déjà un complément d'objet peut être complété par un autre complément d'objet, appelé **complément d'objet second** (COS). La construction de ce complément est identique à celle du COI :

> *Arthur explique le fonctionnement de la machine à son ami.*
> COD   COS

▶ **Les verbes intransitifs**

Ils n'ont **pas de complément d'objet** : *La pluie tombe.*

▶ **Les verbes attributifs**

Ils relient le **sujet** à son **attribut** : *Charlotte semble inquiète.*
> sujet   verbe   attribut
>   attributif

▶ **Les verbes pronominaux**

Ils se conjuguent avec un **pronom réfléchi** de la même personne que le sujet : *Je me promène en forêt.*
> verbe pronominal

1 Identifier et manipuler

1 Indiquez si les verbes en gras sont transitifs directs, transitifs indirects, intransitifs, attributifs ou pronominaux.

> Deltour **s'approcha** et **essaya** de trouver une petite place sur la nappe. Rosie et Anita **mangeaient** des sandwiches, assises dans l'herbe. La petite Emma **piochait** dans une barquette en plastique que **tenait** sa mère des morceaux de poulet mariné. Derrière elle, Deltour **distingua** Titi, à plat ventre ; il ne **mangeait** pas et **semblait** totalement absent.
> – Il **n'aime** pas le poulet, murmura Anita.
>
> Marie NDiaye, *Rosie Carpe*, Éditions de Minuit, 2001.

2 Faites des phrases avec les verbes suivants en respectant les indications entre parenthèses.

disposer (*transitif direct*) • raffoler (*transitif indirect*) • échouer (*intransitif*) • triompher (*transitif indirect*) • flâner (*intransitif*) • chercher (*transitif direct*)

3 TOP CHRONO ! **En trois minutes, trouvez le plus grand nombre de verbes intransitifs possible.**

2 S'exprimer

4 **Vous vous promenez en forêt. À l'aide de verbes intransitifs, attributifs et pronominaux, racontez ce que vous voyez.**

Retenir

Le but se distingue de la conséquence par l'intention. C'est l'objectif visé.

Le but peut s'exprimer par :

• une **subordonnée circonstancielle de but** suivie du **subjonctif** :
– introduite par *pour que, afin que* : **but positif**.
Tous les personnages agissent afin que Tartuffe parte de la maison d'Orgon.

– introduite par *de peur que, de crainte que* : **but négatif**.
Orgon prend de cruelles décisions de peur que ses enfants n'éloignent Tartuffe de lui.

• un **infinitif** introduit par une **préposition** ou une **locution prépositionnelle** : *pour, afin de, en vue de, dans l'intention de, dans l'espoir de, de peur de, de crainte de*.
Orgon agit dans l'espoir de garder Tartuffe près de lui.

• un **groupe nominal** introduit par une **préposition** ou une **locution prépositionnelle** : *pour, en vue de, dans l'intention de, dans l'espoir de, de peur de*.
Orgon agit pour le bien de Tartuffe.

• *que* + **subjonctif** après un **impératif**.
Pars, que je ne te voie plus ! → Pars, **afin que** je ne te voie plus !

S'exercer

1 Identifier

1 Relevez les diverses constructions qui expriment le but : quels modes verbaux les accompagnent ?

Je t'ai fait une offense, et j'ai dû m'y porter
Pour effacer ma honte, et pour te mériter
Mais quitte envers l'honneur, et quitte envers mon père,
C'est maintenant à toi que je viens satisfaire :
C'est pour t'offrir mon sang qu'en ce lieu tu me vois.

Pierre Corneille, *Le Cid*, acte III, scène 4, 1660.

2 Manipuler

2 Mettez en relation les propositions suivantes en introduisant un terme exprimant le but positif et répondant à la construction proposée.
1. Rodrigue et Chimène veulent s'unir .... vivre l'un avec l'autre.
2. Doña Urraque souhaite le mariage de Rodrigue et Chimène .... oublier ses sentiments envers Rodrigue et .... elle ne vive plus dans la souffrance.
3. Don Diègue demande à son fils de tuer don Gomès .... effacer l'affront qu'il a subi.
4. Don Arias rencontre don Gomès .... ce dernier accepte de présenter ses excuses à don Diègue.

3 Complétez ces phrases par une conjonction ou une locution prépositionnelle exprimant le but, et conjuguez le verbe au mode imposé par la construction. Justifiez votre choix.
1. L'infante dit à Chimène que la discorde des pères sera effacée par son mariage avec Rodrigue .... la (*consoler*).
2. Elvire demande à Rodrigue de se cacher .... Chimène ne le (*voir*) pas.
3. Don Sanche propose à Chimène de tuer Rodrigue .... elle (*être*) vengée.
4. Rodrigue offre à Chimène l'épée teintée du sang de son père .... elle le (*frapper*) avec.
5. Don Diègue affirme que l'honneur est plus important que l'amour .... son fils ne (*se donner*) pas la mort.

3 S'exprimer

4 En quelques phrases, exprimez les buts, positifs ou négatifs, qu'un metteur en scène peut poursuivre lorsqu'il met en scène une pièce de théâtre.

> **Méthode**
> Réfléchissez aux constructions et aux modes verbaux que vous allez employer !

Maîtriser l'expression de la manière et du moyen

La surveillance se déroulait <u>tranquillement</u>, jusqu'à ce qu'un homme s'approche de notre voiture. Il a tapé au carreau **avec le revers de sa main.** Mon collègue a poussé un soupir <u>avec lassitude</u>. J'ai baissé la vitre de manière à l'entendre. L'homme a tiré <u>avec rapidité</u> trois balles sur mon partenaire **avec son revolver**. L'ambiance, on s'en doute, fut <u>considérablement</u> refroidie.

1. Recopiez le texte ci-contre en supprimant les groupes soulignés et en gras : comprenez-vous malgré tout le texte ?

2. Quel type d'informations apportent les mots et groupes de mots en gras ? les mots et groupes de mots soulignés ?

Retenir

La plupart du temps, les compléments de moyen et de manière peuvent être supprimés.

▶ **Le complément circonstanciel de moyen (C.C. de moyen)**

• Il indique **avec quel instrument** l'action s'accomplit.

• C'est généralement un **groupe prépositionnel** introduit par une préposition ou une locution prépositionnelle comme *avec, de, à, par, grâce à, au moyen de.*

Il est arrivé <u>à cheval</u>.

▶ **Le complément circonstanciel de manière (C.C. de manière)**

• Il indique **de quelle façon** l'action s'accomplit.

• Il peut s'agir :

– d'un **groupe prépositionnel** (nom ou verbe) introduit par les prépositions *avec, sans, à, en, de* :

Elle danse <u>avec grâce</u>.
Il marche <u>sans réfléchir</u>.

– d'un **groupe nominal sans préposition** (nom + adjectif) :
Il marche <u>tête baissée</u>.

– d'un **adverbe** : *superbement, lentement,* etc.

– d'un **adjectif utilisé comme adverbe**, donc invariable :
Elle parle <u>fort</u>.

– d'un **gérondif** :
Il marche <u>en chantant</u>.

Remarque

Généralement, le **complément circonstanciel de moyen** se construit avec un **nom concret (un objet)** tandis que le **complément circonstanciel de manière** se construit avec un **nom abstrait (une idée)**.

Il attacha le voleur <u>avec une corde</u>.   Il lui parla <u>avec haine</u>.
↓   ↓
C.C. de moyen   C.C. de manière

1 Identifier

1 Relevez, dans les phrases suivantes, des compléments circonstanciels de moyen. Attention, des compléments circonstanciels de manière se cachent dans les phrases.
1. Il a cueilli des fleurs avec son sécateur.
2. Il a lié le bouquet grâce à de la ficelle.
3. Il s'est approché d'elle avec désinvolture.
4. Il l'a protégée du soleil au moyen de son chapeau.
5. Puis ils se sont promenés par monts et par vaux.
6. Ils sont rentrés chez eux avec leur vélo.

2 Identifiez les compléments de manière dans les phrases ci-dessous et donnez leur nature.
1. Ces jeunes personnes se sont parlé avec timidité.
2. La fille lui a souri franchement.
3. Elle parlait sans penser à ce qu'elle disait.
4. Il lui a répondu bas qu'il l'aimait.
5. Elle lui a pressé la main en rougissant.
6. Ils sont sortis sans se faire remarquer.

3 Identifiez dans les phrases suivantes les compléments circonstanciels de moyen et de manière.
1. Aurélien se rendit chez Bérénice à vélo.
2. Le jeune homme grimpa les marches quatre à quatre.
3. Il sonna à la porte avec sa canne.
4. Aurélien regardait Bérénice avec passion.
5. Il alluma sa cigarette avec le briquet que lui avait offert Bérénice.
6. Il souffla la fumée avec désinvolture.

2 Manipuler

4 Réécrivez l'histoire de Roméo et Juliette à l'aide de compléments de moyen de votre choix.
1. Roméo s'est approché .... de la maison de Juliette.
2. Il s'est hissé sur le balcon ....
3. Il a frappé aux carreaux .... et l'a blessée malencontreusement.
4. Elle lui a renvoyé la pareille ....
5. Vexée, Juliette s'en est allée ....
6. Roméo a passé le temps ....

5 Dans le texte suivant, ajoutez autant de compléments circonstanciels de moyen et de manière que possible en essayant de varier leur classe grammaticale.

Tout en mangeant de bon appétit, car rien ne dispose mieux que l'air vif des montagnes, j'examinais mes hôtes. J'ai dit un mot de M. de Peyrehorade ; je dois ajouter que c'était la vivacité même. Il parlait, mangeait, se levait, courait à sa bibliothèque, m'apportait des livres, me montrait des estampes, me versait à boire ; il n'était jamais deux minutes en repos. Sa femme, un peu trop grasse, comme la plupart des Catalanes lorsqu'elles ont passé quarante ans, me parut une provinciale renforcée, uniquement occupée des soins de son ménage. Bien que le souper fût suffisant pour six personnes au moins, elle courut à la cuisine, fit tuer des pigeons, frire des miliasses, ouvrit je ne sais combien de pots de confitures. En un instant la table fut encombrée de plats et de bouteilles, et je serais certainement mort d'indigestion si j'avais goûté seulement à tout ce qu'on m'offrait. Cependant, à chaque plat que je refusais, c'étaient de nouvelles excuses. On craignait que je ne me trouvasse bien mal à Ille. Dans la province on a si peu de ressources, et les Parisiens sont si difficiles !

Prosper Mérimée, *La Vénus d'Ille*, 1837.

6 Complétez les phrases suivantes à l'aide de compléments de manière en respectant la classe grammaticale indiquée entre parenthèses.
1. Il s'est adressé à elle .... (*groupe prépositionnel*).
2. Elle a répondu .... (*adverbe*).
3. Ils se comportaient tous deux .... (*groupe prépositionnel*).
4. Tout ce qu'entreprenait Paolo auprès d'elle, il le faisait .... (*groupe prépositionnel avec un infinitif*).
5. Il s'était réveillé .... (*groupe prépositionnel*) et cuisinait .... (*gérondif*).
6. Il regrettait .... la façon dont il s'y était pris avec elle (*adverbe*).

7 Identifiez les compléments de manière des phrases suivantes puis, à l'aide des indications entre parenthèses, proposez d'autres compléments de manière sans changer le sens de la phrase.
1. Il a présenté les résultats de son enquête brusquement (*groupe prépositionnel*).
2. L'homme est revenu sur les lieux du crime sans aucun regret (*adverbe*).
3. Il s'est présenté à sa porte de manière décontractée (*gérondif*).
4. Il a voulu rendre son insigne sans l'avis de ses supérieurs (*infinitif*).
5. Elle a mené ses investigations avec brio (*adverbe*) !
6. Le détective a cherché le criminel avec entêtement (*groupe prépositionnel contenant un infinitif*).

3 S'exprimer

8 Rédigez un bref guide à destination des apprentis détectives sous la forme de commandements. Vous veillerez à utiliser des compléments de moyen et de manière de classes grammaticales variées. Exemple : *Le détective suivra le suspect avec discrétion.*

1. Elle souhaitait une belle robe parce qu'elle ne voulait pas qu'on la dévisage.

2. Elle rit avec mépris, elle lui en voulait de ne pas être plus riche.

1. Identifiez, dans chacune des deux phrases, lequel des deux faits exprimés a eu lieu en premier. Lequel est la conséquence du premier ?

2. Dans quelle phrase le lien de causalité est-il explicite ? implicite ?

3. Dans la première phrase, par quel mot la cause est-elle introduite ? En est-il de même dans la seconde phrase ?

▶ **L'expression de la cause**

- La cause est **ce qui provoque** un fait.

- On peut exprimer la **cause** par :
- la **ponctuation** (deux points, virgule, point-virgule) ;
Loisel revint le soir, avec la figure creusée, pâlie ; il n'avait rien découvert. (G. de Maupassant, *La Parure*, 1884.)

effet — cause

- des **conjonctions de subordination** (*parce que, puisque, comme, étant donné que*, etc.) suivies de propositions subordonnées ;
Comme elle était allée faire un tour [...], elle aperçut tout à coup une femme. (*La Parure*)

cause — effet

- des **conjonctions de coordination** (*car, en effet*, etc.) suivies de propositions ;
Il avait un peu pâli, car il réservait juste cette somme pour acheter un fusil. (*La Parure*)

effet — cause

- des **prépositions** (*à cause de, grâce à, avec, pour, par, de*, etc.) suivies de **noms** ou de **pronoms ;**
Et cela à cause de toi !... (*La Parure*)

effet — cause

- des **prépositions** (*pour, faute de, à force de, sous prétexte de*, etc.) suivies d'un **infinitif présent** ou **passé**.
Pour avoir acheté un fusil, il n'avait plus de quoi lui acheter sa parure.

cause — effet

▶ **L'expression de la conséquence**

- La conséquence est **le résultat** d'un fait. On peut exprimer la conséquence par :
- la **ponctuation** (deux points, virgule, point-virgule) ;
Elle n'avait pas de dot [...] ; elle se laissa marier avec un petit commis du ministère.

cause — conséquence

- des **conjonctions de coordination** ou des **adverbes de liaison** (*et, donc, aussi, ainsi, par conséquent, du coup, dès lors*, etc.) ;
Elle découvrit [...] une superbe rivière de diamants ; et son cœur se mit à battre d'un désir immodéré.

cause — conséquence

- des **conjonctions de subordination** (*si bien que, tellement... que, si... que, trop/assez... pour que* + subjonctif).
Il l'aimait fort, si bien qu'elle le menait par le bout du nez.

cause — conséquence

1 Identifier

① Déterminez, dans chaque couple de phrases, laquelle exprime la cause, laquelle exprime la conséquence.
1. Elle ne voulait pas paraître pauvre. Elle a emprunté une rivière de diamants à son amie. **2.** Elle a perdu le collier. Elle s'est montrée distraite. **3.** Le ménage s'est lourdement endetté. Elle a racheté une parure. **4.** Elle et son mari ont travaillé jusqu'à l'épuisement. Leur vie est gâchée.

② a. Dans les phrases suivantes, relevez les groupes de mots exprimant la cause.
b. Entourez les mots qui les introduisent et donnez leur nature.
1. Elle a égaré son cadeau pour s'être montrée trop distraite. **2.** Il n'a pu acheter de fusil faute d'argent. **3.** Elle refusait de se rendre à la fête sous prétexte qu'elle n'avait rien à se mettre. **4.** Elle était d'autant plus bouleversée qu'elle n'avait pas les moyens de le rembourser. **5.** Elle a réussi à rembourser ses dettes à force de travailler. **6.** Elle a réduit ses dettes grâce à l'aide de son mari. **7.** Il s'est montré compréhensif car il l'aimait sincèrement.

③ a. Relevez les propositions exprimant la conséquence.
b. Entourez les mots qui les introduisent et donnez leur nature.
1. Il comptait s'acheter un fusil donc il montra quelque hésitation à accepter. **2.** Il voulait son bonheur si bien qu'il accepta de lui acheter une superbe toilette. **3.** Elle craignait le regard des autres, dès lors elle refusa de se montrer dans sa simplicité. **4.** Nous ne la connaissons point, par conséquent nous n'aurions pu dire ce qu'elle faisait là. **5.** Elle travaillait tellement que ses nuits se réduisaient à une peau de chagrin. **6.** Il l'aimait au point qu'il se sacrifia pour elle.

④ Dans le texte suivant, relevez tous les groupes de mots exprimant la cause et la conséquence.

Le marquis del Dongo eut une grande place, et, comme il joignait une avarice sordide à une foule d'autres belles qualités, il se vanta publiquement de ne pas envoyer un écu à sa sœur, la comtesse Pietranera : toujours folle d'amour, elle ne voulait pas quitter son mari, et mourait de faim en France avec lui. La bonne marquise était désespérée ; enfin elle réussit à dérober quelques petits diamants dans son écrin, que son mari lui reprenait tous les soirs pour l'enfermer sous son lit, dans une caisse de fer : la marquise avait apporté huit cent mille francs de dot à son mari, et recevait quatre-vingts francs par mois pour ses dépenses personnelles. Pendant les treize mois que les Français passèrent hors de Milan, cette femme si timide trouva des prétextes et ne quitta pas le noir.

Stendhal, *La Chartreuse de Parme*, 1839.

2 Manipuler

⑤ Reformulez ces couples de phrases en exprimant d'abord la cause, puis la conséquence, sur le modèle suivant : *Elle est orgueilleuse. Elle a commis une erreur.* → *Son orgueil est la cause qui l'a conduite à commettre une erreur.* → *L'erreur qu'elle a commise est la conséquence de son orgueil.*
1. Elle souffrait de sa pauvreté. Elle devenait envieuse. **2.** Elle rendait visite à une amie plus riche qu'elle. Au retour, elle pleurait. **3.** Elle n'avait pas de jolie toilette. Elle refusait de sortir. **4.** Elle trouva enfin un bijou. Elle était émue aux larmes.

⑥ Complétez ces phrases de façon à exprimer la cause.
1. Elle a ruiné sa santé à force de .... **2.** Il lui a acheté cette robe par .... **3.** Elle se sentait coupable car .... **4.** Il comprenait d'autant moins sa réaction qu' .... **5.** Il menait une vie simple puisque ....

⑦ Complétez ces phrases de façon à exprimer la conséquence. Veillez à utiliser le subjonctif lorsque c'est nécessaire.
1. Elle s'habilla de telle manière que .... **2.** Elle manqua défaillir si bien que .... **3.** Ce bijou était trop précieux pour que .... **4.** Son amie accepta de le lui prêter. Ainsi .... **5.** Ils marchèrent sous la pluie de telle sorte que .... **6.** Il resta à la regarder si longtemps que ....

3 S'exprimer

⑧ Décrivez la scène du tableau suivant en utilisant des compléments circonstanciels ou des propositions subordonnées de cause et de conséquence.

Honoré Daumier, *Le Drame*, vers 1859, huile sur toile, 90 x 98 cm, Neue Pinakothek, Munich.

Si notre bon roi le savait, c'est lui qui te ferait joliment flanquer dans un cul de basse-fosse pour t'apprendre ! [...] Tu aurais été fouetté en place publique, si l'on t'avait rencontré, et c'eût été bien fait. [...] Et dire que, si je n'avais pas été depuis trente ans grugé par des espèces de cette sorte, je serais riche.

Victor Hugo, *L'Homme qui rit*, 1869.

1. Relevez les trois groupes de mots exprimant un fait nécessaire à la réalisation d'un autre fait.

2. Par quel mot sont-ils introduits ?

3. Supprimez les groupes de mots soulignés : les phrases restantes sont-elles correctes ? De quel type de propositions s'agit-il ?

Retenir

La condition est ce qui permet qu'un événement se réalise.

• Elle est le plus souvent exprimée par une **subordonnée circonstancielle de condition** introduite par *si* qui dépend d'une proposition principale.

Si le temps le permet, *nous ferons un tour en bateau.*

condition   fait principal soumis à condition

• La subordonnée circonstancielle de condition peut être aussi introduite par une **locution conjonctive** (*au cas où, dans l'hypothèse où, à condition que, à moins que, à supposer que, pour peu que, pourvu que*, etc.)
– suivie du **conditionnel** : *Au cas où il serait au poste de police, transmets-lui ce message.*
– suivie du **subjonctif** : *À condition qu'il soit rigoureux, il retrouvera le criminel.*

• Selon **le temps du verbe principal**, l'hypothèse se situe **dans le réel** (située dans le temps) ou **hors du réel** (imaginaire).

▶ Lien de subordination explicite (avec *si*)

1. Hypothèse située dans le réel : les verbes de la principale et de la subordonnée ont des **valeurs temporelles**.

• Si + subordonnée au présent / principale au présent : **condition toujours vraie** (« toutes les fois que »). *Si on lit* **Candide**, *on perçoit différentes critiques de Voltaire.*

• Si + subordonnée à l'imparfait / principale à l'imparfait : **condition répétée dans le passé** (« toutes les fois que »). *Si Pangloss parlait*, *Candide l'écoutait sagement.*

• Si + subordonnée au présent / principale au futur ou au présent à valeur de futur : **condition située dans l'avenir**. *Si la justice vient*, *nous sommes perdus* (Voltaire, *Candide*, 1759).

2. Hypothèse située hors du réel (de l'ordre de l'imaginaire) : les verbes de la principale et de la subordonnée ont des **valeurs modales.**

• Si + subordonnée à l'imparfait / principale au conditionnel présent :

– **Potentiel** : l'hypothèse pourrait se réaliser dans l'avenir.
        Si les péripéties de Candide s'arrêtaient, *il cultiverait son jardin.*

– **Irréel du présent** : l'hypothèse est contredite par la réalité.
        Je volerais dans vos bras si je pouvais remuer (Voltaire, *Candide*, 1759).

• Si + subordonnée au plus-que-parfait / principale au conditionnel passé : **irréel du passé** (l'hypothèse est tournée vers le passé).

Si Pangloss n'avait pas été pendu, *il nous aurait donné un bon conseil* (Voltaire, *Candide*, 1759).

> ▶ **Lien de subordination implicite (sans *si*)**
>
> **1. Dans une phrase complexe** , la condition peut s'exprimer à travers **deux propositions juxtaposées** ou **coordonnées**.
>
> Le verbe de la première proposition peut être :
>
> – au **conditionnel** : *Candide n'aurait pas couru l'Amérique à pied*, *jamais il n'aurait mangé de cédrats confits.*
>
> – au **subjonctif** : *Candide n'eût-il pas couru l'Amérique à pied*, *jamais il n'aurait mangé de cédrats confits.*
>
> **2. Dans une phrase simple** , la condition peut être exprimée par une **préposition** suivie d'un **nom** ou d'un **infinitif** (*sans, avec, en cas de, sous réserve de, à moins de, à condition de*, etc.)
>
> *Sans Pangloss*, *Candide n'aurait pas su qu'il vivait dans le meilleur des mondes possibles.*
> (Si Candide n'avait pas rencontré Pangloss…)

S'exercer

1 Identifier

1 **Soulignez dans les phrases suivantes les groupes de mots exprimant la condition.**
1. Le dossier n'avancera pas d'un pouce à moins de persister !
2. Sans son action décisive, l'enquête n'aurait pu trouver de conclusion.
3. Elle résoudra cette énigme, pour peu qu'elle cherche au bon endroit.
4. Dans l'hypothèse où il chercherait à s'évader, vous devriez vous protéger.
5. Si le cas n'était pas aussi complexe, je n'aurais pas fait appel à ses services.

2 **Après avoir identifié les compléments circonstanciels de condition, donnez leur classe grammaticale.**
1. À moins de rester éveillé, on risque de rater son apparition.
2. Elle réussira son pari, à condition de conserver son sang-froid.
3. Sans attention, elle n'aurait pu prendre cette incroyable photographie.
4. Restez vigilant au cas où le fantôme apparaîtrait.
5. S'il n'avait pas pris ses jambes à son cou, il l'aurait aperçu !
6. Qu'il dorme ou qu'il veille, la folie le guette.

2 Manipuler

3 **Complétez ces phrases par l'expression d'une condition de la classe grammaticale demandée.**
1. Nous l'attraperons .... (*proposition subordonnée conjonctive à l'indicatif*).
2. Il la retrouvera .... (*groupe nominal*).
3. Elles s'en iront .... (*groupe infinitif*).
4. Tu ne t'évanouiras pas .... (*proposition subordonnée conjonctive au conditionnel*).
5. Il prendra la poudre d'escampette .... (*proposition subordonnée conjonctive au subjonctif*).
6. Nous résisterons à la peur .... (*groupe infinitif*).

4 **Complétez l'expression de la condition en utilisant le mode (indicatif, subjonctif, infinitif) ou le temps (conditionnel) approprié.**
1. L'assassin ne se serait pas échappé si ....
2. Le détective dénouerait cette ténébreuse affaire pourvu qu'il ....
3. Elle ne saurait être tenue pour responsable au cas où ....
4. Il aura à subir les remontrances de son patron si elle ....
5. Vous n'aurez aucune excuse à moins que ....
6. Il devra se rendre dans l'hypothèse où ....

5 **Reformulez ces conditions sous-entendues de façon à les rendre explicites. Vous veillerez à varier l'expression de la condition.**
1. Poursuivons le fuyard et nous aurons la clef de l'énigme.
2. Persévère et tu comprendras comment le vol a été commis.
3. Observez les indices et tout s'éclairera.
4. Interrogeons-les et le mystère s'évanouira.

6 **Changez le mode d'expression de la condition en respectant la manière indiquée.**
1. Elle l'aimera pour peu qu'il se montre patient (*groupe infinitif*).
2. Il saura se montrer attentionné pourvu qu'elle lui témoigne un peu d'amour (*groupe infinitif*).
3. Il ne résistera si elle rompt avec lui (*groupe nominal*).
4. À moins que nous nous expliquions franchement, cette histoire est condamnée à mal finir (*groupe infinitif*).

3 S'exprimer

7 TOP CHRONO ! **En cinq phrases exprimant la condition de manière différente, vous formulerez un programme électoral de délégué de classe.**

Observer et réfléchir

Sur-le-champ il s'habilla, partit, arriva, la chercha d'un air sournois dans les salons. Madame de Nucingen, le voyant si affairé, lui dit :

– Vous ne voyez pas madame Jules, mais elle n'est pas encore venue.

– Bonjour, ma chère, dit une voix.

Auguste et madame de Nucingen se retournent. Madame Jules arrivait vêtue de blanc, simple et noble, coiffée précisément avec les marabouts que le jeune baron lui avait vu choisir dans le magasin de fleurs. Cette voix d'amour perça le cœur d'Auguste.

Honoré de Balzac, *Ferragus*, 1833.

1. Dans le texte ci-contre, quels sont les temps principalement utilisés ?

2. Relevez un passage qui évoque des faits antérieurs aux événements racontés.

3. Déterminez le temps employé pour exprimer ces faits antérieurs.

Retenir

L'antériorité consiste à présenter dans une phrase des faits se déroulant avant l'action principale.

Elle est généralement exprimée par une **proposition subordonnée conjonctive de temps** introduite par un **subordonnant**. L'**action principale** peut être au temps du **passé**, du **présent** ou du **futur** (points de référence).

• **Les mots subordonnants marquant l'antériorité sont :**
– *avant que, sans attendre que, jusqu'à ce que, d'ici (à ce) que, en attendant que* + subjonctif.
– *jusqu'au moment où* + indicatif.

• **La proposition subordonnée conjonctive de temps :**
– occupe la fonction de complément circonstanciel de temps du verbe principal ;
– dépend du verbe de la proposition principale.

• L'antériorité est exprimée par **des temps composés** qui varient selon le temps de l'action principale.

Action principale (temps de référence)	Faits se déroulant avant l'action principale
présent *Il lui dit*	passé composé *ce qu'il en a pensé*
passé composé, passé simple, imparfait *Il lui a dit / dit / disait*	plus-que-parfait *ce qu'il en avait pensé.*
futur simple *Il lui dira*	futur antérieur *ce qu'il en aura pensé.*
passé simple *Il lui dit*	passé antérieur *dès qu'il l'eut vu.*

1 Identifier

1 Identifiez les temps en gras puis placez sur un axe chronologique les deux actions exprimées par les verbes conjugués de chaque couple de phrases.

1. C'était fini. La barque **avait pris** la mer. 2. Il n'y **avait** pas **eu** pour lui jusqu'à ce jour sur la terre d'autres hommes que ceux qui étaient en ce moment dans l'ourque. Ces hommes venaient de se dérober. 3. Il n'y avait presque pas de neige dans le sentier. L'intensité du froid **avait** d'ailleurs **fait** de cette neige une poussière, assez incommode au marcheur. 4. L'enfant se trouvait sur l'extrême plateau sud de la pointe de Portland. On l'**avait amené** là et **laissé** là.

D'après Victor Hugo, *L'Homme qui rit*, 1869.

2 Repérez le temps de référence utilisé dans chaque extrait puis relevez les verbes exprimant l'antériorité.

1. La petite avait bu si énergiquement et avait saisi avec tant d'emportement ce bout de sein offert par cette providence bourrue, qu'elle fut prise d'une quinte de toux.
2. Ursus murmura :
– Ça joint mal, cet édifice, il vient du froid par les vitres.
Une vitre en effet avait été cassée à l'avant, par quelque cahot de la carriole, ou par quelque pierre de polisson. Ursus avait appliqué sur cette avarie une étoile de papier qui s'était décollée. La bise entrait par là.

D'après Victor Hugo, *L'Homme qui rit*, 1869.

2 Manipuler

3 Le temps de référence de ces phrases est le passé : modifiez-les en adoptant le présent pour point de référence et en respectant le rapport temporel exprimé.

1. Le châle était bien collé sur le buste, il en dessinait vaguement les délicieux contours, et le jeune homme en avait vu les blanches épaules au bal. 2. Pst ! elle avait disparu dans une allée dont la porte à claire-voie et à grelot claquait et sonnait. 3. Son aïeul avait acheté une charge de Conseiller au Parlement de Paris, où il était devenu Président. 4. Il rencontra dans l'objet de sa première passion, lui, homme de douce mélancolie et spiritualiste en amour, une femme qui avait pris en horreur la sensiblerie allemande. 5. Enfin, s'il avait perdu l'ange, il retrouvait le plus délicieux des démons.

D'après Honoré de Balzac, *Ferragus*, 1833.

4 Le temps de référence de ces phrases est le futur ou le présent : modifiez-les en adoptant le passé pour temps de référence et en respectant le rapport temporel exprimé.

1. Tu auras la rente que je t'ai promise. 2. Je reconnais que je ne t'ai pas écoutée. 3. Je crois que je l'ai vue rentrer il y a trois heures. 4. Quand je t'aurai tout raconté, tu désireras en savoir davantage. 5. Je te prie de brûler tout ce qui nous aura appartenu. 6. Quand la porte de l'hôtel sera fermée, le jeune amant s'en ira dans Paris comme un homme ivre.

5 Complétez les phrases suivantes à l'aide du mode approprié pour exprimer l'antériorité de l'action principale.
1. Il se précipita dans le placard avant que .... 2. Il lui fera la cour jusqu'au moment où .... 3. Le vieillard ne la quitte pas des yeux jusqu'à ce que .... 4. Le valet lui apportait son aide en attendant que .... 5. Il réussira à la conquérir sans attendre que .... 6. Le barbon a cru avoir la main sur elle jusqu'au moment où ....

3 S'exprimer

6 TOP CHRONO ! En prenant pour temps de référence le passé, puis le présent et le futur, et en exprimant un rapport d'antériorité, racontez les deux premières choses que vous faites en entrant dans la salle de classe.

7 À partir du tableau suivant, racontez en quelques phrases l'histoire de ces amants en prenant pour temps de référence le passé, puis le présent et le futur, et en exprimant un rapport d'antériorité.

Gustave Courbet, *Les Amants heureux*, vers 1844, huile sur toile, 77 x 60 cm, musée des Beaux-Arts, Lyon.

16 / Reconnaître et employer les types et formes de phrases

Observer et réfléchir

L'homme s'avança lentement. Quelle prestance il avait ! Qui donc pouvait prétendre avoir vu pareil spectacle ? Son regard n'arrêtait pas de balayer la foule. La rumeur enfla. « Taisez-vous ! », se mit-il à crier.

1. Dans quelles phrases la personne qui parle donne-t-elle des informations ? Dans laquelle pose-t-elle une question ? Dans laquelle donne-t-elle un ordre ?

2. Soulignez la phrase négative.

3. Quelles phrases traduisent l'étonnement du narrateur ? Pourquoi ?

Retenir

▶ **Les types de phrases**

Il existe quatre types de phrases, qui correspondent à l'attitude du locuteur.

La phrase déclarative	La phrase interrogative	La phrase injonctive	La phrase exclamative
• On énonce un fait, on apporte des informations. • Elle se termine par **un point**.	• On pose une question. • Elle se termine par **un point d'interrogation**.	• Celui qui parle donne un ordre, un conseil, une défense ou une prière. • Elle se termine par **un point** ou **un point d'exclamation**.	• On exprime des sentiments forts (joie, surprise, peur, etc.). • Elle se termine par **un point d'exclamation**.

Attention
• Une phrase n'appartient qu'à un seul des trois premiers types (déclaratif, interrogatif, injonctif).
• **Le type exclamatif peut se combiner aux autres types** : une phrase peut être exclamative et injonctive.

▶ **Les formes de phrases**

• Les phrases peuvent prendre **six formes**, qui se combinent entre elles et avec les types de phrases.

On affirme ou on nie		On met en valeur ou non un élément		Le sujet du verbe représente ou non quelqu'un/quelque chose	
phrase affirmative	**phrase négative**	**phrase neutre**	**phrase emphatique**	**phrase personnelle**	**phrase impersonnelle**
Une atmosphère inquiétante se dégage de ce château.	*Une atmosphère inquiétante **ne** se dégage **pas** de ce château.*	*Une atmosphère inquiétante se dégage de ce château.*	***C'est** une atmosphère inquiétante **qui** se dégage de ce château.*	*Une atmosphère inquiétante se dégage de ce château.*	***Il** se dégage **de ce château** une atmosphère inquiétante.*

▶ **Focus sur la phrase impersonnelle**

• On dit qu'une phrase est **impersonnelle** quand son sujet est un pronom *il* qui ne représente rien.
• On peut utiliser une phrase impersonnelle pour **mettre en valeur** un élément particulier.
• Pour transformer une phrase personnelle en phrase impersonnelle, on déplace le sujet derrière le verbe et on met *il* (sujet impersonnel) devant le verbe.

Un vent terrible souffle sur la plaine. → ***Il** souffle __un vent terrible__ sur la plaine.*

sujet impersonnel   sujet réel

1 Identifier

① Complétez chacune de ces phrases à l'aide de la ponctuation adaptée. Justifiez votre choix.
1. Ne comprend-il pas le phénomène auquel il a affaire
2. C'est comme si le verre d'eau s'était vidé tout seul
3. Comme c'est surprenant **4.** Ne pas s'endormir **5.** Comment cela a-t-il pu se produire **6.** Tu ne m'attraperas pas

② Identifiez le type de ces phrases, en précisant les indices qui vous ont permis de répondre.
1. Il frémit de peur. **2.** Quelle était cette créature innommable ? **3.** Était-ce un homme ? Était-ce une bête ? **4.** Dépêche-toi ! Sors de cette pièce ! **5.** Quelle horreur ! Un fantôme ! **6.** Ils n'en crurent pas leurs yeux.

③ Repérez les différentes formes de phrases.
1. Il faisait une nuit noire et glaciale lorsque nous arrivâmes. **2.** Le professeur ne croyait pas à son existence. **3.** C'est ce fantôme qui l'avait fait fuir. **4.** Il planait des odeurs écœurantes dans cette cave. **5.** Rien ne pouvait l'étonner davantage. **6.** Le vaurien, il l'avait dépouillé !

④ Recopiez ce tableau et écrivez le numéro de la phrase dans les cases qui correspondent.
1. Il frémit de peur. **2.** Pourquoi ne s'est-il pas sauvé ? **3.** Il faut s'en aller avant qu'il ne soit trop tard. **4.** Ne regrettez rien de ce que vous avez fait ! **5.** Ne vous avais-je pas demandé de ne pas l'alerter ? **6.** C'était bien le terrifiant son d'une cloche qu'il entendait ! **7.** N'est-ce pas l'homme que nous avions aperçu hier ?

	Déclaratif	Interrogatif	Injonctif	Exclamatif
Affirmatif	1			
Négatif				
Neutre	1			
Emphatique				
Personnel	1			
Impersonnel				

2 Manipuler

⑤ Réécrivez ces phrases à la forme impersonnelle.
1. Un froid terrible régnait dans la chambre. **2.** Une forme indistincte apparut dans les escaliers. **3.** Des ombres étranges rôdaient dans le jardin. **4.** Une pâle lueur scintillait au loin. **5.** Un vent glacial se mit à souffler. **6.** Une atmosphère inquiétante s'installa dans la pièce.

⑥ Réécrivez les phrases suivantes en respectant les types demandés. Quand deux types sont indiqués, vous formerez deux phrases différentes.

1. L'apparition funèbre tétanisa le jeune homme (*interrogatif*). **2.** Elle le plonge dans l'horreur (*injonctif ; interrogatif*). **3.** Ne fut-il pas interpellé par ce bruit (*déclaratif ; exclamatif*) ? **4.** Le paysan se signe (*interrogatif ; injonctif*). **5.** Son regard reflétait sa peur (*exclamatif ; interrogatif*). **6.** Il fait étape à l'auberge (*exclamatif ; injonctif*).

⑦ RÉÉCRITURE Dans le texte suivant, qui met en scène un interrogatoire de police, l'auteur n'utilise aucune ponctuation. Rétablissez-la en fonction du type de phrases.

Lady Chastenoy écrivait-elle
À qui
N'avez-vous pas dit ses livres
Les livres qu'elle lisait je les ai vus dans sa je les ai vus
Où
Dans sa chambre oui je n'avais pas le droit d'y aller ça ne devait être que la femme de chambre
N'avez-vous pas dit que la femme de chambre ne s'occupait que du linge
Oui mais pour une dame surtout anglaise ces messieurs avaient bien recommandé que seulement la femme de chambre fasse le ménage le larbin ou moi on faisait celle de Lord Chastenoy
Avait-il des livres
Je n'en ai vu qu'un sur les chiens

Robert Pinget, *L'Inquisitoire*, Éditions de Minuit, 1971.

3 S'exprimer

⑧ TOP CHRONO ! Décrivez cette image en six lignes, en variant les types de phrases. Vous utiliserez au moins une phrase impersonnelle, dont vous soulignerez le sujet impersonnel et le sujet réel.

Nosferatu le vampire, film de F. W. Murnau, avec Max Schreck (Nosferatu), 1922.

⑨ Rédigez un interrogatoire de police sous la forme d'un court dialogue. L'enquêteur utilisera uniquement des phrases de type interrogatif, et la personne interrogée uniquement des phrases de forme négative. L'enquêteur emploiera au moins deux phrases à la fois interrogatives et négatives.

Observer et réfléchir

• « Oh, Paris ! [...] j'y ai déjà perdu bien des illusions ! »
Honoré de Balzac, *Illusions perdues*, 1835.

• J'ai déjà perdu bien des illusions à Paris.

• Je n'avais jamais vu pareil jaillissement.

• « Non, je n'avais jamais vu ça, ce jaillissement de dessous les pavés. »
Jules Romains, *Le Vin blanc de la Villette* [1923], Gallimard, 2000.

1. Quel terme est mis en relief dans la première phrase ? Où se situe-t-il dans la phrase ? Quel pronom le reprend ?

2. Selon vous, entre les deux premières phrases, laquelle traduit le mieux les sentiments du personnage ? Justifiez votre réponse.

3. Quel groupe de mots est mis en relief dans la quatrième phrase ? Où se trouve-t-il dans la phrase ? Quel mot permet de l'annoncer ?

4. Laquelle des deux dernières phrases permet le mieux de se représenter la scène ? Pourquoi ?

Retenir

▶ **La phrase emphatique**

Une phrase emphatique est une phrase dans laquelle **on met en relief un mot ou un groupe de mots** particulier. Plusieurs procédés peuvent être employés.

L'accent d'insistance (à l'oral)	**Le détachement en tête de phrase**	**Le détachement en fin de phrase**	**Les marqueurs emphatiques ou présentatifs**
Le locuteur **prononce plus fort** le mot. *Londres était illuminé pour les fêtes de fin d'année.*	• Le mot est **en début de phrase**, séparé du reste par une virgule. • Il est **repris** dans la phrase par un **pronom**. *Elle, je la connais par cœur.*	• Le mot est **en fin de phrase**, séparé du reste par une virgule. • Il est **annoncé** dans la phrase par un **pronom**. *Elle est bruyante, cette avenue.*	Le mot est **en début de phrase**, accompagné de **présentatifs** : *c'est... qui/ que, ce qui/que/dont/à quoi, c'est, voilà/voici que/ qui, il y a... qui/que.* *C'est en flânant qu'on découvre la ville.*

▶ **Les présentatifs**

1. Les présentatifs sont des **mots ou locutions souvent invariables** qui permettent de **présenter** un être ou une chose.

Suivis d'un **pronom relatif** (*qui, que, dont, à quoi, à qui*), ils servent à former des phrases emphatiques.

Voici / voilà	**Il y a**	**C'est**
Formés à partir de l'impératif *vois* et des adverbes de lieu *ci* et *là*, ils sont **invariables**. *Voici un gratte-ciel. Voici des boutiques.*	• Ce verbe est **invariable** en nombre, et ne s'accorde jamais avec le nom qu'il introduit. • Il peut **varier en temps et en mode**. *Il y a des files de voitures. Il y aura plus de transports en commun.*	Il peut **varier en temps et en mode** et peut s'accorder avec le nom qu'il introduit. *C'est un centre-ville très vivant. Ce seraient de magnifiques petites boutiques.*

2. Le complément du présentatif est le ou les mots qui suivent (ou, plus rarement, qui précèdent) le présentatif. Il peut s'agir :

- d'un **nom** ou **groupe nominal** : *Voici **Paris**. Il y avait **une sacrée foule**. C'est **la ville** !*
- d'un **pronom** : *La voici ! Il y aura **elle et toi**. C'est **celui-là** !*
- d'un **infinitif** : *Voici **venir la pluie**. Il y a **à boire et à manger**. C'est **déambuler** que je préfère.*
- d'une **proposition** : *Il y a **que cette ville est magique** ! C'est **que j'ai très envie d'y aller**.*

S'exercer

1 Identifier

1 Reliez les phrases à leur forme.

Voici le soleil qui se met
à illuminer l'avenue !

Les enfants se ruent
sur les manèges.

À la sonnerie, les ouvriers
sortaient et se répandaient
dans les rues.

Il y a le fleuve qui sépare
la ville en deux parties.

C'est New York
qui me fascine.

• emphatique

• neutre

2 Soulignez les compléments du présentatif et donnez leur classe grammaticale.
1. Voici la rue dans laquelle j'ai grandi ! **2.** C'est le square où nous nous réunissions adolescents. **3.** Il y a des tours de quarante étages qui donnent le vertige. **4.** Le voilà, le café où nous complotions. **5.** La foule s'énerve, s'excite puis se déverse sur les boulevards. C'est à trembler. **6.** Les passants s'arrêtaient. C'est que les vitrines étaient illuminées.

2 Manipuler

3 RÉÉCRITURE **a. Réécrivez ces phrases en utilisant les présentatifs *c'est, il y a, voici* ou *voilà*.**
Exemple : Je travaille dans ce magasin. → Voici le magasin dans lequel je travaille.

b. Quelle variation dans le sens observez-vous ?
1. Les habitants de ce quartier sont chaleureux. **2.** Ces gratte-ciel donnent le tournis. **3.** Les boutiques profondes recèlent des milliers d'objets insolites. **4.** Les manifestants chantent d'une seule voix. **5.** La façade du bâtiment est baignée de lumière. **6.** Cet immeuble branlant est celui dans lequel je suis né.

4 Réécrivez ces phrases en mettant en relief les mots en gras.
1. Je suis convaincu que cette ville est magique. **2.** La manière dont ses citadins vivent est **étonnante**. **3. Je pense** à ce que fut cette ville. **4. Les passants** rayonnaient d'une joie ardente. **5.** Les usines ont disparu **les unes après les autres**. **6.** Je me souviens **de ma visite à Londres**.

5 Complétez ces phrases emphatiques avec le pronom qui convient.
1. Cette boutique, je .... fréquente régulièrement.
2. La foule, je m' .... méfie comme de la peste.
3. Les ouvriers, j'aimais .... observer à la sortie de l'usine.
4. Pêcher en ville, je ne m' .... essaierais pas.
5. Ce quartier, j' .... déambule volontiers en rentrant du travail.
6. Les vieillards en costume qui mangeaient des pistaches, je .... contemplais des heures durant.

6 Dictée préparée

a. Soulignez les constructions emphatiques et les présentatifs.

b. Écrivez ce texte sous la dictée de votre professeur en faisant attention aux accords.

Ta figure, je l'ai remarquée, elle tranchait sur toutes les autres [...]. Dès lors, ma mère ne fut plus qu'en second dans mon cœur. Je le lui disais, et elle souriait, l'adorable femme ! Puis, j'ai été à toi, toute à toi. Voilà ma vie, toute ma vie, mon cher époux. Et voici ce qui me reste à te dire.

Honoré de Balzac, *Ferragus*, 1833.

3 S'exprimer

7 Décrivez cette image en six phrases minimum, en utilisant au moins trois présentatifs et trois tournures emphatiques.

Frans Masereel, *Métro aérien*, 1926, aquarelle et gouache, 53 x 73 cm, Kunsthalle, Mannheim.

8 Décrivez votre ville en une dizaine de lignes, en utilisant des présentatifs et des phrases emphatiques.

Retenir

Dans une phrase, il existe autant de **propositions** que de **verbes conjugués.**

▶ **La phrase simple et la phrase complexe**

• La **phrase simple** ne comporte qu'**un seul verbe conjugué** et donc qu'**une seule proposition.**
• La **phrase complexe** comporte **plusieurs verbes conjugués** et donc **plusieurs propositions.**

*Je lui **donnerai** la main.*   *Nous **attendrons** que la nuit **tombe**.*

verbe conjugué
1 proposition

verbe conjugué 1   verbe conjugué 2
proposition 1   proposition 2

▶ **Les différents types de propositions de la phrase complexe**

Une **phrase complexe** peut contenir :

• des **propositions juxtaposées**, c'est-à-dire **reliées entre elles** par un signe de **ponctuation faible** (virgule, point-virgule, deux points ou points de suspension).

*Votre cœur n'**est** pas fait pour l'amour **;** le mien **est** sensible, le vôtre **est** sans pitié.*

• des **propositions coordonnées**, c'est-à-dire **reliées entre elles** par une **conjonction de coordination** (*mais, ou, et, donc, or, ni, car*) ou un **adverbe de liaison** (*ainsi, alors, cependant, d'ailleurs, enfin, ensuite, par conséquent, pourtant, puis*, etc.). *Je me **suis** levé **et** j'**ai relu** ma lettre.*

• des **propositions subordonnées,** c'est-à-dire **reliées à une proposition principale,** le plus souvent par un **subordonnant** : soit un **pronom relatif** (*qui, que, quoi, dont, où, lequel, auquel*, etc.) soit une **conjonction de subordination** (*que, si, quand, alors que, pendant que, tandis que, parce que*, etc.). *La lettre **qu'**elle m'**a envoyée** m'**a fait** souffrir. Je ne **sais** pas **si** elle **va** accepter de me parler à nouveau.*

Attention

Une **subordonnée** est toujours liée à une **proposition principale** sans laquelle elle ne peut exister : *Je **pense qu'**elle **est** sur le point de céder.*

principale   subordonnée

(La proposition *qu'elle est sur le point de céder* ne peut pas exister toute seule.)

S'exercer

1 Identifier et manipuler

❶ **a. Recopiez les phrases suivantes, encadrez tous les verbes conjugués, puis relevez une phrase simple.**

b. Dans l'ensemble du texte, comment les phrases complexes sont-elles majoritairement construites ?

La rue avait tout à fait changé d'aspect depuis le départ de Colin et de Chloé. Maintenant, les feuilles des arbres étaient grandes et les maisons quittaient leur teinte pâle pour se nuancer d'un vert effacé avant d'acquérir le beige doux de l'été. Le pavé devenait élastique et doux sous les pas et l'air sentait la framboise.

Il faisait encore frais, mais on devinait le beau temps derrière les fenêtres aux vitres bleuâtres.

Boris Vian, *L'Écume des jours*, 1947.

❷ **Complétez les phrases suivantes par le pronom relatif adéquat.**

1. La personne .... vous voulez parler est actuellement absente.
2. Le livre .... tu m'as parlé m'a énormément plu.
3. Elle a beaucoup d'admiration pour celles et ceux .... consacrent leur vie aux autres.
4. La ville .... nous sommes allés ce week-end est particulièrement dynamique.
5. Les films .... joue cet acteur sont souvent très amusants.
6. La raison .... je vous ai convoqué est grave.

2 S'exprimer

❸ **Racontez un événement heureux auquel vous avez pris part. Vous emploierez soit des phrases simples, soit des propositions coordonnées ou juxtaposées.**

Observer et réfléchir

Lorsque l'office fut terminé, il se redressa, et donnant le bras à sa femme, il passa dans la sacristie. Alors commença l'interminable défilé des assistants. Georges, affolé de joie, se croyait un roi qu'un peuple venait acclamer. Il serrait des mains, balbutiait des mots qui ne signifiaient rien, saluait, répondait aux compliments : « Vous êtes bien aimable. » [...]

Georges reprit le bras de Suzanne pour retraverser l'église.

Elle était pleine de monde, car chacun avait regagné sa place, afin de les voir passer ensemble. [...] Il sentait sur sa peau courir de longs frissons, ces frissons froids que donnent les immenses bonheurs.

Guy de Maupassant, *Bel-Ami*, 1885.

1. Dans l'ensemble du texte, soulignez les verbes conjugués puis relevez les propositions subordonnées. Quels indices vous ont permis de répondre ?

2. Quelle proposition subordonnée permet de donner une indication sur le temps ?

3. Lesquelles permettent de compléter un nom ?

Retenir

▶ **La nature des propositions subordonnées**

La nature des propositions subordonnées dépend le plus souvent du type de subordonnants qui les introduisent. On distingue trois types de subordonnées : les relatives, les complétives et les circonstancielles.

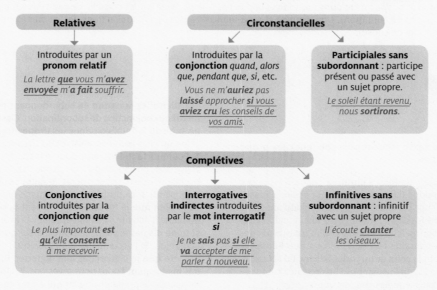

Relatives

Introduites par un **pronom relatif**
*La lettre **que** vous m'**avez envoyée** m'**a fait** souffrir.*

Circonstancielles

Introduites par la **conjonction** *quand, alors que, pendant que, si*, etc.
*Vous ne m'**auriez** pas **laissé** approcher **si** vous **aviez cru** les conseils de vos amis.*

Participiales sans subordonnant : participe présent ou passé avec un sujet propre.
*Le soleil étant revenu, nous **sortirons**.*

Complétives

Conjonctives introduites par la **conjonction** *que*
*Le plus important **est** qu'**elle consente** à me recevoir.*

Interrogatives indirectes introduites par le **mot interrogatif** *si*
*Je ne **sais** pas **si** elle **va** accepter de me parler à nouveau.*

Infinitives sans subordonnant : infinitif avec un sujet propre
*Il écoute **chanter** les oiseaux.*

Remarque 1 : une proposition subordonnée peut être principale pour une autre proposition.
Je la suivis   aussitôt que je fus assuré   que son domestique était sorti.

principale → subordonnée à la principale et principale pour la 3e proposition → subordonnée à la 2e proposition

Remarque 2 : pour différencier *que* **pronom relatif** et *que* **conjonction de subordination**, il faut rechercher l'**antécédent**.

• S'il n'y en a pas, il s'agit d'une conjonction de subordination. La subordonnée est alors **complétive**. On ne peut pas la supprimer : *Il faut **que** je te parle.*

• S'il y a un antécédent, il s'agit d'un pronom relatif. La subordonnée est alors **relative**. On peut la supprimer : *Le livre **que** j'ai lu m'a passionné.*

Remarque 3 : pour savoir si la conjonction de subordination *si* introduit une **subordonnée interrogative** ou une **subordonnée circonstancielle**, il faut essayer de supprimer ou de déplacer la subordonnée.

• Si c'est possible, il s'agit d'une subordonnée circonstancielle : *Je ne serais pas venue si j'avais su. → Si j'avais su, je ne serais pas venue.*

• Si c'est impossible, il s'agit d'une subordonnée interrogative : *Je me demande s'il a bien reçu mon message.*

▶ **La fonction des propositions subordonnées**

1. La subordonnée relative

• Quand elle a un antécédent, elle est complément de cet antécédent. Expansion du nom, elle a les mêmes fonctions qu'un adjectif qualificatif, c'est-à-dire **épithète** liée ou épithète détachée : *J'aimerais connaître l'identité de ces **amis** auxquels vous faites allusion* (épithète liée de l'antécédent *amis*). *Vos **amis**, que je connais bien, m'ont invité à déjeuner* (épithète détachée de l'antécédent *amis*).

• Quand elle n'a pas d'antécédent, elle a les mêmes fonctions qu'un groupe nominal, c'est-à-dire **sujet**, **COD**, **COI**, **complément circonstanciel** : *Qui dort dîne* (sujet du verbe *dîne*).

2. La subordonnée complétive (conjonctive, interrogative ou infinitive)

• Le plus souvent, lorsqu'elle est introduite par *que*, par *si* ou qu'il s'agit d'une infinitive, elle est **COD** du verbe principal : *Je pense qu'elle est sur le point de céder* (subordonnée conjonctive, COD du verbe *pense*). *Il aime observer le ciel par la fenêtre de sa chambre* (subordonnée infinitive, COD du verbe *aime*).

• Elle peut aussi avoir les autres fonctions d'un groupe nominal : **sujet**, **attribut du sujet**, **COI** : *Qu'elle refuse de me voir me contrarie beaucoup.* (sujet du verbe *contrarie*).

3. La subordonnée circonstancielle (introduite par un subordonnant ou participiale)

Elle est toujours **complément circonstanciel** et peut introduire les nuances suivantes : temps, cause, condition, concession, etc. *Vous ne m'auriez pas laissé approcher si vous aviez cru les conseils de vos amis* (complément circonstanciel de condition). *Une tempête étant annoncée ce week-end, nous n'irons pas en mer* (complément circonstanciel de cause).

S'exercer

1 Identifier

1 Recopiez le texte suivant puis soulignez les propositions principales.

Comme le visage de John s'illumina quand il vit entrer Salomé dans le salon ! Il faut dire que la jeune fille ne passait pas inaperçue. D'une beauté remarquable et vêtue d'une tenue à la mode, Salomé fut bientôt entourée par une cour d'admirateurs en émoi. Bien qu'il fût très timide, John n'hésita pas une seconde et se fraya un chemin jusqu'à son gemme[1] lumineux. Alors qu'il était sur le point de lui parler, Salomé fut accaparée par une femme à l'allure hautaine qui lui demanda comment elle se portait depuis leur dernière rencontre.

1. Gemme : pierre précieuse.

Méthode
Soulignez en premier lieu les verbes conjugués puis encadrez les subordonnants. Ainsi, vous repérerez plus facilement les propositions principales desquelles elles dépendent.

2 Identifiez la nature du subordonnant en gras : pronom relatif ou conjonction de subordination. Classez ensuite dans un tableau à deux colonnes les propositions conjonctives selon qu'elles sont complétives ou circonstancielles.
1. Pourquoi faut-il toujours **qu'**il se fasse remarquer **dès qu'**il arrive dans un endroit **qu'**il ne connaît pas ? **2. Si** tu consens à m'aider et **que** tu restes discret, je saurai te remercier comme il convient. **3.** La proposition **que** tu me fais me tente beaucoup **bien que** je ne sois pas tellement familiarisée avec ce domaine d'activité. **4.** Songe **que** tu vas avoir des problèmes **si** tu ne dis pas à Marie ce **dont** il a été question à la fin de la réunion. **5.** J'accomplirai la mission **qu'**il m'a confiée, mais j'espère **que** je n'aurai pas à le regretter. **6.** J'espère **que** tu iras mieux **quand** nous nous reverrons. **7.** Qui a dit **que** j'étais incapable de préparer un plat **qui** ait du goût ?

Méthode
Pour savoir si le subordonnant *que* est un pronom relatif ou une conjonction de subordination, il faut rechercher un éventuel antécédent. Pour savoir si la conjonctive est complétive ou circonstancielle, il faut essayer de la supprimer.

3 Identifiez chaque proposition subordonnée et indiquez sa fonction.

En effet, elle ne respirait pas la gaieté, cette villa. Non. Pourtant, j'ai d'abord estimé que le qualificatif « triste » lui convenait mal. Et puis, j'ai fini par comprendre que Meinthe avait eu raison si l'on perçoit dans la sonorité du mot « triste » quelque chose de doux et de cristallin. Après avoir franchi le seuil de la villa, on était saisi d'une mélancolie limpide. On entrait dans une zone de calme et de silence. L'air était plus léger. On flottait. Les meubles avaient sans doute été dispersés. Il ne restait qu'un lourd canapé de cuir sur les accoudoirs duquel je remarquai des traces de griffes, et, à gauche, une bibliothèque vitrée. Quand on s'asseyait sur le canapé, on avait, à cinq ou six mètres en face de soi, la véranda.

Patrick Modiano, *Villa Triste*, Gallimard, 1975.

> **Méthode**
> Pour connaître la fonction d'une proposition subordonnée, il faut déterminer sa classe grammaticale, celle-ci dépendant de celle de son subordonnant.

2 Manipuler

4 Complétez chacune des propositions suivantes par une proposition subordonnée à l'aide des indications données entre parenthèses.
1. Alain sentait .... (*complétive*).
2. Je suis allé chez le médecin .... (*participiale*).
3. Tu dois absolument .... (*infinitive*).
4. Je me demande .... (*interrogative indirecte*).
5. Nous mangerons léger ce soir .... (*participiale*).
6. Dès son entrée, elle sentit .... (*infinitive*).

5 Transformez les phrases ou groupes de phrases suivants en une seule phrase complexe composée d'une proposition principale et d'une proposition subordonnée. Précisez la nature de la subordonnée obtenue.
1. Le temps s'est éclairci. Nous en avons profité pour faire une promenade en forêt.
2. Elle m'a envoyé une longue lettre. Elle y expose les raisons de sa démission.
3. Je lui ai expliqué la situation. Je vais devoir m'absenter quelque temps.
4. Tu as voulu jouer au plus malin et tu as perdu.
5. J'ai dû prendre un taxi, je ne voulais pas rater mon train.
6. Il est entré par la porte principale. Il s'est adressé à l'accueil.
7. Il n'a pas été tendre avec moi : j'ai décidé de prendre mes distances.

6 Le texte suivant n'est composé que de phrases simples. Étoffez-le en n'employant que des phrases complexes.

Il y avait maintenant un très profond silence dans la grande pièce. La lumière douce de ce début d'été filtrait à travers les rideaux. Les musiciens commencèrent à jouer. Colin et Chloé, main dans la main, attendaient. Le maire fit un signe au chef d'orchestre. Le silence revint. La cérémonie des vœux pouvait commencer.

D'après Boris Vian, *L'Écume des jours* [1947], Librairie générale française, 2007.

3 S'exprimer

7 TOP CHRONO ! Par groupes de trois, inventez aussi vite que possible des phrases complexes sur le modèle suivant.
Je réserverai mon billet (*principale*) dès que je serai sûre et certaine (*subordonnée*) que vous disposez d'une voiture pour venir me chercher (*subordonnée à la 2e proposition*).

8 Racontez un événement heureux auquel vous avez pris part. Vous emploierez autant de propositions subordonnées relatives, conjonctives et circonstancielles que possible.

9 Racontez la scène représentée ci-dessous dans un texte d'une dizaine de lignes. Vous emploierez des propositions subordonnées de chaque type.

Sir John Tenniel, illustration extraite d'*Alice au pays des merveilles*, 1869.

Observer et réfléchir

Impatiente et anxieuse, Anne attendait, sur le quai de la gare, Antoine qu'elle n'avait pas revu depuis une dizaine d'années. Elle n'avait toujours pas compris <u>pourquoi son meilleur ami était parti si précipitamment, loin d'elle, sans explication</u>. Bientôt elle pourrait lui demander <u>ce qui l'avait poussé à fuir ainsi</u>, <u>comment il avait vécu loin des siens</u> et, surtout, elle voulait à tout prix savoir <u>si elle lui avait manqué</u>...

1. Pouvez-vous supprimer les propositions soulignées ? Pouvez-vous les déplacer ?

2. Relevez les mots qui introduisent chaque proposition soulignée.

3. Transformez les propositions soulignées en rédigeant les questions qu'Anne compte poser directement à Paul.

Retenir

Les propositions subordonnées interrogatives indirectes complètent une proposition principale.

• Elles expriment une interrogation de manière indirecte et dépendent de verbes qui traduisent une **interrogation**, une **incertitude**, une demande d'**explication** : *demander*, *se demander*, *ignorer*, *ne pas savoir*, etc.

Il demande s'il pourra participer au voyage.
Il ignore quand il pourra partir.

• Elles sont **toujours COD** du verbe de la principale : on ne peut pas les supprimer ni les déplacer.

• Elles sont **introduites par un mot interrogatif** :

– *si* lorsqu'elles correspondent à une **interrogation totale** : on peut répondre à l'interrogation par *oui* ou par *non*.

Alice se demande si elle aura la permission d'aller au cinéma.

– **comment, pourquoi, quand, où, qui, quel, ce que, ce qui**, etc. lorsqu'elles correspondent à une **interrogation partielle** : on répond à l'interrogation par autre chose que *oui* ou *non*.

Alice se demande quand elle pourra aller au cinéma.

Remarque

• Le point d'interrogation ainsi que l'inversion sujet-verbe présents dans la question au discours direct disparaissent.

• Le temps du verbe de la subordonnée interrogative indirecte change en fonction du temps de la proposition principale :

Jean se demanda : « Comment vais-je m'organiser ? »
→ *Jean se demanda comment il allait s'organiser.*

1 Identifier

1 Encadrez chaque proposition interrogative indirecte, entourez le mot interrogatif qui l'introduit et soulignez le verbe de la principale qu'elle complète.
1. Sais-tu où se trouve la mairie dans cette ville ?
2. Je me demande quand il doit arriver.
3. Ma cousine me demande si je viendrai à son anniversaire.
4. Samuel aimerait savoir ce que ses parents ont décidé pour les vacances.
5. Laura ignore comment elle doit remplir ce formulaire très compliqué.
6. Ce nouvel élève se demande qui deviendra son ami dans la classe.

2 Indiquez pour chaque couple de phrases laquelle contient une interrogative indirecte.
1. Paul voudrait suivre des études de sport quand il sera à l'université. / Paul se demande quand il aura les résultats de ses tests sportifs.
2. Le technicien qui est venu pour réparer mon ordinateur n'a pas réussi à trouver la panne. / Franchement, je ne sais pas qui pourrait réparer mon ordinateur.
3. Simon est désespéré : comment pourra-t-il finir son travail à temps ? / Simon ne sait vraiment pas comment il pourra rendre son travail dans les délais.
4. Je partirais faire le tour du monde si j'en avais les moyens. / J'ignore si je parviendrai un jour à concrétiser ce rêve.
5. Les basketteurs ont gagné le match dans la dernière seconde : quel match fabuleux ils nous ont offert ! / Les basketteurs se demandaient quel match serait le plus difficile à gagner.

> **Méthode**
> Essayez de supprimer les propositions introduites par *quand*, *qui*, *comment*, *si* et *quel* pour savoir s'il s'agit de subordonnées interrogatives indirectes.

2 Manipuler

3 Transformez les questions suivantes en subordonnées interrogatives indirectes en commençant par « Jean demande à Marion... ».
1. Quand veux-tu aller te promener ?
2. Penses-tu vraiment venir ?
3. Dans quel pays voyageras-tu plus tard ?
4. Que désires-tu manger ?
5. Qu'est-ce qui te fait le plus rire ?
6. Comment as-tu réussi cet exploit ?

4 Refaites l'exercice précédent en commençant par « Jean lui demanda... ». Faites attention aux temps.

5 Transformez les groupes nominaux en gras en subordonnées interrogatives indirectes.
1. Jules ne sait pas encore **la date du concours**.
2. Aline ignore **la destination précise du voyage en Italie**.
3. Les touristes étrangers ne savent pas **l'histoire de ce château médiéval**.
4. Lors de ce concert, les spectateurs ignoraient **l'identité de l'invité surprise**.
5. Je me demande toujours **les raisons de son refus de participer à cette sortie**.

6 Transformez les propositions subordonnées interrogatives indirectes en interrogations directes.
Exemple : Il demande quand je lui donnerai ma réponse. →
« Quand me donneras-tu ta réponse ? »
1. Nous ignorons s'il reste de la place pour assister à ce concert.
2. Je ne comprends pas ce que tu veux dire.
3. Elle se demandait à quoi cet outil ancien pouvait servir autrefois.
4. Le chef lui a demandé pourquoi il n'avait toujours pas préparé les desserts.
5. Je ne sais pas ce qu'il aimerait avoir en cadeau.
6. Il se demande pourquoi il a refusé ce stage à l'étranger.

7 RÉÉCRITURE Réécrivez cet extrait à l'aide de subordonnées interrogatives indirectes que vous soulignerez.

> CLÉANTE. – Qu'y a-t-il ?
> LA FLÈCHE. – Suivez-moi, vous dis-je. Nous sommes bien.
> CLÉANTE. – Comment ?
> LA FLÈCHE. – Voici notre affaire. [...]
> CLÉANTE. – Qu'est-ce que c'est ?
> LA FLÈCHE. – Le trésor de votre père, que j'ai attrapé.
> CLÉANTE. – Comment as-tu fait ?
> LA FLÈCHE. – Vous saurez tout. Sauvons-nous, je l'entends crier.
>
> Molière, *L'Avare*, acte IV, scène 6, 1668.

3 S'exprimer

8 Complétez les débuts de phrase suivants par des subordonnées interrogatives indirectes. Variez les mots interrogatifs.
1. Les élèves ignorent ....
2. Le maire voudrait savoir ....
3. Ses parents se demandent ....
4. Les joueurs de l'équipe ne comprennent pas ....
5. Le directeur du théâtre demande ....
6. Je me demande ....

9 Vous avez projeté de rencontrer un écrivain, un artiste ou un professionnel et vous préparez l'interview avec vos camarades. Rédigez les questions que vous souhaitez lui poser en variant les mots interrogatifs. Vous commencerez votre texte par : « Je voudrais lui demander ... »

• Les soldats ont attaqué cette barricade.

• Cette barricade a été attaquée par les soldats.

1. Soulignez les sujets des deux phrases. Lequel d'entre eux fait l'action d'attaquer ?

2. Quelle est la fonction de *cette barricade* dans chaque phrase ?

3. À quel temps est conjugué le verbe *attaquer* dans la première phrase ? et le verbe *être* dans la deuxième phrase ?

Retenir

L'actif et le passif indiquent si le sujet fait ou subit l'action.

1. Pour savoir si un verbe est à l'actif ou au passif, il faut **observer le sujet** : est-ce lui qui accomplit l'action exprimée ?

Le sujet accomplit l'action	Le sujet subit l'action
• Le verbe est à l'actif. • Il peut être suivi d'un COD. *Victor Hugo a écrit* Les Misérables. → sujet ... COD *Tout le monde* apprécie *cet écrivain*. → sujet ... COD	• Le verbe est au passif. • Le verbe n'a pas de COD. • L'action est accomplie par le **complément d'agent**, introduit par *de* ou *par*. Les Misérables *ont été écrits par Victor Hugo.* → sujet ... c. d'agent *Cet écrivain* est apprécié *de tout le monde*. → sujet ... c. d'agent

2. Pour mettre au passif un verbe à l'actif :

• on conjugue l'auxiliaire *être* au même temps et au même mode que le verbe à l'actif ;

• on ajoute le participe passé du verbe ;

• le COD du verbe à l'actif devient le sujet du verbe au passif, le sujet du verbe à l'actif devient le complément d'agent du verbe au passif.

M. Hire lui a offert des fleurs. → *Des fleurs lui* ont été offertes **par M. Hire.**

passé composé → *être* au passé composé + participe passé d'*offrir*

Attention

• **Seuls les verbes qui peuvent se construire avec un COD** peuvent être mis au passif.

L'espion a délivré un message. → *Un message a été délivré par l'espion.*
COD

L'espion a parlé à son contact. → **construction au passif impossible.**
COI

• Pour connaître le temps d'un verbe au passif, on identifie le temps de l'auxiliaire *être*.

Ce bijou fut donné par sa mère.   *Ce bijou a été donné par sa mère.*
passé simple   passé composé

• Au passif, le participe passé s'accorde toujours avec le sujet : *Ces lettres ont été écrites.*

• Quand le sujet du verbe à l'actif est **on**, le verbe au passif n'a **pas de complément d'agent** :

On a bâti une barricade. → *Une barricade a été bâtie.*

1 Identifier

1 Dans les phrases suivantes, déterminez si le verbe est à l'actif ou au passif.

1. Hubert est allé acheter une baguette. **2.** Leur attitude nous a déçus. **3.** Tu as été entraîné par le meilleur sportif du monde ! **4.** Il a été attiré par une force mystérieuse. **5.** Le ménage n'a pas été fait. **6.** Vous avez été reconnus coupables par le juge. **7.** Il a poussé l'animal dans un piège.

> **Méthode**
> Demandez-vous qui fait l'action pour savoir si le verbe est à l'actif ou au passif.

2 Précisez à quel temps est le verbe au passif.
1. Le visage de Gwynplaine a été tailladé par les kidnappeurs. **2.** Ferragus était observé par M. de Maulincourt. **3.** Nicolas aurait été reconnu par Hodkann. **4.** Le garçon sera sauvé par son moniteur. **5.** Le père de Chimène est tué par Rodrigue. **6.** Ce tableau avait été vendu par son propriétaire.

> **Méthode**
> Observez le temps de l'auxiliaire *être* pour déterminer le temps du verbe au passif.

2 Manipuler

3 Complétez le tableau avec les verbes conjugués aux personnes et aux temps indiqués.

Infinitif	Personne	Temps	Actif	Passif
manger	elle	futur		
assurer	je	présent		
accueillir	nous	passé composé		
construire	elle	imparfait		
suivre	vous	conditionnel présent		

4 RÉÉCRITURE Réécrivez ces phrases en mettant les verbes à l'actif sans changer le temps. Attention, la transformation n'est pas toujours possible.
1. Le match n'a pas été joué par les joueurs. **2.** Vous aviez été dupés par un charlatan ! **3.** Les fenêtres n'ont pas encore été posées. **4.** La porte est restée ouverte toute la nuit. **5.** Ses empreintes seront prélevées sur la scène du crime par les enquêteurs. **6.** Son film a été apprécié de tous les spectateurs. **7.** Les voyageurs ont été attendus très longtemps.

5 Mettez ces verbes au passif et au temps indiqué.
1. Votre proposition .... (*étudier, passé composé*) par le responsable du projet. **2.** L'opération .... (*ne pas envisager, présent*) par le médecin pour le moment. **3.** Ce bâtiment .... (*concevoir, présent*) comme une révolution architecturale. **4.** Ce festival .... (*reconnaître, imparfait*) comme l'un des plus intéressants par les spécialistes. **5.** Ces peintures .... (*vendre, conditionnel passé*) sans difficulté par un marchand professionnel. **6.** Les trapézistes .... (*arrêter, passé composé*) par leur kinésithérapeute.

6 RÉÉCRITURE Réécrivez ce texte en mettant les verbes en gras au passif et le verbe souligné à l'actif.

Un jour, elle m'**accompagna** pour quelque besogne domestique dans la cave du vieux bâtiment où notre pauvreté nous contraignait d'habiter. Le chat me **suivit** sur les marches roides de l'escalier, et [...] m'**exaspéra** jusqu'à la folie. [...] j'**adressai** à l'animal un coup qui eût été mortel, s'il avait porté comme je le voulais ; mais ce coup <u>fut arrêté</u> par la main de ma femme.

Edgar Allan Poe, « Le Chat noir », *Nouvelles Histoires extraordinaires*, trad. de l'anglais par Ch. Baudelaire, 1884.

> **Méthode**
> • Repérez bien les sujets, les COD et les compléments d'agent.
> • N'oubliez pas d'accorder les participes passés avec l'auxiliaire *être*.

3 S'exprimer

7 Décrivez cette image des jardins de Versailles en utilisant les verbes suivants au passif et au passé composé.
planter • tracer • orner • aligner • disposer • embellir

Jardins de Versailles.

22 / Maîtriser et employer les verbes pronominaux

Observer et réfléchir

1. Il se plaça derrière l'enfant, étendit les paumes au-dessus de ses cheveux, puis, les yeux fixés sur sa nuque, se mit à proférer d'inintelligibles paroles qui se suivaient comme des incantations avec un bruit de vent dans les feuilles. [...] Un long murmure se propagea de bouche en bouche.

Joseph Kessel, *Les Rois aveugles*, Gallimard, 1925.

2. Il s'est mis à parler.

3. Il s'est placé derrière l'enfant.

4. Il a propagé un virus.

5. Il a suivi les autres.

1. Quels éléments constituent les verbes *se placer*, *se mettre*, *se suivre* et *se propager* ? Donnez la classe grammaticale du premier mot.

2. Les verbes *placer*, *mettre*, *suivre* et *propager* existent-ils ?

3. Parmi les verbes des phrases 2, 3, 4 et 5, lesquels sont construits avec un pronom ?

4. Ces verbes sont au passé composé. Avec quels auxiliaires sont-ils conjugués ?

5. Dans la phrase 1, quels termes peut-on ajouter, sans changer le sens, au verbe *se suivaient* : *elles-mêmes* ou *les unes les autres* ?

Retenir

Les verbes pronominaux sont des verbes construits avec un pronom de la même personne que le sujet.

• Le pronom, nommé **pronom personnel réfléchi**, se place normalement devant le verbe ou l'auxiliaire et varie selon la personne.

• **Aux temps composés** (passé composé, plus-que-parfait, etc.), les verbes pronominaux se conjuguent toujours avec **l'auxiliaire *être***.

Présent	Passé composé
je **me** change	je **me** suis changé
tu **te** changes	tu **t'**es changé
il **se** change	il **s'**est changé
nous **nous** changeons	nous **nous** sommes changés
vous **vous** changez	vous **vous** êtes changés
ils **se** changent	ils **se** sont changés

• À l'**impératif**, le pronom réfléchi change de place et **se situe derrière le verbe**. Il est relié au verbe par un trait d'union.

*Change-**toi**.   Changeons-**nous**.   Changez-**vous**.*

▶ **Les verbes essentiellement pronominaux**

• Il s'agit de **verbes qui n'existent que sous la forme pronominale** : *s'évader, s'évanouir, s'enfuir, se souvenir, s'abstenir*, etc. Les verbes *évader, évanouir, enfuir*, etc. n'existent pas.

• On y ajoute aussi les verbes qui existent sans pronom réfléchi, mais **qui changent de sens quand ils sont pronominaux** : *se douter, s'apercevoir*, etc.

Il se doute de quelque chose. = Il devine quelque chose.
Il doute de son ami. = Il n'a pas confiance en son ami.

> **Les verbes occasionnellement pronominaux**
> - Ces verbes ont le même sens qu'ils soient ou non accompagnés des pronoms *me, te, se, nous* ou *vous*.
> - Dans ce cas, l'utilisation du verbe pronominal peut avoir trois emplois :

Le sujet est celui qui accomplit et qui subit l'action.	**Plusieurs personnes ou objets, sujets du verbe, agissent les uns sur les autres.**	**Le sujet subit l'action comme si le verbe était au passif.**
On parle de verbe **pronominal réfléchi**. *Paul se voit.* *= Paul voit <u>lui-même</u>.*	On parle de verbe **pronominal réciproque**. *Léon et Léane se serrent la main.* *= Léon sert la main de Léane <u>et</u> Léane serre la main de Léon.*	On parle de verbe **pronominal passif**. *Ces prunes se cueillent après la première gelée. = Ces prunes <u>sont cueillies</u> après la première gelée.*

S'exercer

1 Identifier

① **Relevez les phrases comportant un verbe pronominal.**
1. Leurs yeux se rencontrèrent. **2.** Le regard d'Aurélien rencontra celui de Bérénice. **3.** La jeune fille mystérieuse sourit à Paul. **4.** Paul et la jeune fille se sourirent. **5.** La première fois, nous nous toisâmes de longues minutes avant de nous parler. **6.** L'homme aux favoris toisait du regard la cantatrice. **7.** Plus tard dans la soirée, Laura disputa sa camarade. **8.** À cause d'une histoire idiote, Laura et son soupirant se disputèrent.

2 Manipuler

② **Conjuguez ces verbes à l'impératif présent, en faisant attention à la place du pronom réfléchi.**
s'agenouiller • se méfier • se prosterner • se raviser • se repentir • se coiffer

③ **a. Identifiez les verbes qui n'existent qu'à la forme pronominale.**
s'acoquiner • s'apercevoir • se douter • se blottir • s'ennuyer • se pâmer • s'éprendre • s'apprivoiser

b. Relevez ceux qui ont un sens différent avec ou sans pronom réfléchi, et employez chaque sens de ces verbes dans une phrase.

④ **Classez chacun des verbes du texte suivant dans le tableau ci-dessous.**

Essentiellement pronominal	Occasionnellement pronominal		
	réfléchi	réciproque	passif

1. Il s'est trémoussé toute la soirée devant elle pour attirer son attention.
2. Vous vous préparerez pour être à l'heure à ce premier rendez-vous.
3. Elle s'endimanche dès qu'elle sait qu'elle va le croiser.
4. Ils s'encourageront à aborder des filles.
5. Entretenez-vous un moment avant de prendre une décision.
6. Ils se téléphonent chaque soir depuis leur première rencontre.
7. Il se persuade qu'ils se sont détestés au premier regard.
8. Le souvenir de leur rencontre s'effacera avec le temps.

3 S'exprimer

⑤ **Racontez un coup de foudre entre deux personnages en utilisant des verbes pronominaux au présent de l'indicatif.**

⑥ **Décrivez cette scène fantastique en cinq phrases à l'aide de verbes pronominaux au passé composé.**

John Joseph Barker, *Tam O'Shanter*, 1866, huile sur bois, Victoria Art Gallery, Bath.

Observer et réfléchir

Le soir, le jeune homme se rend sous le balcon fleuri. Il salue le garde, bavarde volontiers avec lui. Mais ce soir-là, le temps est maussade. Il pleut depuis vingt-quatre heures sans discontinuer. Le jeune homme demande au garde si la belle Juliette est là. Le garde lui répond : « Elle **arrive** dans une minute ! » Hélas, il entend les pas du père, et ne peut attendre plus longtemps. Le vieillard interroge le garde : « Avez-vous vu ce vaurien de Roméo ? » « Il **part** à l'instant ! »

1. Réécrivez la première phrase en la commençant par *chaque* ou par *tous les*. Le temps du verbe change-t-il ? Sur quoi le présent permet-il d'insister ?

2. Depuis combien de temps pleut-il ? Quel temps exprime cette durée ?

3. a. Par quel temps peut-on remplacer le mot *arrive* en gras ?

b. Par quel temps peut-on remplacer le mot *part* en gras ?

Retenir

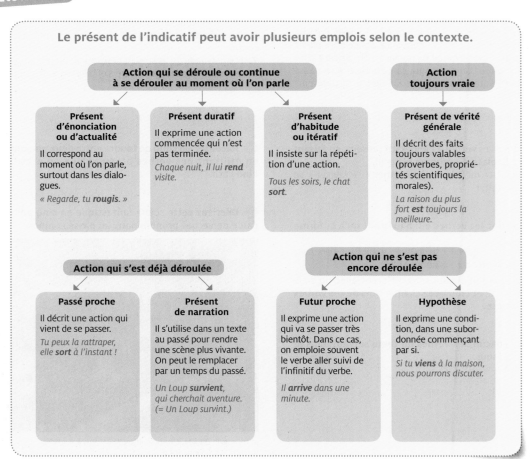

Le présent de l'indicatif peut avoir plusieurs emplois selon le contexte.

Action qui se déroule ou continue à se dérouler au moment où l'on parle

Présent d'énonciation ou d'actualité
Il correspond au moment où l'on parle, surtout dans les dialogues.
*« Regarde, tu **rougis**. »*

Présent duratif
Il exprime une action commencée qui n'est pas terminée.
*Chaque nuit, il lui **rend** visite.*

Présent d'habitude ou itératif
Il insiste sur la répétition d'une action.
*Tous les soirs, le chat **sort**.*

Action toujours vraie

Présent de vérité générale
Il décrit des faits toujours valables (proverbes, propriétés scientifiques, morales).
*La raison du plus fort **est** toujours la meilleure.*

Action qui s'est déjà déroulée

Passé proche
Il décrit une action qui vient de se passer.
*Tu peux la rattraper, elle **sort** à l'instant !*

Présent de narration
Il s'utilise dans un texte au passé pour rendre une scène plus vivante. On peut le remplacer par un temps du passé.
*Un Loup **survient**, qui cherchait aventure. (= Un Loup survint.)*

Action qui ne s'est pas encore déroulée

Futur proche
Il exprime une action qui va se passer très bientôt. Dans ce cas, on emploie souvent le verbe aller suivi de l'infinitif du verbe.
*Il **arrive** dans une minute.*

Hypothèse
Il exprime une condition, dans une subordonnée commençant par si.
*Si tu **viens** à la maison, nous pourrons discuter.*

1 Identifier

① Placez sur la frise suivante les différents verbes du texte étudié p. 328 dans l'ordre chronologique de l'action.

passé ————————————————————→ futur

• est maussade

② Relevez les verbes au présent de l'indicatif dans le texte suivant et indiquez leur emploi.

> Tout est mystère dans l'Amour,
> Ses Flèches, son Carquois, son Flambeau, son Enfance,
> Ce n'est pas l'ouvrage d'un jour,
> Que d'épuiser cette Science.
>
> Jean de La Fontaine, « L'Amour et la Folie », *Fables*, 1694.

③ Relevez les verbes au présent de l'indicatif dans les phrases suivantes et indiquez leur emploi.
1. Nous venons de réaliser notre rêve !
2. L'eau bout à cent degrés et gèle à zéro.
3. La vérité est comme le soleil. Elle fait tout voir et ne se laisse pas regarder. (Victor Hugo)
4. Je ne trouvai point Mme de Warens [...]. Je cours pour la suivre : je la vois, je l'atteins, je lui parle... (Jean-Jacques Rousseau, *Les Confessions*, 1782.)

④ Dans cette fable, repérez les verbes au présent de l'indicatif et indiquez leur emploi.

> Un Lion de haut parentage,
> En passant par un certain pré,
> Rencontra Bergère à son gré.
> Il la demande en mariage. [...]
> Le Père donc ouvertement
> N'osant renvoyer notre Amant,
> Lui dit : « Ma Fille est délicate ;
> Vos griffes la pourront blesser
> Quand vous voudrez la caresser.
> Permettez donc qu'à chaque patte
> On vous les rogne ; et pour les dents,
> Qu'on vous les lime en même temps. [...] »
> Le Lion consent à cela
> Tant son âme était aveuglée ! [...]
> Amour, amour, quand tu nous tiens,
> On peut bien dire : Adieu prudence.
>
> Jean de La Fontaine, « Le Lion amoureux », *Fables*, 1668.

2 Manipuler

⑤ Inventez des maximes ou proverbes au présent de vérité générale sur le thème de l'amour en utilisant les verbes suivants.
Exemple : *convaincre → Les hommes convainquent leurs promises à force de belles paroles.*
accourir • vaincre • fondre • plaindre • promettre

⑥ Transformez les phrases suivantes au présent, puis indiquez son emploi.
Exemple : *Mardi 7, il a écrit dans son journal, et aussi mardi 14 et mardi 21. → Tous les mardis depuis trois semaines, il écrit dans son journal (présent d'habitude).*
1. Il se lèvera dans cinq minutes et partira aussitôt.
2. L'an passé, le jour de son anniversaire, il a guetté son apparition, et l'année d'avant, et encore celle d'avant, et ce depuis qu'elle est partie.
3. Elle s'est enfuie en entendant votre voix !
4. On a toujours dit qu'un ventre affamé n'avait point d'oreilles.

⑦ a. Dans ces phrases, indiquez l'emploi du présent et précisez par quel temps vous pourriez le remplacer.
b. Réécrivez ces phrases en remplaçant le présent par le temps choisi.
1. Une parole de plus et je te quitte !
2. George revient de son voyage en Italie.
3. Alfred la rejoint à Venise dans deux semaines.
4. Ce jour-là, le temps est maussade : la pluie tombe sans discontinuer.
5. Si tu es libre vendredi soir, je t'invite au théâtre.

3 S'exprimer

⑧ TOP CHRONO ! Rédigez en quelques lignes le récit d'une séduction au présent de l'indicatif en utilisant les verbes suivants.
combattre • entreprendre • vaincre • défendre • résoudre • abattre • promettre

⑨ Rédigez en une dizaine de lignes un texte inspiré par l'anecdote suivante : un clown est amoureux d'une princesse. Vous utiliserez les présents de narration, d'énonciation et de vérité générale, ainsi que deux autres emplois de votre choix.

Francis Picabia, *Première Rencontre*, 1925, musée d'Art Moderne, Stockholm.

Observer et réfléchir

Un jour on démolira
ces beaux immeubles si modernes
on en cassera les carreaux
de plexiglas ou d'ultravitre
on démontera les fourneaux
construits à polytechnique
on sectionnera les antennes
collectives de télévision
on dévissera les ascenseurs
on anéantira les vide-ordures
on broiera les chauffoses
on pulvérisera les frigidons
quand ces immeubles vieilliront
du poids infini de la tristesse des choses.

Raymond Queneau, « Grand Standigne »,
*Courir les rues, Battre la campagne,
Fendre les flots*, Gallimard, 1981.

1. Soulignez tous les verbes au futur de l'indicatif.

2. Transformez-les à l'infinitif et comparez avec leur forme au futur. Qu'observez-vous pour la plupart des verbes ?

3. Quel emploi peut-on prêter au futur dans ces vers ? Quelle intention le texte traduit-il ?

Retenir

▶ **La conjugaison du futur de l'indicatif**

Le futur de l'indicatif est un temps simple. Les marques de personne sont toujours les mêmes :

Personne	Marque
je	-ai
tu	-as
il/elle/on	-a
nous	-ons
vous	-ez
ils/elles	-ont

Dans la majorité des cas, pour le former, il suffit de prendre un radical qui correspond à l'infinitif du verbe et d'ajouter les terminaisons.

*Chanter → Je chanter-**ai***   *Finir → Je finir-**ai***

radical   m. de personne   radical   m. de personne

Si l'infinitif se termine par un -*e*, on supprime celui-ci : *Prendre → Je prendr-**ai***

radical   m. de personne

▶ **Les verbes qui changent de radical**

• Plusieurs verbes ont un radical différent de l'infinitif :

être → je serai   *aller → j'irai*   *venir → je viendrai*   *voir → je verrai*
avoir → j'aurai   *faire → je ferai*   *tenir → je tiendrai*   *vouloir → je voudrai*

• Certains verbes à l'infinitif en **-oir** et en **-ir** (et au participe présent en -*ant*) ont un radical du futur en -*rr* : *courir → je courrai ; mourir → je mourrai ; pouvoir → je pourrai.*
• Le **futur** du verbe ***envoyer*** se calque sur celui du verbe *voir* : *envoyer → j'enverrai.*
• Le verbe ***asseoir*** se conjugue de deux manières au **futur** : *j'assoirai* ou *j'assiérai.*

S'exercer

1 Identifier

1 Donnez l'infinitif de ces formes verbales, puis mettez-les au futur de l'indicatif, à la même personne.
il découvre • nous entrevîmes • vous observez • je reconnus • tu envoies • nous pûmes • ils voient • vous visitâtes • elle parcourait

2 Parmi les formes verbales suivantes, relevez celles qui sont conjuguées au futur, et déterminez à quelle personne.
traversera • flamberaient • parcourrai • serait • visitiez • plaira • apercevrons

2 Manipuler

3 Mettez les phrases suivantes au futur de l'indicatif.
1. La foule s'amasse sur les trottoirs. **2.** Leurs regards ne se croisent pas. **3.** Tête baissée, ils s'engouffrent dans la bouche du métro. **4.** Des portes tournantes jaillissent des flots d'hommes et de femmes. **5.** Dans les couloirs, ils se précipitent pour se glisser dans la rame du métro.

4 RÉÉCRITURE **Réécrivez ce poème au futur de l'indicatif.**

[...] Les rues se font désertes et deviennent plus noires.
Je chancelle comme un homme ivre sur les trottoirs.
J'ai peur des grands pans d'ombre que les maisons projettent.
J'ai peur. Quelqu'un me suit. Je n'ose tourner la tête.
Un pas clopin-clopant saute de plus en plus près.
J'ai peur. J'ai le vertige. Et je m'arrête exprès.
Un effroyable drôle m'a jeté un regard
Aigu, puis a passé, mauvais comme un poignard. [...]

Blaise Cendrars, « Les Pâques à New York », 1926.

5 Complétez les phrases suivantes en conjuguant les verbes entre parenthèses au futur de l'indicatif.
1. Nous nous (*asseoir*) au balcon : ce sont les meilleures places.
2. Vous (*pouvoir*) toujours revenir demain s'il n'y a plus de fauteuils.

3. (*Être*)-t-il disponible pour assister au spectacle ?
4. Que (*faire*) les actrices si l'on ne parvient pas à régler l'éclairage ?
5. Je suis certaine qu'il ne (*venir*) pas.

6 Donnez l'emploi des verbes au futur de l'indicatif.
1. J'entends un piano dans le hall de l'hôtel. Si mon ami l'entend aussi, il aura l'idée de venir m'y rejoindre.
2. Tu iras à Times Square, tu ramasseras le paquet près du banc et tu déposeras l'argent dans la poubelle.
3. Un jour peut-être j'oublierai que j'ai vu et aimé New York. Ce sera une grande tristesse.
4. J'irai sur la 8ᵉ Avenue, quémanderai un regard, une poignée de main.

7 a. Complétez ce poème de Raymond Queneau en conjuguant les verbes entre parenthèses au futur de l'indicatif.
b. Quel sentiment traduit l'utilisation du futur ?

J'(*écrire*) le jeudi j'(*écrire*) le dimanche
quand je n'(*aller*) pas à l'école
j'(*écrire*) des nouvelles j'(*écrire*) des romans
et même des paraboles
je (*parler*) de mon village je (*parler*) de mes parents
de mes aïeux de mes aïeules
je (*décrire*) les prés je (*décrire*) les champs
les broutilles et les bestioles
puis je (*voyager*) jusqu'en Iran
au Tibet ou bien au Népal [...]
et ce qui (*être*) beaucoup plus intéressant
du côté de Sirius ou d'Algol
où tout me (*paraître*) tellement étonnant
que revenu dans mon école
je (*mettre*) l'orthographe mélancoliquement.

D'après Raymond Queneau, « L'Écolier », *Courir les rues, Battre la campagne, Fendre les flots*, Gallimard, 1981.

3 S'exprimer

8 Imaginez, en cinq phrases conjuguées au futur de l'indicatif, votre découverte de New York.

OCTAVE. – Après quelques paroles, dont je <u>tâchai</u> d'adoucir la douleur de cette charmante affligée[1], nous <u>sortîmes</u> de là ; et demandant à Léandre ce qu'il lui <u>semblait</u> de cette personne, il me <u>répondit</u> froidement qu'il la <u>trouvait</u> assez jolie. Je <u>fus</u> piqué de[2] la froideur avec laquelle il m'en <u>parlait</u>, et je ne <u>voulus</u> point lui découvrir[3] l'effet que ses beautés avaient fait sur mon âme.

Molière, *Les Fourberies de Scapin*, acte I, scène 2, 1671.

1. **Charmante affligée** : jolie femme malheureuse.
2. **Piqué de** : agacé par.
3. **Découvrir** : révéler.

1. Parmi les verbes soulignés, lesquels sont au passé simple ? Lesquels sont à l'imparfait ?

2. Observez la fin des verbes au passé simple et regroupez ceux qui se ressemblent, puis donnez leur infinitif.

▶ **L'imparfait**

Il se conjugue en ajoutant au **radical** du verbe **une marque de temps** qui prend la forme d'une voyelle, et **les marques de personne** : *-ais, -ais, -ait, -ions, -iez, -aient*.

▶ **Le passé simple**

1. Les marques de temps :

L'infinitif du verbe se termine par :

-er	-enir	d'autres lettres
Marques de temps : – *-a* à la 3e personne du singulier – *-è-* à la 3e personne du pluriel. *Je chantai ils, elles chantèrent*	Marque de temps : *-in-* *Je vins ils, elles vinrent*	Marque de temps : *-i-* ou *-u-* (selon les verbes) *Je pris ils, elles prirent* *Je courus ils, elles coururent*

2. Les marques de personnes :

	Je	Tu	Il / Elle / On	Nous	Vous	Ils / Elles
Verbes en -er	-i	-s		-^mes	-^tes	-rent
Autres verbes	-s	-s	-t	-^mes	-^tes	-rent

Attention

Certains verbes changent de radical : *être → je fus ; avoir → j'eus ; devoir → je dus ; pouvoir → je pus ; prendre → je pris ; résoudre → je résolus ; savoir → je sus ; taire → je tus ; vivre → je vécus…*

1 Identifier

➊ **Soulignez les verbes au passé simple et encadrez les verbes à l'imparfait, puis donnez leurs infinitifs et leurs personnes.**
battîmes • apitoyèrent • cherchais • attrapa • but • dormions • regardâtes • brûlai • peignais • écrivait • écrivis

➋ **Soulignez les verbes au passé simple et classez-les selon la terminaison de leur infinitif.**

Un peu après dix heures, le comte du Boisberthelot et le chevalier de La Vieuville reconduisirent l'homme aux habits de paysan jusqu'à sa cabine qui était la propre chambre du capitaine. Au moment d'y entrer, il leur dit en baissant la voix :
– Vous le savez, messieurs, le secret importe. Silence jusqu'au moment de l'explosion. Vous seuls connaissez ici mon nom.
– Nous l'emporterons au tombeau, répondit Boisberthelot.
– Quant à moi, repartit le vieillard, fussé-je devant la mort, je ne le dirais pas.
Et il entra dans sa chambre.
Le commandant et le second remontèrent sur le pont et se mirent à marcher côte à côte en causant. Ils parlaient évidemment de leur passager, et voici à peu près le dialogue que le vent dispersait dans les ténèbres.
Boisberthelot grommela à demi-voix à l'oreille de La Vieuville :
– Nous allons voir si c'est un chef.
La Vieuville répondit :
– En attendant, c'est un prince.

Victor Hugo, *Quatrevingt-treize*, 1874.

2 Manipuler

➌ **Conjuguez les verbes entre parenthèses au passé simple.**
1. Lorsque nous l' .... (*apercevoir*), elle se .... (*faufiler*) dans la foule.
2. Quand il .... (*venir*) me voir, je me .... (*dissimuler*).
3. Vous .... (*battre*) les Gaulois sans difficulté, contrairement à ce que vous .... (*raconter*).
4. Elle .... (*prendre*) le livre sur l'étagère et le .... (*lire*) aussitôt.
5. Elles ne .... (*vouloir*) pas aller se promener.
6. J' .... (*acheter*) un sac de sport, et Marcel me .... (*voir*).
7. Nous .... (*vivre*) heureux.

➍ **Réécrivez ce texte en conjuguant les verbes entre parenthèses au passé simple.**

La femme jambe de bois .... (*faire*) un deuxième sourire et .... (*sortir*) par l'arrière-porte, qui donnait sur la cour au

puits. Un moment après, l'arrière-porte se .... (*rouvrir*), et un homme se .... (*présenter*) dans l'entrebâillement. Cet homme avait une casquette et une blouse, et la saillie d'un objet sous sa blouse. Il avait des brins de paille dans les plis de sa blouse et le regard de quelqu'un qu'on vient de réveiller.
Il .... (*avancer*). On se .... (*regarder*). L'homme en blouse avait l'air ahuri et fin. Il .... (*dire*) :
– C'est vous l'armurier ?
Celui qui avait cogné .... (*répondre*) :
– Oui. C'est vous le Parisien ?
– Dit Peaurouge. Oui.
– Montrez.
– Voici.
L'homme .... (*tirer*) de dessous sa blouse un engin fort rare en Europe à cette époque, un revolver.
Ce revolver était neuf et brillant. Les deux bourgeois l' .... (*examiner*). Celui qui semblait connaître la maison et que l'homme en blouse avait qualifié « l'armurier » .... (*faire*) jouer le mécanisme. Il .... (*passer*) l'objet à l'autre, qui paraissait être moins de la ville et qui se tenait le dos tourné à la lumière.
L'armurier .... (*reprendre*) :
– Combien ?
L'homme en blouse .... (*répondre*) :
– J'arrive d'Amérique avec.

D'après Victor Hugo, *Les Travailleurs de la mer*, 1866.

➎ RÉÉCRITURE **Réécrivez le texte suivant en remplaçant *je* par *vous*.**

Quand je fus au milieu de l'escalier, songeant aux regards que ce directeur avait jetés sur moi, il me prit envie de savoir ce qu'il en dirait : Catherine m'attendait pourtant dans sa cuisine ; mais n'importe, je remontai doucement l'escalier. Je fermai la porte de la chambre, et j'en approchai mon oreille le plus près qu'il me fut possible.

D'après Marivaux, *Le Paysan parvenu*, 1734.

3 S'exprimer

➏ TOP CHRONO ! **Racontez en cinq phrases au passé simple votre dernière récréation.**

➐ **Écrivez un bref texte en utilisant les verbes suivants, que vous conjuguerez à la personne indiquée.**
entrer (*3ᵉ personne du singulier*) • se taire (*3ᵉ personne du pluriel*) • se lever (*1ʳᵉ personne du singulier*) • saluer (*1ʳᵉ personne du pluriel*) • rasseoir (*1ʳᵉ personne du singulier*) • prendre (*3ᵉ personne du singulier*) • lire (*3ᵉ personne du singulier*)

➑ **Continuez ce texte à l'aide du passé simple. Vous utiliserez au minimum quatre verbes dont les infinitifs finissent par -er, -ir et -re.**
Une nuit sans lune, alors qu'ils se promenaient dans les ruelles tortueuses de Londres, une ombre ....

Observer et réfléchir

• Il distingue la silhouette svelte de sa compagne qui **s'est levée**.

• Elle remarquait que le garçon l'**avait suivie** du regard.

• Dès qu'elle l'**eut aperçu**, elle accourut.

• Une fois qu'il **sera remis**, il l'épousera.

• Ils connaîtraient le bonheur dès qu'ils **auraient emménagé** ensemble.

1. De quels éléments sont constitués les verbes en gras ? Identifiez le temps du premier mot.

2. Repérez l'autre verbe conjugué présent dans chaque phrase. À quel temps est-il ? Que constatez-vous ?

3. L'action exprimée par chaque verbe en gras se passe-t-elle avant, pendant ou après celle exprimée par chacun des autres verbes ?

Retenir

▶ **Construire les temps composés**

• On appelle **temps composés** des temps comportant **deux mots à l'actif** et **trois mots au passif**. À chaque temps simple correspond un temps composé.

Temps simple	Temps composé
Indicatif présent : *j'aime – je suis aimé*	Indicatif passé composé : *j'ai aimé – j'ai été aimé*
Indicatif imparfait : *j'aimais – j'étais aimé*	Indicatif plus-que-parfait : *j'avais aimé – j'avais été aimé*
Indicatif passé simple : *j'aimai – je fus aimé*	Indicatif passé antérieur : *j'eus aimé – j'eus été aimé*
Indicatif futur : *j'aimerai – je serai aimé*	Indicatif futur antérieur : *j'aurai aimé – j'aurai été aimé*

• Pour construire un temps composé, on utilise le **participe passé** du verbe, précédé de l'**auxiliaire *être*** ou ***avoir***, conjugué au temps simple correspondant.

$$je\ veux \rightarrow \underset{\substack{\text{aux.} \\ \text{au présent}}}{j'ai}\ \underset{\text{part. passé}}{voulu} \qquad nous\ irons \rightarrow \underset{\substack{\text{aux.} \\ \text{au futur}}}{nous\ serons}\ \underset{\text{part. passé}}{allés}$$

• L'auxiliaire ***avoir*** s'utilise pour les verbes qui se construisent avec des compléments de verbe (COD, COI).

• L'auxiliaire ***être*** s'utilise pour :
– des verbes d'état (*devenir, rester, demeurer, paraître*, etc.) ;
– des verbes de déplacement (*monter, descendre, arriver, partir*, etc.) ;
– les verbes ***naître*** et ***mourir***.

• Selon l'auxiliaire utilisé, le participe passé ne suit pas la même règle d'accord.
Le participe passé :
– **s'accorde avec le sujet** quand le verbe est conjugué avec l'auxiliaire *être* ;
– **ne s'accorde pas avec le sujet** quand le verbe est conjugué avec l'auxiliaire *avoir* ;
– **s'accorde avec le COD** quand le **COD est placé avant** l'auxiliaire *avoir*.

Attention
Il ne faut pas confondre un verbe à l'actif à un temps composé et un verbe au temps simple et au passif.

$$\underset{\text{actif, passé composé}}{\underline{Je\ suis\ revenu}}\ dans\ la\ maison. \neq \underset{\text{passif, présent}}{\underline{Je\ suis\ pourchassé}}\ par\ un\ fantôme.$$

- Les temps composés servent à exprimer un fait **accompli**, révolu par rapport au temps de référence (temps simple des verbes dans le reste du discours).

Elle a achevé sa journée depuis deux heures.
    passé composé

Il appellera quand il aura terminé son travail.
    futur   futur antérieur

- Si le temps simple de la phrase change (par exemple lorsqu'un texte au présent est réécrit au passé), les verbes aux temps composés changent également.

Il se dit qu'elle est allée à la plage. → *Il se disait qu'elle était allée à la plage.*
    présent   passé composé   imparfait   plus-que-parfait

S'exercer

1 Identifier

① **a. Dans les phrases suivantes, repérez les verbes conjugués et donnez leur infinitif.**
b. Déterminez le temps de l'auxiliaire conjugué, puis celui du verbe.
1. L'homme a traîné sa lourde silhouette hors du lit. **2.** Il n'avait dormi que quelques heures. **3.** Il fut poursuivi par les inspecteurs. **4.** La jeune femme s'était exclamée qu'il l'avait abandonnée ! **5.** Il aura éprouvé des regrets. **6.** Ne l'a-t-elle jamais oublié ?

② **a. Dans cette liste, distinguez les phrases contenant un verbe à l'actif et celles contenant un verbe au passif.**
b. Quels verbes sont à des temps composés ?
1. Nous avons très envie de nous voir. **2.** Tu t'intéresses à cette inconnue. **3.** Vous aurez eu l'occasion de vous rencontrer. **4.** Si elle veut te plaire, elle sera habillée en rouge. **5.** J'irai la retrouver. **6.** Tu es tombé dans notre piège. **7.** Elle est plus entreprenante. **8.** Quand il s'est penché vers elle, elle l'a embrassé. **9.** Il a été pris par surprise.

2 Manipuler

③ **a. Complétez le tableau suivant en conjuguant les verbes au temps composé correspondant et à la même personne.**
b. Nommez les temps composés que vous avez utilisés.

Verbes aux temps simples	Verbes aux temps composés
nous adorons	
il écrira	
vous saviez	
tu arriveras	
j'admets	
il frissonna	

④ **Exprimez l'antériorité en conjuguant les verbes au futur antérieur et au futur simple.** *Exemple : Il bondit hors de la voiture et tente de fuir.* → *Quand il aura bondi hors de la voiture, il tentera de fuir.*
1. Le détective se déguise et prend la femme en filature. **2.** La femme entre dans un café et sort sans tarder par la porte de derrière. **3.** L'amateur attend trop longtemps, alors il s'inquiète. **4.** Il comprend la situation et se lance des insultes. **5.** Il réfléchit un peu et trouve une solution. **6.** Le détective la rattrape et tâche d'être plus discret.

⑤ **Conjuguez les verbes entre parenthèses au temps composé approprié pour exprimer l'antériorité.**
1. Quand il (*voir*) l'apparition, il s'enfuira en courant. **2.** Une fois que tu (*trouver*) le passage secret, tu t'y engouffras. **3.** Après que nous (*apercevoir*) l'ombre étrange, nous alertâmes le châtelain. **4.** Elle ne prend pas peur même si elle (*entendre*) un bruit suspect. **5.** Vous vous rendez au lieu dit après que vous (*recevoir*) un mystérieux message. **6.** Une fois que je (*trouver*) la raison de cette disparition, je rassurerai tout le monde.

⑥ RÉÉCRITURE **Réécrivez ce texte en prenant pour repère temporel le présent, puis le futur.**

> Auparavant, Holmes ne m'avait jamais parlé ainsi. Ces paroles me firent le plus grand plaisir, car, jusqu'alors, son indifférence aussi bien pour mon admiration que pour mes efforts [...] m'avait vexé. De plus, j'étais fier de m'être assimilé son système au point de mériter son approbation quand il m'arrivait de l'appliquer.
>
> Arthur Conan Doyle, *Le Chien des Baskerville* [1901], trad. de l'anglais par A. de Jassaud, 1905.

3 S'exprimer

⑦ **Imaginez en quelques lignes la suite de ce récit, en relatant les souvenirs du personnage au plus-que-parfait.**
Rodrigue, accablé de chagrin, se souvint alors de Chimène. Il se rappelait qu'elle avait ....

Depuis quelque temps, le boulevard **s'était vidé**. Nous **n'**y **avions pas fait** attention ; mais maintenant ces grandes plaques de bitume nu nous **glaçaient** les joues. [...] Soudain, voilà comme une pochetée de gens qui **s'éparpille** sur le boulevard.

Jules Romains, *Le Vin blanc de la Villette*, Gallimard, 2000.

1. Quels verbes expriment une action en cours de déroulement ?

2. Quels verbes expriment une action achevée ? Quel temps est utilisé ?

3. Pourquoi peut-on dire que l'action exprimée par le verbe *glaçaient* n'a pas de fin ?

Retenir

Un verbe varie non seulement en fonction du temps mais aussi de l'aspect.

Le **temps** permet de situer l'action sur un axe passé-présent-futur. L'**aspect**, lui, permet de **présenter l'action dans son déroulement**. Il retranscrit la façon dont on ressent la durée de l'action.

▶ **Passé simple ou imparfait : aspect borné ou non borné**

Pour choisir entre l'imparfait et le passé simple, on se demande si **l'action est envisagée comme limitée**, si elle a une fin précise, ou si **elle est considérée comme illimitée** : on voit l'action « de l'intérieur », comme si sa fin n'était pas encore arrivée.

Aspect	L'action envisagée...	Temps de l'indicatif	Exemples
non borné	n'a pas de limite précise	**imparfait**	*Il pleuvait sur la ville.*
borné	est enfermée dans des limites précises, a une fin	**passé simple**	*L'homme s'engouffra dans la rue.*

Remarque : Aux temps du passé, connaître l'aspect d'un verbe permet de savoir s'il faut un -s à la 1re personne du singulier.
• **Action bornée** = passé simple → **ne pas mettre de -s** : *Je m'arrêtai de déambuler à deux heures.*
• **Action non bornée** = imparfait → **mettre un -s** : *Je ne m'arrêtais plus de déambuler.*

▶ **Temps composés et temps simples : aspect accompli ou non accompli**

Pour choisir entre les temps simples et les temps composés, on se demande si **l'action** est considérée comme **accomplie**, déjà faite, ou si on la montre **en train de se réaliser**.

Aspect	L'action envisagée...	Temps de l'indicatif	Exemples
accompli	est achevée, réalisée	**formes composées :** • passé composé • plus-que-parfait • passé antérieur • futur antérieur	*Elle s'est fondue dans la foule.* *Elle s'était fondue dans la foule.* *Quand Cécile l'eut perdue de vue, elle fit demi-tour.* *Elle aura fait son interview demain matin.*
non accompli	est en cours de déroulement	**formes simples :** • présent • imparfait • passé simple • futur	*Il marche parmi la foule.* *Il marchait parmi la foule.* *Cécile la perdit de vue.* *Elle fera son interview demain.*

1 Identifier

1 Déterminez si les formes verbales suivantes expriment une action bornée ou non bornée, et utilisez-les dans une phrase.

se glissèrent • déambulions • aperçûtes • laissais porter • bouleversa • précipitâmes

2 Les formes verbales suivantes ont-elles un aspect accompli ou non accompli ? Utilisez-les dans une phrase.

s'est assise • se promenait • avions exploré • contemple • avaient battu le pavé • errent

3 Relevez les verbes conjugués du texte suivant et donnez leurs aspects.

Il avait pris l'habitude de se promener dans la ville. Il aimait parfois contempler telle ou telle vitrine. Quand il eut traversé la rue et atteint la boulangerie, son regard s'arrêta sur une brioche aux pralines. Il observait souvent ces viennoiseries, dont l'odeur embaumait le trottoir, sans oser en acheter. Ce jour-là, il poussa la porte et franchit le seuil de la boulangerie.

2 Manipuler

4 Complétez les phrases suivantes en conjuguant le verbe à l'imparfait ou au passé simple et justifiez votre choix par l'aspect.

Je .... (*se promener*) en chantant dans la rue. Tout à coup, je .... (*reconnaître*) mon ami philosophe. Je .... (*cesser*) de chanter et .... (*se mettre*) à courir en bousculant les passants. Assis sur un banc, il .... (*lire*). Quand je fus arrivé à ses côtés, nous .... (*tomber*) dans les bras l'un de l'autre. Il me .... (*demander*) de mes nouvelles, puis .... (*commencer*) à me raconter ce qu'il avait fait depuis notre dernière rencontre.

5 Choisissez la forme verbale correspondant à l'aspect indiqué entre parenthèses après chaque phrase.

1. Elle (*s'était glissée/se glissait*) dans la rame de métro (accompli).

2. Perdue dans la foule, elle (*se mit à avoir/avait*) des vertiges (non borné).

3. Tous les matins, elle (*prenait/prit*) le train pour aller au travail (non borné).

4. Le détective (*prendra/aura pris*) le suspect en filature (non accompli).

5. Il (*gèle/a gelé*) sur la rivière (accompli).

6. Le chien (*aboyait/aboya*) quand il reconnut le facteur (borné).

6 a. Complétez les phrases suivantes en conjuguant les verbes entre parenthèses tout en respectant l'aspect demandé.

b. Réécrivez ces phrases en remplaçant le sujet des verbes par *je*.

1. Les yeux rivés sur le sol, l'homme (*compter*, non borné, non accompli) ses pas.

2. Il (*se perdre*, borné, accompli) dans les rues de la ville.

3. Il (*déambuler*, borné, non accompli) pendant quelques heures.

4. En fin de compte, il (*s'arrêter*, borné, non accompli) au niveau d'un pont sur la Tamise.

7 Insérez chaque verbe de la liste suivante dans une phrase en respectant le temps et la personne indiqués, puis donnez son aspect (borné/non borné ; accompli/non accompli).

interpeller (plus-que-parfait ; je) • se répandre (passé simple ; elle) • sautiller (futur antérieur ; nous) • traverser (présent ; vous) • posséder (futur antérieur, elles)

8 Dictée préparée

a. Relevez les verbes du texte suivant et indiquez leur temps et leur aspect.

b. Écrivez ce texte sous la dictée de votre professeur.

Comme je m'arrêtais à regarder un géant des batailles[1], qui portait trois fleurs magnifiques, je vis, je vis distinctement, tout près de moi, la tige d'une de ces roses se plier [...]. Éperdu, je me jetai sur elle pour la saisir ! Je ne trouvai rien : elle avait disparu.

Guy de Maupassant, *Le Horla*, 1887.

_____

1. **Géant des batailles** : variété de laurier rose.

3 S'exprimer

9 Décrivez la scène suivante aux temps du passé. Sous les verbes que vous utiliserez, vous indiquerez leur aspect.

Jean Béraud, *Avenue parisienne*, vers 1880, huile sur toile, 40 x 57 cm, collection particulière.

Il pensait que tout irait pour le mieux, qu'elle tomberait dans ses bras, qu'il lui murmurerait des mots doux dans le creux de l'oreille. Il rêvait qu'enfin il l'embrasserait. Si elle cédait à son charme, leur histoire deviendrait possible.

1. a. Soulignez tous les verbes conjugués et classez-les en deux catégories, selon leur conjugaison.
b. Le récit est-il écrit au passé, au présent ou au futur ? Justifiez votre réponse.

2. a. Placez sur un axe chronologique les actions décrites dans le texte.
b. Quand les actions exprimées au conditionnel ont-elles lieu par rapport à celles exprimées à l'imparfait ?

3. Dans la dernière phrase, repérez une conjonction de subordination. Pourquoi le conditionnel est-il employé ?

▶ **La conjugaison du conditionnel présent**

Le conditionnel présent est un temps simple. Pour le former, il suffit de prendre **le radical du futur** et d'y ajouter les **marques de temps et de personne de l'imparfait.**

Personne	Radical du futur	Marques de l'imparfait	
		Temps	**Pers.**
je	chanter	ai	s
tu	chanter	ai	s
il/elle/on	chanter	ai	t
nous	chanter	i	ons
vous	chanter	i	ez
ils/elles	chanter	ai	ent

Finir au futur : *je finirai* → au conditionnel : *je finirais*.
Prendre au futur : *je prendrai* → au conditionnel : *je prendrais*.
Être au futur : *je serai* → au conditionnel : *je serais*.
Avoir au futur : *j'aurai* → au conditionnel : *j'aurais*.

▶ **Les emplois du conditionnel**

1. L'hypothèse : le conditionnel présent peut servir à exprimer **une supposition, une action hypothétique**. Le plus souvent il est précédé de *si* suivi d'un verbe à l'imparfait.

S'il m'aimait, il me couvrirait de cadeaux.
↓
conditionnel présent

2. Le doute : le conditionnel peut indiquer que la personne **suppose seulement que ce qu'elle dit est vrai**. Il sert alors à modaliser le discours.

D'après Horatio, Roméo serait fou amoureux de Juliette.

3. Le futur du passé : le conditionnel présent peut servir à exprimer **un fait futur par rapport à un moment passé**.

Il pensait   qu'il réussirait.

———————————————————————————————————→
passé   futur du passé

1 Identifier

1 Dans le poème suivant, relevez les verbes au conditionnel présent puis indiquez leur emploi.

Si j'étais Dieu, la mort serait sans proie,
Les hommes seraient bons, j'abolirais l'adieu,
Et nous ne verserions que des larmes de joie,
        Si j'étais Dieu.

Si j'étais Dieu, de beaux fruits sans écorces
Mûriraient ; le travail ne serait plus qu'un jeu,
Car nous n'agirions plus que pour sentir nos forces,
        Si j'étais Dieu.

Si j'étais Dieu, pour toi, celle que j'aime,
Je déploierais un ciel toujours frais, toujours bleu,
Mais je te laisserais, ô mon ange, la même,
        Si j'étais Dieu.

        Sully Prudhomme, « Si j'étais Dieu »,
        Stances et poèmes, 1865.

2 Donnez le futur simple des formes verbales suivantes, puis mettez-les au conditionnel présent à la même personne.
il veut • nous pouvons • vous observez • tu reconnais • vous apercevez • nous déclarons • ils voient • vous parcourez • elle décide

3 Dans les phrases suivantes, relevez les formes verbales au conditionnel présent.
1. Elle espérait que nous (*choisissions/choisirions*) une superbe robe.
2. Il pensait qu'elle (*insistera/insisterait*) davantage.
3. Nous estimions qu'il (*faudra/faudrait*) faire une cour assidue.
4. Ils promettaient qu'ils se (*battront/battraient*) pour elle.
5. Elle espérait que je (*regardais/regarderais*) dans sa direction.
6. Vous pensiez qu'elle (*suffisait/suffirait*) à votre bonheur.

4 Dans les phrases suivantes, relevez les verbes au conditionnel présent et donnez leur emploi.
1. Elle pensait qu'ils viendraient.
2. Que ferais-tu si tu avais beaucoup d'argent ?
3. Il paraîtrait qu'ils vont se marier.
4. Cet homme serait un agent secret.
5. Si j'avais le temps, je t'emmènerais au cinéma.
6. Savaient-ils qu'elles partiraient ?
7. D'après lui, ils ne seraient pas honnêtes.

2 Manipuler

5 Complétez ces phrases en conjuguant les verbes entre parenthèses au conditionnel présent.

1. S'ils se rencontraient, ils (*s'aimer*) immédiatement.
2. Si jamais elle épousait quelqu'un, ce (*être*) lui.
3. Si tu te souvenais d'elle, elle (*apprécier*).
4. Elle pensait qu'il l'(*adorer*).
5. Vous pensiez que vous me (*être*) destiné.
6. S'il était meilleur, elle le (*porter*) dans son cœur.

6 a. Complétez ce poème de Jean Tardieu en conjuguant les verbes entre parenthèses.
b. Quel emploi du conditionnel est présent dans ce texte ?

Si je savais écrire je (*savoir*) dessiner
Si j'avais un verre d'eau je le (*faire*) geler et je le (*conserver*) sous verre
Si on me donnait une motte de beurre je la (*faire*) couler en bronze
Si j'avais trois mains je ne (*savoir*) où donner de la tête
Si les plumes s'envolaient si la neige fondait si les regards se perdaient je leur (*mettre*) du plomb dans l'aile
Si je marchais toujours tout droit devant moi, au lieu de faire le tour du globe j'(*aller*) jusqu'à Sirius et au-delà [...]
Si je sortais par la porte je (*rentrer*) par la fenêtre [...]
Si je partais sans me retourner je me (*perdre*) bientôt de vue.

        D'après Jean Tardieu, « Au conditionnel »,
        L'Accent grave et l'Accent aigu, Gallimard, 1986.

3 S'exprimer

7 Imaginez un dialogue entre deux amoureux qui se projettent dans le futur. Vous utiliserez le conditionnel présent.

Marc Chagall, *Les Mariés de la tour Eiffel*, 1938-1939, huile sur lin, 150 x 136 cm, CGP, MNAM, dation 1988.

Don Diègue, trop âgé pour se battre en duel contre don Gomès, demande à son fils Rodrigue de prendre sa place afin de laver son honneur.

Don Diègue. – Je reconnais mon sang à ce noble courroux ;
Ma jeunesse revit en cette ardeur si prompte.
Viens, mon fils, viens, mon sang, viens réparer ma honte ;
Viens me venger. [...]

Don Rodrigue. – De grâce, achevez. [...]

Don Diègue. – Ne réplique point, je connais ton amour. [...]
Venge-moi, **venge-toi** ;
Montre-toi digne fils d'un père tel que moi.

Pierre Corneille, *Le Cid*, acte I, scène 5, 1660.

1. a. Relevez les verbes à l'impératif présent.
b. Cherchez les pronoms personnels sujets. Qu'observez-vous ?
c. Comparez-les au présent de l'indicatif. Que constatez-vous ?

2. Donnez l'infinitif des verbes en gras. Quelle est la particularité de ces verbes ?

3. a. Pourquoi Don Diègue utilise-t-il l'impératif ?
b. Don Rodrigue l'utilise-t-il pour les mêmes raisons ?

Retenir

▶ **La conjugaison de l'impératif présent**

• L'impératif présent se conjugue à **trois personnes** seulement : la deuxième personne du singulier, et la première et deuxième personnes du pluriel :

Venge-toi ! Vengeons-nous ! Vengez-vous !

• L'impératif se conjugue **sans pronoms personnels, sauf les verbes pronominaux** comme *se taire*, dont le pronom personnel change de place à la forme négative :

Tais-toi ! → *Ne te tais pas !*

• L'impératif présent se conjugue sur le modèle de l'**indicatif présent** :
– Au pluriel, les terminaisons sont toujours *-ons* et *-ez* : *Parlons ! Allez !*
– Mais à la deuxième personne du singulier, les verbes en *-er* ne prennent **pas de -s, sauf avec les pronoms *en* et *y*.** On écrit : *Parle ! Va !* Mais : *Parles-en ! Vas-y !*

	Verbes en *-er*		Verbes en *-ir*	Verbes en *-re*
	Chanter	**Aller**	**Finir**	**Attendre**
2ᵉ pers. du sing.	Chant**e**	V**a**	Fin**is**	Attend**s**
1ʳᵉ pers. du pl.	Chant**ons**	All**ons**	Finiss**ons**	Attend**ons**
2ᵉ pers. du pl.	Chant**ez**	All**ez**	Finiss**ez**	Attend**ez**

Attention
Certains verbes changent de forme :
être : *sois, soyons, soyez*
avoir : *aie, ayons, ayez*
savoir : *sache, sachons, sachez*
vouloir : *veuille, voulons, veuillez*

> **Les emplois de l'impératif**
>
> L'impératif peut servir à exprimer :
> - un **ordre** ou un **conseil** : *Parle ! Prenez garde !*
> - une **interdiction** (tournure négative) : *Ne bougez pas !*
> - une **demande**, un **souhait**, un **désir** : *Veuillez me donner votre épée !*
> - une **consigne** : *Conjuguez les verbes à l'impératif.*
> - un **encouragement** : *Reprends courage !*

S'exercer

1 Identifier

1 **Parmi les phrases suivantes, lesquelles sont à l'impératif ? Justifiez votre réponse.**
1. Mangeons !
2. Reste attentif !
3. Il ne succombe pas.
4. Nous ne voulons pas de cet accord !
5. Ils résistent.
6. Persévérez.

2 **Identifiez les emplois de l'impératif présent dans les phrases suivantes.**
1. Ne crains rien, m'a-t-il dit quand il m'a désarmé.
2. Viens baiser cette joue, et reconnais la place/Où fut empreint l'affront que ton courage efface.
3. Ne mêle point de soupirs à ma joie.
4. Laisse-moi prendre haleine afin de te louer.
5. Porte, porte plus haut le fruit de ta victoire.
6. Va marcher à leur tête où l'honneur te demande.

2 Manipuler

3 **Mettez les verbes des phrases suivantes à l'impératif présent.**
1. Tu m'ôtes cet objet odieux.
2. Tu le regardes plutôt pour exciter ma haine.
3. Tu n'attends pas de mon affection de lâches sentiments pour ta punition.
4. Vous ne différez donc plus ce que l'honneur vous ordonne.
5. Vous en faites un sacrifice à ce noble intérêt.
6. Tu me punis par vengeance, ou du moins par pitié.

4 **a. Complétez ce dialogue en conjuguant les verbes entre parenthèses à l'impératif présent.**

b. Quel sentiment traduit l'utilisation de l'impératif dans ce passage ?

DON RODRIGUE. – N'(*épargner*, 2e pers. du pl.) point mon sang : (*goûter*, 2e pers. du pl.) sans résistance
La douceur de ma perte et de votre vengeance.
CHIMÈNE. – Hélas !
DON RODRIGUE. – (*écouter*, 2e pers. du sing.)-moi.
CHIMÈNE. – Je me meurs.
DON RODRIGUE. – Un moment.
CHIMÈNE. – (*Aller*, 2e pers. du sing.), (*laisser*, 2e pers. du sing.)-moi mourir.
DON RODRIGUE. – Quatre mots seulement :
Après ne me (*répondre*, 2e pers. du sing.) qu'avecque cette épée. [...]
CHIMÈNE. – Il est teint de mon sang.
DON RODRIGUE. – (*Plonger*, 2e pers. du sing.)-le dans le mien,
Et (*faire*, 2e pers. du sing.)-lui perdre ainsi la teinture du tien.

D'après Pierre Corneille, *Le Cid*, acte III, scène 4, 1660.

5 Dictée préparée

a. Relevez les impératifs du texte suivant.

b. Écrivez-le sous la dictée de votre professeur.

CHIMÈNE. – Allez, vengeance, amour, qui troublez mes esprits,
Vous n'avez point pour moi de douceurs à ce prix ;
Et toi, puissant moteur du destin qui m'outrage,
Termine ce combat sans aucun avantage,
Sans faire aucun des deux ni vaincu ni vainqueur.

Pierre Corneille, *Le Cid*, acte V, scène 4, 1660.

3 S'exprimer

6 **Imaginez un court dialogue entre Chimène et Don Sanche, un jeune homme qui l'aime et veut l'épouser. Chimène lui demande de se battre en duel avec Don Rodrigue qu'elle aime pourtant. Vous veillerez à utiliser les verbes suivants à l'impératif :** *offrir, autoriser, ordonner, permettre, obéir, venger*, **et au moins trois autres verbes de votre choix.**

• J'ai souhaité qu'il **vienne** sans tarder.

• J'avais souhaité qu'il **vînt** sans tarder.

1. Dans la première phrase, quel est le temps et le mode du verbe *vienne* ?

2. a. Dans la seconde phrase, à quel temps de l'indicatif le verbe *vînt* ressemble-t-il ? Qu'est-ce qui l'en différencie ?
b. Dans quel type de proposition le verbe *vînt* se trouve-t-il ?
c. À votre avis, l'action est-elle réalisée au moment où la phrase est dite ? Justifiez votre réponse.

Retenir

▶ **Les temps simples du subjonctif**

Le subjonctif est un **mode verbal**. Il est en général précédé de *que* et possède deux temps simples, le **présent** et l'**imparfait**.

1. Le subjonctif présent se conjugue en ajoutant au radical du participe présent les **marques de personne** *-e, -es, -e, -ions, -iez, -ent*.

Chantant → *que je chante*   Finissant → *que je finisse*
            que nous chantions   *que nous finissions*

Attention
Certains verbes fréquents ont un radical particulier, par exemple :

être	→ je sois, tu sois, il soit, nous soyons, vous soyez, elles soient
avoir	→ j'aie, tu aies, il ait, nous ayons, vous ayez, elles aient
aller	→ j'aille, tu ailles, il aille, nous allions, vous alliez, ils aillent
faire	→ je fasse, tu fasses, elle fasse, nous fassions, vous fassiez, ils fassent
dire	→ je dise, tu dises, il dise, nous disions, vous disiez, elles disent
prendre	→ je prenne, tu prennes, elle prenne, nous prenions, vous preniez, ils prennent
venir	→ je vienne, tu viennes, il vienne, nous venions, vous veniez, ils viennent
pouvoir	→ je puisse, tu puisses, il puisse, nous puissions, vous puissiez, elles puissent
voir	→ je voie, tu voies, il voie, nous voyions, vous voyiez, elles voient
vouloir	→ je veuille, tu veuilles, il veuille, nous voulions, vous vouliez, elles veuillent
savoir	→ je sache, tu saches, il sache, nous sachions, vous sachiez, elles sachent
falloir	→ il faille

2. Le subjonctif imparfait se conjugue en ajoutant au **radical** formé par le **passé simple** du verbe à la **3ᵉ personne du singulier** :

• les **marques de temps -ss-**, sauf à **la 3ᵉ personne du singulier,** où on ajoute un **accent circonflexe** sur la dernière voyelle

• et les **marques de personne** du **subjonctif présent**.

que je chanta   -ss-   -e
       ↓   ↓   ↓
radical du passé simple   m. de temps   m. de personne

Exemple : *que je vinsse, que tu vinsses, qu'il vînt, que nous vinssions, que vous vinssiez, qu'ils vinssent.*

Attention
Il ne faut pas oublier l'accent circonflexe à la 3ᵉ personne du singulier.

▶ **Les emplois du subjonctif**

Le subjonctif exprime un **fait dont on n'est pas sûr**. Il est le plus souvent employé dans une proposition subordonnée.

1. Le subjonctif présent est le temps le plus souvent utilisé.

Dans une proposition indépendante		Dans une proposition subordonnée		
pour donner un **ordre**	pour exprimer un **souhait**	après certains noms (*l'idée que, l'impression que*)	après certains verbes (*falloir, suggérer, aimer*) ou groupes (*avoir peur que*)	après certaines conjonctions de subordination (*avant que, pour que, pourvu que, bien que*, etc.)
Qu'il aille tout de suite lui déclarer son amour.	*Qu'elle m'aime !* *Pourvu qu'il partage mes sentiments !*	*L'idée que nous ne nous revoyions pas me fait peur.*	*Il faut qu'il y aille.* *J'ai peur que vous refusiez mon baiser.*	*Je ferai tout pour que vous m'aimiez.*

2. Le subjonctif imparfait est aujourd'hui très rare et son emploi est réservé à un usage littéraire. En général, **il remplace le subjonctif présent dans un contexte au passé**, pour respecter la concordance des temps.

Temps de la proposition principale	Temps de la proposition subordonnée	Exemples
présent ou passé composé	présent du subjonctif	*Il veut que nous chantions.*
passé simple ou imparfait	imparfait du subjonctif	*Il voulait qu'ils chantassent.*

S'exercer

1 Identifier

1 Donnez les participes présents de ces verbes, puis conjuguez-les au subjonctif présent : adorer • chérir • honorer • choisir • défaillir • devenir • blesser • blêmir • faiblir • déplaire

2 Conjuguez les verbes de l'exercice précédent à la 3e personne du singulier de l'indicatif passé simple, puis du subjonctif imparfait.

3 Formez correctement les verbes au subjonctif présent ou imparfait en reliant les bons éléments de chaque colonne.

Il fallait qu'il s'enflamm- •	• -înt
Il faut que vous finiss- •	• -ât
Il aurait fallu que nous le dissuadass- •	• -iez
J'attends qu'elles me le rav- •	• -ions
Elle attendait qu'il se ret- •	• -issent

2 Manipuler

4 Conjuguez les verbes entre parenthèses au présent du subjonctif.
1. Il veut que sa compagne le (*retenir*). **2.** Il faut que tu (*faire*) plus attention à elle. **3.** Je veux que nous (*s'aimer*). **4.** Il est nécessaire qu'on (*se mettre*) d'accord. **5.** Vous espérez qu'il ne vous (*voir*) pas.

5 Conjuguez ces formes verbales au subjonctif présent à la personne demandée : admirer (*tu*) • plaindre (*nous*) • déplaire (*elle*) • craindre (*ils*) • compatir (*on*) • gémir (*vous*) • se détourner (*elle*) • se délecter (*il*) • séduire (*je*)

6 Mettez les phrases suivantes au subjonctif imparfait en les commençant par *Fallait-il que*…
1. Elle avoue son amour pour vous.
2. Il s'excuse de son désintérêt.
3. Vous vous offusquez de ses hardiesses.
4. Elles hésitent à déclarer leurs sentiments.
5. Ils badinent avec l'amour.
6. On s'enflamme pour cet ingrat.

7 RÉÉCRITURE **a. Ce poème d'Alphonse Allais a mal été recopié, et les rimes sont fausses. Retrouvez-les en remplaçant le subjonctif présent par du subjonctif imparfait.**
b. Quel effet crée l'utilisation du subjonctif imparfait ?

> Ah ! Fallait-il que je vous voie
> Fallait-il que vous me plaisiez
> Qu'ingénument je vous le dise
> Qu'avec orgueil vous vous taisiez
> Fallait-il que je vous aime
> Que vous me désespériez
> Et qu'enfin je m'opiniâtre
> Et que je vous idolâtre
> Pour que vous m'assassiniez.
>
> D'après Alphonse Allais, « Épître amoureuse d'un puriste », vers 1875.

3 S'exprimer

8 a. Imaginez en cinq phrases, à l'aide du subjonctif présent, ce qu'il faudrait faire pour que votre premier rendez-vous amoureux se déroule idéalement.
b. RÉÉCRITURE Réécrivez votre premier texte au passé, en employant le subjonctif imparfait.

Les commerçants du quartier sont particulièrement sympathiques. Paul les fréquente réguliè-
ment avec plaisir. Les voici d'ailleurs qui lui adressent
un bonjour cordial.

1. Réécrivez ces phrases en remplaçant le groupe souligné
par *Le commerçant*.

2. Pourquoi le verbe de la première phrase a-t-il changé ?
Pourquoi celui de la deuxième n'a-t-il pas été modifié ?

3. Quelles modifications avez-vous fait subir au verbe de
la troisième phrase ? Pourquoi ?

**Le verbe s'accorde toujours avec son sujet
en personne (*je*, *tu*, *il/elle*, etc.) et en nombre (singulier, pluriel).**

Il faut distinguer trois cas.

▶ **Le sujet est un groupe nominal**

1. Quand le groupe nominal sujet inclut une **expansion du nom**, le verbe s'accorde toujours avec le **nom noyau**.

L'appartement des voisins est décoré avec goût.

nom noyau

groupe nominal

Les voitures que le patron a achetées sont très coûteuses.

nom noyau

groupe nominal

2. Quand le groupe nominal sujet commence par un **adverbe** (*peu, beaucoup, plusieurs,
trop*), le verbe s'accorde à la **3ᵉ personne du pluriel.**

Beaucoup de spectateurs se sont plaints du bruit.

3. Quand le groupe nominal sujet commence par les **déterminants indéfinis** *chaque,
aucun(e), tel(le), nul(le), chacun(e)*, le verbe s'accorde à la **3ᵉ personne du singulier.**

Aucun argument ne saurait justifier pareille violence.

▶ **Le sujet est un pronom**

1. Quand le sujet est un **pronom indéfini** (*on, rien, nul, personne, chacun*), le verbe s'accorde
à la **3ᵉ personne du singulier.**

Nul n'est censé ignorer la loi. Rien ne vous excuse.

2. Quand le sujet se compose de **plusieurs personnes** :

• le verbe est au pluriel ;

• la 1ʳᵉ personne l'emporte sur les autres ;

Bobby McGee et moi avons parcouru un long chemin ensemble.

3ᵉ pers.   1ʳᵉ pers

• la 2ᵉ personne l'emporte sur la 3ᵉ.

Bobby McGee et toi avez chanté jusqu'à la tombée de la nuit.

3ᵉ pers.   2ᵉ pers.

3. Quand le sujet est le pronom relatif *qui* : le verbe de la proposition subordonnée relative s'accorde avec l'**antécédent du pronom**.

Toi <u>qui</u> marches beaucoup, tu connais ce sentier de randonnée.

▶ **Le sujet est un verbe à l'infinitif**
Le **verbe** s'accorde à la **3ᵉ personne du singulier.**

<u>Manger</u> fait du bien quand on est fatigué.

S'exercer

1 Identifier

① **Soulignez le sujet des verbes dans les phrases suivantes et donnez la personne à laquelle ils sont conjugués.**
1. Riri, Fifi et moi sommes allés chercher du bois pour faire un feu.
2. Laure et toi, petits cachotiers, m'avez préparé une surprise.
3. La cave des voisins est inaccessible.
4. Christopher Lee et Peter Cushing forment un extraordinaire duo d'acteurs.
5. L'auberge où se rassemblent les bandits semble calme pour l'instant.

2 Manipuler

② **L'auteur de l'exercice est indécis : il ne sait pas quel sujet choisir. Aidez-le en identifiant le sujet qui convient.**
1. (*Peu/Chacun*) sait qu'à cœur vaillant, rien n'est impossible.
2. (*Nul/ Peu d'entre eux*) sont parfaitement conscients.
3. (*Chacun/Beaucoup*) s'inquiète pour lui.
4. (*Aucun individu/Trop d'individus*) se croient intouchables.
5. (*Gaston et toi/Toi et moi*) sommes amis depuis longtemps.
6. (*Elsa et toi/Elsa et lui*) êtes partis il y a deux semaines.

③ **Recopiez le texte suivant en conjuguant les verbes entre parenthèses à l'imparfait.**

Elle (*rapiécer*) son corset, vieux et usé, avec des morceaux de calicot[1] qui (*se déchirer*) au moindre mouvement. Les gens auxquels elle (*devoir*), lui (*faire*) des « scènes », et ne lui (*laisser*) aucun repos. Elle les (*trouver*) dans la rue, elle les (*retrouver*) dans son escalier. Elle (*passer*) des nuits à pleurer et à songer.

D'après Victor Hugo, *Les Misérables*, 1862.

_____
1. Calicot : toile de coton.

④ **Soulignez les antécédents des pronoms relatifs puis accordez les verbes entre parenthèses aux temps indiqués.**
1. C'est Usain, à tous les coups, qui .... (*aller*, présent) gagner cette course.

2. Celui qui .... (*vouloir*, imparfait) gagner devait faire ce qui .... (*être*, imparfait) nécessaire.
3. C'est Barry et toi qui .... (*chanter*, présent) le mieux.
4. Vous, le chevalier sans reproche, qui .... (*mener*, passé composé) la bataille, êtes-vous fier ?

⑤ **Recopiez les phrases suivantes en supprimant les groupes de mots qui peuvent l'être entre le sujet et le verbe, puis accordez les verbes entre parenthèses aux temps demandés.**
1. Les travaux, longs, coûteux et interminables, les (*mettre*, passé composé) dans une situation délicate.
2. La maison qu'il a bâtie de ses propres mains, avec l'aide de son père, (*être*, présent) de toute beauté.
3. La rivière dans laquelle il avait l'habitude de pêcher (*couler*, imparfait) au fond de la vallée.
4. Émilie et lui, très attachés l'un à l'autre depuis l'enfance, (*finir*, passé composé) par s'épouser.
5. Aucun individu, quels que soient son âge et son expérience, ne (*savoir*, conditionnel présent) surmonter cette épreuve.

⑥ Dictée préparée

a. Repérez les sujets des verbes dans le texte suivant.

b. Écrivez-le sous la dictée de votre professeur, en faisant attention aux accords.

Rosette. – Tous les gens du village à qui j'ai parlé ce matin m'ont dit que vous aimiez votre cousine, et que vous ne m'avez fait la cour que pour vous divertir tous deux ; on se moque de moi quand je passe, et je ne pourrai plus trouver de mari dans le pays, après avoir servi de risée à tout le monde.

Alfred de Musset, *On ne badine pas avec l'amour*, 1834.

3 S'exprimer

⑦ TOP CHRONO ! **Rédigez quatre phrases dont le sujet sera séparé du verbe par ces groupes de mots :** chaque nuit de l'hiver • orange et vertes • dans un recoin sombre • si forte qu'elle soulevait des troncs d'arbre d'une seule main

⑧ **Imaginez une courte histoire où les mots et groupes de mots suivants auront la fonction sujet :** nul • les enfants du cirque • l'équilibre • jongler • on • ceux qui

Observer et réfléchir

- J'ai cueilli des pommes dans le jardin.
- Ces pommes, je les ai cueillies dans le jardin.

1. Quel est le verbe conjugué dans ces deux phrases ?
2. À quel temps est-il conjugué ? Quel est l'auxiliaire ?
3. Observez l'ordre des mots dans les deux phrases. Quelles différences constatez-vous ?
4. Comment peut-on expliquer la différence d'orthographe des participes passés ?

Retenir

L'accord du participe passé change selon l'auxiliaire utilisé.

- Le **participe passé** peut être employé **sans auxiliaire**. Dans ce cas, il **s'accorde, comme un adjectif,** avec le nom, le groupe nominal ou le pronom auquel il se rapporte. *Aussitôt rentrées, elles dînent.*

accord du participe passé avec *elles*

- Le **participe passé** peut aussi être employé dans la formation des **temps composés** et du **passif**. Il est précédé de l'auxiliaire **être** et **avoir** conjugués au présent, passé ou futur.

Elle a/avait/aura **mangé** *des fraises.*   *Les fraises ont été* **mangées**.

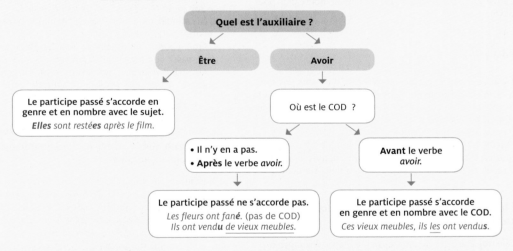

Lorsque le verbe est au **passif**, le **participe passé s'accorde toujours avec le sujet**. C'est l'auxiliaire *être* qui est pris en compte pour faire l'accord. *Les routes ont été barrées.*

Rappel

- Pour repérer le sujet, il faut se demander qui fait l'action. *Elles sont restées.* → *Qui est resté ? Elles.*
- Pour repérer le COD, il faut poser la question *qui ?* ou *qu'est-ce que ?* juste avant le sujet.

J'ai cueilli des pommes dans le jardin. → *Qu'est-ce que j'ai cueilli dans le jardin ? Des pommes.*

Attention

Le COD peut prendre la forme d'un **pronom personnel** ou d'un **pronom relatif**. Pour connaître le genre et le nombre du COD, il faut identifier le nom auquel le pronom se rapporte (l'antécédent).

Ces lettres, je les ai écrites.   *As-tu reçu les lettres que j'ai écrites ?*

antécédent   pronom personnel   antécédent   pronom relatif

1 Identifier

1 Dans le texte suivant, relevez les participes passés, les auxiliaires et les COD, puis justifiez l'accord des participes passés.

J'ai retourné ma chaise et je l'ai placée comme celle du marchand de tabac parce que j'ai trouvé que c'était plus commode. J'ai fumé deux cigarettes, je suis rentré pour prendre un morceau de chocolat [...]. Peu après, le ciel s'est assombri et j'ai cru que nous allions avoir un orage.

Albert Camus, *L'Étranger*, 1942.

2 Justifiez l'orthographe du participe passé dans les phrases suivantes.
1. Il a marché longtemps.
2. Les arbres ont perdu leurs feuilles.
3. Cette silhouette, je l'ai reconnue sans difficulté.
4. Le gourmet avait perdu sa fourchette, heureusement il l'a retrouvée.
5. Cette enfant a entendu des bruits inquiétants.
6. Combien de pommes ont-ils volées ?

3 Soulignez les COD avec lesquels se fait l'accord du participe passé, et donnez leur nature.
1. Les crevettes qu'il a pêchées sont délicieuses.
2. Il nous a interpellées.
3. Tu m'as accompagné.
4. Lequel as-tu acheté ?
5. Quelle délicieuse omelette tu as préparée !
6. Les chiens que tu as adoptés sont turbulents.

2 Manipuler

4 Remplacez le pronom personnel COD par un groupe nominal correspondant. Aidez-vous du participe passé pour déterminer le genre et le nombre de ce groupe nominal.
1. Elle nous a pourchassées.
2. Tu les as délaissés.
3. Ils l'ont raillée.
4. Nous l'avons conduite à la gare.
5. Vous les avez renseignés.
6. Ils l'ont poussé à la faute.

5 Soulignez les COD, puis réécrivez les phrases suivantes en remplaçant ces COD par les pronoms personnels correspondants. Attention à bien accorder les participes passés.
1. Tu as recueilli ces animaux blessés.
2. Ils ont nettoyé ces oiseaux mazoutés.
3. Vous avez protégé cette espèce menacée.
4. Elle a ouvert la cage aux oiseaux.
5. Nous avons assouvi notre faim.
6. Il a collecté les impôts.
7. Tu as servi les boissons.
8. Vous avez ramassé les miettes.

6 Dictée préparée

a. Dans le texte suivant, soulignez tous les auxiliaires des verbes au passé composé. Repérez les sujets de tous les verbes accompagnés de l'auxiliaire *être* et les COD de tous les verbes accompagnés de l'auxiliaire *avoir*.

b. Écrivez ce texte sous la dictée de votre professeur.

La semaine dernière, les adolescents ont pris le bus qui les a conduits aux abords du manoir. Les bruits étranges qu'ils ont entendus ne les ont pas empêchés de franchir la grille. Elle était rouillée et grinçait de manière inquiétante. Pauline a fait la courte échelle à Marc qui l'a ensuite aidée à se hisser par-dessus l'obstacle. Une fois qu'ils sont arrivés dans la cour, qu'ils ont traversée à grandes enjambées, les bruits ont redoublé d'intensité. Quelles terribles sensations ils ont alors éprouvées ! Et quelle épouvante ils en ont gardée ! Y sont-ils jamais retournés ? Personne ne le sait.

7 RÉÉCRITURE Repérez les verbes conjugués et réécrivez ce texte au passé composé.

Quand les tempêtes abattent des pans entiers de forêts, les arbres déracinés s'assemblent sur les sources. Bientôt les vases les cimentent, les lianes les enchaînent, et des plantes y prenant racine de toutes parts, achèvent de consolider ces débris. Charriés par les vagues écumantes, ils descendent au Meschacebé. Le fleuve s'en empare, les pousse au golfe Mexicain, les échoue sur des bancs de sable et accroît ainsi le nombre de ses embouchures.

D'après Chateaubriand, *Atala*, 1801.

Jean-François Millet, *La Tempête*, vers 1846, huile sur toile, 46 x 38 cm, Metropolitan, New York.

3 S'exprimer

8 Vous venez de faire un cauchemar. Racontez-le en au moins dix lignes, au passé composé. Vous veillerez à bien accorder chacun des participes passés.

Retenir

Les homophones *on* et *on n'* se prononcent de la même façon
mais s'écrivent différemment.

Homophones	Classes grammaticales	Exemples	Pour ne pas les confondre
on	pronom indéfini	*On aimait se faire peur.*	• On peut le remplacer par *il* ou *nous*.
on n'	pronom indéfini + négation (forme élidée de *ne*)	*On n'ira pas sur les lieux du meurtre.*	• Il est suivi d'une deuxième particule négative : *pas*, *guère*, *rien*, *jamais*, *que*, etc. • On peut le remplacer par *il n'* ou *nous n'*.

S'exercer

1 Identifier

1 Repérez les phrases négatives et relevez les deux
particules de la négation.
1. On entra dans la maison abandonnée du coin de la rue.
2. On n'hésita pourtant guère avant de se décider à franchir
le seuil.
3. On avançait pas à pas dans le jardin laissé en friche.
4. On n'espérait pas avoir une telle frayeur !
5. On n'avait jamais que dix minutes d'avance sur nos pour-
suivants.
6. On avait identifié l'inconnu présent sur les lieux.
7. On n'avait aucune idée de l'endroit où se trouvait l'arme
du crime.
8. On n'oubliera pas cette aventure de sitôt.

2 Manipuler

2 Réécrivez ces phrases en remplaçant *on* par *nous*,
puis entourez la bonne réponse.
1. *On/On n'*accorda qu'un regard froid à cet homme mystérieux.
2. *On/On n'*accourt chaque fois que l'un d'entre nous a besoin
d'aide.
3. *On/On n'*a jamais eu aussi peur de notre vie.
4. *On/On n'*avait failli s'évanouir en découvrant les lieux du
crime.
5. *On/On n'*a pas tous les jours vingt ans.
6. *On/On n'*a toujours besoin d'un plus petit que soi.
7. *On/On n'*apprend pas aux vieux singes à faire des grimaces.
8. *On/On n'*a rien sans rien.

3 RÉÉCRITURE Réécrivez les phrases suivantes au passé
composé en veillant à choisir la forme correcte (*on* ou
on n').
1. On fait de nombreuses surveillances pour prendre les cri-
minels sur le fait.
2. On ne cherche pas le corbeau au bon endroit.
3. On ne regrette qu'une seule chose : qu'il se soit enfui.
4. On craint de découvrir une nouvelle victime.
5. On enquête jour et nuit pour aider cette femme.
6. On passe des heures à écumer les cafés à la recherche
d'indices.

4 Dictée préparée

a. Relevez les mots *on* et les négations du texte suivant.

b. Écrivez ce texte sous la dictée de votre professeur.

> Au bas de la côte de Sourdun, il s'aperçut de l'endroit
> où l'on était. On n'avait fait que cinq kilomètres, tout au
> plus ! Il fut indigné. Il abattit le vasistas pour voir la route.
> Il demanda plusieurs fois au conducteur dans combien de
> temps, au juste, on arriverait. [...] Çà et là, on distinguait le
> mur d'une grange, ou bien une auberge, toute seule.
>
> Gustave Flaubert, *L'Éducation sentimentale*, 1869.

3 S'exprimer

5 Vous recevez des lettres anonymes inquiétantes.
Faites des hypothèses sur l'auteur de ces missives en
utilisant exclusivement le pronom sujet *on*. Vous veillerez
à utiliser des phrases négatives.

Retenir

> **C'en, s'en et sans se prononcent de la même façon mais sont des mots différents.**

Homophones	Classes grammaticales	Exemples	Pour ne pas les confondre
c'en	pronom démonstratif + pronom *en*	*Il était tellement livide que c'en était effrayant.*	• On peut le remplacer par *cela en*. • Le pronom *c'* est toujours sujet d'un verbe.
s'en	pronom personnel réfléchi + pronom *en*	*Il lui a fait peur et il s'en est voulu.*	• Si on réécrit la phrase à une autre personne, on remplace *s'en* par *m'en*, *t'en*, etc.
sans	préposition	*Il a exploré cette maison sans avoir peur.*	• Cette préposition signale l'absence de quelque chose. • Elle est toujours suivie d'un groupe nominal ou d'un verbe à l'infinitif. • On peut la remplacer par *avec* ou *pour* selon les cas.

S'exercer

1 Identifier et manipuler

① **Réécrivez les phrases en remplaçant les mots soulignés par *s'en*, *c'en* ou *sans*.**
1. Les hurlements redoublèrent à tel point que l'homme <u>se</u> trouva mal à l'aise <u>à cause de cela</u>. **2.** Les ombres tremblaient à la lueur des réverbères, et <u>c'est pourquoi cela</u> était inquiétant. **3.** L'individu <u>qui n'avait pas de</u> visage partit en courbant l'échine. **4.** La discussion s'enlisait, jusqu'à ce que cette mystérieuse femme <u>se</u> mêle <u>de la conversation</u>. **5.** Une ombre s'engouffra dans le couloir <u>et n'eut pas d'</u>hésitation.

② **Complétez ce texte par *c'en*, *s'en* ou *sans*.**

> La porte s'entrouvrit .... bruit. Un homme dont le visage était masqué apparut sur le seuil. Dehors, le vent soufflait. L'atmosphère .... trouva singulièrement alourdie. .... était pour le moins pesant. .... esquisser le moindre geste, l'individu s'approcha. Mais, lorsqu'il sentit que sa présence n'était pas désirée, il .... voulut d'être venu à l'improviste. Néanmoins, il se refusa à .... aller .... avoir obtenu ce qu'il souhaitait.

③ **Vérifiez que l'auteur a utilisé le bon homophone, sinon, corrigez-le.**
1. Il s'introduisit dans la maison *s'en* le moindre sentiment de culpabilité. **2.** L'atmosphère était lugubre au possible. Il *c'en* déclara enchanté ! **3.** Elle guettait le moindre bruit étrange et *s'en* inquiétait exagérément. **4.** Un sentier obscur reliait le manoir à la forêt. Une brume épaisse *c'en* élevait. **5.** Le tableau trônait sur le mur. Les voleurs *sans* emparèrent *sans* scrupule. **6.** *S'en* était fait de lui, l'homme le menaçait de son arme !

4 Dictée préparée

a. Dans les phrases suivantes, remplacez *c'en*, *s'en* et *sans* par un équivalent en vous aidant de la leçon.

b. Sous la dictée de votre professeur, écrivez ces phrases en faisant attention aux homophones.

> Elle entra dans le bureau du maître de maison sans faire de bruit. Des tapis épais et luxueux amortissaient ses pas. Elle s'en réjouit et se força à respirer plus calmement. Il faisait si noir dans cette pièce qu'elle bouscula un vase sans s'en apercevoir. Le vase se brisa. Une odeur écœurante s'en éleva. Les lettres se trouvaient bien dans le tiroir du secrétaire. Elle s'en empara sans hésitation. Une alarme retentit aussitôt. Cette fois, c'en était fait d'elle !

2 S'exprimer

⑤ **Dans une lettre à un ami, vous racontez votre rencontre avec une créature fantastique effrayante. Vous utiliserez au moins deux fois chaque homophone.**

Retenir

**L'ai et les se prononcent de la même façon
mais sont des mots différents.**

Homophones	Classes grammaticales	Exemples	Pour ne pas les confondre
l'ai	pronom personnel singulier COD (*le* ou *la*) + verbe *avoir* à la 1re personne du singulier	*Je **l'ai** cherchée dans toute la ville.*	• On peut remplacer *l'ai* par *l'avais*.
les	• article défini pluriel • pronom personnel COD à la 3e personne du pluriel	***Les** garçons **les** ont accompagnées au cinéma.*	• L'article *les* est suivi d'un nom. On peut le remplacer par *un* ou *des*. • Le pronom personnel COD *les* est suivi d'un verbe conjugué. Il peut être remplacé par *m'*.

S'exercer

1 Identifier

❶ Donnez la classe grammaticale de *les* dans les phrases suivantes.
1. Les regards qu'elle me lançait me laissaient froid.
2. Je les ai longtemps ignorés.
3. Les lumières illuminaient son visage.
4. Les sourires, les murmures : je les retrouve chaque fois que je repense à cette soirée.
5. Je les imaginais autrement.

2 Manipuler

❷ a. Donnez la classe grammaticale du mot qui suit *l'ai* ou *les*. S'il s'agit d'un verbe, précisez s'il est conjugué ou si c'est un participe.
b. En vous aidant de la leçon, identifiez l'orthographe correcte des mots en italique.
1. Elle portait une robe à volants. Je *l'ai/les* observais se mouvoir avec lenteur.
2. Je *l'ai/les* ardemment désirée, mais elle m'a toujours ignoré.
3. *L'ai/Les* robes qu'elle portait *l'ai/les* fascinaient.
4. Je *l'ai/les* entraperçue, mais elle a feint de ne pas me voir.
5. Je *l'ai/les* accompagnée à cette soirée.
6. Les photos d'elle se font rares. Je *l'ai/les* contemple chaque fois que je le peux.

❸ Complétez ce texte par *l'ai* ou *les*, et précisez la classe grammaticale de l'homophone.

Elle était semblable à elle-même, la fois où je _____ revue. _____ nœuds dans ses cheveux, _____ bracelets à ses poignets, je _____ avais si souvent rêvés ! _____ sourires qu'elle m'a adressés ne laissaient aucun doute sur _____ sentiments qu'elle éprouvait à mon égard. Je _____ ai pris comme autant de gages de son amour. Elle a même esquissé un geste de la main. Mais je _____ vue se diriger vers un groupe de femmes et j'ai compris que je m'étais trompé.

❹ Dictée préparée

a. Dans le texte suivant, donnez la classe grammaticale du mot qui suit *l'ai* ou *les*. Si c'est un participe passé, soulignez, s'il y en a un, le COD placé avant le verbe.
b. Sous la dictée de votre professeur, écrivez ces phrases en faisant attention aux homophones.

Je descendais du taxi lorsque je l'ai heurtée avec ma valise. Elle a étouffé un petit cri de surprise. Les paquets se sont renversés : les fruits et les légumes ont roulé sur le sol. Je l'ai aidée à les ramasser, sauf les œufs qui étaient cassés. Je l'ai tout de suite aimée, je crois. Mais mes yeux mendiaient. Elle les a pris pour ce qu'ils étaient : deux choses en mal d'amour.

3 S'exprimer

❺ Racontez votre premier rendez-vous amoureux en vous appuyant sur la structure suivante. N'hésitez pas à développer les phrases. Je l'ai _____ . Les _____ autour de nous. Les bruits de la ville, je les _____ . Soudain, les _____ . Je les _____ . C'est ainsi que je l'ai _____ .

Distinguer et employer les homophones : qu'en/quand/quant

> **Qu'en, quand et quant se prononcent de la même façon mais sont des mots différents.**

Homophones	Classes grammaticales	Exemples	Pour ne pas les confondre
qu'en	conjonction de subordination *que* ou pronom relatif *que* + *en*	*Qu'en espérais-tu ?*	On peut remplacer *qu'en* par *que / qu'… de cela.*
	particule restrictive *que* + *en*	*Il n'arriva qu'en fin de soirée.*	• Une particule négative *ne* se trouve dans la phrase. • On peut remplacer *qu'en* par *seulement en.*
quand	conjonction de subordination de temps	*Quand il le regardait, l'autre se dérobait.*	On peut remplacer *quand* par *lorsque.*
quant	locution prépositionnelle : suivi de *à*, il forme une préposition	*Quant à son regard, il était fascinant.*	• Il est toujours suivi de *à/au/aux*. • On peut remplacer *quant* par *en ce qui concerne.*

S'exercer

1 Identifier

① **a. Essayez de remplacer les mots en italique par *que… de cela, seulement en, lorsque, en ce qui concerne.***

b. Choisissez le mot en italique qui convient.
1. Il chantait *qu'en/quand/quant* la pluie se mettait à tomber. **2.** *Qu'en/quand/quant* à ses gestes, ils étaient d'une lenteur exceptionnelle. **3.** Il n'arriva en ville *qu'en/quand/quant* 1825. **4.** *Qu'en/quand/quant* espérait-il ? **5.** Il ne voyageait *qu'en/quand/quant* carrosse. **6.** Il ne savait jamais *qu'en/quand/quant* se taire.

2 Manipuler

② **Complétez ce texte par *qu'en, quand* ou *quant*.**

> .... je le vis, il était à sa table de travail. Il ne portait des lunettes .... écrivant ou en lisant. .... à ses mains, elles étaient tachées d'encre. Les livres s'entassaient sur son bureau. .... faisait-il ? Nul ne le sait. Il ne vous accordait son attention .... partie.

③ **Dictée préparée**
a. Justifiez l'orthographe de chaque *quand, qu'en* ou *quant* dans le texte suivant.

b. Sous la dictée de votre professeur, écrivez ce texte en faisant attention aux homophones.

> Quand il apparut sur le seuil de la porte, tout le monde se tut. Il se mit à parler. Son histoire était connue de tous, mais qu'en pensaient donc les gens présents ? Quant à moi, je m'arrêtai de travailler quand j'entendis le son de sa voix. Celle-ci restait semblable à elle-même. Quant à ses cheveux, ils avaient blanchi. Il s'approcha des personnes présentes et les serra dans ses bras. Ses mains tremblaient quand elles vous étreignaient.

3 S'exprimer

④ **Faites le portrait de la jeune fille du tableau en utilisant au moins deux fois chacun des homophones *qu'en, quand* et *quant*.**

Pablo Picasso, *Dora Maar*, 1938, huile sur toile, 92 x 65 cm, musée Picasso, Paris.

Retenir

Le mot *tout* s'accorde ou non selon sa classe grammaticale.

Homophones	Classes grammaticales	Règles d'accord	Exemples	Pour ne pas les confondre
tout/tous/ toutes	pronom indéfini	Il s'accorde avec le nom, groupe nominal ou pronom qu'il reprend.	*Elles* sont **toutes** *venues.* **Tout** *est horrible !*	Quand le pronom est sujet, on peut le remplacer par un groupe nominal.
tout	adverbe	Il est invariable, sauf devant un adjectif féminin commençant par une consonne ou un *h* aspiré.	*Il était* **tout** *pâle. Elle était* **tout** *effrayée. Elle était* **toute** *pâle.*	On peut le remplacer par *très* ou *tout à fait.*
tout/toute/ tous/toutes	• déterminant indéfini • adjectif qualificatif	Il s'accorde avec le nom ou pronom auquel il se rapporte.	**Tout** <u>homme</u> *peut avoir peur.* **Toute** *son* <u>attitude</u> *trahissait son émotion.*	• On peut remplacer le déterminant indéfini par *chaque, n'importe lequel.* • On peut remplacer l'adjectif qualificatif par *entier.*

S'exercer

1 Identifier

1 **a. En vous aidant de la leçon, remplacez les mots en gras par des équivalents.**

b. Donnez leur classe grammaticale.

1. Toute la nuit, la lune répandit une lueur **toute** blafarde.

2. Les arbres, **tous** bruissant sous l'effet du vent, étendaient leur ombre.

3. Tout individu s'aventurant ici aurait craint pour sa vie.

4. Tout semblait menaçant.

2 Manipuler

2 **Dans les phrases suivantes, relevez la réponse correcte. Attention, parfois, plusieurs réponses sont possibles : précisez alors la classe de l'homophone et expliquez le sens de la phrase.**

1. Elles étaient *toutes/tous/tout* étonnées par cette lande obscure. **2.** Elle était *tout/toute/toutes* honteuse d'avoir crié d'effroi. **3.** *Tous/tout* ces arbres constituaient autant de silhouettes inquiétantes. **4.** Les façades de ce manoir sont *tous/toutes/tout* abominables.

3 **Complétez ces phrases avec *tout, toute, tous* ou *toutes*.**

1. .... les soirs, la créature faisait son apparition.

2. .... sa personne n'était que tremblements.

3. Elles furent .... choquées par cette vision extraordinaire.

4. Elle était .... blême face à cette silhouette aux formes étranges.

5. .... n'était que silence, stupeur et effroi ! **6.** Le vampire préférait les créatures .... en chair.

4 Dictée préparée

a. Dans le texte ci-dessous, justifiez l'orthographe de chaque *tout, tous* et *toutes*.

b. Écrivez ce texte sous la dictée de votre professeur en faisant attention aux homophones.

12 août, 10 heures du soir. – Tout le jour j'ai voulu m'en aller ; je n'ai pas pu. J'ai voulu accomplir cet acte de liberté si facile, si simple, – sortir – monter dans ma voiture pour gagner Rouen – je n'ai pas pu. Pourquoi ?

13 août. – Quand on est atteint par certaines maladies, tous les ressorts de l'être physique semblent brisés, toutes les énergies anéanties, tous les muscles relâchés, les os devenus mous comme la chair et la chair liquide comme de l'eau. [...]

14 août. – Je suis perdu ! Quelqu'un possède mon âme et la gouverne ! quelqu'un ordonne tous mes actes, tous mes mouvements, toutes mes pensées. Je ne suis plus rien en moi, rien qu'un spectateur esclave et terrifié de toutes les choses que j'accomplis.

Guy de Maupassant, *Le Horla*, 1887.

3 S'exprimer

5 **Décrivez une créature féérique en utilisant au moins deux fois le *tout* déterminant ou adjectif (que vous écrirez en vert), le *tout* adverbe (en rouge) et le *tout* pronom (en noir).**

Identifier et employer les niveaux de langue

– Ah, je suis désespérée ! Ne voudriez-vous pas me prodiguer quelques conseils ?

– Vous voulez qu'je vous rencarde ? Mais c'est qu'j'sais pas trop c'qui faut faire.

– Allons, cher ami, n'avez-vous pas quelque idée sur la manière d'aborder l'élu de mon cœur ?

– Disons qu'j'sais p'tet deux trois trucs utiles pour conclure.

– Quels sont-ils ? Auriez-vous l'extrême bonté de me les divulguer ?

– Vous l'kiffez tant qu'ça, ce mec ?

– Si vous saviez ! Mon cœur palpite d'allégresse sitôt que je l'aperçois. Pas une seconde ne se passe sans que je songe à lui, et dès qu'il disparaît, je me languis de lui...

– Il en a d'la veine, ma parole !

1. Identifiez les répliques relevant d'un registre soutenu puis celles relevant d'un registre familier.

2. Repérez le vocabulaire relâché ou argotique.

3. Relevez le vocabulaire recherché.

4. Repérez les phrases négatives. Quelle différence remarquez-vous en fonction des niveaux de langue ?

5. Identifiez les phrases interrogatives. Quelle différence constatez-vous en fonction des niveaux de langue ?

Pour communiquer efficacement, il est important d'employer un niveau de langue adapté à la situation.

On emploie

le niveau de langue courant	le niveau de langue soutenu	le niveau de langue familier
à l'écrit comme à l'oral, dans la vie quotidienne	**à l'écrit, dans un texte littéraire, dans un contexte officiel ou professionnel, pour montrer son respect**	**à l'oral et avec des personnes très proches**
• vocabulaire actuel et précis	• vocabulaire recherché, ancien ou rare	• vocabulaire relâché, argot
• prononciation correcte	• prononciation correcte	• prononciation déformée : des syllabes disparaissent
• utilisation du passé composé	• utilisation du passé simple	• utilisation du passé composé
• constructions grammaticales correctes :	• constructions grammaticales correctes :	• constructions grammaticales incorrectes :
– phrases simples et parfois complexes ;	– phrases souvent complexes ;	– phrases simples, parfois avec des fautes de grammaire ;
– dans une question, on inverse sujet et verbe ou on emploie *est-ce que...* ;	– dans une question, on inverse toujours verbe et sujet ;	– les questions sont marquées par l'intonation ;
– dans une phrase négative, on utilise *ne... pas.*	– dans une phrase négative, on emploie *ne... pas.*	– le *ne* est absent des phrases négatives.
Est-ce qu'elle n'a pas rencontré mon ami Aurélien ?	*Ne rencontra-t-elle pas Aurélien, ce cher camarade ?*	*Elle a pas croisé mon pote Aurélien ?*

S'exercer

1 Identifier

1 En vous aidant d'un dictionnaire, classez chaque mot de ces listes en fonction de son niveau de langue (familier/courant/soutenu). Attention, tous les niveaux de langue ne sont pas systématiquement représentés.
1. trombine/physionomie/visage **2.** mirettes/yeux/quinquets **3.** enjôler/attirer/affriander **4.** observer/reluquer/toiser **5.** séduire/baratiner/circonvenir **6.** discourir/jacasser/discuter.

2 Un mot peut changer de sens en fonction du niveau de langue utilisé. Donnez les deux sens des phrases suivantes et identifiez leurs niveaux de langue.
1. C'est une vraie quiche. **2.** Cet homme est à l'ombre pour un moment. **3.** Chaque soir la danse recommençait. **4.** Il lui parle de la galette. **5.** Elle m'a donné une tarte.

> **Méthode**
> Si nécessaire, aidez-vous d'un dictionnaire pour chercher les différents sens des mots.

2 Manipuler

3 a. Complétez chaque liste par un synonyme du niveau de langue non représenté.
b. Utilisez-le dans une phrase d'un niveau de langue adapté.
1. bêcheur / prétentieux /_____ **2.** lourdingue / grossier /_____ **3.** _____ / aimable / amène **4.** classe / _____ / fringant **5.** _____ / froide / hautaine.

4 RÉÉCRITURE Réécrivez ces phrases, qui sont en langage très familier, en langage courant puis soutenu.
1. Quand Aurélien zyeuta Bérénice, il la trouva franchement pas top. **2.** Elle a pas été cool avec lui. **3.** Il abuse vraiment à jamais la calculer. **4.** Mais l'autre mec, il a trouvé qu'elle était canon. **5.** Ils ont causé toute la soirée et ils ont flashé l'un sur l'autre.

5 Trouvez le plus de synonymes possible du verbe *aimer*, puis classez-les en fonction de leur niveau de langue.

6 Réécrivez ces phrases négatives et/ou interrogatives en langage soutenu en faisant attention à l'ordre des mots et aux négations.
1. Quand c'est qu'il va aller lui causer ? **2.** Qu'est-ce qu'elle a à le mater comme ça ? **3.** Pourquoi qu'il ose pas faire le premier pas ? **4.** C'est quoi qu'il ressent, à ton avis ? **5.** Il va pas la lâcher de la soirée.

7 a. Quel niveau de langue est utilisé dans le discours direct ci-dessous ? Justifiez votre réponse.
b. Réécrivez le texte en utilisant les deux autres niveaux de langue.

> – Je vous remercie beaucoup de me recevoir, madame, dit-il en insistant sur le mot « beaucoup » : c'est un plaisir d'une qualité tout à fait rare et subtile que vous faites à un vieux solitaire, je vous assure que sa répercussion...
> Il s'arrêta net en m'apercevant.
> – Je montrais à monsieur le beau portrait de la duchesse de La Rochefoucauld, femme de l'auteur des *Maximes*, il me vient de famille.
> Mme de Guermantes, elle, salua Alix, en s'excusant de n'avoir pu, cette année comme les autres, aller la voir. « J'ai eu de vos nouvelles par Madeleine », ajouta-t-elle.
> – Elle a déjeuné chez moi ce matin, dit la marquise du quai Malaquais avec la satisfaction de penser que Mme de Villeparisis n'en pourrait jamais dire autant.
>
> Marcel Proust, *Le Côté de Guermantes*, 1920.

8 a. Quel niveau de langue est utilisé dans l'extrait ci-dessous ? Justifiez votre réponse.
b. Réécrivez le texte en utilisant les deux autres niveaux de langue.

> Ça prouve que pour qu'on vous croye raisonnable, rien de tel que de posséder un sacré culot. Quand on a un bon culot, ça suffit, presque tout alors vous est permis, absolument tout, on a la majorité pour soi et c'est la majorité qui décrète de ce qui est fou et ce qui ne l'est pas.
>
> Louis-Ferdinand Céline, *Voyage au bout de la nuit*, 1932.

3 S'exprimer

9 Réécrivez cette scène de dispute, tirée d'un roman d'Henri Barbusse, en langage soutenu.

> – J'me fous pas mal de c'que tu dis ou d'c'que tu n'dis pas. La ferme !
> – J'la fermerai si j'veux, saleté !
> – Un trois kilos[1] te la fermerait vite !
> – Non, mais chez qui ?
> – Viens-y voir, mais viens-y donc ! [...]
> – L'apache, la frappe, le crapulard ! Mais attends, i'me revaudra ça !
> – C'morpion-là ! Non, mais tu l'as vu ! Tu sais, y'a pas à dire : ici on fréquente un tas d'individus qu'on sait pas qui c'est.
>
> Henri Barbusse, *Le Feu. Journal d'une escouade*, 1916.
> _____
> **1. Trois kilos** : coup de poing.

10 Au XVIIᵉ siècle, une jeune fille issue de la noblesse tombe amoureuse d'un jeune valet. Chacun raconte sa rencontre avec l'autre à ses ami(e)s. Écrivez les deux récits. Vous veillerez à choisir un niveau de langue adapté pour chaque personnage.

Rapporter des paroles (1) : la situation d'énonciation

Retenir

• La situation d'énonciation correspond à la situation dans laquelle un énoncé écrit ou oral a été produit. On la repère par la présence :
- – de l'**énonciateur**, qui produit l'énoncé ;
- – du **destinataire**, à qui l'énoncé est destiné ;
- – du **contexte** (les lieux et le moment qui servent de cadre à la production de l'énoncé) ;
- – de l'**intention** de celui qui produit l'énoncé : émouvoir, convaincre, distraire, etc.

• Quand on perçoit des traces de la situation d'énonciation, on dit que le texte est **ancré dans la situation d'énonciation**. C'est le cas dans les **récits à la première personne**, dans les **dialogues de théâtre**, dans les **lettres** ou au **discours direct**.

• Sinon, on dit que le texte est **coupé de la situation d'énonciation**, comme dans les **récits à la troisième personne** ou les **dialogues rapportés indirectement**.

	Texte ancré dans la situation d'énonciation	Texte coupé de la situation d'énonciation
Pronoms	*je/nous* *tu/vous*	*il(s)/elle(s)* *il(s)/elle(s)*
Indicateurs spatiaux	*ici ; là-bas*	*là ; y*
Indicateurs temporels	*hier* *x heures/mois/années auparavant* *la semaine dernière* *aujourd'hui* *maintenant* *demain* *la semaine prochaine/dans une semaine* *dans un an/au bout d'un an*	*la veille* *x heures/mois/années plus tôt* *la semaine précédente* *le jour même* *alors, à ce moment-là* *le lendemain* *la semaine suivante* *un an après/un an plus tard*

S'exercer

1 Identifier

① Les énoncés suivants sont-ils ancrés ou coupés de la situation d'énonciation ? Justifiez votre réponse en soulignant les indices qui vous ont permis de répondre.

> Le lendemain, Goriot et Rastignac n'attendaient plus que le bon vouloir d'un commissionnaire pour partir de la pension bourgeoise, quand vers midi le bruit d'un équipage qui s'arrêtait précisément à la porte de la Maison-Vauquer retentit dans la rue Neuve-Sainte-Geneviève.
>
> Honoré de Balzac, *Le Père Goriot*, 1834.

De madame la présidente de Tourvel à madame de Volanges.
9 août 17**.

> On ne peut être plus sensible que je le suis, Madame, à la confiance que vous me témoignez, ni prendre plus d'intérêt que moi à l'établissement de Mlle de Volanges. C'est bien de toute mon âme que je lui souhaite une félicité dont je ne doute pas qu'elle ne soit digne, et sur laquelle je m'en rapporte bien à votre prudence.
>
> Choderlos de Laclos, *Les Liaisons dangereuses*, Lettre VIII, 1782.

2 Manipuler

② Complétez les phrases suivantes en choisissant le mot qui convient à la situation d'énonciation.
1. (*Le lendemain/demain*), elle se rendit au collège.
2. Je te rendrai tes clés (*le lendemain/ demain*).
3. (*Cette nuit-là/cette nuit*) il ne ferma pas l'œil.
4. J'ai posé mon chapeau (*là/ici*).
5. J'ai revu mon amie (*hier/la veille*).
6. Il avait fait ses devoirs (*la veille/ hier*).
7. (*Aujourd'hui/ce jour-là*), le vent ne cesse de souffler.
8. Ils ne voulaient pas rester (*là/ici*).

3 S'exprimer

③ Écrivez une lettre dans laquelle vous raconterez un épisode marquant de vos vacances. Puis rédigez la même anecdote en coupant votre texte de la situation d'énonciation.

Observer et réfléchir

Un peu plus tard, [Martin] téléphona au magasin et le fiancé de sa sœur lui répondit qu'il ne voulait avoir affaire à lui en aucune façon ni d'aucune manière.
– Hermann von Schmidt, lui répondit Martin aimablement, j'ai terriblement envie de mettre mon poing sur votre nez germanique.

Jack London, *Martin Eden* [1909],
trad. de l'américain par C. Cendrée, 1929.

1. Soulignez les paroles rapportées.

2. Quelles paroles ont été prononcées telles quelles ? À quoi le voyez-vous ?

3. a. Mettez la première phrase au discours direct.
b. Observez les pronoms personnels. Que remarquez-vous ?
c. Observez le temps du verbe *vouloir*. Que remarquez-vous ?

Retenir

▶ **Reconnaître les discours direct et indirect**

- Au **discours direct**, les paroles sont rapportées directement, **telles qu'elles ont été prononcées**.

    Albert s'exclama : « Je n'y comprends rien du tout ! »

- Au **discours indirect**, les paroles sont rapportées sous la forme d'une **proposition subordonnée conjonctive** introduite par *que* ou d'une **subordonnée interrogative indirecte**.

Albert s'exclama qu'il n'y comprenait rien du tout.   *Albert se demanda s'il y comprenait quelque chose.*

Attention

- Dans le cas d'une proposition subordonnée interrogative indirecte, **il n'y a jamais d'inversion du sujet ni de point d'interrogation**.

- Il ne faut pas confondre les subordonnées interrogatives indirectes introduites par *si* et les compléments circonstanciels de condition. (*Si je ne mange pas, je vais défaillir.*)

▶ **Passer du discours direct au discours indirect**

Le passage du discours direct au discours indirect et inversement exige certaines modifications.

	Discours direct	Discours indirect
Verbes de parole	ne changent pas	
Lien entre les propositions	: (juxtaposition)	*que, qu'* (subordonnée conjonctive), *si, comment, pourquoi, ce que*, etc. (interrogative indirecte)
Ponctuation	guillemets, majuscule, marques d'oral et ponctuation expressive	absence de guillemets, de majuscule, de marque d'oral et de ponctuation expressive
Pronoms personnels	ne changent pas **sauf dans un récit à la 3e personne** je, tu → il/elle nous, vous → ils/elles *Il répond : « Je vais manger. » → Il répond qu'il va manger.* *Il demanda : « Vas-tu manger ? » → Il demanda s'il allait manger.*	
Temps des verbes	ne changent pas **sauf au passé** présent → imparfait : *Je répondis : « Je dois partir. » → Je répondis que je devais partir.* imparfait → imparfait : *Je répondis : « Je devais partir. » → Je répondis que je devais partir.* futur → conditionnel présent : *Je répondis : « Je devrai partir. » → Je répondis que je devrais partir.* passé composé → plus-que-parfait : *Je répondis : « J'ai dû partir. » → Je répondis que j'avais dû partir.*	
Indicateurs de temps ou de lieu	*aujourd'hui, demain, hier, ce matin, maintenant, ici*	*le jour même, le lendemain, la veille, ce matin-là, à ce moment-là, là, à cet endroit…*

1 Identifier

1 a. Classez ces verbes conjugués selon qu'il s'agit de verbes de déclaration ou d'interrogation.

b. Lesquels peuvent servir à rapporter des paroles au discours indirect ?

affirmèrent • répéta • a demandé • nous nous enquîmes • dévoilèrent • confirma • ai interrogé • révéla • se renseigne • questionna • aimerait savoir

2 Soulignez les verbes de parole et placez entre crochets les passages au discours indirect.
1. Il s'écria que jamais il n'abandonnerait ! 2. Marthe révéla qu'elle était la fille du puisatier. 3. Le professeur recommanda de bien faire ses exercices. 4. Nous nous demandions s'il fallait prévenir la police. 5. Marc riposta qu'elle aussi l'avait abandonné. 6. Elle affirma qu'il n'était pas son genre.

3 Soulignez les passages au discours indirect puis précisez s'il s'agit de propositions subordonnées conjonctives ou d'interrogatives indirectes.
1. Ils me demandèrent où je me rendais si vite et qui m'attendait. 2. La monitrice ordonna qu'on se mette en file indienne et qu'on écoute attentivement. 3. Il déclara qu'il n'avait rien vu ni rien entendu. 4. Je me demande si je suis fait pour ce travail ou si je dois en changer. 5. Elle s'écria qu'il n'était pas question de fuir et qu'elle était prête à faire face à son accusateur. 6. Il s'informa si la voiture était au garage et s'il pouvait l'emprunter.

2 Manipuler

4 Soulignez les pronoms personnels, puis transformez les phrases au discours indirect. Attention à la concordance des temps.
1. Annabelle s'exclama : « Je ne veux rien oublier ! » 2. Ils déclarèrent en chœur : « Rien ne nous arrêtera ! » 3. Elle a demandé : « Voulez-vous m'aider à porter mes sacs ? » 4. Il l'interrogea : « Que souhaitez-vous exactement ? » 5. Il s'est écrié : « Le ciel nous tombe sur la tête ! » 6. Je rétorquai : « Vous ne pouvez pas me forcer à travailler à votre place ! »

5 Transformez les phrases au discours indirect. Attention aux indicateurs spatio-temporels.
1. Il promit : « Demain, je ferai les courses. » 2. Elle lui rappela : « Hier, tu m'as promis de faire les courses. » 3. Il s'est indigné : « Maintenant, tu ne me fais plus confiance ! » 4. Elle a supplié : « Ne l'abîmez pas car j'en aurai besoin demain ! » 5. Il a demandé : « Pourrez-vous me reconduire ici ? » 6. Elle commanda : « Ce soir, tu cuisineras ! »

6 Parmi ces subordonnées commençant par *si*, relevez les propositions interrogatives indirectes.

> **Méthode**
> Essayez de déplacer les subordonnées pour savoir s'il s'agit de compléments circonstanciels de condition ou de propositions interrogatives indirectes.

1. Si le ciel nous tombe sur la tête, ce sera terrible. 2. Je me demande si je vais l'aider ou non. 3. Il manquera des chaises s'ils viennent avec des amis. 4. Nous aimerions savoir si vous êtes honnête. 5. Il saura si c'est le bon moment pour vendre. 6. Cet homme ne peut pas être celui qu'il prétend si je me fie à son parcours. 7. Je serais allé à la piscine si tu avais voulu m'accompagner.

7 RÉÉCRITURE **Mettez ce texte au discours indirect. Faites toutes les modifications nécessaires, y compris l'ajout de verbes de parole adaptés.**

> – La meilleure soirée de ma vie !... Je ne suis pas habitué à ce genre de choses, vous comprenez... (Il regarda autour de lui comme pour appeler à l'aide.) À des gens comme vous autres et à des maisons comme celle-ci... Tout ça est nouveau et ça me plaît.
> – J'espère que vous reviendrez, dit-elle, pendant qu'il prenait congé de ses frères. Il enfonça sa casquette sur sa tête, gagna précipitamment la porte et disparut.
> – Eh bien ! que penses-tu de lui ? questionna Arthur.
> – Tout ce qu'il y a de plus intéressant !... une bouffée d'ozone ! répondit-elle. Quel âge a-t-il ?
> – Vingt ans, près de vingt et un... Je le lui ai demandé cet après-midi. Je ne le croyais pas si jeune.
> « ... Et moi, j'ai trois ans de plus !... », se dit-elle en embrassant ses frères.
>
> Jack London, *Martin Eden* [1909],
> trad. de l'américain par C. Cendrée, 1929.

3 S'exprimer

8 Imaginez un bref récit qui comportera des paroles au discours direct et indirect, à l'aide de ces groupes de mots : Simon déclara que • l'inspecteur répliqua que • il lui demanda si • s'indigna-t-il • il expliqua comment • il conclut

> **Méthode**
> Revenez à la ligne pour écrire les paroles au discours direct et placez-les après un tiret.

41 Le récit : repérer le narrateur et le point de vue

Observer et réfléchir

Veux-tu lire ce qu'il y a d'écrit au-dessus de ta partition ? demanda la dame.

– Moderato cantabile, dit l'enfant.

La dame ponctua cette réponse d'un coup de crayon sur le clavier. L'enfant resta immobile, la tête tournée vers sa partition.

– Et qu'est-ce que ça veut dire, moderato cantabile ?

– Je sais pas.

Une femme, assise à trois mètres de là, soupira.

Marguerite Duras, *Moderato Cantabile*, Éditions de Minuit, 1958.

La Descoings, on doit nommer ainsi une femme qui jouait à la loterie, dépensait peut-être un peu trop en toilette, comme toutes les femmes qui ont le bonheur de rester jeunes longtemps [...].

Honoré de Balzac, *Un ménage de garçon*, 1842.

1. Les deux textes ci-contre donnent-ils des informations sur la personne qui raconte l'histoire ?
2. Dans le deuxième texte, relevez des marques de jugement. Par qui sont-elles exprimées ?
3. Dans le premier texte, la personne qui raconte l'histoire connaît-elle les pensées des personnages ?

Retenir

Distinguer l'auteur du narrateur et du personnage

• **L'auteur(e)** est la **personne réelle** qui a écrit et **signé l'ouvrage**. Son nom figure sur la couverture ou à la fin d'un extrait, dans tous les cas **en dehors du texte**, sauf dans l'autobiographie.
Marguerite Duras est ainsi l'auteur de Moderato Cantabile.

• **Le narrateur/la narratrice** est celui/celle qui, **dans le texte**, **raconte l'histoire**. C'est une **personne qui n'existe pas** réellement (sauf dans le cas de l'autobiographie).
Le narrateur de Moderato Cantabile *n'est pas Marguerite Duras mais une personne qui n'existe pas réellement (et dont ici, on ne connaît rien).*

• **Le personnage** est un être de fiction, imaginaire, **qui appartient à l'histoire racontée** et y joue un rôle plus ou moins important.
L'enfant présent dans l'extrait de Moderato Cantabile *est un personnage inventé par Marguerite Duras.*

Identifier les différents types de narrateur

• **Dans les récits à la 1re personne**

– Le **narrateur-personnage joue ou a joué un rôle** important ou secondaire dans les événements qu'il raconte.

– Le **narrateur-témoin** rapporte ce qu'il a vu, entendu, ou ce qu'on lui a raconté, mais il **ne joue aucun rôle** dans le déroulement des événements.

• **Dans les récits à la 3e personne**

– Le **narrateur** est souvent **inconnu** et même **complètement effacé**.
Dans l'extrait de Moderato Cantabile, *le narrateur ou la narratrice enregistre les faits et gestes ainsi que les paroles de ses personnages sans exprimer son point de vue sur ce qu'ils font ou disent.*

– Le **narrateur inconnu** peut parfois, au contraire, **intervenir en commentant les événements**.

*Ainsi, dans l'extrait d'*Un ménage de garçon, *le narrateur exprime son point de vue, plutôt sexiste, sur Mme Descoings et les femmes en général.*

▶ **Reconnaître les points de vue**

Dans un récit, il existe trois types de points de vue :

• Le **point de vue omniscient** (« qui sait tout ») : le narrateur **en sait davantage que les personnages**. Il connaît le passé, le présent et le futur de *tous* les personnages, y compris leurs pensées secrètes.

> En 1809, madame Descoings, qui ne disait point son âge, avait soixante-cinq ans. Nommée dans son temps la belle épicière, elle était une de ces femmes si rares que le temps respecte, et devait à une excellente constitution le privilège de garder une beauté qui néanmoins ne soutenait pas un examen sérieux. Excessivement friande, elle aimait à se faire de bons petits plats ; mais, quoiqu'elle parût penser à la cuisine, elle adorait aussi le spectacle et cultivait un vice enveloppé par elle dans le plus profond mystère : elle mettait à la loterie !
>
> Honoré de Balzac, *Un ménage de garçon*, 1842.

Le narrateur connaît l'âge du personnage qu'elle ne dit pourtant pas (« madame Descoings, qui ne disait point son âge, avait soixante-cinq ans »), son passé (« Nommée dans son temps la belle épicière »), ses habitudes (« elle aimait à se faire de bons petits plats ; mais, quoiqu'elle parût penser à la cuisine, elle adorait aussi le spectacle »), mais aussi ses secrets cachés (« et cultivait un vice enveloppé par elle dans le plus profond mystère : elle mettait à la loterie ! »).

• Le **point de vue interne** : le narrateur **en sait autant qu'un personnage**. La scène et les événements sont perçus comme à travers le regard du personnage. **Le narrateur ne dit que ce que le personnage sait, voit ou pense.**

> Une seule idée occupait sa tête [...], l'espoir que le froid serait moins vif après le lever du jour. Depuis une heure, il avançait ainsi, lorsque sur la gauche, à deux kilomètres de Montsou, il aperçut des feux rouges, trois brasiers brûlant en plein air et comme suspendus.
>
> Émile Zola, *Germinal*, 1885.

Le verbe de perception (« il aperçut ») montre que le narrateur se glisse dans la peau du personnage. Il décrit exactement ce que voit celui-ci (« des feux rouges, trois brasiers brûlant en plein air ») comme le montrent les indications spatiales (« lorsque sur la gauche ») données à partir de sa situation. Il connaît également les pensées de ce personnage (« Une seule idée occupait sa tête [...], l'espoir que le froid serait moins vif après le lever du jour »). Enfin, la comparaison (« comme suspendus ») traduit les impressions du personnage.

• Le **point de vue externe** : le narrateur **en dit moins que n'en sait le personnage**. Le personnage agit sans que le lecteur ait jamais connaissance de ses pensées, ses sentiments ou son point de vue.

> Deux hommes parurent. [...] Le plus grand, vêtu de toile, marchait le chapeau en arrière, le gilet déboutonné et sa cravate à la main. Le plus petit, dont le corps disparaissait dans une redingote marron, baissait la tête sous une casquette à visière pointue. Quand ils furent arrivés au milieu du boulevard, ils s'assirent à la même minute, sur le même banc. Pour s'essuyer le front, ils retirèrent leurs coiffures, que chacun posa près de soi [...].
>
> Gustave Flaubert, *Bouvard et Pécuchet*, 1881.

Le narrateur décrit les personnages de l'extérieur : leurs habits, leur apparence, mais aussi leurs gestes. Il ne semble pas connaître leurs noms et ne les distingue que par leur apparence physique.

Observer et réfléchir

Il était à pied, pâle, l'œil fixé sur le crucifix du prêtre, mais marchant d'un pas ferme. On avait choisi ce jour-là pour l'exécution parce que c'était jour de marché, afin qu'il y eût le plus de regards possibles sur son passage ; car il paraît qu'il y a encore en France des bourgades à demi sauvages où, quand la société tue un homme, elle s'en vante.

Victor Hugo, *Claude Gueux*, 1834.

1. Relevez les mots qui permettent d'établir des rapports de sens entre les propositions.

2. À quelles classes grammaticales appartiennent-ils ?

Retenir

- Les connecteurs logiques expriment un **rapport de sens** entre des groupes de mots ou des phrases : la cause, la conséquence, la concession, etc.
- Ils peuvent appartenir à des classes grammaticales variées.

	Conjonctions de coordination, adverbes	Conjonctions de subordination, pronoms relatifs	Prépositions, locutions prépositionnelles	Verbes, locutions verbales
Addition	*D'abord, premièrement, ensuite, en outre, encore, de plus, aussi, voire, enfin,* etc.	*Outre que, sans compter que,* etc.	*En plus de, outre,* etc. *D'une part, d'autre part,* etc.	*À ceci s'ajoute,* etc.
Cause	*Car, en effet,* etc.	*Parce que, comme, puisque, étant donné que, sous prétexte que,* etc.	*À cause de, en raison de, à la suite de,* etc.	*De cela résulte, découle, dépend, cela vient de,* etc.
Conséquence	*Donc, ainsi, c'est pourquoi, dès lors, par conséquent, ainsi,* etc.	*De sorte que, si bien que, si... que, sans que, au point que,* etc.	*Au point de,* etc.	*Cela implique, incite, entraîne, provoque, amène, cause, produit,* etc.
But		*Pour que, afin que,* etc.	*Afin de, pour, dans l'intention de, dans le but de,* etc.	
Opposition	*Inversement, contrairement,* etc.	*Tandis que, alors que, au lieu de, là où,* etc.	*Contrairement à,* etc.	*Cela s'oppose à, contredit, empêche, interdit,* etc.
Concession	*Mais, or, néanmoins, cependant, toutefois, pourtant, en revanche, certes... mais,* etc.	*Bien que, quoique, même si, encore que, quand bien même, quelque... que,* etc.	*En dépit de, à moins de, malgré,* etc.	*Avoir beau, il n'est pas contestable que... mais,* etc.
Transition	*Or, d'ailleurs, d'autre part, du reste,* etc.			
Illustration	*Par exemple, entre autres, notamment, en particulier, à savoir,* etc.			
Comparaison	*Ainsi, aussi, plus, moins,* etc.	*Comme, ainsi que, aussi, plus/moins que, comme si, aussi que, autant que,* etc.		*Cela évoque, rappelle, ressemble, fait penser,* etc.

Observer et réfléchir

Sont-ils étranges, ces anciens souvenirs qui vous hantent sans qu'on puisse se défaire d'eux ! Celui-là est si vieux, si vieux que je ne saurais comprendre comment il est resté si vif et si tenace dans mon esprit. [...]

C'était une vieille couturière qui venait une fois par semaine, tous les
5 mardis, raccommoder le linge chez mes parents. Mes parents habitaient une de ces demeures de campagne appelées châteaux, et qui sont simplement d'antiques maisons à toit aigu, dont dépendent quatre ou cinq fermes groupées autour. [...]

Donc, tous les mardis, la mère Clochette arrivait entre six heures et demie et
10 sept heures du matin et montait aussitôt dans la lingerie se mettre au travail. C'était une haute femme maigre, barbue, ou plutôt poilue, car elle avait de la barbe sur toute la figure, une barbe surprenante, inattendue, poussée par bouquets invraisemblables, par touffes frisées qui semblaient semées par un fou à travers ce grand visage de gendarme en jupes. [...]

15 J'adorais cette mère Clochette. Aussitôt levé je montais dans la lingerie où je la trouvais installée à coudre, une chaufferette sous les pieds. Dès que j'arrivais, elle me forçait à prendre cette chaufferette et à m'asseoir dessus pour ne pas m'enrhumer dans cette vaste pièce froide, placée sous le toit.

« Ça te tire le sang de la gorge », disait-elle.

Guy de Maupassant, « Clochette », *Gil Blas*, 1886.

1. Dans le texte ci-contre, repérez les détails qui donnent une impression de réalité.

2. À quelle personne la narration est-elle faite ?

3. Comment la mère Clochette est-elle décrite dans le passage surligné en jaune ?

Retenir

▶ **Le registre réaliste**
- Il vise à créer l'**illusion de la réalité**.
- Il rend compte du réel **sans chercher à l'embellir** : *le portrait physique de la mère Clochette n'est pas flatteur.*
- Il dépeint des **personnages ordinaires** : *la mère Clochette est une vieille couturière.*
- Ces personnages sont plongés dans un **quotidien assez banal** : *elle est occupée à coudre dans la lingerie.*
- Il **décrit**, avec humour ou cruauté, les **défauts** d'individus (comme la lâcheté, la bêtise, ou l'avarice).

▶ **Les procédés du registre réaliste**
- Une **narration à la première personne** qui donne l'impression que les événements ont été réellement vécus par le narrateur.
- De **petits détails** qui font **vrais** : *« la mère Clochette arrivait entre six heures et demie et sept heures du matin », « une chaufferette sous les pieds. »*
- L'ancrage dans un **lieu réel** ou **vraisemblable** et des **détails précis** sur la **localisation** de l'action : *la description de la maison.*
- Une **situation temporelle précise** et des **détails vraisemblables** sur l'**époque** représentée : *« tous les mardis ».*
- Des **dialogues** qui imitent les manières de parler du **réel** (argot, langage familier, patois, etc.) : *« Ça te tire le sang de la gorge. »*
- L'utilisation d'un **lexique spécialisé** en rapport avec les thèmes abordés.
- Les **champs lexicaux** de **la vie sociale** : métier, ville, etc.

En ce moment, l'heure sonna, dehors, à l'église, dans le vent nocturne.

– Qui est là ? demandai-je, à voix basse.

La lueur s'éteignit : j'allais m'approcher...

Mais la porte s'ouvrit, largement, lentement, silencieusement.

5 En face de moi, dans le corridor, se tenait, debout, une forme haute et noire, – un prêtre, le tricorne sur la tête. La lune l'éclairait tout entier, à l'exception de la figure : je ne voyais que le feu de ses prunelles qui me considéraient avec une solennelle fixité.

Le souffle de l'autre monde enveloppait ce visiteur, son attitude m'oppressait 10 l'âme. Paralysé par une frayeur qui s'enfla instantanément jusqu'au paroxysme, je contemplai le désolant personnage, en silence.

Tout à coup, le prêtre éleva le bras, avec lenteur, vers moi. Il me présentait une chose lourde et vague.

C'était un manteau. Un grand manteau noir, un manteau de voyage. Il me 15 le tendait, comme pour me l'offrir !...

Je fermai les yeux pour ne pas voir cela. Oh ! Je ne voulais pas voir cela ! Mais un oiseau de nuit, avec un cri affreux, passa entre nous, et le vent de ses ailes, m'effleurant les paupières, me les fit rouvrir. Je sentis qu'il voletait par la chambre. Alors, – et avec un râle d'angoisse, car les forces me trahissaient 20 pour crier, – je repoussai la porte de mes deux mains crispées et étendues et je donnai un violent tour de clef, frénétique et les cheveux dressés !

Auguste Villiers de L'Isle-Adam, *Contes cruels*, 1883.

1. Quand se situe la scène décrite dans l'extrait ci-contre ?

2. Relevez les expressions qui caractérisent le prêtre. Quelles sont celles qui peuvent faire penser que ce personnage n'est pas réel ?

3. Pourquoi la vue du manteau de voyage effraie-t-elle tant le narrateur ? Quel genre de voyage peut-il craindre ?

4. Dans le passage surligné en jaune, quel type de phrases est employé ? Quel effet cela produit-il ?

▶ **Un récit fantastique possède quatre caractéristiques principales**

- Il met en scène des **personnages** ou des **événements effrayants** : *le prêtre vêtu de noir, le grand manteau noir de voyage symbolisant la mort, l'oiseau de nuit.*
- Il se déroule dans un **cadre vraisemblable**, ordinaire, **proche du réel** : *dehors, l'église, le corridor.*
- Il est souvent raconté à la première personne par un **narrateur témoin** : *« j'allai m'approcher ».*
- La fin laisse planer un **doute entre une explication rationnelle** ou **surnaturelle** : *ici, on ne sait s'il s'agit d'un prêtre ou d'une incarnation de la mort.*

▶ **Les procédés du registre fantastique**

- un **cadre hostile**, **bizarre** ou **inquiétant** : *la nuit.*
- un **jeu** avec l'**état d'esprit** du personnage (fatigue, ivresse, folie) : *les forces du narrateur le « trahissent ».*
- des **verbes de perception** : *« je contemplai », « je sentis »* ; des **phrases interrogatives** ou **exclamatives**.
- des **personnifications**, **comparaisons** ou **métaphores** : *« le feu de ses prunelles », « le souffle de l'autre monde ».*
- les **champs lexicaux** de l'**étrange**, du **doute**, de la **peur** : *« m'oppressait », « frayeur », « angoisse ».*
- des **modalisateurs de l'incertitude** : phrases interrogatives (*« Ai-je perdu la raison ? »*), des adverbes (peut-être, probablement...), le conditionnel (*« On aurait dit la mort ! »*), verbes attributifs (sembler, paraître, avoir l'air).

Observer et réfléchir

Il était une fois une veuve qui avait deux filles [...]. [L'aînée et la mère] étaient toutes deux si désagréables et si orgueilleuses, qu'on ne pouvait vivre avec elles. La cadette était le vrai portrait de son père pour la douceur et l'honnêteté. Comme on aime naturellement son semblable, cette mère était folle de sa fille aînée et, en même temps, avait une aversion effroyable pour la cadette. Elle la faisait manger à la cuisine et travailler sans cesse.

Il fallait, entre autres choses, que cette pauvre enfant allât, deux fois le jour, puiser de l'eau à une grande demi-lieue du logis, et qu'elle en rapportât plein une grande cruche. Un jour qu'elle était à cette fontaine, il vint à elle une pauvre femme qui la pria de lui donner à boire.

« Oui dà, ma bonne mère, » lui dit la jeune fille [...]. La bonne femme, ayant bu, lui dit : « Vous êtes si bonne et si honnête, que je ne puis m'empêcher de vous faire un don ; car c'était une fée qui avait pris la forme d'une pauvre femme de village, pour voir jusqu'où irait l'honnêteté de cette jeune fille. Je vous donne pour don, poursuivit la fée, qu'à chaque parole que vous direz, il vous sortira de la bouche ou une fleur, ou une pierre précieuse. »

Lorsque cette fille arriva au logis, sa mère la gronda de revenir si tard de la fontaine. « Je vous demande pardon, ma mère, dit cette pauvre fille, d'avoir tardé si longtemps ; » et, en disant ces mots, il lui sortit de la bouche deux roses, deux perles et deux gros diamants. « Que vois-je là ! dit sa mère tout étonnée ; je crois qu'il lui sort de la bouche des perles et des diamants. D'où vient cela, ma fille ? »

Charles Perrault, « Les Fées », *Contes de ma mère l'Oye*, 1697.

1. Dans le texte ci-contre, relevez les éléments qui vous paraissent appartenir au genre du conte de fées.

2. Quel adjectif qualifie la jeune fille dans le passage surligné en vert ? Dans quelle situation se trouve-t-elle ?

3. Quelle est la réaction de la mère dans le passage surligné en jaune ? Vous semble-t-elle vraisemblable ?

Retenir

▶ **Le registre merveilleux, contrairement au fantastique :**
- n'hésite pas entre le réel et le surnaturel ;
- la présence de la magie et des éléments imaginaires n'a pas besoin d'être expliquée : les personnages l'acceptent sans chercher de justification rationnelle.

▶ **Les procédés du registre merveilleux**
- Un **monde** éloigné du réel : *l'expression « il était une fois » suggère une époque et un lieu indéterminés.*
- Des **personnages** et des **objets magiques** ou **féériques**, des animaux qui parlent : *la fée.*
- Des **actions extraordinaires** ou surprenantes, des métamorphoses : *des fleurs et des pierres précieuses sortent de la bouche de la cadette.*
- Les **faits surnaturels** n'effraient pas les personnages qui les perçoivent comme **naturels**.

▶ **Le conte de fées**
- Il présente souvent des **personnages démunis secourus** par la **magie** : *ici, le don de la fée.*
- Les personnages sont souvent **entièrement bons** ou **entièrement méchants** : *la mère et la fille aînée sont invivables et cruelles ; la cadette est très douce et très honnête.*

Observer et réfléchir

Le spectacle était épouvantable et charmant. Gavroche, fusillé, taquinait la fusillade. Il avait l'air de s'amuser beaucoup. C'était le moineau becquetant les chasseurs. Il répondait à chaque décharge par un couplet. On le visait sans cesse, on le manquait toujours. Les gardes nationaux et les soldats riaient en l'ajustant. Il se couchait, puis se redressait, s'effaçait dans un coin de porte, puis bondissait, disparaissait, reparaissait, se sauvait, revenait, ripostait à la mitraille par des pieds de nez, et cependant pillait les cartouches, vidait les gibernes et remplissait son panier. Les insurgés, haletants d'anxiété, le suivaient des yeux. La barricade tremblait ; lui, il chantait. Ce n'était pas un enfant, ce n'était pas un homme ; c'était un étrange gamin fée. On eût dit le nain invulnérable de la mêlée. Les balles couraient après lui, il était plus leste qu'elles. [...] Une balle pourtant, mieux ajustée ou plus traître que les autres, finit par atteindre l'enfant feu follet. On vit Gavroche chanceler, puis il s'affaissa. Toute la barricade poussa un cri ; mais il y avait de l'Antée[1] dans ce pygmée ; pour le gamin toucher le pavé, c'est comme pour le géant toucher la terre ; Gavroche n'était tombé que pour se redresser : il resta assis sur son séant, un long filet de sang rayait son visage, il éleva ses deux bras en l'air, regarda du côté d'où était venu le coup, et se mit à chanter [...].

Victor Hugo, *Les Misérables*, 1862.

————
1. Antée : dans la mythologie grecque, dieu ayant la faculté de rester invincible tant qu'il restait en contact avec le sol.

1. Dans les passages surlignés en jaune, à quoi Gavroche est-il successivement comparé ? Quelle image ces comparaisons contribuent-elles à donner de lui ?

2. Quelles figures de style relevez-vous dans les expressions surlignées en vert ?

3. Dans le passage souligné, relevez les verbes d'action.

Retenir

▶ **Le registre épique**
- Il donne aux choses, aux êtres et à leurs actions une **dimension héroïque** qui les dépasse.
- Il attise l'intérêt par une **situation exceptionnelle** et suscite l'**admiration** et l'**enthousiasme** du lecteur.

▶ **Les procédés du registre épique**
- **Champs lexicaux** de la **guerre** (« *fusillé* », « *fusillade* », « *mitraillait* », « *cartouches* », etc.), de l'**héroïsme**, du **merveilleux**.
- **Vocabulaire mélioratif** : « *charmant* », « *invulnérable* ».
- Évocation de **qualités morales** et **physiques** : *Gavroche fait preuve d'un courage et d'une agilité extraordinaires.*
- Verbes d'action ; emploi de **pluriels**, de **termes collectifs** (« *les gardes nationaux et les soldats* », « *les insurgés* », « *toute la barricade* »), d'**adjectifs numéraux**.
- **Phrases amples et complexes** : « *Toute la barricade poussa un cri (...) et se mit à chanter.* »
- Présence du **manichéisme** : opposition du bien et du mal (*les gardes et les soldats sont cruels, Gavroche semble innocent et insouciant*) à l'aide d'**antithèses**.
- Figures d'**amplification**, de l'**emphase** : **répétitions**, **gradations**, **accumulations**, **superlatifs** (« *mieux ajustée ou plus traître que les autres* »), **hyperboles**.
- **Personnifications** (« *Les balles couraient après lui* »), **allégories** (« *la face camarde du spectre s'approchait* »).

Observer et réfléchir

[...] Je t'implore et réclame ;
Ne fuis pas loin de mes maux,
Ô fauvette de mon âme
Qui chantes dans mes rameaux !

5 De quoi puis-je avoir envie,
De quoi puis-je avoir effroi,
Que ferai-je de la vie
Si tu n'es plus près de moi ?

Tu portes dans la lumière,
10 Tu portes dans les buissons,
Sur une aile ma prière,
Et sur l'autre mes chansons.

Que dirai-je aux champs que voile
L'inconsolable douleur ?
15 Que ferai-je de l'étoile ?
Que ferai-je de la fleur ? [...]

Que ferai-je de la lyre,
De la vertu, du destin ?
Hélas ! et, sans ton sourire,
20 Que ferai-je du matin ?

Que ferai-je, seul, farouche,
Sans toi, du jour et des cieux,
De mes baisers sans ta bouche,
Et de mes pleurs sans tes yeux !

Victor Hugo, « Je respire où tu
palpites », *Les Contemplations*, 1856.

1. Relevez les mots et les expressions qui évoquent les sentiments du poète. Qu'éprouve celui-ci ?

2. Que remarquez-vous dans la construction des vers des passages surlignés en jaune ? Quel est l'effet recherché ?

Retenir

▸ **Le registre lyrique**

• Il permet l'expression de **sentiments personnels** (amour, joie, tristesse, etc.).

• Il cherche à faire partager des sentiments, à **créer une intimité** avec le lecteur par l'utilisation d'apostrophes ou de la deuxième personne du singulier ou du pluriel.

▸ **Les procédés du registre lyrique**

• L'utilisation fréquente du *je* : « *Je t'implore* ».

• Le **champ lexical** des **sentiments** : « *maux* », « *effroi* », « *douleur* », « *pleurs* », etc.

• Une **ponctuation expressive** : phrases interrogatives et exclamatives : « *Que ferai-je de la lyre,/De la vertu, du destin ?* ».

• Des **interjections** : « *Hélas !* »

• Des **apostrophes lyriques** : « *Ô fauvette de mon âme...* »

• Des **figures d'insistance** : anaphores, parallélismes (« *Sur une aile ma prière/Et sur l'autre mes chansons* »), hyperboles, gradations.

• Un **rythme** et une **musicalité** : ici, rimes suffisantes et riches (« *lumière* », « *prière* »), assonances (« *farouche* », « *jour* », « *bouche* »).

• Des thèmes privilégiés : l'**amour** (« *baisers* »), la **fuite du temps**, le **désespoir** (« *l'inconsolable douleur* »), la **nature** (« *rameaux* », « *étoile* », « *fleur* », etc.), le **souvenir**, etc.

▸ **Le registre élégiaque**

• C'est une catégorie spécifique du lyrisme qui sert à exprimer un **chant plaintif** traitant de la **mort** ou des **tourments amoureux** (« *Que ferai-je de la vie/Si tu n'es plus près de moi ?* »).

• La présence d'un **destinataire** est particulièrement forte : « *tu* », « *ton* », « *ta* », etc.

Observer et réfléchir

Le père de Chimène, jaloux du vieux don Diègue, le père de Rodrigue, le gifle. Mais l'âge avancé de don Diègue l'empêche de se battre en duel pour sauver son honneur.

DON DIÈGUE. – Ô rage ! ô désespoir ! ô vieillesse ennemie !
N'ai-je donc tant vécu que pour cette infamie[1] ? [...]
Mon bras, qu'avec respect toute l'Espagne admire,
Mon bras, qui tant de fois a sauvé cet empire,
5 Tant de fois affermi le trône de son roi,
Trahit donc ma querelle[2], et ne fait rien pour moi ?
Ô cruel souvenir de ma gloire passée !
Œuvre de tant de jours en un jour effacée !
Nouvelle dignité, fatale à mon bonheur !
10 Précipice élevé d'où tombe mon honneur !
Faut-il de votre éclat voir triompher le Comte,
Et mourir sans vengeance, ou vivre dans la honte ?

Pierre Corneille, *Le Cid*, acte I, scène 4, 1660.

1. **Infamie** : déshonneur.
2. **Ma querelle** : ma cause.

1. Quel est le niveau de langue présent dans cette tirade ?

2. Relevez les expressions trahissant les sentiments de don Diègue.

3. Observez la ponctuation. Quels types de phrases relevez-vous ?

4. Quel effet produit la répétition du mot ô ?

5. Dans le passage surligné en jaune, quels sont les mots qui évoquent, d'une part, la fatalité et, d'autre part, le dilemme de don Diègue ?

Retenir

▶ **Le registre tragique**

• Il exprime **l'angoisse** des personnages face à une **situation** qui paraît **insoluble**. La notion de **fatalité** y est très présente : les personnages **ne peuvent échapper à leur destin malheureux**.

• Il cherche à susciter chez le spectateur **l'effroi** et **la pitié**.

▶ **Les procédés du registre tragique**

• Un **niveau de langue soutenu** : « *N'ai-je donc tant vécu que pour cette infamie ?* »

• Le recours à l'**imprécation**, la **supplication**, l'**apostrophe** (« *Ô rage ! ô désespoir ! ô vieillesse ennemie !* »).

• Un **champ lexical** et des **images** de la **mort**, de la **folie**, de l'**honneur**, du **destin** ou de la **fatalité** (« *N'ai-je donc tant vécu que pour cette infamie ?* », « *Faut-il de votre éclat voir triompher le comte ?* », « *fatale à mon bonheur* »).

• Le vocabulaire de l'**impuissance** (« *Trahit donc ma querelle, et ne fait rien pour moi* »), du **désespoir** (« *Ô cruel souvenir* »), de la **culpabilité** et de la **passion**.

• Des **phrases exclamatives** ou **interrogatives** : « *Ô cruel souvenir de ma gloire passée ! / Œuvre de tant de jours en un jour effacée !* »

• Des **parallélismes**, des **antithèses** qui soulignent un **dilemme** : « *Et mourir sans vengeance, ou vivre dans la honte ?* »

• Des **métaphores**, des figures d'**amplification** comme l'**hyperbole** : « *Précipice élevé d'où tombe mon honneur* ».

HARPAGON. *Il crie au voleur dès le jardin, et vient sans chapeau.* – Au voleur, au voleur, à l'assassin, au meurtrier. Justice, juste Ciel. Je suis perdu, je suis assassiné, on m'a coupé la gorge, on m'a dérobé mon argent. Qui peut-ce être ? qu'est-il devenu ? où est-il ? où se cache-t-il ? que ferai-je pour le trouver ? où courir ? où ne pas
5 courir ? n'est-il point là ? n'est-il point ici ? qui est-ce ? Arrête. Rends-moi mon argent, coquin... (*Il se prend lui-même le bras.*) Ah, c'est moi. Mon esprit est troublé, et j'ignore où je suis, qui je suis, et ce que je fais. Hélas, mon pauvre argent, mon pauvre argent, mon cher ami, on m'a privé de toi ; et puisque tu m'es enlevé, j'ai perdu mon support, ma consolation, ma joie, tout est fini pour moi, et je n'ai plus que faire au monde.
10 Sans toi, il m'est impossible de vivre. C'en est fait, je n'en puis plus, je me meurs, je suis mort, je suis enterré. N'y a-t-il personne qui veuille me ressusciter, en me rendant mon cher argent, ou en m'apprenant qui l'a pris ? Euh ? que dites-vous ? Ce n'est personne. Il faut, qui que ce soit qui ait fait le coup, qu'avec beaucoup de soin on ait épié l'heure ; et l'on a choisi justement le temps que je parlais à mon traître
15 de fils. Sortons. Je veux aller quérir la justice [...]. Je veux faire pendre tout le monde ; et si je ne retrouve mon argent, je me pendrai moi-même après.

Molière, *L'Avare*, acte IV, scène 7, 1668.

1. En quels termes Harpagon s'adresse-t-il à son argent ? En quoi est-ce drôle ?

2. Dans les passages surlignés en jaune, quel procédé rend la scène comique ?

▶ **Le registre comique**
- Son but premier est de **faire rire**, de **divertir** le lecteur ou le spectateur.
- Il peut aussi avoir une **fonction critique**, en soulignant les défauts des hommes pour s'en moquer et les corriger. (*Castigat ridendo mores* : « La comédie corrige les mœurs par le rire. »)
- Le registre comique peut aussi mettre **mal à l'aise** le spectateur par des situations outrancières : le rire se fait alors grinçant.

▶ **Les procédés du registre comique**
- Le **comique de mots** : répétitions (« *mon pauvre argent, mon pauvre argent* »), polysémie, jurons (« *coquin* », « *mon traître de fils* »), onomatopées, interjections (*ah, hélas !*), calembours, opposition des niveaux de langue, mais aussi jeux sur les sons (« *qui que ce soit qui ait fait le coup, qu'avec beaucoup...* »).
- Le **comique de geste** (au théâtre) : *Harpagon se prend le bras, croyant avoir trouvé son voleur.*
- Le **comique de caractère** : peinture des défauts et vices (*l'avarice, la paranoïa, le sadisme*), des comportements excessifs, à travers la caricature, les hyperboles, les gradations (« *Je suis perdu, je suis assassiné, on m'a coupé la gorge.* »), les accumulations (« *Qui peut-ce être ? qu'est-il devenu ? où est-il ? où se cache-t-il ? que ferai-je pour le trouver ? où courir ? où ne pas courir ? n'est-il point là ? n'est-il point ici ? qui est-ce ?* »)
- Le **comique de situation** : quiproquos, retournements de situation (*ici, l'avare volé*), coïncidences...

▶ **Quelques formes du rire**
- La **satire** : on se moque des mœurs et comportements.
- La **parodie** : on se moque d'un genre en l'imitant pour le tourner en ridicule.
- L'**absurde** : le comique repose sur l'absence de logique.
- L'**humour noir** : on exprime avec détachement des faits graves ou horribles.

> Sa peau, d'ailleurs parfaitement unie, approchait fort de la teinte du cuivre. Ses yeux étaient obliques, mais admirablement fendus ; ses lèvres un peu fortes, mais bien dessinées et laissant voir des dents plus blanches que les amandes sans leur peau. Ses cheveux, peut-être un peu gros, étaient noirs, à reflets bleus comme l'aile d'un corbeau.
>
> Prosper Mérimée, *Carmen*, 1865.

1. Relevez, dans ce portrait, les adjectifs qualificatifs, les adverbes et les figures de style.

2. À votre avis, le jugement qui se dégage de ce portrait est-il plutôt positif ou plutôt négatif ?

Exprimer son jugement, c'est faire preuve de subjectivité, c'est-à-dire affirmer son point de vue personnel.

L'ensemble des mots et des procédés qui créent la **subjectivité** d'un énoncé s'appelle la **modalisation**. On peut exprimer son point de vue **avec plus ou moins de force, en prenant plus ou moins position.**

▶ **Un jugement peut être péjoratif ou mélioratif**

   1. Le jugement péjoratif (ou dépréciatif) s'exprime à l'aide :
- d'**adjectifs qualificatifs** et d'**adverbes** (*dégoûtant, laid, crétin, horriblement*, etc.) : « *ses lèvres un peu fortes* ».
- de **suffixes dépréciatifs** : *-ard, -âtre, -asse*, etc.
- de figures de style (**comparaisons, métaphores**) : *Il s'est fait avoir comme un bleu.*

   2. Le jugement mélioratif (ou appréciatif) s'exprime à l'aide :
- d'**adjectifs qualificatifs** et d'**adverbes** : « *Ses yeux étaient [...] admirablement fendus* ».
- de figures de style (**comparaisons, métaphores**) : « *des dents plus blanches que les amandes sans leur peau* ».

▶ **Un jugement peut être introduit par :**
- des **expressions qui témoignent d'une prise de position** : *selon moi, d'après moi, à mon avis, selon mon point de vue*, etc.
- des **verbes d'opinion** : *penser, estimer, croire, trouver, supposer, juger, considérer*, etc.

▶ **Un jugement peut être nuancé par :**
- des **adverbes** ou **locutions adverbiales d'opinion** (*apparemment, sans doute, probablement, peut-être, possiblement*, etc.)
- des **verbes exprimant le doute** (éventuellement au conditionnel) : *il semble/semblerait que, il se peut/pourrait que, il est probable que, il est possible que*, etc.
- des **phrases interrogatives :** *Comment cette petite blondasse, maigre, aux mains niaises, aux yeux clairs et vides, à la voix fraîche et bête, pareille à cent mille poupées à marier, avait-elle cueilli ce garçon intelligent et fin ?* (Maupassant, *Une famille*, 1886.)
- des **points de suspension.**
- une **mise à distance** (à l'aide de **guillemets** ou du **conditionnel**) : *C'est un véritable « héros » comme vous dites. Cet homme serait un héros.*

▶ **Un jugement peut être renforcé par :**
- des **adverbes** ou **locutions adverbiales d'opinion :** *assurément, certainement, évidemment*, etc.
- des **verbes exprimant la certitude** : *il est certain que, il est sûr que, il ne fait aucun doute que, je vous assure que, il est clair que*, etc.

On peut exprimer ses sentiments aussi bien à l'aide de **champs lexicaux** que de **procédés d'écriture**.

▶ **Les champs lexicaux les plus courants**

1. L'amitié et l'amour

- **Verbes** : *apprécier, s'attacher à, être épris de, aimer, adorer, raffoler de, etc.*
- **Noms** : *affection, sympathie, attachement, cordialité, bonté, estime, admiration, inclination, attirance, penchant, adoration, etc.*
- **Adjectifs** : *attaché à, admiratif, épris, émerveillé, transporté, amoureux, passionné, ardent, etc.*

2. La joie

- **Verbes** : *s'enthousiasmer, sourire, se réjouir, célébrer, se délecter, jubiler, exulter, jouir, rire, etc.*
- **Noms** : *enthousiasme, euphorie, félicité, béatitude, extase, allégresse, jubilation, liesse, etc.*
- **Adjectifs** : *satisfait, bien aise, jovial, joyeux, gai, réjoui, heureux, ravi, béat, radieux, rayonnant, triomphant, etc.*

3. L'espoir

- **Verbes** : *espérer, souhaiter, aspirer à, attendre, désirer, croire, etc.*
- **Noms** : *confiance, optimisme, espérance, assurance, etc.*
- **Adjectifs** : *confiant, optimiste, sûr, etc.*

4. La tristesse

- **Verbes** : *regretter, attrister, déplorer, s'affliger, être consterné(e), larmoyer, etc.*
- **Noms** : *contrariété, chagrin, consternation, douleur, accablement, désolation, désespoir, etc.*
- **Adjectifs** : *chagriné, triste, peiné, affligé, larmoyant, éploré, abattu, inconsolable, etc.*

5. L'inquiétude

- **Verbes** : *inquiéter, agiter, navrer, alarmer, effrayer, paniquer, affoler, oppresser, tourmenter, terroriser, etc.*
- **Noms** : *gêne, honte, souci, impatience, crainte, agitation, malaise, anxiété, peur, angoisse, tourment, terreur, etc.*
- **Adjectifs** : *soucieux, tendu, tracassé, crispé, nerveux, apeuré, ombrageux, fiévreux, effaré, atterré, etc.*

6. L'envie

- **Verbes** : *être tenté par, viser, avoir envie de, lorgner, désirer, aspirer à, convoiter, prétendre à, soupirer, envier, jalouser, brûler de, languir après quelque chose, etc.*
- **Noms** : *appétence, aspiration, appétit, faim, ambition, tentation, avidité, convoitise, concupiscence, velléité, cupidité, jalousie, rapacité, etc.*

7. La haine

- **Verbes** : *détester, abhorrer, abominer, avoir en horreur, répugner, exécrer, etc.*
- **Noms** : *désaccord, froideur, antipathie, mépris, rancune, rancœur, ressentiment, dégoût, répugnance, hostilité, aversion, etc.*
- **Adjectifs** : *rancunier, vindicatif, méchant, mauvais, fielleux, pervers, venimeux, haineux, etc.*

Remarque : Certains **verbes** (ou certaines locutions verbales) servent à **introduire** des **noms** de sentiments : *afficher, connaître, endurer, être rempli de, être saisi de, goûter, éprouver, manifester, ressentir…*

▶ **Les procédés d'écriture**

- Les **phrases interrogatives**, **exclamatives**, les interjections, etc. : *« Ô rage ! ô désespoir ! ô vieillesse ennemie !/ N'ai-je donc tant vécu que pour cette infamie ? »*

- La **description d'attitudes** traduisant un **sentiment** : *les sourcils froncés pour la colère ou la réprobation, les yeux écarquillés pour l'étonnement, le visage rouge pour la honte ou l'amour,* etc.

Le théâtre vise à représenter, sur scène par des comédiens, des œuvres écrites par un dramaturge. Celles-ci sont interprétées par un metteur en scène qui dirige les comédiens.

L'organisation de la pièce de théâtre

• La locution latine ***dramatis personae*** désigne la page qui précède le texte et présente les personnages ainsi que leurs relations.

• L'**acte** est la partie de la pièce qui correspond à une étape de l'action. De l'époque classique aux années 1950, les pièces se composaient de trois ou cinq actes.

• La **scène** est la partie d'un acte correspondant à l'entrée et la sortie d'un personnage.

• Les **didascalies** sont les indications données par l'auteur sur la façon de jouer ou de dire une réplique ou sur les éléments du décor.

La parole et l'échange

• Un **monologue** est une scène où un personnage, seul sur scène, se parle à lui-même (mais le véritable destinataire est le public) pour récapituler l'action, exprimer ses sentiments ou annoncer un projet.

• Des **stances** sont des strophes régulières et versifiées qui ont la même structure, et qui forment un type de monologue dans le théâtre classique. Le monologue de Rodrigue dans *Le Cid* (acte I, scène 6) en est l'un des exemples les plus connus.

• Un **dialogue** est l'ensemble des paroles qu'échangent plusieurs personnages d'une pièce de théâtre.

• Une **réplique** est, dans un dialogue, une prise de parole par un personnage.

• Une **tirade** est une longue suite de phrases prononcées par un même personnage sans interruption.

• Une **stichomythie** est une succession de répliques brèves (inférieures à un vers) et d'égale longueur. Elle peut alimenter le comique ou l'intensité dramatique.

• Un **aparté**, signalé sur le texte par l'expression entre parenthèses « *à part* », est une réplique ou une partie de réplique d'un personnage destinée aux seuls spectateurs et que les autres personnages présents sur scène sont censés ne pas entendre.

• La **double énonciation** désigne le fait qu'au théâtre, les paroles sont destinées à la fois aux comédiens sur scène et au public. Le public, qui assiste à tous les dialogues, en sait donc plus que les personnages.

• Un **quiproquo** est une méprise qui consiste à prendre une personne ou une chose pour une autre. C'est un ressort théâtral qui relève du comique de situation.

L'action

• L'**exposition** est la première partie d'une pièce (qui généralement n'excède pas le premier acte) permettant de présenter la situation, les personnages, leurs relations, le registre de la pièce ainsi que ses enjeux.

• L'**intrigue** est une suite d'actions et de nœuds qui constituent le fil conducteur de la pièce.

• Le **nœud** est le point culminant de la pièce où tout semble mêlé sans possibilité de résolution.

• Une **péripétie** est un événement inattendu qui permet de faire progresser l'action de manière significative.

• Un **coup de théâtre** est un rebondissement inattendu de l'intrigue qui permet de la faire avancer voire de la dénouer.

• Le **dénouement** désigne la dernière partie d'une pièce où l'intrigue se résout en bien ou en mal.

Les procédés

• La locution latine ***deus ex machina*** signifie « le dieu qui descend d'une machine ». Il s'agit d'un procédé utilisé en guise de dénouement dans le théâtre grec et latin : un dieu descendait d'une plateforme avec cordes et poulies pour résoudre les affaires humaines paraissant insolubles. Par extension, l'expression désigne les artifices parfois utilisés au théâtre pour résoudre une situation : *reconnaissance d'identité, arrivée soudaine d'un personnage que l'on croyait mort, intervention surnaturelle,* etc.

• Une **scène de récit** est une scène dans laquelle un personnage raconte des actions ayant eu lieu hors-scène. Ce procédé est utilisé pour respecter la règle classique de bienséance ou pour des raisons de vraisemblance. *Par exemple, le récit de la bataille contre les Maures dans* Le Cid.

• **Le théâtre dans le théâtre** est une pièce ou scène qui représente elle-même une pièce ou une scène de théâtre. Le procédé est aussi appelé « mise en abyme ». *L'Illusion comique de Corneille est entièrement fondée sur ce principe.*

La mise en scène

• Le **dramaturge** est un auteur de pièces de théâtre, mais depuis cinquante ans, ce mot désigne aussi celui qui conseille le metteur en scène dans l'analyse et l'interprétation de la pièce.

• Le **metteur en scène** dirige la mise en scène en se conformant aux directives de l'auteur ou, au contraire, en s'en éloignant (*changement d'époque, de décors*, etc.).

• La **mise en scène** est l'art de la représentation d'une pièce par les comédiens, en orientant leur jeu (direction d'acteurs), en travaillant avec le scénographe, le costumier, le créateur lumière, etc. Une mise en scène est toujours une interprétation d'une pièce.

• La **scénographie** est l'art de la composition de l'espace scénique où va se jouer la pièce. Les moyens techniques et artistiques mis en œuvre (travail sur les volumes, images, couleurs, matières pour les constructions, objets, décors, accessoires) sont au service du propos du metteur en scène.

• Le **décor** désigne l'ensemble des tentures, constructions, objets qui se trouvent sur scène pour donner l'illusion (illusion théâtrale) des lieux de la pièce (une chambre, la salle du trône). Aujourd'hui, on parlera de scénographie car on ne recherche pas forcément à reproduire des lieux réels.

• L'**espace scénique** est la zone de jeu réservée aux comédiens et interprètes.

• Le **côté jardin**, vu de la salle, est le côté gauche de la scène tandis que le **côté cour** est le côté droit de la scène.

• Le **hors-scène** est la zone extérieure à l'espace scénique, invisible aux spectateurs et où est censée se dérouler une partie de l'action.

Les règles du théâtre classique

• La **règle des trois unités** est très importante au XVIIe siècle, elle consiste dans :
– l'unité de lieu : l'intrigue doit se dérouler en un lieu unique.
– l'unité de temps : l'intrigue doit se dérouler en moins de vingt-quatre heures.
– l'unité d'action : l'intrigue est centrée sur un seul sujet.

• La **vraisemblance** consiste à ne représenter sur scène que ce qui imite de façon plausible la réalité.

• La **bienséance**, très importante au XVIIe siècle, consiste à respecter les règles du théâtre pour ne pas choquer le public par vulgarité ou manque de vraisemblance. La violence physique ou la mort ne devaient ainsi pas être montrées sur scène (d'où les scènes de récit).

Les genres du théâtre classique

• La **comédie** est un genre théâtral au dénouement heureux qui vise à faire rire le public. La locution latine *castigat ridendo mores* signifie « la comédie corrige les mœurs par le rire ». C'est la devise de la comédie classique au XVIIe siècle qu'utilise Molière pour donner une portée morale à ses pièces et les élever au niveau de la tragédie (genre alors jugé plus noble).

• La *commedia dell'arte* est une tradition théâtrale italienne dont le jeu est basé sur des types caractéristiques (*l'amoureux, le vieillard, le Docteur,* etc.) reconnaissables par leurs costumes ou leurs masques, et une part d'improvisation. Molière a cotoyé la troupe des Italiens.

• La **farce** est un genre théâtral populaire issu du Moyen-Âge au comique parfois grossier, très visuel (bastonnades). Molière s'en est inspiré dans plusieurs de ses pièces.

• La **tragédie** est un genre théâtral sérieux au dénouement le plus souvent malheureux, la pièce s'achevant par la mort fatale d'un ou de plusieurs personnages. Racine et Corneille, chacun avec son propre style, en sont les principaux représentants.

• La **tragi-comédie** est une pièce de théâtre dont l'intrigue tragique se dénoue néanmoins de manière heureuse. Corneille s'est particulièrement illustré dans ce genre.

• Le **drame romantique** est un genre théâtral né au début du XIXe siècle et théorisé par Victor Hugo. Il se déroule le plus souvent sur une trame historique, mélange le tragique au comique et bouscule les règles classiques des trois unités et de la bienséance.

Un poème se distingue par sa **musicalité**, ses **figures de style** et parfois par sa **présentation**. Il peut être écrit en **prose** (forme ordinaire d'un texte, sans vers) ou en **vers**.

▶ **Le vers**

• Le vers commence le plus souvent par une **majuscule** et contient un nombre précis de **syllabes**.

• Le **mètre** (ou longueur du vers) est le **nombre de syllabes comptées et prononcées** dans un vers.

• Les principaux **mètres pairs** sont l'**alexandrin** (douze syllabes), le **décasyllabe** (dix syllabes), l'**octosyllabe** (huit syllabes), l'**hexasyllabe** (six syllabes).

• Les principaux **mètres impairs** (plus rares) sont le **pentasyllabe** (cinq syllabes), l'**heptasyllabe** (sept syllabes), l'**ennéasyllabe** (neuf syllabes), l'**hendécasyllabe** (onze syllabes).

• Le **vers libre** ne possède pas un nombre de syllabes déterminé, ni de rimes. Il joue donc sur le retour de sonorités à l'intérieur du vers : l'**assonance** (répétition d'un son de voyelle) et l'**allitération** (répétition d'un son de consonne).

▶ **Le décompte des syllabes**

• Le « **e muet** » (celui qu'on trouve en fin de mot) n'est **prononcé que lorsqu'il est suivi d'une consonne**. Il n'est **jamais prononcé en fin de vers**, ou **lorsqu'il est suivi d'une voyelle**.

*Il / ouvr(e) / un / lar/g**e** / bec, // lai/ss**e** / tom/ber / sa / proi(e).*
  1   2   3   4   5   6 //   7   8   9   10   11   12

• Pour avoir le bon nombre de syllabes dans un vers, on est parfois obligé de modifier la prononciation habituelle d'un mot :

– la **diérèse** consiste à prononcer en deux syllabes distinctes deux voyelles successives. *Va te puri**fi**/**er** dans l'air supé**ri**/**eur**.* (Baudelaire).

– la **synérèse** consiste à prononcer en une seule syllabe deux voyelles successives qui normalement se prononcent de manière séparée. *Vois-le, p**oè**te tondu, sans aile.* (Corbière).

▶ **La rime se caractérise par :**

• **sa disposition :**
– rimes plates (ou suivies) : AABB : *bienheureux / amoureux / **pie** / épie*
– rimes embrassées : ABBA : *rivage / **court** / **cour** / servage*
– rimes croisées : ABAB : *dames / passés / rame / délaissés*

• **sa qualité (ou richesse) :**
– rime pauvre : 1 seul son en commun : *uni(**e**) / vi(**e**)*
– rime suffisante : 2 sons en commun : *bienheu**reux** / amou**reux***
– rime riche : 3 sons ou plus en commun : *ri**vag(e)** / ser**vag(e)***

• **son genre :**
– rime féminine : le vers se termine par un *e* muet : *riva**g(e)***
– rime masculine : le vers se termine par un autre son qu'un *e* muet : *c**our** ; bienheur**eux***

▶ **Le rythme**

1. À l'intérieur du vers

• Tout vers **de plus de huit syllabes** se divise en deux parties appelées **hémistiches** (n. m.).

• Le **point de séparation** entre ces deux hémistiches est appelé **la césure**.

• La **césure** est fixée par la tradition et, sauf exception, **n'apparaît pas au milieu d'un mot** : un vers de huit syllabes sera divisé après la quatrième syllabe (4//4) ; un vers de douze syllabes après la sixième syllabe : 6//6 ; parfois 4/4/4 (trimètre romantique) ; un vers de dix syllabes après la quatrième ou sixième syllabe : 4//6 (ou 6//4).

2. À l'extérieur du vers

• On marque généralement une **courte pause** en **fin de vers**.

• Parfois, la phrase, plus longue que le vers, se poursuit sur le vers suivant sans pause. On parle d'**enjambement** : *Et je ne hais rien tant que les contorsions/ De tous ces grands faiseurs de protestations.* (Molière)

• Lorsqu'un élément bref de la phrase, fortement lié au vers précédent, est rejeté au début du vers suivant, on parle de **rejet** : *Est-il vrai que parfois le triste cœur d'Agathe/ Dise : Loin des remords, des crimes, des douleurs...* (Baudelaire)

• Lorsque la phrase débute à la fin du premier vers et se poursuit plus longuement sur le vers suivant, on parle de **contre-rejet** : *Souvenir, souvenir, que me veux-tu ? L'automne /Faisait voler la grive à travers l'air atone.* (Verlaine)

▶ **Les groupements de vers et de strophes.**

• La **strophe** correspond à un **groupement de vers** qui est souvent **typographiquement détaché** par des blancs, mais pas toujours. Dans une définition stricte, **chaque rime** doit avoir **son répondant** à l'intérieur de la strophe : on parle donc de **strophes** pour les groupements de **quatre vers ou plus**.

• On distingue différents types de strophes.
– le **distique** : groupement de deux vers.
– le **tercet** : groupement de trois vers.
– le **quatrain** : strophe de quatre vers.
– le **quintil** : strophe de cinq vers.
– le **sizain** : strophe de six vers.
– le **huitain** : strophe de huit vers.
– le **dizain** : strophe de dix vers.

▶ **Quelques formes poétiques**

1. Les formes fixes

• Un **sonnet** est un poème de quatorze vers (décasyllabes ou alexandrins), composé de **deux quatrains** et de **deux tercets** organisé selon les schémas de rimes suivants : ABBA ABBA CCD EDE/CCD EED.

• Une **ode** est formée de **trois strophes**, dont **les deux premières ont la même structure**. Elle est généralement composée de **vers courts**, souvent des octosyllabes.

• Une **ballade** est un poème de **trois strophes** de disposition identique et qui se terminent chacune par un **refrain** d'un vers. Une strophe appelée **envoi** termine le poème.

• Un **rondeau** est un petit poème qui contient un **refrain** à son début, en son milieu et à sa fin.

2. Les formes libres

• La **fable** est un poème le plus souvent en vers traditionnels mais de **mètres différents** qui se caractérise par la présence d'une **morale** (explicite ou implicite).

• Le **poème en prose** n'a **pas de vers ni de rimes** mais utilise toutes les autres caractéristiques de la poésie (figures de style, sonorités, blanc typographiques, etc.).

• Le **poème en vers libres** n'a généralement **pas de rimes** et comprend des **vers** non traditionnels de **mètres différents**.

• Le **calligramme** est un poème qui forme un **dessin** sur la page.

Guillaume Apollinaire, « La Cravate et la montre »
(extrait), *Calligrammes*, 1918.

▶ **Identifier une image**

Pour identifier une image, il convient de définir sa nature, son auteur, son titre et sa date de réalisation.

1. Pour définir la **nature** d'une image, on décrit :
– son **type** : tableau, bande dessinée, mosaïque, affiche, céramique, vitrail, photographie, etc. ;
– son **support** : toile, verre, pierre, papier, écran, etc. ;
– la **technique** utilisée : peinture, impression, gravure, photographie, prise de vue (film, représentation), etc.

2. Pour présenter les **références** d'une image, on donne :
– le nom de son auteur ;
– le titre de l'œuvre (en italique) ;
– l'époque de sa réalisation.

On peut également préciser le lieu de conservation, la technique utilisée, les dimensions, la durée de l'œuvre (cinéma, représentation).

Gustave Caillebotte, *Le Pont de l'Europe*, 1876, 125 x 181 cm, musée du Petit Palais, Genève.

▶ **Analyser une image**

Pour analyser une image, il est nécessaire de décrire son **sujet**, sa **composition**, la palette de **couleurs** utilisée et l'**effet de sens** recherché.
En fonction du sujet traité, l'artiste s'inscrit dans un **genre** précis.

1. Pour identifier le **genre** retenu, on dit s'il s'agit :
– d'un **paysage** : villes, plages, mers, campagnes, montagnes, etc.
– d'un **portrait** (ou **autoportrait**) : personnages historiques, anonymes, l'artiste lui-même, sa famille, etc.
– d'une **nature morte** : bouquets, tables dressées, vases, animaux morts, objets, etc.
– d'une **scène de genre** (vie quotidienne, rue, intérieur), **mythologique**, **religieuse** ou **historique**.

Le Pont de l'Europe est une scène de genre : elle montre une scène de la vie quotidienne, des passants bourgeois, un ouvrier et un chien se croisant dans une rue parisienne, à la fin du XIXe siècle.

2. Pour décrire la **composition** d'une image, on s'appuie sur plusieurs éléments.

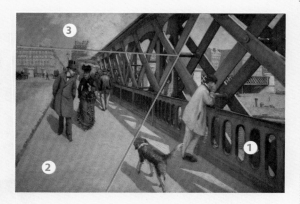

• **Le plan**.
– **Le premier plan** (1) se situe sur le devant de la scène.
– **Le second plan** (2) crée un effet de profondeur.
– **L'arrière-plan** (3) est constitué par le fond de la scène.

Dans *Le Pont de l'Europe*, on trouve trois plans majeurs. Au premier plan, un chien marche vers le fond de la toile et un homme regarde la Seine, au deuxième plan, des promeneurs discutent, à l'arrière-plan, on devine les bâtiments haussmanniens proches de la gare Saint-Lazare de Paris.

• **Les lignes de force** (diagonales, verticales, horizontales ou courbes) structurent l'image et peuvent attirer le regard sur un élément précis.

Le Pont de l'Europe présente une composition en X, qui rappelle le treillis du pont. Elle met l'accent sur la structure métallique de l'ouvrage, emblème de la modernité qui contraste avec les bâtiments en pierre de l'arrière-plan.

• **La perspective** crée l'illusion d'une profondeur dans l'image. Elle est créée à partir des **lignes de fuite** qui se dirigent et se retrouvent vers un point situé au fond de l'image (le point de fuite). Ces **lignes** guident le regard de l'observateur vers des masses et des objets précis.

Dans *Le Pont de l'Europe*, les lignes de fuite et la perspective, portées principalement par le pont, servent de lignes de force et de structure au tableau. Le point de fuite est situé au niveau du visage du promeneur au deuxième plan. Le regard de l'observateur est donc guidé vers ce visage.

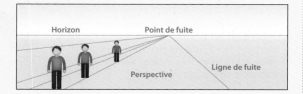

3. Pour analyser le choix des **couleurs**, on décrit :
• **la palette** utilisée et les choix qui dominent parmi les couleurs **froides** (bleu, vert et violet) ; les couleurs **chaudes** (rouge, orange et jaune) ; les teintes **claires** ; les teintes **sombres** ;

• **les jeux de lumière** : l'endroit d'où vient la lumière ; les éléments qu'elle met en valeur ; les contrastes entre les éléments de l'image.

Les reflets gris et bleus dans *Le Pont de l'Europe* soulignent l'aspect métallique de la construction. Le tableau repose sur une puissante opposition de teintes : des promeneurs en habits sombres sur un trottoir clair et un personnage en blouse grise accoudé sur le pont. Les ombres, notamment celles du pont, offrent un contraste marqué avec la lumière du soleil et mettent encore davantage en valeur la structure métallique.

▶ **Analyser une photographie ou un photogramme**

• **Le champ** est la partie de la scène visible dans l'image.
– On parle de **hors-champ** pour les éléments qu'on ne peut pas voir. De nombreux auteurs aiment jouer avec l'espace hors-champ en nous faisant imaginer ou deviner ce qui est caché ou en laissant apparaître des morceaux d'éléments invisibles par ailleurs.

– On parle de **contre-champ** pour désigner ce que le personnage représenté dans l'image peut voir. On utilise beaucoup au cinéma l'alternance de champ et de contre-champ pour montrer chaque personnage dans une conversation.

• **L'angle de vue** est l'angle à partir duquel le sujet est représenté.
– Le regard peut se poser **face** à la scène et se situer à son niveau.
– La **plongée** invite à contempler le sujet à partir d'une position surélevée et crée un effet de domination.
– La **contre-plongée** invite à lever le regard vers le sujet et crée un effet d'écrasement.

Plongée.

• **Le cadrage** désigne le champ visible d'une scène. Il s'appuie sur une **échelle des plans**.
– Le **plan d'ensemble** fait découvrir un lieu, une scène ou un groupe identifiable.
– Le **plan moyen** cadre un personnage de la tête aux pieds.
– Le **plan américain** coupe les personnages à mi-cuisse.
– Le **gros plan** se rapproche au plus près de l'objet cadré pour en souligner les détails.

Contre-plongée.

• **Du texte** peut se trouver sur l'image. C'est le cas dans les affiches par exemple. Il faudra alors préciser l'emplacement de ce texte, son sens, et le lien qu'il entretient avec les autres éléments de l'image.

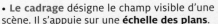

Plan d'ensemble   Plan moyen   Plan américain   Gros plan

▶ **Interpréter une image**

Pour expliquer l'**effet de sens** recherché, on s'intéresse :
• aux **impressions** suscitées par l'image : harmonie, désordre, violence, calme, etc.
• aux **symboles** : les éléments de l'image représentent-ils également des concepts, des idées, des sentiments ?
• au **contexte de création** de l'image :
– le contexte historique : l'œuvre est-elle engagée, a-t-elle un message politique ?
– le contexte artistique : l'œuvre est-elle conforme au style des œuvres d'art de la même époque ou cherche-t-elle à créer une rupture ?

Le Pont de l'Europe propose de découvrir dans un même tableau deux classes sociales opposées. Il illustre les bouleversements urbains de la IIIe République qui fait cohabiter différents groupes dans un espace commun : les bourgeois se promenant sur le pont et l'ouvrier en blouse grise penché sur la structure métallique.

Retenir

▶ **Figures par ressemblance**

- **Allégorie** : on représente de façon imagée **une idée abstraite**, en la décrivant comme un personnage ou un objet : Marianne est une allégorie de la République française.

- **Comparaison** : deux choses, comparé et comparant, sont rapprochées à partir d'un élément qui leur est commun et grâce à un **outil grammatical** (*comme, ainsi que, tel que, pareil à*, etc.)

  Il avait la bouche   comme   un fer à cheval.
  comparé   mot de comparaison   comparant

- **Métaphore** : deux choses, comparé et comparant, sont rassemblées dans un même énoncé **sans mot de comparaison** : *Un gros serpent de fumée noire.*
  comparant   comparé

- **Personnification** : on représente une chose ou un être inanimé **sous les traits d'une personne** : *Le cactus semblait tendre ses bras vers moi.*
  caractéristique humaine

▶ **Figures par remplacement**

- **Antiphrase** : on énonce le **contraire de ce que l'on pense**, de façon moqueuse. L'intonation (à l'oral) et le contexte (à l'écrit) sont souvent nécessaires pour percevoir l'antiphrase : *Quel temps magnifique !* (alors que le locuteur est déçu qu'il pleuve autant).

- **Métonymie** : on remplace un mot par un autre, qui entretient avec le premier un **rapport logique**. Par exemple, on désigne le contenu par le contenant (*boire un verre*), l'objet par son origine (*du bordeaux* pour *du vin de bordeaux*), un objet par sa couleur (*l'azur* signifie *le ciel*), etc.

- **Périphrase** : on remplace un mot par une **expression de sens équivalent** composée de plusieurs éléments : *J'ai dit au long fruit d'or : Mais tu n'es qu'une poire !* (Victor Hugo).
  périphrase

▶ **Figures par opposition**

- **Antithèse** : **on oppose fortement deux termes** ou ensemble de termes : *Ce garçon et cette fille, c'est le jour et la nuit.*

- **Oxymore** (nom masculin) : on réunit de manière surprenante **dans une seule et même expression deux termes contradictoires** : *Un silencieux tintement de clochette* (Alain Robbe-Grillet).

▶ **Figures par amplification**

- **Accumulation** : on énumère des termes de même catégorie grammaticale pour créer un effet d'amplification : *Comme tout est pauvre, mesquin, misérable ! avarement donné, sèchement inventé, lourdement fait !* (Guy de Maupassant).

- **Anaphore** : on répète les mêmes mots en début de vers **ou de phrase** : *Il n'y a pas d'amour dont on ne soit meurtri/ Il n'y a pas d'amour dont on ne soit flétri* (Louis Aragon).

- **Gradation** : on ordonne les termes d'un énoncé selon une **progression croissante ou décroissante** : *C'est un roc !... c'est un pic !... c'est un cap !* (Edmond Rostand).

- **Hyperbole** : on **exagère** certains traits pour mettre en valeur une idée ou un objet : *Dans des ruisseaux de sang Troie ardente plongée...* (Jean Racine).

▶ **Figures par atténuation**

- **Euphémisme** : on **atténue** l'expression d'une idée ou d'un sentiment **pour en voiler le caractère déplaisant** : *Il est parti* (pour dire qu'il est mort).

- **Litote** : on **atténue** l'expression d'une idée **pour en faire ressortir la force**, par contraste. *Va, je ne te hais point* (Pierre Corneille). *Je ne suis pas fâchée d'en finir.*

Être	Avoir	Aller	Chanter	Cueillir
INDICATIF				
Présent je suis tu es il est nous sommes vous êtes ils sont	**Présent** j'ai tu as il a nous avons vous avez ils ont	**Présent** je vais tu vas il va nous allons vous allez ils vont	**Présent** je chante tu chantes il chante nous chantons vous chantez ils chantent	**Présent** je cueille tu cueilles il cueille nous cueillons vous cueillez ils cueillent
Imparfait j'étais tu étais il était nous étions vous étiez ils étaient	**Imparfait** j'avais tu avais il avait nous avions vous aviez ils avaient	**Imparfait** j'allais tu allais il allait nous allions vous alliez ils allaient	**Imparfait** je chantais tu chantais il chantait nous chantions vous chantiez ils chantaient	**Imparfait** je cueillais tu cueillais il cueillait nous cueillions vous cueilliez ils cueillaient
Passé simple je fus tu fus il fut nous fûmes vous fûtes ils furent	**Passé simple** j'eus tu eus il eut nous eûmes vous eûtes ils eurent	**Passé simple** j'allai tu allas il alla nous allâmes vous allâtes ils allèrent	**Passé simple** je chantai tu chantas il chanta nous chantâmes vous chantâtes ils chantèrent	**Passé simple** je cueillis tu cueillis il cueillit nous cueillîmes vous cueillîtes ils cueillirent
Futur simple je serai tu seras il sera nous serons vous serez ils seront	**Futur simple** j'aurai tu auras il aura nous aurons vous aurez ils auront	**Futur simple** j'irai tu iras il ira nous irons vous irez ils iront	**Futur simple** je chanterai tu chanteras il chantera nous chanterons vous chanterez ils chanteront	**Futur simple** je cueillerai tu cueilleras il cueillera nous cueillerons vous cueillerez ils cueilleront
Passé composé j'ai été	**Passé composé** j'ai eu	**Passé composé** je suis allé	**Passé composé** j'ai chanté	**Passé composé** j'ai cueilli
Plus-que-parfait j'avais été	**Plus-que-parfait** j'avais eu	**Plus-que-parfait** j'étais allé	**Plus-que-parfait** j'avais chanté	**Plus-que-parfait** j'avais cueilli
Passé antérieur j'eus été	**Passé antérieur** j'eus eu	**Passé antérieur** je fus allé	**Passé antérieur** j'eus chanté	**Passé antérieur** j'eus cueilli
Futur antérieur j'aurai été	**Futur antérieur** j'aurai eu	**Futur antérieur** je serai allé	**Futur antérieur** j'aurai chanté	**Futur antérieur** j'aurai cueilli
CONDITIONNEL				
Présent je serais tu serais il serait nous serions ...	**Présent** j'aurais tu aurais il aurait nous aurions ...	**Présent** j'irais tu irais il irait nous irions ...	**Présent** je chanterais tu chanterais il chanterait nous chanterions ...	**Présent** je cueillerais tu cueillerais il cueillerait nous cueillerions ...
Passé j'aurais été	**Passé** j'aurais eu	**Passé** je serais allé	**Passé** j'aurais chanté	**Passé** j'aurais cueilli
SUBJONCTIF				
Présent que je sois	**Présent** que j'aie	**Présent** que j'aille	**Présent** que je chante	**Présent** que je cueille
Passé que j'aie été	**Passé** que j'aie eu	**Passé** que je sois allé	**Passé** que j'aie chanté	**Passé** que j'aie cueilli
IMPÉRATIF				
Présent sois, soyons, soyez	**Présent** aie, ayons, ayez	**Présent** va, allons, allez	**Présent** chante, chantons, chantez	**Présent** cueille, cueillons, cueillez
PARTICIPE				
Présent étant	**Présent** ayant	**Présent** allant	**Présent** chantant	**Présent** cueillant
Passé été, ayant été	**Passé** eu, ayant eu	**Passé** allé, étant allé	**Passé** chanté, ayant chanté	**Passé** cueilli, ayant cueilli

Finir	Dire	Faire	Prendre	Vouloir
INDICATIF				
Présent je finis tu finis il finit nous finissons vous finissez ils finissent	**Présent** je dis tu dis il dit nous disons vous dites ils disent	**Présent** je fais tu fais il fait nous faisons vous faites ils font	**Présent** je prends tu prends il prend nous prenons vous prenez ils prennent	**Présent** je veux tu veux il veut nous voulons vous voulez ils veulent
Imparfait je finissais tu finissais il finissait nous finissions vous finissiez ils finissaient	**Imparfait** je disais tu disais il disait nous disions vous disiez ils disaient	**Imparfait** je faisais tu faisais il faisait nous faisions vous faisiez ils faisaient	**Imparfait** je prenais tu prenais il prenait nous prenions vous preniez ils prenaient	**Imparfait** je voulais tu voulais il voulait nous voulions vous vouliez ils voulaient
Passé simple je finis tu finis il finit nous finîmes vous finîtes ils finirent	**Passé simple** je dis tu dis il dit nous dîmes vous dîtes ils dirent	**Passé simple** je fis tu fis il fit nous fîmes vous fîtes ils firent	**Passé simple** je pris tu pris il prit nous prîmes vous prîtes ils prirent	**Passé simple** je voulus tu voulus il voulut nous voulûmes vous voulûtes ils voulurent
Futur simple je finirai tu finiras il finira nous finirons vous finirez ils finiront	**Futur simple** je dirai tu diras il dira nous dirons vous direz ils diront	**Futur simple** je ferai tu feras il fera nous ferons vous ferez ils feront	**Futur simple** je prendrai tu prendras il prendra nous prendrons vous prendrez ils prendront	**Futur simple** je voudrai tu voudras il voudra nous voudrons vous voudrez ils voudront
Passé composé j'ai fini	**Passé composé** j'ai dit	**Passé composé** j'ai fait	**Passé composé** j'ai pris	**Passé composé** j'ai voulu
Plus-que-parfait j'avais fini	**Plus-que-parfait** j'avais dit	**Plus-que-parfait** j'avais fait	**Plus-que-parfait** j'avais pris	**Plus-que-parfait** j'avais voulu
Passé antérieur j'eus fini	**Passé antérieur** j'eus dit	**Passé antérieur** j'eus fait	**Passé antérieur** j'eus pris	**Passé antérieur** j'eus voulu
Futur antérieur j'aurai fini	**Futur antérieur** j'aurai dit	**Futur antérieur** j'aurai fait	**Futur antérieur** j'aurai pris	**Futur antérieur** j'aurai voulu
CONDITIONNEL				
Présent je finirais tu finirais il finirait nous finirions ...	**Présent** je dirais tu dirais il dirait nous dirions ...	**Présent** je ferais tu ferais il ferait nous ferions ...	**Présent** je prendrais tu prendrais il prendrait nous prendrions ...	**Présent** je voudrais tu voudrais il voudrait nous voudrions ...
Passé j'aurais fini	**Passé** j'aurais dit	**Passé** j'aurais fait	**Passé** j'aurais pris	**Passé** j'aurais voulu
SUBJONCTIF				
Présent que je finisse	**Présent** que je dise	**Présent** que je fasse	**Présent** que je prenne	**Présent** que je veuille
Passé que j'aie fini	**Passé** que j'aie dit	**Passé** que j'aie fait	**Passé** que j'aie pris	**Passé** que j'aie voulu
IMPÉRATIF				
Présent finis, finissons, finissez	**Présent** dis, disons, dites	**Présent** fais, faisons, faites	**Présent** prends, prenons, prenez	**Présent** veuille, veuillons, veuillez
PARTICIPE				
Présent finissant	**Présent** disant	**Présent** faisant	**Présent** prenant	**Présent** voulant
Passé fini, ayant fini	**Passé** dit, ayant dit	**Passé** fait, ayant fait	**Passé** pris, ayant pris	**Passé** voulu, ayant voulu

Devoir	Savoir	Voir (actif)	(passif)	(forme pronominale)
INDICATIF				
Présent je dois tu dois il doit nous devons vous devez ils doivent	**Présent** je sais tu sais il sait nous savons vous savez ils savent	**Présent** je vois tu vois il voit nous voyons vous voyez ils voient	**Présent** je suis vu tu es vu il est vu nous sommes vus vous êtes vus ils sont vus	**Présent** je me vois tu te vois il se voit nous nous voyons vous vous voyez ils se voient
Imparfait je devais tu devais il devait nous devions vous deviez ils devaient	**Imparfait** je voyais tu savais il savait nous savions vous saviez ils savaient	**Imparfait** je voyais tu voyais il voyait nous voyions vous voyiez ils voyaient	**Imparfait** j'étais vu tu étais vu il était vu nous étions vus vous étiez vus ils étaient vus	**Imparfait** je me voyais tu te voyais il se voyait nous nous voyions vous vous voyiez ils se voyaient
Passé simple je dus tu dus il dut nous dûmes vous dûtes ils durent	**Passé simple** je sus tu sus il sut nous sûmes vous sûtes ils surent	**Passé simple** je vis tu vis il vit nous vîmes vous vîtes ils virent	**Passé simple** je fus vu tu fus vu il fut vu nous fûmes vus vous fûtes vus ils furent vus	**Passé simple** je me vis tu te vis il se vit nous nous vîmes vous vous vîtes ils se virent
Futur simple je devrai tu devras il devra nous devrons vous devrez ils devront	**Futur simple** je saurai tu sauras il saura nous saurons vous saurez ils sauront	**Futur simple** je verrai tu verras il verra nous verrons vous verrez ils verront	**Futur simple** je serai vu tu seras vu il sera vu nous serons vus vous serez vus ils seront vus	**Futur simple** je me verrai tu te verras il se verra nous nous verrons vous vous verrez ils se verront
Passé composé j'ai dû	**Passé composé** j'ai su	**Passé composé** j'ai vu	**Passé composé** j'ai été vu	**Passé composé** je me suis vu
Plus-que-parfait j'avais dû	**Plus-que-parfait** j'avais su	**Plus-que-parfait** j'avais vu	**Plus-que-parfait** j'avais été vu	**Plus-que-parfait** je m'étais vu
Passé antérieur j'eus dû	**Passé antérieur** j'eus su	**Passé antérieur** j'eus vu	**Passé antérieur** j'eus été vu	**Passé antérieur** je me fus vu
Futur antérieur j'aurai dû	**Futur antérieur** j'aurai su	**Futur antérieur** j'aurai vu	**Futur antérieur** j'aurai été vu	**Futur antérieur** je me serai vu
CONDITIONNEL				
Présent je devrais tu devrais il devrait nous devrions …	**Présent** je saurais tu saurais il saurait nous saurions …	**Présent** je verrais tu verrais il verrait nous verrions …	**Présent** je serais vu tu serais vu il serait vu nous serions vus …	**Présent** je me verrais tu te verrais il se verrait nous nous verrions …
Passé j'aurais dû	**Passé** j'aurais su	**Passé** j'aurais vu	**Passé** j'aurais été vu	**Passé** je me serais vu
SUBJONCTIF				
Présent que je doive	**Présent** que je sache	**Présent** que je voie	**Présent** que je sois vu	**Présent** que je me voie
Passé que j'aie dû	**Passé** que j'aie su	**Passé** que j'aie vu	**Passé** que j'aie été vu	**Passé** que je me sois vu
IMPÉRATIF				
inusité	**Présent** sache, sachons, sachez	**Présent** vois, voyons, voyez	**Présent** sois vu, soyons vus, soyez vus	**Présent** vois-toi, voyons-nous, voyez-vous
PARTICIPE				
Présent devant	**Présent** sachant	**Présent** voyant	**Présent** étant vu	**Présent** se voyant
Passé dû, ayant dû	**Passé** su, ayant su	**Passé** vu, ayant vu	**Passé** vu, ayant été vu	**Passé** vu, s'étant vu

Glossaire

Abstrait : qui renvoie à une réalité perçue par la pensée ou le sentiment (opposé à ce qui est concret : perçu par un des cinq sens).

Alexandrin : vers de douze syllabes.

Allégorie : représentation concrète d'une idée abstraite (par un personnage ou un objet). *Exemple : Marianne, coiffée du bonnet phrygien, est l'allégorie de la République française.*

Allitération : répétition d'un même son consonne.

Anaphore : figure de style qui consiste à reprendre un même mot ou groupe de mots en début de proposition, de phrase, de vers ou de paragraphe.

Antiphrase : figure de style qui consiste à dire le contraire de ce que l'on veut exprimer réellement. Elle est un des procédés de l'ironie. À l'oral, l'intonation choisie est très importante.

Antithèse : figure de style qui consiste à opposer deux idées ou deux mots dans une même phrase ou un même texte.

Antonyme : mot de signification contraire, opposée.

Aparté : réplique d'un personnage entendue seulement du spectateur.

Assonance : répétition d'un même son voyelle.

Champ lexical : ensemble de mots appartenant à un même thème ou domaine.

Champ sémantique : ensemble des sens possibles d'un mot.

Chute : dénouement inattendu d'une nouvelle.

Comédie : genre théâtral qui vise à distraire, à faire rire en recourant au registre comique. L'intrigue est légère et les personnages sont des gens simples ou des bourgeois.

Comique : registre comprenant des éléments propres à faire rire.

Comparaison : figure de style qui rapproche au moyen d'un outil de comparaison deux éléments (idées ou objets) qui partagent une caractéristique.

Connecteur : mot ou expression assurant la liaison entre les propositions, les phrases ou les idées d'un texte. Il y a des connecteurs spatiaux, temporels et logiques.

Connotation : ensemble des sens seconds, subjectifs, attachés à un mot ou une expression.

Décasyllabe : vers de dix syllabes.

Dénotation : sens premier d'un mot ou d'une expression.

Destinataire : 1. personne à qui l'on destine le contenu d'un énoncé. 2. personnage de récit bénéficiant de l'objet de la quête du héros.

Didascalie : indication scénique écrite en italique, elle donne des informations sur les gestes, les costumes, l'intonation des personnages.

Diérèse : prononciation en deux syllabes distinctes de deux voyelles successives dans un même mot. *Exemple : hi /er.*

Dramatique : 1. propre au théâtre. 2. qui comporte un danger ou qui émeut.

Drame : 1. genre théâtral qui s'oppose aux règles traditionnelles des comédies et tragédies classiques. 2. pièce tragique qui comporte des éléments comiques.

Ellipse : procédé narratif qui consiste à passer sous silence certains passages d'une histoire.

Enjambement : dans un poème en vers, rejet d'une partie de la phrase (un mot ou une expression) au vers suivant. La pause ne s'effectue pas à la fin du vers.

Énoncé : réalisation d'un acte de parole, message produit par un seul locuteur, dans une situation déterminée.

Énonciation : moment durant lequel un énoncé est produit. La situation d'énonciation met en jeu un locuteur, un destinataire du discours, un cadre spatio-temporel.

Épopée : long poème vantant les exploits mythiques ou historiques de héros.

Fable : court récit en vers ou en prose qui vise à démontrer une leçon de vie, à amener une morale.

Fantastique : registre littéraire qui consiste à faire survenir des éléments surnaturels dans un cadre réaliste, et à ne jamais dire les choses de façon définitive, si bien qu'il y a constamment hésitation entre une explication rationnelle et une explication surnaturelle.

Figuratif : qui s'efforce de donner à la représentation, à l'objet, au texte, une apparence fidèle. L'art figuratif s'oppose à l'art abstrait.

Genre littéraire : catégorie d'œuvres définie par une forme (le roman, le théâtre, la poésie...).

Gradation : figure consistant à disposer mots ou idées par degrés d'intensité croissants ou décroissants.

Hémistiche : moitié d'un vers, et notamment d'un alexandrin.

Homonyme : mot dont la prononciation est identique à celle d'un autre mot, mais avec un sens différent.

Hyperbole : figure d'exagération qui consiste à amplifier ou dramatiser une situation.

Incipit : début d'un récit comprenant la situation initiale.

Ironie : registre qui use de l'antiphrase pour suggérer le contraire de ce que l'on dit, dans le but de discréditer le point de vue adverse.

Litote : figure de style qui consiste à dire peu pour faire entendre plus.

Locuteur : personne qui émet un énoncé pour un destinataire.

Lyrisme : expression artistique basée sur la mise en valeur des émotions, des sentiments, des passions.

Mélioratif : qui présente quelque chose ou quelqu'un d'une façon favorable, positive.

Merveilleux : registre caractérisé par la survenue d'éléments surnaturels, avec l'intervention de la magie ou de divinités.

Métaphore : figure de style consistant à employer une image pour évoquer quelque chose, sans utiliser d'outil de comparaison.

Mise en scène : manière d'adapter une œuvre littéraire en spectacle vivant.

Modalisateur : mot ou procédé qui indique des sentiments ou une opinion et qui permet de repérer la subjectivité d'un énoncé.

Monologue : au théâtre, discours d'un personnage seul en scène.

Mythe : récit fondateur imaginaire qui vise à expliquer certains aspects du monde.

Narrateur : dans un récit, celui qui raconte l'histoire.

Néologisme : mot nouveau, inventé.

Nouvelle : récit bref, centré sur une action et avec peu de personnages, qui se termine en général par une chute.

Objectif : qui présente les faits de façon neutre, sans parti pris.

Octosyllabe : vers de huit syllabes.

Omniscient : point de vue de narration dans lequel le narrateur sait tout de l'histoire qu'il raconte, jusqu'aux pensées et émotions des personnages.

Paratexte : toutes les informations qui accompagnent un texte et l'éclairent. *Exemple : situation dans l'œuvre, données biographiques sur l'auteur, éléments de contexte historique.*

Parodie : réécriture d'un texte ou d'une œuvre qui détourne ou accentue les procédés d'écriture pour amuser le lecteur.

Paronyme : mot qui a une prononciation très proche d'un autre, mais un sens différent. *Exemple : allocution, allocation.*

Pause : description ou commentaire qui suspend le récit.

Péjoratif : qui donne une idée, une connotation négative, dépréciative (s'oppose à mélioratif).

Périphrase : figure de style qui consiste à remplacer un mot par plusieurs autres. *Exemple : Victor Hugo peut être remplacé par « L'auteur des Misérables ».*

Personnification : figure de style qui attribue des propriétés humaines à des animaux ou des choses. *Exemple : la colère du volcan.*

Photogramme : image d'un film.

Point de vue : perspective adoptée par le narrateur pour raconter. On peut aussi parler de « focalisation ».

Polémique : registre d'un texte qui combat des idées ou des personnes.

Polysémie : propriété d'un mot qui a plusieurs sens.

Préfixe : élément lexical qui, placé devant le radical, sert à la formation d'un mot. *Exemple : invisible.*

Prose : tout texte qui n'est pas écrit en vers.

Quatrain : strophe de quatre vers dont les rimes peuvent être plates (AABB), embrassées (ABBA) ou croisées (ABAB).

Registre : ensemble des procédés d'un texte qui lui donnent une tonalité particulière et visent à produire des effets sur le lecteur. *Exemple : registre tragique, pathétique, comique, épique, lyrique...*

Rejet : en poésie, il y a rejet quand un élément de la phrase est placé dans le vers suivant.

Satire : critique qui vise à se moquer d'une personne, des mœurs d'une époque ou d'un fait de société.

Scénographie : art de la composition de l'espace scénique. C'est un travail sur le décor, les objets, les matières, les couleurs mis au service du propos du metteur en scène de la pièce qui est jouée.

Schéma narratif : construction d'un récit en cinq étapes : la situation initiale, l'événement déclencheur, les péripéties ou les épreuves du héros, le dénouement, la situation finale.

Sens figuré / sens propre : le sens propre d'un mot est son sens premier, habituel. Le sens figuré est celui qui en dérive, souvent abstrait ou imagé dans une expression. *Exemple : le cadre (d'un tableau) a comme sens figuré les limites à ne pas dépasser.*

Sonnet : poème constitué de deux quatrains et deux tercets. Le vers est le plus souvent un alexandrin. Le schéma des rimes est également codifié dans ses variations. Le schéma appelé « français » est : ABBA ABBA CCD EDE.

Stances : ensemble de strophes versifiées et régulières, qui ont la même structure.

Stichomythie : succession de répliques brèves (quelques mots). Le rythme ainsi accéléré intensifie le comique ou la tension de la scène.

Strophe : ensemble de vers. Dans un poème, les strophes sont séparées les unes des autres et peuvent reposer sur des systèmes de rimes variées.

Subjectif : qui est personnel, qui varie selon les individus, qui traduit l'opinion. S'oppose à objectif. *Exemple : un jugement subjectif.*

Symbole : représentation concrète d'une réalité abstraite. *Exemple : la colombe est le symbole de la paix ; la couleur rouge est le symbole de la passion ou de la violence.*

Synérèse : en versification, prononciation en une syllabe d'une succession de deux voyelles habituellement prononcées en deux syllabes. *Exemple : hi/er se prononce hier (en une seule syllabe).*

Synonyme : mot de même sens. *Exemple : craintif est synonyme de pusillanime.*

Tercet : strophe de trois vers.

Tirade : au théâtre, longue réplique d'un personnage qui n'est pas seul sur scène.

Tragédie : œuvre théâtrale, en vers, dont le but est d'inspirer la terreur et la pitié. Les sujets sont souvent mythologiques ou historiques. Les personnages, nobles, sont voués au malheur.

Tragi-comédie : pièce de théâtre dont le registre est tragique, mais le dénouement heureux.

Tragique : registre reposant sur une situation douloureuse, conflictuelle qui est subie par un personnage sans qu'il puisse y échapper.

Vers libres : vers souples, souvent non rimés, qui s'affranchissent des règles de la poésie classique. Ils restent marqués par un retour à la ligne.